U0165468

商事法通論

五南圖書出版公司 印行

作者序

　　歷經了不知多少晨昏，也經歷了幾個寒暑，這本書終於順利完成了。不敢說有多少的學術價值或能否幫助產業界在實務上能有多少助益；自問已經盡力而為了。希望本書的問世，能讓讀者多多少少有所幫助，也希望有心人士能夠多加利用。

　　本書之能夠順利完成要感謝五南的劉靜芬副總編輯的鼓勵以及三民的施智宇企劃副理的大力相助，內心感激不盡！在此一併致謝！

吳嘉生 敬書

於2020.11.18

作者介紹

吳嘉生　教授

現職：
　　僑光科技大學副校長兼觀光與餐旅學院院長
　　國立臺北大學法律系兼任教授

最高學歷：
　　美國聖路易大學法律博士
　　美國紐約州立大學奧伯尼分校政治學博士候選人

主要經歷：
　　1. 中華民國仲裁人
　　2. 教育部數位學習認證審查委員
　　3. 教育部智慧財產權保護訪視委員
　　4. 教育部國防通識教育暨校園安全訪視委員
　　5. 經濟部創新研發計畫專案審查委員
　　6. 國家考試出題命題閱卷及典試委員
　　7. 高等教育評鑑中心評鑑委員
　　8. 國防大學軍法官班及軍法預備軍官班特聘講座教授
　　9. 法務部司法官訓練所講座教授
　　10. 國家文官學院特聘講座教授
　　11. 國立臺北大學法律學系專任教授

學術成就及榮譽：

1. 中華民國證券櫃檯買賣中心，法律專家審議代表
2. 桃園縣環保科技園區發展委員會委員
3. 國防部「人才培訓」方案規劃委員
4. 中山科學研究院專利申請評選委員
5. 教育部大專校院智慧財產保護方案推動委員
6. 國立高雄第一科技大學「科技法律評析」編輯
7. 傑賽普國際模擬法庭辯論賽臺灣區法官
8. 國立臺北大學，資深優良教師
9. 國立臺北大學，績優導師，2014-2015
10. 國立臺北大學，績優導師，2015-2016

行政經歷：

1. 國立臺北大學學務長
2. 國立臺北大學通識教育中心主任
3. 國立臺北大學財經法學系主任
4. 中興大學法商學院（臺北大學前身）進修推廣中心教務主任
5. 中興大學法商學院（臺北大學前身）課務組組長
6. 中興大學法商學院（臺北大學前身）研教組組長

專業領域：

1. 國際法相關領域：如國際公法、國際私法、國際商務仲裁、國際環境法、國際經濟法、國際貿易法、國際金融法
2. 知識產權法相關領域：如專利、商標、著作權、網路資訊法……
3. 英美法導論、英美契約法、英美侵權法、美國憲法、美國行政法……

A.教師專業表現與服務目錄

國立臺北大學管考績優教師表揚狀

傑賽普國際法庭模擬辯論賽臺灣區評審法官（初賽／複賽／決賽）（多任）

新北市政府新北市勞資爭議主任仲裁委員（100.5.1至103.4.30）

桃園縣政府聘任——環保科技園區發展委員會委員（99.4.1至101.3.31）

桃園縣政府聘任——環保科技園區設置計畫發展審議委員會委員（96年至98年）

桃園縣政府聘任——環保科技園區入區廠商／研究機構之興建、營運績效評定委員（98年至100年）

新竹市政府市政顧問（100.8.3至103.12.24）

臺東縣政府縣政顧問（98.04.01至98.12.19）

中正大學專家顧問聘書——100年擔任台灣法律資訊中心專家顧問

中興大學法商學院（臺北大學前身）教務分處課務組組（84年至86年）

中興大學法商學院（臺北大學前身）教務主任

高等教育評鑑中心基金會99年度大學校院系所評鑑委員

高等教育評鑑中心基金會96年度大學校院系所評鑑委員

致理學院財經法律系演講感謝狀（100.10.3）

南臺科技大學99年12月14日「2010企業及財經法律學術研討會」與談人

靜宜大學法律系98學年度「民事損害賠償制度——特別法上之規範與實踐學術研討會」主持人（99.06.04）

高雄第一科技大學科技法律研究所99年度「科技法律評析」編輯委員會委員

臺北大學95年碩士學位論文口試委員

臺北大學100年碩士學位論文口試委員

臺北大學97年博士學位論文口試委員

中正大學99年博士學位考試委員

臺北大學98年擔任教育部「培育優質人力促進就業計畫——大學畢業生至企業職場實習方案」實習委員會委員

司法院司法人員研習所94年第2期培訓高等行政法院法官研習課程之從著
　　作權利法到電子商務法之問題與研究課程講座
司法官訓練所94年司法官班46期第二階段「英美法學名著選讀」課程
臺北市政府「2006生技獎」審查委員
考試院92年公務人員特種考試第二次警察人員考試典試委員
考試院93年交通事業郵政人員升資考試增聘命題兼閱卷委員
考試院93年公務人員特種考試外交領事人員考試及93年公務人員特種考試
　　國際經濟商務人員考試典試委員
考試院94年公務人員特種考試司法人員考試口試委員
考試院94年公務人員特種考試司法人員考試閱卷委員
考試院95年公務人員特種考試外交領事人員考試及95年公務人員特種考試
　　法務部調查局調查人員考試口試委員
考試院95年公務人員特種考試外交領事人員考試及95年公務人員特種考試
　　法務部調查人員考試命題兼閱卷委員
考試院95年公務人員特種考試民航人員考試及95年公務人員特種國際經濟
　　商務人員考試典試委員
考試院95年公務人員特種考試司法人員考試及95年軍法官考試閱卷委員
考試院98年公務人員特種考試外交領事人員及國際新聞人員考試、98年公
　　務人員特種考試法務部調查局調查人員考試、98年公務人員特種考試國
　　家安全局國家安全情報人員考試、98年公務人員特種考試原住民考試命
　　題兼閱卷委員
考試院公務特考：警察人員／關務人員／海關人員／退伍軍人轉任公務員
　　典試委員
考選部專利師考試審議委員
行政院農委會農業生技園區入園甄審委員
財團法人中華民國證券櫃檯買賣中心上櫃審查部審議委員
中央印製廠採購評鑑委員會委員
開南法學編輯委員會第2期委員（多任）
清華大學科技法律研究所「國際商務仲裁」兼任教授（多任）

致理技術學院多媒體設計系「科技與法律」兼任教授（多任）

真理大學財經法學期刊編輯顧問

行政院第8次全國科技會議課程提綱委員。

台灣電力公司「98年度北一區抄表工作委外服務招標案」審查委員

行政院金融監督管理委員會銀行局「97年度英譯委外服務招標案」採購評
　選委員會委員

高雄第一科技大學科技法律研究所96年度「科技法律評析」編輯委員會委
　員

高雄第一科技大學97年度科技大學自我評鑑專業類科法律研究所自評委員

稻江科技暨管理學院財經法律學系96年度上半年大學評鑑系所再評鑑自評
　委員

臺北市內湖區麗山國民小學溫水游泳池97年委託民間營運管理案之甄選委
　員

全國農業金庫股份有限公司「農貸帳務管理系統建置計畫之主系統開發」
　評選委員

國立臺灣大學醫學院附設醫院復健部義肢室醫療合作案甄審委員會委員

宜蘭縣政府「宜蘭利澤工業區外防風林地民間促參方式進行風力發電園
　區」甄審委員

教育部97年數位學習課程與教材認證國貿組審查會議審查委員

教育部98年大專院校校園保護智慧財產權行動方案訪視計畫訪視委員

B.專書著作

年度	書目
1998	國際法與國內法關係之研析，五南圖書出版股份有限公司。
1999	智慧財產權之理論與應用，五南圖書出版股份有限公司。
1999	國家之權力國際責任，五南圖書出版股份有限公司。
2000	國際法學原理——本質與功能之研究，五南圖書出版股份有限公司。
2001	美國貿易法三〇一條款評析：智慧財產權保護之帝王條款，元照出版有限公司。
2003	電子商務法導論，學林文化有限公司。
2004	國際貿易法析論，翰蘆出版社。
2006	資訊倫理與法律，國立空中大學。
2006	銀行法釋論，新學林出版社。
2008	當代國際法上，五南圖書出版股份有限公司。
2008	當代國際法下，五南圖書出版股份有限公司。
2008	國際經濟法析論，文笙書局。
2009	智慧財產法通論，一品文化出版社
2010	法學英文精練，一品文化出版社。
2010	英美法導論，一品文化出版社。
2012	法律倫理專論，一品文化出版社。
2012	國際環境法專論，五南圖書出版股份有限公司。
2013	國際商務仲裁理論與實務，元照出版有限公司。
2014	海商法與海洋法釋論，一品文化出版社。
2016	國際金融法析論，五南圖書出版股份有限公司。
2018	國際私法——理論與經典案例研析，五南圖書出版股份有限公司。
2019	國際貿易法論——WTO之貿易規範研究，一品文化出版社。
2020	金融法析論，五南圖書出版股份有限公司。

C.期刊論文

年度	編號	期刊論文（**TSSCI**等同於**SSCI**）
1994	1	對三〇一條款應有之認識，軍法專刊，第40卷第7期，1994年，第18～24頁。
	2	評析歐洲競爭法之起源，中興法學，第37期，1994年，第189～217頁。（TSSCI）（英文版）
	3	從高華德案論國際條約終止之美國模式，中興法學，第38期，1994年，第45～75頁。（TSSCI）（英文版）
	4	特別三〇一條款評析，朝陽大學法律評論，第60卷第11-12期，1994年，第13～20頁。
1995	5	論三〇一條款之產生，法學叢刊，第40卷第1期，1995年，第73～86頁。
	6	超級三〇一析論，朝陽大學法律評論，第61卷第1-2期，1995年，第2～12頁。
	7	著作權法與圖書館——以公平使用為原則為中心，台北市立圖書館館訊，第12卷第3期，1995年。
	8	從美日貿易衝突論超級三〇一，中興法學，第39期，1995年，第157～176頁。（TSSCI）
	9	研究美國保護智慧財權之貿易立法，軍法專刊，第41卷第3期，1995年，第5～13頁。
1996	10	著作權法中公平使用原則之探討——兼論圖書館之著作權問題，書苑，第27期，1996年，第31～38頁。
	11	探討著作權法中之公平使用原則，軍法專刊，第43卷第5期，1996年，第1～7頁。
	12	從中、美智慧財產問題論特別三〇一，中興法學，第41期，1996年，第245～259頁。（TSSCI）
	13	國際法之過去、現在與未來，中興法學，第41期，1996年，第51～149頁。（TSSCI）
	14	中華人民共和國著作權法評析，中興法學，第40期，1996年，第155～215頁。（TSSCI）（英文版）

年度	編號	期刊論文（TSSCI等同於SSCI）
1997	15	論污染者付費原則之國際法規範，軍法專刊，第43卷第5期，1997年，第9～16頁。
	16	對國際法產生之探討，中興法學，第43期，1997年，第31～126頁。（TSSCI）
	17	美國一般三〇一、特別三〇一與超級三〇一之比較研究，朝陽大學法律評論，第63卷第10-12期，1997年，第2～19頁。
	18	研析國際法產生之淵源，軍法專刊，第43卷第9期，1997年，第8～22頁。
	19	中國大陸與美國商務仲裁之比較研究，中興法學，第42期，1997年，第18～24頁。（TSSCI）（英文版）
1998	20	環保糾紛解決之研究，中興法學，第44期，1998年，第1～49頁。（TSSCI）
	21	研析國際條約之保留，軍法專刊，第44卷第6期，1998年，第15～27頁。
1999	22	個人在國際法上地位之研析，軍法專刊，第45卷第2期，1999年，第4～18頁。
2000	23	研析智慧財產權之立法保護——以美國為例，中興法學，第45期，2000年，第205～260頁。（TSSCI）
2001	24	人權之憲法保障，憲政時代，第27卷第1期，2001年，第3～38頁。
2006	25	全球治理下之世界貿易組織，曾華松大法官古稀祝壽論文集——論權利保護之理論與實踐。
2008	26	Choice of Law and Intellectual Property，法學理論與文化，李岱教授祝壽論文集。
2009	27	Innovation Analysis of Market Competition, ChihLee Law Review, pp. 147-190.（英文版）
2012	28	Economic Diplomacy, ChihLee Law Review.（英文版）

D.研討會論文

年代	論文內容
2005	評論人，區域經濟統合下，美國、日本及我國有關「自然人移動」規範之比較，國際投資法學術研討會，輔仁大學財經法律系。
2006	主持人及發表人，Calculating Damages of Patent Infringement-Revisited，國際專利法制研討會，臺北大學財經法律學系主辦。
	主持人，國際智慧財產權研討會，世新大學，智慧財產法律研究所。
2007	主持人，被忽略的（立法）事實——實證科學在規範論證中的可能角色，2007年第二屆全國法學實證研究研討會（報告人：邱文聰），主辦單位：交通大學、政治大學；承辦單位：政治大學
2008	主持人，從學術共享精神檢討政府資助大學研究成果之專利政策，第12屆全國科技法律研討會，交通大學科技法律研究所
2009	發表人，網路侵權問題研究，幹部研討會，德明財經科技大學主辦。
	發表人，網路法律問題面面觀，教學卓越發表會，屏東科技大學主辦。
	發表人，防制人口販賣研究，教學卓越發表會，德明財經科技大學主辦。
	發表人，防制人口販賣觀念宣導，北二區人權教育研習營，德明財經大學。
	主持人，國際移民行為對防法人口老化的政策思考，臺北大學通識教育中心。
	與談人，法律選擇：國家利益與個人利益之協調（報告人：李光波），第五屆海峽兩岸國際私法學術研討會，主辦單位：台灣國際私法研究會、中國國際私法學會；承辦單位：玄奘大學、武漢大學國際法研究所。
2010	與談人，臺灣競爭法律的專利權行使——兼論對中國大陸的借鑑（報告人：寧立志所長，武漢大學），2011科技法律國際學術研討會暨海峽兩岸智慧財產權法律研討會，高雄第一科技大學。
	與談人，從侵權行為法新體系再論智慧財產權之間接侵權，2010兩岸四地財產法學術研討會，中正大學。

年代	論文內容
2010	與談人，電視節目版式法律保護之研究，企業及財經法律學術研討會，南臺科技大學。
2011	發表人，全球化下資訊之傳播與交流，臺灣法律資訊中心，中正大學。
	與談人：「入世十年四問」（發表人，清華大學車丕照教援，第三屆兩岸國際法學論壇學術研討會，2011）國際法學會。
	主持人兼評論人：雲端運算與資訊保護之探討——以美國法為主，2011年科技法律學術研討會，高雄第一科技大學。
	發表人，法學英文之教與學，專業法律英文教與學工作坊，南臺科技大學，財經法律研究所。
2012	發表人，災害防救法評釋，臺灣海洋大學2012學術研討會。
	發表人，環境保護與國際貿易，中達環境法論壇，武漢大學。

E.政府委辦研究計畫

年度	補助單位	研究計畫名稱	時間
1996	行政院文化建設委員會	文化創新：智慧財產之開發與保護專題研究	1995年至1996年
2007	教育部	96年度法律專業科目教學改進計畫——智慧財產權理論與實務（計畫主持人）	2007.06.01至2008.07.31
2008	內政部警政署刑事警察局	「有關IP監察技術可行性評估與法制分析之研究（上）——第二類電信監察法制分析研究」（計畫主持人）	2008.07.31至2009.01.31

目錄

第一部分

公司法

章　次

第一章　總則

第一節　公司之概念

公司之意義：公司法第1條第1項明白指出：公司者，係以營利爲目的，依照公司法組織，登記而成立之社團法人。分析說明如下：

一、公司爲法人

法律上之人分爲自然人與法人。法人者乃非自然人，得爲權利義務主體之組織。公司一旦經有效成立，即被法律賦予人格，使該組織體自身具有資格，享受權利，負擔義務。

二、公司爲社團法人

法人者依其組織基礎，分爲社團法人與財團法人兩大類。社團法人係以人之結合爲基礎，以章程之訂定爲成立要件，如工會、農會等是；而財團法人則是以財產之設定爲基礎，以財產之捐助爲成立要件，例如寺廟等是。

公司係由股東訂定章程而組織成立，既以股東爲基礎乃爲社團法人。

三、公司爲以營利爲目的之社團法人

所謂「以營利爲目的」，乃是指以其出資經營某項事業所獲得之利益，分配予其社員爲最終目的者而言。公司成立之目的，係在以營業所生之利益，分配予其股東，故公司爲營利社團法人。

四、公司之履行社會責任

公司經營業務，得採行增進公共利益之行為，善盡其社會責任。公司之社會責任包括：應遵守法令及考量商業倫理規範，採取妥適之負責任之商業行為；得為公共福祉、人道主義及慈善之目的，捐獻適當數目之資源。總之，公司之經營，不僅是謀求股東之最大利益，更應關照股東以外之利害關係人。

第二節　公司之種類

一、法律上之分類

現行公司法依據股東責任之態樣，依公司法第2條將公司區分為無限公司、有限公司、兩合公司及股份有限公司，說明如下：

（一）無限公司：指二人以上股東所組織，對公司債務負連帶無限清償責任之公司。

（二）有限公司：由一人以上股東所組織，就其出資額為限，對公司負其責任之公司。

（三）兩合公司：指一人以上無限責任股東，與一人以上有限責任股東所組織，其無限責任股東對公司債務負連帶無限清償責任；有限責任股東就其出資額為限，對公司負其責任之公司。

（四）股份有限公司：指二人以上股東或政府、法人股東一人所組織，全部資本分為股份；股東就其所認股份，對公司負其責任之公司。

公司名稱，應標明公司之種類。

二、學理上之分類

　　以公司之信用基礎來區分而作學理上之分類，有人合公司、資合公司及人合兼資合公司，說明如下：

（一）人合公司

　　1.為公司之信用基礎，依存於股東之人的資望者。

　　2.無限公司為典型之人合公司，蓋無限公司，其信用在人，是否能得債權人之信用，不在公司資本之多寡，而係視股東個人之信用。

（二）資合公司

　　1.係公司之信用基礎，依存於公司之物的資本者。

　　2.股份有限公司為典型的資合公司，蓋其信用全在公司資產，公司債權人所恃以安心而與之交易者，惟以其資本為依據，至於股東各人信用之有無，則可置之不問。

（三）人合兼資合公司

　　1.為公司之信用基礎，並存於股東個人信用與公司資本者。

　　2.兩合公司兼有人合與資合兩種性質，故屬之。

　　3.有限公司如就對外關係言之，應屬資合公司，但就對內關係言之，依我公司法之規定，則屬人合公司之性質。

三、股本構成上之分類

（一）公營公司

　　依公司法組織，並由政府與人民共同出資經營，而其中政府之資本，超過百分之五十以上之公司。

（二）民營公司

民營公司之業務由人民經營或是由政府與人民合資經營；但民股則超過百分之五十以上之公司，是為民營公司。

四、隸屬國籍上之分類

（一）本國公司

依我國公司法組織登記而成立之公司，且其總公司之國籍隸屬我國。

（二）外國公司

依外國法律組織登記，並經我國政府認許，在我國境內營業之公司。

第三節　公司之名稱及住所

一、公司之名稱

（一）公司之名稱如何命名，採自由主義；任憑當事人自由選定，得以股東姓名或其他名稱作為公司之名稱。

（二）但為使與公司往來之交易相對方，能對公司性質一目瞭然；避免侵害其他公司已建立之商譽；表明股東所負責任；避免使人誤認公司之國籍；或防止有影射政府機關或公益團體而從事營利之行為，我國法律對公司名稱之選用，設有如下之限制[1]：

1.商號之名稱，不得使用公司字樣，縱使公司名稱係沿用舊商號，仍應受公司名稱使用之限制。

---

[1] 賴源河，實用公司法，台北，五南圖書出版股份有限公司，2018年，第73至75頁。

2.公司名稱，必須標明其種類。種類係指公司法上所規定之種類，例如「大友有限公司」、「小利無限公司」等，不得僅稱「大友公司」、「小利公司」。

3.公司名稱應使用我國文字。

(1) 公司得向主管機關申請公司外文名稱登記，主管機關應依公司章程記載之外文名稱登記之。至於外文種類，由中央主管機關定之。

(2) 公司外文名稱登記後，有下列情事之一者，主管機關得依申請令其限期辦理變更登記；屆期未辦妥變更登記者，撤銷或廢止該公司外文名稱登記：

①公司外文名稱與依貿易法令登記在先或預查核准在先之他出進口廠商外文名稱相同。該出進口廠商經註銷、撤銷或廢止出進口廠商業登記未滿二年者，亦同。

②公司外文名稱經法院判決確定不得使用。

③公司外文名稱與政府機關、公益團體之外文名稱相同。

(3) 公司法第392條之1雖允許公司得向主管機關申請外文名稱登記，惟為避免公司誤解得僅以外文名稱登記，爰修正公司法第18條第1項規定，重申公司名稱應使用我國文字。

4.公司名稱應避免與他公司或有限合夥相同之名稱。

(1) 公司之名稱，經為公司登記後，即享有排他效力。

(2) 公司名稱，不得與他公司或有限合夥名稱相同，二公司或公司與有限合夥名稱中標明不同業務種類或可資區別之文字者，視為不相同。

5.公司不得使用易於使人誤認其與政府機關、公益團體有關或有妨害公共秩序或善良風俗之名稱。

6.外國公司之名稱，應譯成中文，除標明其種類外，並應標

明其國籍，如「英商」德記股份有限公司。

（三）公司使用英文名稱，並非公司法及商業登記法所規定應經登記之事項，因此毋須向主管機關登記或報備，亦不須訂明於章程，即使在章程中加以規定，仍不發生登記之效力。

（四）公司所營事業應依中央主管機關所定營業項目代碼表登記。已設立登記之公司，其所營事業為文字敘述者，應於變更所營事業時，依代碼表規定辦理。

（五）公司名稱及業務，於公司登記前應先申請核准，並保留一定期間；其審核準則，由中央主管機關定之。

二、公司之住所

原則上，公司法第3條第1項明文規定：「公司以其本公司所在地為住所。」說明如下[2]：

（一）自然人在法律上必有一定之住所，公司既為法人而與自然人同具人格，自亦應有一定之住所，以享受權利、履行義務。

（二）公司法規定，公司以其本公司所在地為住所。

（三）公司僅有法定住所，與自然人之住所可分為法定住所及意定住所，且得以居所視為住所者不同。

（四）住所在法律上之效果：

1.定主管機關監督權之行使。

2.定普通訴訟或非訟事件之管轄法院。

3.定債務之履行地。

4.定國際私法上應適用何國法律。

---

[2] 同前註，第76頁。

5.定行使或保全票據權利之處所。

（五）法人章程記載之本公司所在地爲法人業務關係、法律行爲中心地。

（六）公司所在地係爲法律關係之中心地域，尚非爲營業行爲之發生地。

第四節　公司之能力

一、公司之權利能力

所謂「能力」，乃是指地位或資格之意。權利能力即是指得爲權利義務之主體，即享受權利負擔義務之能力或資格。公司既爲法人，原則上得享有與自然人相同之權利能力。惟其畢竟不是自然人，其權利能力受有下列之限制[3]：

（一）性質上之限制

1.凡以人之自然性質爲前提之權利義務，如親屬法上之權義（親權、扶養請求權、繼承權等）及關於生命、身體之權利（生命權、身體權等），公司均無從享受或負擔。

2.反之，凡不以人之自然性質爲前提之權利義務，如名譽權、財產權、信用權、資格權、接受遺贈權等，公司均得享受之。

（二）法令上之限制

1.法人僅於法令限制內，有享受權利、負擔義務之能力。

2.公司不得爲他公司無限責任股東或合夥事業之合夥人。此

---

[3] 同前註，第77至80頁。

限制乃因無限責任股東或合夥人，對於公司或合夥事業之債權人應負無限連帶清償之責任，倘公司得為他公司之無限責任股東或合夥事業之合夥人，萬一他公司或合夥事業虧損以至於倒閉，勢必受連累，故特予限制。至於有限責任股東，係以出資額為限負其責任，公司為他公司之有限責任股東，自無不可。

3.無限公司、有限公司、兩合公司或非公開發行股票之公司，不再受投資比例之限制。

4.公開發行股票之公司為他公司有限責任股東時，其所有投資總額，除以投資為專業或公司章程另有規定或經代表已發行股份總數三分之二以上股東出席，以出席股東表決權過半數同意之股東會決議者外，不得超過本公司實收股本百分之四十。惟為求公開發行股票公司資本之確定與充實，其投資總額原則上不得超過自己公司實收股本百分之四十。但以投資為專業者，因投資即其公司之事業，自不應加以限制。

5.獨資或合夥之營利事業，因無權利能力，故不得為公司之股東。兩公司訂立合夥契約，應屬無效。

6.惟所謂投資，係指公司以財產對他公司為現實之出資行為而言，其因接受被投資之公司以盈餘或公積增資配股所得之股份，不受限制。

7.公司負責人違反此限制規定時，應賠償公司因此所受之損害。故此限制規定係一命令規定，而非效力規定。

（三）目的上之限制

1.目的範圍之限制

原公司法第15條設有登記範圍之限制，即公司之業務一經登記之後，公司不得經營其登記範圍以外之業務，惟該規定已於

100年11月12日修正時刪除之。

2.保證之限制

(1) 公司除依其他法律或公司章程規定得為保證者外，不得為任何保證人。

(2) 限制保證之目的，在於穩定公司財務，保護股東及公司債權人之權益，以免公司財務因保證致被查封拍賣抵償，而遭受損失。

(3) 公司提供動產或不動產為他人借款之擔保設定抵押權，就公司財務之影響而言，與為他人保證之情形相同，仍應受限制。

(4) 以公司名義背書支票，不牽涉保證問題，故以公司名義背書支票，並不違反本項之限制。但若以公司名義在支票上為民法上之保證，該公司又非依法律或章程規定得為保證，雖不發生票據法上保證之效力，仍生民法之保證效力。

(5) 公司法第16條之保證，除民法上之保證外，兼指票據法上之保證，故公司不得為匯票或本票之保證人。

(6) 欲經營保證業務，必須於章程所營事業項下列明，倘僅於章程附則內規定，雖不合規定，但章程內既經訂明得為保證，該公司對其保證行為，自仍應負責。

(7) 公司負責人違反此項限制之規定，應自負保證責任，如公司受有損害時，亦應負賠償責任。

(8) 公司法第16條之規定為效力規定。公司負責人如違反本條規定，既非公司行為，對公司自不生效。

(9) 公司法所稱之不得為任何保證人，在解釋上應包括任何形態之保證行為在內。

(10) 違反公司法之保證契約，應屬無效。

(11) 公司得為共同發票或背書行為。

(12) 公司以債務承擔方式代他人清償債務，就公司財務之影響而言，與為他人保證人之情形無殊。

(13) 所謂不得為任何保證人，非僅指公司本身與他人訂立保證契約為保證人，即承受他人之保證契約，而為保證人之情形，亦包括在內。

(14) 票據之隱存保證背書仍生效力。

(15) 公司法第16條第1項規定者，公司除依其他法律或公司章程規定得為保證者外，不得為任何保證人，故如公可係以合建契約之約定範圍內為票據債務之簽發，並該票據並無記載有保證之意思者，如未有為其他之委任或保證契約者，即應難謂有違此規定，而有免除發票人責任之情事。

二、公司之意思能力及行為能力

公司為法人，其意思之決定與否，表現於機關之活動；公司之負責人如董事或代表公司之股東，為公司之機關。該董事或代表公司之股東於執行職務所為之行為，乃公司之行為，而非董事或代表公司之股東的個人行為。另外，董事或代表公司之股東對內有處理公司一切事務之權，其行為屬於代表權限，而非代理性質。

（一）至於公司有無意思能力及行為能力，從法人之本質上來加以審視，學說上並不一致，結論並不相同。分別說明如下[4]：

---

[4]　同前註，第81頁。

1.採法人擬制說者，以爲法人乃由法律所假設，否認公司有實體之存在，故公司無意思能力及行爲能力，公司之董事乃公司之法定代理人，其所爲行爲，係董事自身之行爲，不過其效果及於法人，由法人依據代理之法理享受權利、負擔義務而已。

2.採法人實在說者，謂法人有實體之存在，並非由於法律之擬制，而認爲公司兼具意思能力及行爲能力，公司之董事爲公司之機關，董事之行爲即爲公司之行爲。

（二）我現行法採法人實在說，認爲公司有意思能力及行爲能力。

（三）公司意思之決定與實行，係表現於機關之活動，由公司負責人代表爲之。

三、公司之責任能力

（一）責任能力之界定

所謂責任能力，乃是指行爲人對於行爲之結果，所應負責任之資格或地位；在民法上稱之爲侵權行爲能力，而在刑法上則稱之爲犯罪能力。

（二）公司侵權行爲能力之決定

其決定之標準，說明如下[5]：

1.公司法第23條第2項規定：「公司負責人對於公司業務之執行，如有違反法令致他人受有損害時，對他人應與公司負連帶賠償之責。」此乃將公司機關之行爲視爲公司之行爲，而令公司負擔賠償責任，故公司亦有侵權行爲能力。

---

[5] 同前註，第81至82頁。

2.公司就其機關之侵權行為負擔損害賠償責任，必須具備以下四個要件：

(1) 侵權行為須為公司負責人之行為。

①何為公司負責人，公司法第8條設有定義規定。

②不具備「公司負責人」地位者，如經理以下之職員，其侵權行為不構成公司本身之侵權行為，故損害賠償責任當應另依民法第188條之規定處理。

(2) 侵權行為必須係因其執行業務而發生。

①所謂「執行業務」，一般係採廣義解釋，即指公司機關執行於其機關地位上所應執行之業務。故凡行為之外觀足認其為執行業務之行為者固勿論，即與業務之執行有密切關係者，亦屬於執行業務之行為。

②執行業務之行為，並不以法律行為為限，事實行為亦包括在內。

③公司負責人個人非執行業務之侵權行為所致之損害，公司無須負任何責任。

(3) 須以他人因此受有損害為要件。

(4) 不以公司負責人有故意或過失為成立要件。

3.公司負責人為公司簽發票據係屬代理行為，在有權代理範圍內，應由公司負票據上責任。倘屬無代理權或逾越代理權限時，依票據法第10條之規定，則應由代理人自負票據上責任。

4.公司法第23條第2項係以違反法令致他人「私權」受有損害，為公司負責人責任之發生要件，若「公權」受有損害，則不得以此為請求賠償之依據。

5.公司法第23條第2項所定連帶賠償責任，係基於法律之特別規定而來，並非侵權行為上之責任，故消滅時效，應適用民法

第125條規定之十五年時效期間。

（三）公司犯罪能力之認定

公司犯罪能力之有無，學說上不一，說明如下[6]：

1.公司有無犯罪能力，向有肯定說與否定說。

2.我國最近之判例採否定說，其所持理由為刑罰之種類有五種，能為公司所適用者，僅罰金刑一種，且如公司無力繳納罰金時，並無法為易服勞役，從而認為法人不具有犯罪能力。

3.但我國特別刑事法中，如礦場安全法第45條、食品安全衛生管理法第49條第5項等亦有處罰公司之規定，故就特別刑事法觀之，公司仍有犯罪能力，但僅限於財產刑而已。

4.我國公司法均以公司負責人為處罰之對象，故無公司是否有犯罪能力之爭。

第五節　公司之設立

一、公司設立之意義

所謂公司之設立，乃是指取得公司之資格，所需完成所有法律要件之一切行為。此之「一切行為」，有概括稱之為「設立行為」。於公司法之條文中，有時以「成立」稱之。而「成立」者係就公司本身論之。因此，設立為成立之前提，成立為設立之結果。

二、公司設立之要件

「公司設立」，係指組成公司團體，由發起人共同訂立章

---

[6] 同前註，第83頁。

程，收足股款，然後完成一定之程序「申請登記」，而取得法人人格之法律行為。其要件如下[7]：

（一）發起人

公司之設立，須由發起人出而推動。在股份有限公司，應有二人以上之發起人，但政府或法人股東一人所組織之股份有限公司，不受前開之限制。

（二）資　本

公司係以營利為目的，必有資本方能從事其營利之活動。公司之資本，係由股東募集而成，股東之出資，除無限責任股東得以信用或勞務出資外，其餘均須以現金或財產出資，且公司非依法律之規定收繳股款後，不得辦理登記。

（三）章　程

公司之設立，須由發起人全體同意，訂立章程。章程之訂立，乃一種法律行為，其如何訂定，因公司種類而異，惟若公司設立時未訂定章程，或未經全體發起人簽名蓋章，則其設立行為無效。

三、公司設立之方式

我國公司法對於公司之設立，與世界上多數國家一樣，對於公司之設立，必須完成一定之要件作為「準則」，所謂準則主義之採用。亦即由法律規定公司設立所須之要件，符合所有要件者，即可設立。

---

[7] 同前註，第87頁。

公司設立之方式，由資本取得方式之不同，而有如下之區別。

（一）發起設立

又稱單純設立。即由發起人認足公司第一次擬發行之股份總額或資本之總額，不再向外另行募集資本之設立方式，亦稱同時設立。各種公司均得採取此種方式設立。

（二）募集設立

又稱募股設立、漸次設立、或複雜設立。即發起人不認足第一次應發行之股份總額，而將不足之「額」向外公開招募之設立方式。僅股份有限公司，得採取此種方式而設立。

第六節　公司之登記

一、公司登記之意義

所謂公司登記者，乃係公司將應行公告周知之事項，向其主管機關登記，以備公眾閱覽或抄錄。此乃因公司為法人，為保護社會交易之安全，有必要加以登記，公示於社會大眾。

二、公司登記之種類

公司登記之種類，概括而言，約分為下列六種[8]：

（一）設立登記

公司非在中央主管機關登記後，不得成立。故公司之設立，

---

[8] 梁宇賢，公司法論，台北，三民書局，2015年，第59至60頁。

除訂立章程外，尚須經登記方能成立。既已成立，自得經營業務。但本法第17條第1項規定公司之業務，依法律或基於法律授權訂定之命令，須經政府許可者，於領得許可文件後，方得申請公司登記營業。蓋有些公司之業務與國計民生或國防有關，故法律或基於法律授權訂定之命令，採干涉管制政策，規定須經政府許可，始能經營。例如航空公司、輪船公司經由交通部核准許可之；銀行、保險公司經由金融監督管理委員會許可；礦業公司經由經濟部許可等是。因此公司之成立，依法令如須經政府許可之業務，應即申請許可，經核准領到許可證件後，應於申請設立登記時，附繳許可證件，主管機關方得辦理公司設立登記。所謂許可證件，應以法律有明文規定者為限。

（二）認許登記

外國公司非在其本國設立登記營業者，不得申請認許。非經認許給予認許證並領有分公司執照者，不得在中華民國境內營業。

（三）撤銷登記

依本法第17條第1項規定而取得業務之許可者，倘該業務之許可經目的事業主管機關撤銷或廢止確定者，應由各該目的事業主管機關通知中央主管機關，撤銷或廢止其公司登記或部分登記事項。蓋許可事業經目的事業主管機關撤銷或廢止許可後，如不賦予主管機關撤銷或廢止登記之權，將影響管理工作至鉅，故本法第17條第2項規定撤銷或廢止登記。

（四）廢止登記

依本法第17條所規定之廢止登記，請閱上述「（三）撤銷

登記」所述。又公司法第397條規定，公司之解散，不向主管機關申請解散登記者，主管機關得依職權或據利害關係人申請，廢止其登記。

　　主管機關對於前述之廢止，除命令解散或裁定解散外，應定三十日之期間，催告公司負責人聲明異議；逾期不為聲明或聲明理由不充分者，即廢止其登記。

（五）變更登記

　　公司為設立登記後，其已登記之事項有變更者，應為變更登記，否則不得以其事項，對抗第三人，例如公司事務所之遷移、經理人之退休、其他因素離職等是。倘經理人解任，在尚未正式派任經理前，其職務暫由副理代理，無需辦理變更登記。又本法第387條第4項規定訂立「公司登記辦法」所規定關於公司設立、變更等登記，訂有期限者，代表公司之負責人違反依第1項所定辦法規定之申請期限者，處新臺幣一萬元以上五萬元以下罰鍰。

（六）解散登記[9]

　　1.公司之解散，除破產外，應申請主管機關為解散之登記。

　　經特許機關予以勒令歇業之公司，倘係僅經營特許業務者，因其乃屬公司所營事業不能成就，已構成公司解散之原因，故應辦理解散登記。

　　公司向主管機關申請解散登記，如因手續不全送經通知補正均未遵辦時，可持原申請書件及規費收據，暫時訂入該公司原卷內備查續辦。

---

[9]　見前揭註1，第90至91頁。

公司申請解散登記，尚無因涉嫌逃漏稅捐而予以暫緩受理之規定。

2.股份有限公司董事長死亡而辦理解散登記時，得免先辦補選董事長變更登記。

公司解散登記與營利事業歇業登記，未可相混，公司組織停止經營業務時，應依公司法規定申請解散登記，而依稅法規定向所屬縣市政府申辦營利事業歇業登記時，仍應依法辦理解散登記。

公司提出申請解散登記，在主管機關尚未核准前，得由原申請書具名蓋章人申請撤回。

3.公司之解散，不向主管機關申請解散登記者，主管機關得依職權或據利害關係人申請，廢止其登記。又主管機關對於前開之廢止，除命令解散或裁定解散外，應定三十日之期間，催告公司負責人聲明異議；逾期不為聲明或聲明理由不充分者，即廢止其登記。

公司經主管機關依法撤銷登記處分確定者，其公司即不存在，毋庸再申辦解散登記，但撤銷登記之處分，應送達於被處分之公司。

公司向主管機關申請解散登記並經核准後，即告確定，自不得申請恢復原登記。

第七節　公司登記之效力

一、設立登記

我國公司法，就公司之設立登記，係採登記要件主義。公司非經登記，不得成立。

公司一旦設立登記後，即發生如下之效力：

（一）取得法人之人格。

（二）取得名稱專用權之權利。

（三）取得公司之營業權。

（四）享有股份有限公司之特別權利：股票之發行及轉讓權

二、其他事項之登記則採對抗主義

公司法第12條規定：公司設立登記後，有應登記之事項而不登記，或已登記之事項有變更，而不為變更之登記者，不得以其事項對抗第三人。

此處之第三人，並無善意或惡意之別；且公司雖已停業，在未辦理解散登記之前，不得以解散對抗第三人。

又公司負責人變更，經主管機關核准變更登記時，該新登記之負責人，在法律上即生對抗第三人之效力。

第八節　公司之監督

所謂公司之監督，一般係指對公司之設立、執行業務、公司管理，以及股東及投資人之利益的維護所作之監察督導。

一般而論，將公司法所規定之外部監督中，區分為設立登記前之監督，及設立登記後之監督，說明如下：

一、設立登記前之監督

（一）依法登記

公司法第6條規定：公司非在中央主管機關登記後，不得成立。

（二）實質審查

主管機關對於公司登記之申請，依法作實質審查，有不合法定程式者，應令其改正；非俟改正合法後，不予登記。

（三）公司名稱之禁止使用

凡未經設立登記，不得以公司名義，經營業務，或為其他法律行為。亦即未完成設立登記者，不得使用公司名稱。

二、設立登記後之監督

設立登記後之監督，主要有下列三項，說明如下[10]：

（一）撤銷或廢止公司登記

公司應收之股款，股東並未實際繳納，而以申請文件表明收足，或股東雖已繳納而於登記後將股款發還股東，或任由股東收回者，其罰則如下：

1.對公司之處罰：上開資金不實之情事經法院裁判確定後，由檢察機關通知經濟部撤銷或廢止其登記。惟公司能在法院裁判確定前，主動補正，或經主管機關經濟部通知限期補正後，將原不實之資金補正者，則可免受處罰。

2.對公司負責人處罰：公司負責人有上述偽造申請文件或登記後發還股東之情形，經判決確定後，得處以五年以下有期徒刑、拘役或科或併科罰金。至於公司或第三人因此而受損害，公司負責人並應與各該股東負有民事上之連帶賠償責任。

---

[10] 吳威志主編，商業法，新北市，全華圖書公司，2015年，第4-19至4-20頁。

（二）解散公司

政府實施其監督行為而解散公司之方式有二：

1. 行政機關之命令解散

公司設立登記後滿六個月尚未開始營業，或開始營業後自行停止營業六個月以上者，主管機關得依職權或利害關係人之申請，命令該公司解散之。但已辦妥延展或停業登記者，不在此限。

2. 司法機關之裁定解散

公司之經營，若有顯著困難或重大損害，如股東意見不合，或嚴重虧損時，法院據股東之聲請，於徵詢主管機關及目的事業主管機關意見，並通知公司提出答辯後，裁定解散。

（三）檢查公司業務與財務狀況

公司每屆會計年度終了，應將營業報告書、財務報表及盈餘分派或虧損撥補之議案，提請股東同意或股東常會承認。提報之書表主管機關得隨時派員查核或令其限期申報；並得會同目的事業主管機關，隨時派員檢查公司業務及財務狀況，公司負責人不得妨礙、拒絕或規避。

第九節　公司之解散

一、公司解散之意義

所謂公司之解散，乃是指已成立之公司，因為章程或法定事由之發生，以致公司法人人格消滅所表現之法律事實。公司之解散，非公司法人人格之消滅；而是公司法人人格消滅之原因。公

司解散後，必須經過清算之程序，將其對內及對外之法律關係加以整頓，至清算完成，其法人人格始歸消滅。但如有其他法定之整頓既存法律關係之程序存在時，如公司之合併、分割或破產而解散者，則公司可例外不經清算而歸於消滅。

二、公司解散之事由

公司解散須有原因，且隨公司之種類不同而有差異；公司解散之事由，則有（一）任意解散；（二）法定解散；（三）命令解散；及（四）經法院裁定命令解散。分述如下：

（一）任意解散

公司基於其本身之意思而解散。例如公司章程所定解散事由之發生，或由股東三分之二以上之同意或股東會所為之決議而解散之。

（二）法定解散

此即公司因法律所規定之解散事由的發生而消滅。例如公司所營事業已成就或不能成就、股東經變動而不足公司法所定之最低人數、股東減少至不足法定之最低人數、與他公司合併、公司破產、或公司分割等均是。

（三）命令解散

公司因主管機關或法院命令而解散。如：1.主管機關依職權或依利害關係人之申請而命令解散；2.經法院裁判確定後，由主管機關撤銷或廢止公司之登記。

（四）經法院依裁定命令解散

公司之經營，有顯著困難或重大損害時，法院得依據股東之聲請，於徵詢主管機關及目的事業中央主管意見，並通知公司提出答辯後，裁定解散，如公司因股東意見不合，無法繼續營業，而其餘股東又不同意解散時，公司之股東得向法院聲請裁定解散。

三、公司解散之效果

（一）應行清算

所謂清算乃是指於公司解散後，處分財產，用以了解法律關係之做法。關於解散之公司，除因合併、分割或破產而解散外，應行清算。公司經宣告解散，其法人人格於解散之後，清算完結之前，尚屬存在，仍具有權利能力及行為能力，僅是此二能力侷限於清算目的之範圍內。凡以營業為前提之一切法規，均不得沿用。但為了結現務及便利清算之目的，得暫時經營業務。

（二）更易公司負責人

公司解散後清算中，清算人在公司清算程序，取代原執行業務之股東或董事之地位，而為公司之負責人。

清算人有代表公司在清算範圍內，為訴訟上及訴訟外，一切行為之權。

（三）應為解散之登記及公告

公司之解散，除破產外，命令解散或裁定解散，應申請主管機關為解散之登記。且公司之解散，不向主管機關申請解散登記者，主管機關得依職權或據利害關係人之申請，廢止其登記。

（四）清算程序中，由法院監督

公司之一般監督由主管機關爲之。而公司解散後之清算監督則由法院爲之。故法院得因監督之必要，作檢查及處分。

（五）清算終結，公司之人格始歸消滅

解散之公司，於清算範圍內，視爲尙未解散。亦即公司之法人人格並未即時消滅，必須待清算完結，其法人人格方始消滅。

四、公司解散之防止

公司之解散，對於股東、債權人及公司之員工，影響甚大，同時亦有危及國計民生。因此，如何防止公司解散，須有所了解。說明如下[11]：

（一）防止公司解散之理由

公司一旦成立，即爲社會經濟擔當一重要角色，其解散消滅，不但攸關股東個人之利益，對於社會經濟利益、大衆交易之安全，均有影響。故公司法乃設有防止公司解散之制度，在特定情形下，允許公司或股東依聲請或同意之方式扭轉生機。

（二）防止公司解散之方法

1.申請延展

公司設立登記後滿六個月尙未開始營業，或開始營業後自行停止營業六個月以上者，主管機關本得依命令解散之，惟已辦妥延展登記或停業登記者，不在此限。

---

[11] 見前揭註1，第108頁。

2.同意繼續經營

因章程所定解散事由發生，或因公司所營事業已成就或不能成就而須解散者，得經全體股東或一部股東之同意繼續經營，其不同意者，視為退股，惟此時公司應變更章程。

3.加入新股東

股東經變動致不足公司法所定最低人數時，如股份有限公司之股東不足最低人數者，得加入新股東繼續經營，以防解散。

第十節　公司之合併

一、公司合併之意義

公司法所稱公司之合併，乃是指兩個或兩個以上之公司，訂立合併契約，依照公司法所規定之合併程序，不必經過清算，而歸併成為一個公司之法律行為，其因此所消滅之公司的權利與義務，則概括地由合併後存續或另立之公司承受者承擔。

另外因合併之當事人為公司本身，而非公司之股東，故非屬公司組織者，不得合併。簡言之，合併為透過公司間之契約行為，而由代表人訂立契約，且參與合併之公司，至少必有一個歸於消滅，將其權利與義務概括地移轉給合併後之公司。

二、公司合併之方式

針對公司合併，乃是指兩個或兩個以上的公司，經由法定之合併程序來完成合併。公司法對於公司合併，僅於無限公司與股份有限公司，有詳細規定，他種公司則準用之。

（一）創設合併

又稱爲新設合併。凡有兩個或兩個以上之公司在合併後，其原有之公司，均歸消滅，而另成立新公司。

（二）吸收合併

又稱爲存續合併，或併吞合併。凡是一個以上的公司合併入他公司，合併後僅一個公司存續，而其餘公司均歸消滅。

三、公司合併之程序

合併程序之進行，依公司法及企業併購法之相關規定辦理[12]。

（一）訂立合併契約

公司之合併，應由兩個以上之公司間訂立合併契約。各公司應以自己之股東所決議之合併條件，爲訂立合併契約之基礎。倘公司負責人未依前述一、股東同意或股東會之決議，而先行訂立公司合併契約時，該合併契約須以全體股東或股東會之合併決議通過，爲合併契約之停止條件，並於該停止條件成就而生效。如決議之內容與契約內容不同，決議仍能有效成立，但須由當事公司再協議，修改合併契約。

（二）合併之決議

合併契約作成後，各該參與合併之公司，必須作成合併決議。

合併決議本身之內容並不受合併契約之拘束，即使參與合併

---

[12] 見前揭註1，第110頁；前揭註8，第126頁。

之公司為與合併契約條款不同之決議，該決議仍能有效成立，但當事公司須互為協議，修改合併契約，以資配合。

　　股東中有不同意合併，或合併之條件者，得予退股或請求收買其股份。

　　合併決議，旨在防止因合併而致侵害股東之權利，故公司法乃採加重表決制，如無限公司、有限公司、兩合公司之合併須經合併公司全體股東之同意、股份有限公司之合併決議，應有代表已發行股份總數三分之二以上股東之出席，以出席股東表決權過半數之同意行之，但公開發行股票之公司，出席股東之股份總數不足前述定額者，得以有代表已發行股份總數過半數股東之出席，出席股東表決權三分之二以上之同意行之。

（三）編造資產負債表及財產目錄

　　公司決議合併時，凡欲參與合併之公司，均應即編造資產負債表及財產目錄，俾明瞭各公司合併時之財務狀況，以利合併之進行。

（四）對債權人之通知或公告，並作保護措施

　　公司決議合併時，應即編造資產負債表及財產目錄。公司為合併之決議後，應即向各債權人分別通知及公告，並指定三十日以上期限，聲明債權人得於期限內提出異議，否則視為承認。當今資訊發達，交通便利，為利合併時程之簡化，故債權人聲明異議之期限不宜過長。公司負責人違反上述規定而與其他公司合併時，如有損害債權人者，自應依法負民事責任；另資產負債表或財產目錄，為虛偽之記載者，依刑法規定處罰。公司不為本法第73條之通知或公告，或對於在指定期限內提出異議之債權人不

為清償，或不提出相當擔保者，不得以其合併對抗債權人。公司負責人違反之，而與其他公司合併時，如有損害債權人者，自應依法負民事責任。

　　其次，股份有限公司特別程序之規定，請閱股份有限公司章中關於公司合併之規定，於此不再述及。

（五）申請為合併之登記

　　公司為合併時，應於實行後十五日內，向主管機關分別依下列各款申請登記。但經目的事業主管機關核准應於合併基準日核准合併登記者，不在此限：

　　1.存續之公司，為變更之登記。

　　2.消滅之公司，為解散之登記。

　　3.另立之公司，為設立之登記。

　　所謂實行，是指完成合併程序之行為而言。

四、公司合併之效力[13]

（一）公司之消滅

　　創設合併時，則合併前之公司，不經清算程序而全歸消滅。吸收合併時，則除一個公司存續外，其餘之公司不經清算程序，其公司法人之人格均歸消滅；故本法規定合併為公司解散事由之一種。但卻異於通常之解散。蓋通常之解散，須辦理清算，俟清算完結，公司法人之人格始消滅。

---

[13] 見前揭註8，第128至129頁。

（二）公司之變更或新生

在吸收合併而存續之公司，其章程自應隨之而變更。在新設合併時，則新公司因之而產生。至於因合併而消滅之公司，其股東當然加入新設或存續之公司，此異於收買他公司之全部營業而不收納其股東之合併。

（三）權利義務之概括承受

因合併而消滅之公司，其權利義務，應由合併後存續或另立之公司承受。此乃指合併適法而言，倘合併未成立，其權利義務，自無移轉之理。

第十一節　公司之變更組織

一、公司變更組織之意義

公司變更組織，乃是指公司不中斷其法人資格，而變更其章程及股東所負之責任，將其組織型態變更爲他種型態之行爲，例如有限公司變爲股份有限公司、兩合公司變爲無限公司者是。

按照現行公司法第71條之規定，公司變更組織時並未將其列爲公司解散之事由，因此公司變更並不構成解散，自無須辦理清算。是故公司變更組織乃是簡化程序，僅在形式上辦理變更登記即可，使公司業務不致中斷。

二、公司變更組織之要件

公司變更組織，其要件如下[14]：

---

[14] 見前揭註8，第130至131頁。

（一）須全體股東之同意

公司組織變更，對股東利益及公司業務影響甚鉅，故須全體股東之同意。

（二）不中斷法人之資格

在法人人格繼續之情況下，變更組織而成為他公司。

（三）限於變為本法他種法定形態之公司

所謂法定形態，即變為本法所規定四種公司組織形態之一，而與原公司不同種類。由於公司種類變更，其組織亦隨之變更，股東所負之責任，亦因而變更。

（四）以變更章程為必要

依本法第2條第2項之規定，公司之名稱，應標明其種類。惟公司名稱，又為公司章程絕對必要記載事項。

因此，變更組織當然變更章程。本法明定無限公司股東不足法定最低人數，經加入新股東繼續經營，變更其組織為兩合公司者，或無限公司以一部分股東改為有限，或加入有限責任股東，變更組織為兩合公司。兩合公司有限責任股東全體退股時，無限責任股東在二人以上者，得以一致之同意變更其組織為無限公司，或無限責任股東與有限責任股東，以全體之同意，變更其組織為無限公司。

（五）應分別向債權人通知及公告

1.無限公司或兩合公司之變更組織

無限公司或兩合公司為變更組織之決議後，應即編造資產負債表及財產目錄，向各債權人分別通知及公告，並指定三十日以

上之期限，聲明債權人得於期限內提出異議。公司不為前述之通知及公告，或對於在指定期限內提出異議之債權人不為清償，或不提供相當之擔保者，不得以其組織變更對抗債權人。

2. 有限公司變更組織為股份有限公司

有限公司變更組織為股份有限公司時，股東對公司之責任並不因變更組織而有所不同，故有限公司為變更組織之決議後，應即向各債權人分別通知及公告，即足矣。

（六）辦理變更登記

公司之變更組織，依本法第24條規定：「解散之公司除因合併、分割或破產而解散外，應行清算。」之反面觀之，不必經清算程序，殊無疑問。惟變更組織應否解散？就法理而言，公司變更組織之目的，在省去清算、解散及再設立之麻煩，自無解散之必要。公司變更組織後十五日內，應向主管機關申請為變更之登記。

三、公司變更組織之類別

公司變更組織，並非任何公司均可變更為任何其他種類之公司。其變更原則，須以股東所負責任相同之公司，始得變更。但若股東責任不同而變更時，以無害於債權人利益為原則，始得變更之。

公司法對於公司變更組織之規範，作如下之規定[15]：

---

[15] 見前揭註8，第132頁。

（一）無限公司變爲兩合公司

其情形有二，茲分述於下：

1.公司得經全體股東之同意，以一部分股東改爲有限責任或另加入有限責任股東，變更其組織爲兩合公司。

2.股東經變動而不足無限公司最低人數二人時，得加入有限責任之新股東繼續經營而變更爲兩合公司。

（二）兩合公司變爲無限公司

兩合公司變爲無限公司之情形，依本法第126條第2項及第3項之規定，可分二種，茲述之於下：

1.有限責任股東全體退股時，無限責任股東在二人以上者，得以一致之同意變更其組織爲無限公司。

2.無限責任股東與有限責任股東，以全體之同意，變更其組織爲無限公司。

（三）有限公司變爲股份有限公司

有限公司因增加資本，得經全體股東同意，變更其組織爲股份有限公司。因此有限公司之股東僅有法人股東一人時，可變更組織爲股份有限公司，以符政府或法人股東一人即可成立股份有限公司。如屬自然人，須有二人以上之股東經全體股東之同意。

四、公司變更組織之效力

（一）公司之法人人格存續不受影響

公司法人之人格不受中斷，繼續存在而不受影響。變更組織前之權利與義務，由變更組織後之公司承接之。

（二）改變公司組織形態

由原有公司組織類別變更爲他種種類之公司時，其以無限公司之一部股東改爲有限責任而變更爲兩合公司時，則該股東對於公司在變更組織前之債務，於公司變更登記後二年內，仍須負連帶無限責任。至於其他種類之變更組織，則對債權人之權利並無不利。

第十二節　公司之負責人及經理人

一、公司負責人之意義

公司爲法人，但其一切法律行爲須透過自然人爲之。亦即公司之行爲須透過自然人爲其代表；公司之代表即爲公司之負責人。

二、公司負責人之分類

（一）當然負責人

當然負責人係公司法上所指公司業務之執行機關或代表機關；在無限公司與兩合公司，爲執行業務或代表公司之股東，而在有限公司與股份有限公司則爲董事。

（二）職務負責人

公司之經理人或清算人，股份有限公司之發起人、監察人、檢查人、重整人、或重整監督人，在執行職務範圍內，亦爲公司之負責人。

（三）實質負責人

政府爲發展經濟、促進社會安定或其他增進公共利益等情

形，對政府指派之董事可視爲實質負責人。

三、公司負責人之義務

原則上，依照我國公司法之規定，公司負責人應忠實執行業務，並善盡善良管理人之注意義務，如有違反而致公司受有損害者，負損害賠償責任。

（一）忠實執行業務之義務

該義務簡稱忠實義務，係指董事執行公司事務時，應對公司盡最大之誠意，以公正之立場，追求公司之最大利益，防止其偏頗作爲，公司負責人如有違反而致公司受有損害者，負賠償之責。

（二）善良管理人之注意義務

公司負責人對公司之事務，應盡善良管理人之注意義務，如有違反，致公司受有損害時，負有損害賠償之責。

（三）侵權行爲負連帶賠償責任之義務

公司負責人對於公司業務之執行，如有違反法令致他人受有損害時，對他人應與公司負連帶賠償之責。

四、公司經理人

（一）經理人之意義

經理人者，乃爲公司管理事務，及有權爲公司簽名之人。

經理人之設置必須依據章程之規定，且一旦設置，即屬公司之常設業務執行機關。

（二）經理人之資格

1. 積極資格

經理人須在國內有住所或居所。

2. 消極資格

(1) 曾犯組織犯罪防治條例規定之罪，經有罪判決確定，尚未執行、尚未執行完畢，或執行完畢、緩刑期滿或赦免後未逾五年。

(2) 曾犯詐欺、背信、侵占罪經宣告有期徒刑一年以上之刑確定，尚未執行、尚未執行完畢，或執行完畢、緩刑期滿或赦免後未逾二年。

(3) 曾犯貪污治罪條例之罪，經判決有罪確定，尚未執行、尚未執行完畢，或執行完畢、緩刑期滿或赦免後未逾二年。

(4) 受破產之宣告或經法院裁定開始清算程序，尚未復權。

(5) 使用票據拒絕往來尚未期滿。

(6) 無行為能力或限制行為能力。

(7) 受輔助宣告尚未撤銷。

(8) 股份有限公司之監察人不得兼任經理人。

（三）經理人之產生

公司經理人之產生，依下列規定，但章程有較高規定者，從其規定。

1. 無限公司、兩合公司須有全體無限責任股東，過半數之同意。

2. 有限公司須有全體股東，過半數之同意。

3. 股份有限公司，應由董事會以董事過半數之出席、及出席

董事過半數之同意的決議行之。

（四）經理人之任免

經理人非公司之必要機關，其設置與否，依章程之規定。

經理人之任免及報酬，因公司種類之不同而異其條件：

1.無限公司、兩合公司須有全體無限責任股東過半數同意。

2.有限公司須有全體股東表決權過半數同意。

3.股份有限公司應由董事會以董事過半數之出席，及出席董事過半數同意之決議行之。

（五）經理人之職權

民法中有相關條文規定經理人之固有職權，而公司法乃民法之補充法規定，非其特別規定。因此，公司法上以章程或契約訂定關於經理人之職權，自不得牴觸民法之規定。

有關公司經理人之規定有如下之說明：

1.經理人對於第三人之關係，就商號或其分號，或其事務之一部，視為其有管理上一切必要行為之權。

2.對於不動產之買賣或設定負擔，非經公司書面授權，經理人不得為之。

3.經理人就其所任之事務，視為有代理公司為原告或被告或其他一切訴訟上行為之權。

4.經理人之職權，除章程規定外，並得依契約之訂定，經理人在公司章程或契約規定授權範圍內，有為公司管理事務及簽名之權。

（六）經理人之義務 [16]

1. 不競業之義務

經理人不得兼任其他營利事業之經理人，並不得自營或爲他人經營同類之業務。但經依第29條第1項規定之方式同意者，不在此限：

(1) 其立法意旨重在使經理人能盡忠職守，防止彼此營業競爭，免使任何一方有所偏頗。

(2) 其他營利事業，包括公司及獨資、合夥在內。

(3) 經理人雖未經登記，但既經公司委任，此種競業之情形即爲法所不許。

(4) 經理人兼職之限制，在外國公司並無準用。

2. 不得變更公司意旨之義務

經理人不得變更董事或執行業務股東之決定，或股東會或董事會之決議，或逾越其規定之權限。

3. 住所限定之義務

經理人應在國內有住所或居所，其在國內無住所者，應設定居所，以便經常爲公司處理事務，至於居所證明文件，除警察局發給之外僑居留證外，如僑務委員會核發註有國內詳細地址之華僑身分證明書，亦可參照辦理。

---

[16] 見前揭註1，第124頁。

（七）經理人之責任 [17]

1. 對於公司之責任

(1) 經理人應遵守政府法令、公司章程、董事或執行業務股東決定或股東會及董事會決議或其規定之權限，若違反而致公司受損害時，對於公司應負賠償責任。

(2) 經理人違反法令、章程，致公司受損害，公司縱不能證明該公司所受損害之數額，法院仍應審酌一切情況定其數額。

(3) 經理人違反競業禁止之義務者，公司得請求因其行為所得利益，作為損害賠償。

(4) 公司經理人違反競業禁止規定，公司得請求經理人將因其競業行為所得之利益，作為損害賠償。

(5) 公司經理人違反競業禁止，其所為之競業行為並非無效。

2. 對於第三人之責任

經理人在執行職務範圍內，為公司之負責人，故如對於公司業務之執行，應忠實執行業務並盡善良管理人之注意義務，如有違反法令致他人受有損害時，對他人應與公司負連帶賠償之責。

---

[17] 同前註，第125頁。

第二章　無限公司

第一節　無限公司之意義

　　無限公司者乃是由二人以上之股東所組成；對公司之債務，負連帶無限清償之責任。其意義如下：

　　一、無限公司乃營利之社團法人。

　　二、無限公司須有二人以上之股東所組織。

　　三、無限公司股東，對公司之債務，應負無限責任。

　　四、無限公司全體股東應負連帶責任。

　　公司之資產不足清償公司之債務時，各股東對公司債權人，應負無限責任。此乃無限公司之特質。而所謂「無限責任」乃是指不以出資額為限，亦不以特定財產為依歸；各股東對公司之債務，須負完全清償之責任。

　　所謂「連帶」之意，乃是指股東與股東之間而言，並非公司與股東之間的連帶，實際上是指公司之各個股東，就公司之債務，對於公司之債權人，各負全部給付之責任。

第二節　無限公司之設立

　　無限公司之設立，須經兩個階段，即章程之訂定及設立之登記。說明如下[1]：

一、章程之訂定

　　（一）無限公司之股東，應有二人以上，其中半數，應在國

1　賴源河，實用公司法，台北，五南圖書出版股份有限公司，2018年，第127至128頁。

內有住所，股東應以全體之同意，訂立章程，簽名或蓋章，置於本公司，並每人各執一份。

（二）章程之記載事項如次：

1.絕對必要事項：欠缺時，其章程無效。

(1) 公司名稱：其名稱應標明無限公司字樣。

(2) 所營事業：公司經營何業，須具體記載。

(3) 股東姓名、住所或居所。

(4) 資本總額及各股東之出資額。

(5) 盈餘及虧損分派之比例或標準，或按出資多寡為比例，或另定標準，均須載明於章程中。

(6) 本公司所在地。

(7) 訂立章程之年、月、日。

2.相對必要事項：法律雖有明文規定，且原則上若有該特有事項時應行記載於章程，否則不發生法律上之效力，但縱未記載，亦不影響章程之效力者。

(1) 各股東有以現金以外之財產為出資者，其種類、數量、價格或估價之標準。

(2) 定有代表公司之股東者，其姓名。

(3) 定有執行業務之股東者，其姓名。

(4) 定有解散之事由者，其事由。

(5) 設有分公司者，其所在地。

3.任意記載事項：經股東全體之同意，任意記載於章程，而一經記載即生效力者。凡不違反法律所強制禁止或不違背公序良俗者，均得經約定而為任意記載事項。

（三）代表公司之股東，不備置前述章程於本公司者，處新臺幣一萬元以上五萬元以下罰鍰。連續拒不備置者，並按次連續

處新臺幣二萬元以上十萬元以下罰鍰。

二、設立之登記

公司之設立，非經登記完成，不得成立，且登記乃一種公示制度，在使與公司交易之第三人，知悉公司之狀況而給予信任。

三、設立之無效及撤銷

（一）我公司法對設立無效或得撤銷均未設特別規定，應適用民法有關之規定。

（二）但公司設立登記後，經撤銷者，應承認該事實上之公司，開始清算，以保護交易之安全。

第三節　無限公司之內部關係

一、無限公司內部關係之意義

內部關係，係指公司與股東及股東與股東相互間之法律關係。

各國關於公司內部關係適用法規之準則，向有二立法例：

（一）商法主義：係以商法為主，章程為輔。

（二）章程主義：係以章程為主，商法為輔。

公司之內部關係，除法律有規定者外，得以章程定之。故我國無限公司之內部關係適用法律規定之準則，係採商法主義。

二、內部關係之法定事項

（一）出資之義務

所謂出資乃是指為了達到公司營利之目的，股東基於股東之

資格，對於公司所為之一定給付。基本上，無限公司之股東，對於公司均負有出資之義務。

（二）出資之種類

1. 財產出資

為以現金及其他財產為標的之出資。但股東以現金以外之財產為出資者，其種類、數量、價格或估價之標準，均應記載於章程。

2. 勞務出資

股東以精神上、身體上之努力，供給於公司之出資；惟此類之出資，須將其出資之價格及勞務之標準載明於章程上；至於其標準，則由訂立章程者自由訂之。

3. 不得以信用出資

基於信用界定不易，且迄今為止，所有登記之無限公司，並無以信用出資者，爰刪除無限公司信用出資之規定。

（三）章程之變更

無限公司一旦須變更章程時，其變更須經全體股東之同意。此乃因無限公司股東就公司債務，負連帶無限清償責任；而章程之變更，關係重大，自不宜以多數決之方式強使少數服從多數，章程之變更自不得草率為之。

第四節　無限公司之外部關係

一、無限公司外部關係之意義

　　無限公司之外部關係，乃指公司本身與第三人之關係及股東與第三人之關係。因無限公司之外部關係涉及第三人之利益及第三人與公司之間的交易安全，因此，公司法對此類規定，多屬強行規定，且不得以章程任意變更之。

二、外部關係之法定事項

（一）公司之代表

1. 公司代表之意義

　　無限公司基本上為法人，須有自然人為其機關，以實現其「意思」；此機關為公司之代表，其行為乃公司之行為。

2. 代表之資格

　　原則上，無限公司之股東皆得代表公司，但公司得依章程之規定，特定代表公司之股東，但仍不得剝奪全體股東代表公司之權。

　　代表無限公司之股東，須半數以上在國內有住所。

3. 代表之權限

　　代表公司之股東，對於公司營業上之一切事務，有辦理之權。而此權限，公司雖得以章程或股東全體之同意而加以限制。但此種限制，不得對抗善意第三人。

（二）股東之責任

1.股東之一般責任：係指公司股東在公司之存續中，而無特殊之事由存在時，對於公司債務所負之責任。

2.股東之特殊責任：係指股東因特殊之事由，所應負之責任。

（三）資本之充實

公司法為保護公司債權人，對公司資本之充實，設有如下規定：

1.盈餘分派之限制：公司非彌補虧損後，不得分派盈餘。

2.債務抵銷之限制：公司之債務人，不得以其債務與其對於股東之債權抵銷。

（四）業務之執行及監督

1.業務執行之機關

無限公司之股東，均有執行業務之權利而負其義務，即原則上全體股東均得為公司執行業務之機關，所謂企業所有與企業經營分離之原則，在此不能適用。

法律為尊重企業自治之原則，如章程訂定公司業務由股東中之一人或數人執行者，則從其訂定，但仍不得訂定股東均不執行業務。

2.業務執行之方法

業務執行之方法，依章程規定；章程無規定者，如全體股東皆有執行權者，取決於全體股東之過半數；如僅數股東有執行權者，取決於該數股東之過半數。至於通常事務，則執行業務之股

東各得單獨執行。

3. 執行業務股東與公司之關係

(1)執行業務股東之權利：①報酬請求權；②償還墊款請求權；③債務擔保請求權；④損害賠償請求權。

(2)執行業務股東之義務：①遵守法令規章之義務；②代收款項交還之義務；③報告業務及答覆質詢之義務；④不得隨意辭職之義務；⑤不競業之義務。

4. 業務之監察

業務之監察，由不執行業務之股東爲之；此種監察權不得以章程予以限制或剝奪之。

（五）股東投資之限制

1.無限公司之股東，不得爲他公司之無限責任股東，或合夥事業之合夥人，惟如經其他股東全體之同意，則無不可。

2.股東違背此項限制時，其行爲仍然有效，但：

(1) 公司得經其他股東全體之同意議決將其除名。

(2) 或依一般侵權行爲之法則，認其違反保護他人之法律請求損害賠償。

（六）盈虧之分派與債務之抵銷

無限公司之盈虧應如何分派，公司法未設有特別規定，完全委諸章程。盈餘及虧損分派之比例或標準，乃章程之絕對必要記載事項。

公司於過去如有虧損，則非經彌補虧損後，不得分派盈餘，以穩固公司之基礎，若公司負責人違反之，則各科一年以下有期

徒刑、拘役或科或併科新臺幣六萬元以下罰金。

　　無限公司之股東對於公司之債務，固負無限連帶清償責任，但公司為法人，與其股東之人格各別，股東之債權，非即為公司之債權，故公司之債務人，不得以其債務與其對於股東之債權抵銷。

（七）出資之轉讓

　　所謂出資之轉讓，即公司股東轉讓因出資而取得之股東權。

　　無限公司股東之出資，無論其為全部或一部之轉讓，均須得其他股東全體之同意。蓋無限公司為人合公司，係基於股東間相互信賴而成立是也。

第五節　無限公司之入股與退股

一、股東資格之規範

　　因為無限公司為人合公司，其在經營方面及對外關係方面，受到股東資格之影響甚鉅，因此公司法對於股東資格之取得與喪失，設有嚴格之限制。

二、入股

　　所謂入股，乃是指在公司成立後，原始之取得股東資格之做法。入股之性質乃係一種契約，欲使此契約生效，必須變更公司章程。而章程之變更必須獲得全體股東之同意，且須依法為變更章程之登記。

三、退股

所謂退股，乃是指在公司存續中，基於特定股東之意思或法定原因之發生，使得股東在公司內絕對的喪失其股東之資格而言。

無限公司股東退股之原因有二：

（一）**聲明退股**

無限公司為人合公司，其信用基礎在於股東，故若任由股東自由退股，將影響公司信用，但無限公司之股東，就公司債務，負無限連帶清償責任，若不許其自願聲明退股，亦非公允，故公司法允許無限公司股東聲明退股，惟在退股後一定期間內，仍令其負連帶無限責任，以兼顧公司債權人之利益。

（二）**法定退股**

為法律所規定之退股原因發生，即當然發生退股之效力。法律所規定之退股原因為下列幾點：1.章程所定之退股原因；2.死亡；3.破產；4.受監護或輔助之宣告；5.除名；6.股東之出資經法院強制執行者。

至於退股之效果為1.姓名使用之禁止；2.股本之退還。

第六節　無限公司之解散、合併及變更組織

一、無限公司之解散[2]

（一）解散的事由

公司有下列情事之一者解散：

1. 章程所定解散事由。
2. 公司所營事業已成就或不能成就。
3. 股東全體之同意。
4. 股東經變動而不足本法所定之最低人數。
5. 與他公司合併。
6. 破產。
7. 解散之命令或裁判。

（二）解散的效果

1. 無限公司經解散後，僅在清算範圍內，具有法人人格。其代表公司之股東或執行業務之股東，均失其原有之權限，而由清算人在清算範圍內，代表公司或執行有關業務。
2. 股東之連帶無限責任，自解散登記後滿五年而消滅。

（三）解散的登記

解散之公司，除破產情形外，應依公司登記辦法第4條之規定期限內，向主管機關申請解散登記。未依法申請解散登記者，主管機關得依職權或據利害關係人申請，廢止公司登記。

---

[2] 吳威志主編，商業法，新北市，全華圖書公司，2015年，第5-13頁。

二、無限公司之合併[3]

（一）合併的程序

1.訂立合併契約。

2.通過合併決議：無限公司得以全體股東之同意，與他公司合併。

3.編造資產表冊：公司決議合併時，應即編造資產負債表及財產目錄。

4.通告公司各債權人：公司為合併之決議後，應即向各債權人分別通知及公告，並指定三十日以上期限，聲明債權人得於期限內提出異議。

5.申請合併登記：無限公司為合併時，應於實行後十五日內，向主管機關申請登記。

（二）合併的效果

1.公司之消滅：即公司法第24條之反面解釋。

2.公司之變更或創設。

3.公司之權利義務應由合併後之公司承受。

三、無限公司之變更[4]

所謂變更，乃是指公司透過股東之決議，在不中斷法人之資格下，改變公司原有組織形態之行為。

（一）變更之種類

1.經全體股東之同意，以一部股東改為有限責任或另加入有

---

[3]　同前註。

[4]　同前註，第5-14頁。

限責任股東，變更其組織爲兩合公司。

2.股東經變動而不足本法所定之最低人數時，得加入新股東繼續經營，若加入者爲有限責任股東，則變更其組織爲兩合公司。

（二）**變更之效果**

1.若股東依公司法第76條第1項之規定，改爲有限責任時，該股東在組織變更前，公司所負之債務，於公司變更登記後二年內，仍負連帶無限責任。

2.公司依法組織變更時，準用有關無限公司合併之規定。

第七節　無限公司之清算

一、清算之意義

清算爲已解散之公司，爲處分現有財產，以了結公司與第三人及公司與股東之債權債務關係，漸次消滅公司法人人格之一種程序。

解散之公司，除因合併、分割或破產而解散者外，應行清算。

在清算時期中之公司，稱之爲清算公司，而處理清算事宜之人，則謂之清算人。

清算公司之法人人格，於清算範圍內，視爲存續。

二、清算人之選定

清算人，係解散公司執行清算事務及代表公司之法定必備機關。因公司一經解散，即喪失營業之能力，股東之業務執行權及

代表權，均告喪失，而須以清算人代之，對內執行清算事務，對外代表公司。其產生方式如下[5]：

（一）法定清算人

無限公司之清算，原則上以全體股東爲清算人。

（二）預定清算人

無限公司之章程係全體股東同意所訂定，故可在章程中規定何人爲清算人。

（三）選任清算人

公司得由股東會經過半數決議產生清算人；選任清算人不必限於股東，由股東以外之第三人（如律師、會計師）亦無不可。

（四）選派清算人

凡不能依上述方式之一產生清算人時，法院得因利害關係人之聲請，選派清算人。

三、清算人之解任

（一）解任之方式

1.法院解任：法院因利害關係人之聲請，認爲必要時，得將清算人解任。

2.股東解任：選任清算人由股東決議者，自亦得由股東過半數之同意，將其解任。

---

[5]　同前註，第5-16至5-17頁。

（二）清算人解任之裁定

清算人之解任，亦由本公司所在地地方法院管轄，因之對於解散清算人之裁定，不得聲明不服[6]。

四、清算人之職務

依公司法相關條文之規定，清算人之職務，依其執行順序有五[7]：

（一）就任聲請

清算人應於就任後十五日內，將其姓名、住所或居所及就任日期，向法院聲請

（二）了結現務

清算之目的乃在解散公司，故公司於清算開始尚未了結之事務，均應結束。

（三）收取債權，清償債務

清算人就任後，應以公告方法，催告債權人報明債權；但對於已到期債權應收回；未到期債權，得扣除期前利益，請求債務人償還之。

（四）分派盈餘或虧損

收取之債權若多於清償之債務時，應於分派賸餘財產前，依章程所定比例分派盈餘給股東。反之，則由股東分擔公司之虧損。

---

[6] 見前揭註1，第145頁。
[7] 見前揭註2，第5-16至5-17頁。

（五）分派賸餘財產或聲請宣告破產

公司分派盈餘後，尚有賸餘財產時，應分派給各股東；然而，若收取之債權不足清償公司債務時，清算人應即聲請法院宣告破產。

五、清算人之義務與責任

（一）清算人之義務

1.依民法之規定，清算人有遵守委任契約約定事項之義務。

2.依公司法之規定清算人之義務如下：

(1) 接受法院之指揮監督。

(2) 答覆股東之詢問。

(3) 限期六個月內完結清算程序。

（二）清算人之責任

原則上清算人應以「善良管理人之注意」處理職務，如有怠忽而致公司發生損失時，應對公司負連帶賠償之責；其有故意或重大過失時，並應對受害之第三人負連帶賠償之責任。

六、清算之完結

清算之完結，主要有下列三項工作，加以處置[8]：

（一）清算表冊之承認

清算人應於清算完結後十五日內，造具結算表冊，送交各股東，請求其承認；如股東不於一個月內提出異議，即視為承認；但清算人有不法行為時，不在此限。

---

[8] 同前註，第5-18頁。

（二）聲報法院之辦理

　　清算人應於清算完結，經送請股東承認後十五日內，向法院聲報。清算人違反聲報期限規定時，各處新臺幣三千元以上一萬五千元以下罰鍰。

（三）簿冊文件之保存

　　公司之帳簿、表冊及關於營業與清算事務之文件，應自清算完結向法院聲報之日起，保存十年；其保存人，以股東經過半數之同意定之。

第三章　有限公司

第一節　有限公司之意義

所稱有限公司者，乃是指一人以上之股東所組織，就其出資額為限，對公司負其責任之公司。其意義如下：

一、有限公司為公司之一種

因其為公司之一種，故為社團法人，故關於公司法總則章之規定，有限公司均得適用之。

二、有限公司之人數須一人以上

有限公司之股東人數，有最低人數為一人以上之規定。

三、有限公司全體股東均負有限責任

有限公司各股東對於公司之責任，以其出資額為限，即對於公司債權人只負間接責任，而不負直接責任。

第二節　有限公司之設立

有限公司之設立程序，依下列三步驟[1]：

一、訂立章程

（一）股東應以全體之同意訂立章程，簽名或蓋章，置於本公司，每人各執一份。

---

[1] 賴源河，實用公司法，台北，五南圖書出版股份有限公司，2018年，第152至153頁。

（二）其章程應載明下述各事項：

1. 公司名稱。
2. 所營事業。
3. 股東姓名或名稱。
4. 資本總額及各股東出資額。
5. 盈餘及虧損分派比例或標準。
6. 本公司所在地。
7. 董事人數。
8. 定有解散事由者，其事由。
9. 訂立章程之年、月、日。

（三）除上列九款事項外，有限公司之股東，就其內部關係，於不違背強制禁止規定或公序良俗下，亦得自由訂定任意記載事項。

（四）有限公司得以章程訂定按出資多寡比例分配表決權，以排除一股東一表決權之適用。亦即公司法容許有限公司得以章程另定股東依出資額分配表決權之計算方法。

（五）代表公司之董事不備置章程於本公司者，處新臺幣一萬元以上五萬元以下罰鍰。再次拒不備置者，並按次處新臺幣二萬元以上十萬元以下罰鍰。

二、繳足股款

（一）公司資本總額各股東應全部繳足，不得分期繳納或向外招募。

（二）股東之出資除現金外，得以對公司所有之貨幣債權、公司事業所需之財產或技術抵充之。其目的用以符合公司登記實務，但不得以信用或勞務出資。

三、設立登記

有限公司應於章程訂立後，向主管機關申請爲設立之登記。

第三節　有限公司之內部關係

一、有限公司內部關係之意義

有限公司之內部關係，乃是指有限公司股東與股東之間，以及各股東對公司之權利義務而言。分別說明如下：

（一）股東對公司之出資在於股東對公司之債務，僅就各人之出資額，負有限責任。

（二）公司業務之執行，因有限公司不設股東會，故公司意思之決定，在於全體股東意見之表達，而無須經會議方式產生決議。而業務之執行，則由董事擔任，董事至少一人，至多三人，由有行爲能力之股東選任之。

（三）公司業務之監督，因有限公司非但無股東會，亦無常設監察人之設置，故不執行業務之股東，均得行使監察權。

二、內部關係之法定事項

（一）有限公司之資本

爲保護公司債權人之利益，股份有限公司之資本三原則仍然適用於有限公司。

1.資本確定原則：有限公司應於其章程中載明其資本總額，且應由各股東全部繳足，不得分期繳納。

2.資本維持原則：有限公司於分派盈餘時，應先提出百分之十作爲法定盈餘公積；且公司亦得另提特別盈餘公積。

3.資本不變原則：有限公司，未經股東過半數表決通過者，不得增加亦不得減少其資本總額。

（二）股東之出資

1.繳足股款。

2.股東名簿之備置。

3.出資之轉讓

(1) 股東非得其他股東表決權過半數之同意，不得以其出資之全部或一部，轉讓於他人。

(2) 董事非得其他股東表決權三分之二以上之同意，不得以其出資之全部或一部，轉讓於他人。

(3) 股東或董事出資之轉讓，不同意之股東有優先受讓權；如不承受，視為同意轉讓，並同意修改章程有關股東及其出資額事項。

(4) 法院依強制執行程序，將股東之出資轉讓於他人時，應通知公司及其他股東，於二十日內，指定受讓人。

第四節　有限公司之外部關係

一、有限公司外部關係之意義

有限公司董事僅一人時，由董事對外代表公司，有數人時則以章程特定一人為董事長，對外代表公司。

有限公司股東對於公司之責任，原則上僅以出資額為限。但股東如濫用公司之法人地位，致公司負擔特定債務，且清償顯有困難時，其情節重大而有必要時，該股東仍應負清償之責。

二、外部關係之法定事項

（一）公司之代表

現行公司法改採「董事」單軌制，公司至少應設董事一人，最多三人，以執行業務並代表公司。

董事有數人時，得以章程置董事長一人，對外代表公司：董事長應經董事過半數之同意互選之。有限公司董事有數人時，得不設董事長。

代表公司之董事或董事長，關於公司營業上一切事務，有辦理之權。

公司對於董事或董事長代表權所加之限制，不得對抗善意第三人有限公司董事不為或不能行使職權，致公司有受損害之虞時，法院因利害關係人或檢察官之聲請，得選任一人以上之臨時管理人，代行董事長及董事之職權。但不得為不利於公司之行為。

（二）股東之責任

有限公司之股東，僅對公司負責，對公司債權人並不負任何責任，且其對公司係以出資額為限，負有限責任，即各股東對公司之責任，除公司法第99條第2項規定外，僅於出資之範圍內，負繳足股款之責任。

股東濫用公司之法人地位，致公司負擔特定債務且清償顯有困難，其情節重大而有必要者，該股東應負清償之責。

有限公司須增資時，股東雖已同意增資，仍無按原出資數比例出資之義務。

第五節　有限公司之會計

有限公司，對於公司之債務，僅以公司之資產為其擔保，為保護債權人起見，公司法對於有限公司之會計，特有規定如下[2]：

一、會計表冊之編造與承認

每屆會計年度終了，董事應依公司法第228條之規定，造具各項表冊，分送各股東，請其承認。

各項表冊經股東承認後，視為公司已解除董事之責任。董事造具之表冊（至遲應於每會計年度終了後六個月內）送達各股東後，逾一個月未提出異議者，視為承認。職是，有限公司之會計表冊非必須經由股東會之召集及表決承認之。

二、盈餘公積之提出

公司於彌補虧損完納一切稅捐後，分派盈餘時，應先提出百分之十為法定盈餘公積。但法定盈餘公積已達資本總額時，不在此限。此外，公司除上述之法定盈餘公積外，亦得以章程訂定，或股東表決權三分之二以上之同意，另提特別盈餘公積，此類公積則無上限之規定。

三、股利之分派

公司非依上述第112條之規定，不得分派股息及紅利。違反時，公司之債權人得請求退還，並得請求損害賠償。

至於股利分派之比例及對員工分派紅利之相關規定，均準用

---

[2] 劉渝生，商事法，台北，三民書局，第69頁。

同法第235條股份有限公司之規定。

第六節　有限公司之合併、解散、清算及變更組織

依公司法第113條之規定：公司之變更章程、合併、解散及清算準用無限公司有關之規定[3]。

一、有限公司之合併、解散及清算

（一）有限公司之合併、解散及清算，準用無限公司之規定。

（二）有限公司之清算人有數人，且未推定代表公司之清算人時，以其中一人為公司之代表人作成處分書及送達，該處分即屬有效成立。

（三）有限公司清算中不適用入股或退股規定。

二、有限公司之變更組織

（一）公司組織之變更

為加強公司大眾化，限制有限公司之設立，現行公司法規定，有限公司得變更為股份有限公司，但股份有限公司不得變更組織為有限公司。

（二）變更為股份有限公司之要件

1.經股東表決權過半數之同意

有限公司得經股東表決權過半數之同意變更其組織為股份有

---

[3] 見前揭註1，第164至165頁。

限公司。

2. 變更章程

有限公司變更組織爲股份有限公司時，自應變更章程，以符合公司法第129條之記載事項。若經股東表決權過半數之同意，有不同意之股東，對章程修正部分，視爲同意。

3. 通知及公告債權人

有限公司爲變更組織之決議後，應即向各債權人分別通知及公告，但有限公司變更組織爲股份有限公司時，其公司法人格仍爲存續，股東對公司之責任，僅以其出資額或繳清其股份之金額爲限，即股東之責任並不因變更組織而有所不同。

4. 辦理變更登記

有限公司變更組織爲股份有限公司，須申請變更登記。

（三）變更組織後之效果

1.公司變更組織改採變更登記程序，故變更組織後之公司，應承擔變更組織前公司之債務。若有對變更組織前公司之確定判決，可據以對變更組織後之股份有限公司爲強制執行。

2.有限公司變更組織同時增資，無保留員工認股之適用。

3.有限公司因違法所受之裁罰，不能因事後變更組織爲股份有限公司而主張原處分及訴願決定爲無效，或當事人不適格。

第四章　兩合公司

第一節　兩合公司之意義

　　基本上，兩合公司為無限公司之一種變型；是唯一之二元組織公司。是由「無限公司」與「有限公司」兩種公司形態所組合而成之公司。易言之，兩合公司即是以一人以上之無限責任股東，與一人以上之有限責任股東所組成之公司。其中無限責任股東與無限責任之股東相同對公司債務負連帶清償責任；而有限責任股東，僅以出資額為限，對公司之債務，僅負有限責任。

　　性質上，兩合公司除有限責任股東之部分外，均與無限公司相同。故公司法對於兩合公司之各項規定，除僅就有限責任股東部分加以規定，其餘則準用無限公司之規定。

第二節　兩合公司之設立

　　基本上，兩合公司之無限責任股東，不得為公司組織；且原則上僅限於自然人，而有限責任股東，則無限制。

　　兩合公司之設立，與有限公司相同，亦須經由設立發起、訂立章程、繳足股款及設立登記四大步驟，說明如下[1]：

一、設立發起

　　由於公司法第115條規定：兩合公司除本章規定外，準用無限公司之規定。而無限公司之設立方式採發起設立，故兩合公司

---

1 吳威志主編，商業法，新北市，全華圖書公司，2015年，第7-2至7-3頁。

亦僅能採發起設立之方式；而不得爲募集設立。

二、訂立章程

　　兩合公司之設立，應由一人以上無限責任股東，與一人以上有限責任股東，全體同意訂立章程，簽名或蓋章，置於本公司，並每人各執一份。其章程除記載公司法第41條無限公司章程所列各款事項外，並應記明各股東之責任爲無限或有限。

三、繳足股款

　　兩合公司無限責任股東繳納出資，準用無限公司之規定，可以現金或其他財產、信用、勞務或其他權利爲出資，且無須於設立時全部繳足；有限責任股東只能以金錢或其他財產爲出資，且其出資額須於設立時繳足，不得分期繳納。

四、設立登記

　　兩合公司之登記由全體無限責任股東於訂立章程後，向主管機關申請設立公司之登記，其餘準用無限公司之規定。

第三節　兩合公司之內部關係

　　無限責任股東之出資，其種類與無限公司之股東相同，除現金與財產外，尚得以勞務及其他權利作爲出資；而有限責任股東則不得以勞務作爲出資。說明如下[2]：

2　賴源河，實用公司法，台北，五南圖書出版股份有限公司，2018年，第169至171頁。

一、出資之義務

無限責任股東之出資，其種類無限制，除現金或其他財產之外，尚得以勞務或其他權利爲出資。

有限責任股東，則不得以勞務爲出資。

二、業務之執行

（一）業務執行之機關

公司業務之成敗，與對公司債務負連帶無限清償責任之無限責任股東利害攸關，故原則上各無限責任股東均有執行公司業務之權利，並負有義務，但章程中訂定由無限責任股東中之一人或數人執行業務者，從其訂定。

有限責任股東不得執行公司業務及對外代表公司，以章程訂定有限責任股東有業務執行權者，其規定無效。但仍得依委任或僱傭之方式，受任爲經理人或受僱人，爲公司執行業務。

（二）業務執行之方式

兩合公司如僅有無限責任股東一人時，公司業務之執行，由該無限責任股東單獨爲之。

兩合公司之無限責任股東有數人，而由其全體或其中數人執行業務時，關於通常事務之執行，採「單獨執行制」，各執行業務之無限責任股東得單獨執行之，惟其餘執行業務之無限責任股東，若有人提出異議時，應即停止執行，改由全體執行業務之無限責任股東，以過半數之同意決定之。

關於非通常事務之決定與執行持「多數決」之原則，取決於全體執行業務之無限責任股東過半數之同意。

三、業務之監察

（一）業務監察之機關

有限責任股東不得執行業務，但有監察權。另依章程規定不執行業務之無限責任股東，亦有監察權。

（二）監察權之範圍

兩合公司之有限責任股東與無限責任股東，對公司營業與財務之情形如何，其利害關係深淺不同，故兩者監察之範圍亦異：

1. 無限責任股東之監察權

不執行業務之無限責任股東，得隨時向執行業務之股東質詢公司營業情形、查閱財產文件、帳簿表冊；而無時間上之限制。

2. 有限責任股東之監察權

監察權之行使，時間上受有限制。有限責任股東，得於每會計年度終了時，查閱公司帳目、業務及財產情形；必要時，法院得因有限責任股東之聲請，許其隨時檢查公司帳目、業務及財產之情形。

四、章程之變更

兩合公司之章程變更，公司法第四章兩合公司未另設規定，故應準用無限公司之規定，即公司章程之變更，應得全體股東之同意。而兩合公司係由無限責任股東與有限責任股東所組織而成，故應得全體無限責任股東及全體有限責任股東之同意。

章程變更後，應申請變更登記。

五、出資之轉讓

（一）轉讓之限制

　　無限責任股東及有限責任股東與公司之利害結合程度深淺不同，故其出資轉讓之限制亦因之而相異。

1. 無限責任股東出資之轉讓

　　原則上準用無限公司之規定。亦即非經其他股東全體之同意，不得以自己出資之全部或一部，轉讓他人，此與是否執行公司之業務無關，而所謂他人，亦包含其他股東在內。

2. 有限責任股東出資之轉讓

　　原則上有限責任股東與公司之利害結合程度較淺，故其出資轉讓之限制亦較無限責任股東為寬。但有限責任股東以其出資之全部或一部轉讓於他人時，僅須得「無限責任股東」過半數之同意即可。

（二）出資轉讓之強制執行

　　1.依公司法第119條第2項規定，準用第111條第4項之規定。

　　2.即法院依強制執行程序，將有限責任股東之出資轉讓於他人時，應通知公司及其他全體股東，於二十日內，依無限責任過半數之同意方式，指定受讓人，逾期未指定或指定之受讓人不依同一條件受讓時，視為同意轉讓，並同意修改章程有關股東及其出資額事項。

六、競業之禁止與自由

（一）禁止競業（無限責任股東）

1.準用無限公司有關競業禁止之規定。

2.即：

(1) 無限責任股東非經其他股東全體之同意，不得為他公司之無限責任股東，或合夥事業之合夥人。

(2) 執行業務之無限責任股東，不得為自己或他人為與公司同類營業之行為。

(3) 執行業務之無限責任股東違反上述規定時，其他股東得以過半數之決議，將其為自己或他人所為行為之所得，作為公司之所得，此通稱為介入權，但自所得產生後逾一年者，不在此限。

（二）自由競業（有限責任股東）

1.兩合公司之有限責任股東，對內既不能執行公司業務，對外又不能代表公司，對公司之債務亦僅以出資額對公司負其責任，當無因知公司業務秘密而為不利公司行為或因受投資公司之經營不善而牽連本公司之虞。

2.有限責任股東不受競業限制，故：

(1) 有限責任股東，得為自己或他人為與本公司同類營業之行為。

(2) 有限責任股東若非公司組織，亦得為他公司之無限責任股東或合夥事業之合夥人。

七、盈餘之分派

兩合公司之盈餘分派，公司法並無特別規定，故仍應準用無

限公司之規定。

第四節　兩合公司之外部關係

　　依照公司法第115條之規定，兩合公司除有限責任股東外，兩合公司之無限責任股東，其對內與對外之關係，均準用無限公司之相關規定。兩合公司之外部關係，說明如下[3]：

一、公司之代表

　　（一）無限責任股東，除章程另訂或經全體股東之同意，特定代表公司之無限責任股東外，均得各自代表公司。

　　（二）兩合公司之對外代表權，專屬於無限責任股東，有限責任股東不得對外代表公司。

二、股東之責任

（一）無限責任股東之責任

　　其責任與無限公司之股東相同，即直接對公司債權人負連帶無限之責任。

（二）有限責任股東之責任

　　以出資額為限，對於公司負其責任。惟其行為倘足使善意第三人信其為無限責任股東時，對該人負無限責任股東之責，例如有限責任股東，對外自稱為無限責任股東，而參與公司業務之執行或為公司之代表時，為保護不知情善意第三人，應依外觀優越原則，使其負無限責任，此稱為類似無限責任股東之責任或表見

---

[3] 同前註，第173頁。

無限責任股東之責任。

第五節　兩合公司之解散、合併、變更組織及清算

一、兩合公司之解散

解散之原因：（一）無限責任股東全體退股時。（二）有限責任股東全體退股時。

二、兩合公司之合併

（一）兩合公司經全體股東之同意，得與其他公司合併

（二）合併之程序與效果，準用無限公司之規定

三、兩合公司之變更組織

（一）兩合公司得變更組織為無限公司。

（二）兩合公司變更為無限公司之情形有二：

1.因有限責任股東全體退股而變為無限公司。

2.因無限責任股東與有限責任股東全體同意變為無限公司。

四、兩合公司之清算

（一）兩合公司之清算，由全體無限責任股東任之，但無限責任股東得以過半數之同意，另行選任清算人，其解任時亦同。

（二）另行選任清算人時，兩合公司的有限責任股東，亦有被選任之資格。

（三）其他事項，如清算程序、清算期間等，均準用無限公司有關清算之規定。

第五章　股份有限公司

第一節　股份有限公司之意義

依據公司法第2條之規定，股份有限公司者，指二人以上股東或政府、法人股東一人所組織，全部資本分爲股份，股東就其所認股份，對公司負其責任之公司。依此意義，分述如下[1]：

一、股份有限公司乃公司之一種

依本法第2條之規定，公司分爲四種。股份有限公司，即爲其中之一種，屬於典型之資合公司。

二、股東應有二人以上，政府或法人一人

依本法規定，須有二人以上之股東爲發起人。政府或法人股東一人所組織之股份有限公司，不受前述二人之限制。該公司之股東會職權由董事會行使，不適用本法有關股東會之規定。前述公司，得依章程規定不設董事會，置董事一人或二人；置董事一人者，以其爲董事長，董事會之職權由該董事行使，不適用本法有關董事會之規定；置董事二人者，準用本法有關董事會之規定。

三、全部資本應平分爲股份

股份者，乃股東對資本所應承擔之單位金額。依本法之規定，股份有限公司之資本，應分爲股份，擇一採行票面金額或無

---

[1] 梁宇賢著，商事法要論，台北，三民書局，2018年，第91頁。

票面金額。

四、股東就所認股份對公司均負有限責任

股份有限公司股東之責任，以繳清其所認股份之金額爲限，對公司負其責任。

第二節　股份有限公司之特質

股份有限公司之資本，須分爲股份，且公司資產之構成，乃是以資本爲基礎，作爲公司信用之基礎。因此股份有限公司乃典型之資合公司；其特質如下[2]：

一、爲典型之資合公司

股份有限公司之全部資本分爲股份，股東就其所認股份，對公司負責任。

二、企業所有與企業經營分開原則

股份有限公司之股東，均爲公司之所有人，其興趣在於利潤之分派。至於企業之經營，則由董事會及董事經營，故本法對股份有限公司之規定，乃減少股東會之權限，擴張董事會之權限。又本法規定，董事由股東會就有行爲能力之人，選任之，因此非股東者，得擔任董事，故本法之規定符合企業所有與企業經營分開原則。

---

[2]　同前註，第92頁。

三、股東平等原則

　　所謂股東平等原則者，並非股東人數之平等，而是股東依其所有之股數，按比例而受平等待遇，以享受權利負擔義務。此乃為保障小股東之利益，俾免大股東之壟斷。

四、股份轉讓自由

　　股份轉讓自由，為股份有限公司基本性質之一，故除本法另有規定外，不得以章程禁止或限制之。但非於公司設立登記後，不得轉讓，否則該規定無效。

第三節　股份有限公司之資本

　　基本上，各國對於股份有限公司之資本，採取三大原則，即資本確定原則、資本維持原則及資本不變原則，茲將此三原則分述如下[3]：

一、資本確定原則及資本授權制

　　資本確定原則，亦稱法定資本制，指公司設立時，應在章程中確定公司資本總額，並應認足、募足。所謂授權資本制，即股份有限公司之資本總額，僅記明於章程即可，不必認足，其所認數額如已達於資本總額之最低數額以上，即得設立，其餘未認足之股份，授權董事會視實際情形，隨時發行新股，以募集資本。其優點，貴在簡速，無論公司規模之大小，可立即成立。又可隨公司營業之發展，逐漸增加資本，而無變更章程之煩。其缺點，

---

[3] 同前註。

在公司實際上股份未認足額，難免有不實之嫌。然則我國舊公司法第130條第1項第2款規定「分次發行股份者，定於公司設立時之發行數額」。因在實務上公司章程載明第1項第2款有關分次發行者，定於設立時發行數額，可換算成資本額，嗣後公司如進行增資，則設立時發行數額，並無實益，爰於刪除。

二、資本維持原則

資本維持原則又稱資本充實原則，即公司必須維持相當於公司之財產。其目的在確保公司之健全發展，及公司債權人及未來股東之利益。

三、資本不變原則

所謂資本不變原則，即公司之資本總額，非依法定變更章程之程序，不得任意變動，以防公司資本總額之減少，按公司資本減少，固有害於債權人之利益。若資本增加，雖與債權人有益無害，然因資本過剩，則影響股東之利益，故現行本法規定減資或增資，必須經繁瑣程序。此原則與資本維持原則相配合，既可維持公司之實質財產，復可防止形式的資本總額之減少。

第四節　股份有限公司之設立

一、設立之方式

股份有限公司之設立方式有二[4]：

---

[4] 賴源河，實用公司法，台北，五南圖書出版股份有限公司，2018年，第186至187頁。

（一）發起設立

係由發起人自行認足第一次應發行之股份總數，而不對外募集認股人之方式。此種方式因程序較為簡單，且由發起人認足後，公司即可成立，故又稱單純設立或同時設立。設立閉鎖性股份有限公司或非公開發行之股份有限公司，均採用發起設立之方式。

（二）募集設立

即由發起人認足第一次應發行股份之一部分，而將其餘額向公眾募足之方式。亦即，發起人不認足第一次發行之股份時，應募足之。其程序較為複雜，除應依法申請證券管理機關審核，編製及加具公開說明書及訂定招股章程等文件外，股東又先後分次確定，並召開創立會，故亦稱複雜設立或漸次設立。

二、股份有限公司設立之要件

（一）發起人

1. 發起人之意義

(1) 發起人為訂立章程，在章程簽章之籌設公司之人。

(2) 發起人之認定標準，仍應參酌實際上有無參與公司設立之情事為準。

2. 發起人之人數

(1) 股份有限公司應有二人以上為發起人。

(2) 政府或法人一人所組織之股份有限公司，不受二人以上之限制。

3. 發起人之資格

(1) 發起人爲自然人時，須爲有行爲能力人。

(2) 無行爲能力人，限制行爲能力人或受輔助宣告尚未撤銷之人，不得爲發起人。

4. 發起人之權利

(1) 發起人得依章程之規定，享受報酬或特別利益。

(2) 發起人所得受之特別利益，股東會得修改或撤銷之；但不得損及發起人之既得利益。

5. 發起人之認股及出資

(1) 發起人原則上應認足第一次應發行之股份；若未認足時，應募足之。

(2) 發起人之出資，除現金外，得以公司事業所需之財產、技術抵充之。

（二）訂立章程

股份有限公司之設立，不論係採發起設立或募集設立，均須以發起人全體之同意訂立章程。其章程應記載之事項，可分爲以下三種[5]：

1. 絕對必要事項

缺少下列任一記載，則章程全部無效。計有：(1)公司名稱；(2)所營事業；(3)股份總數及每股金額；(4)本公司所在地；(5)董事及監察人之人數及任期；(6)訂立章程之年月日。

---

[5] 吳威志主編，商業法，新北市，全華圖書公司，2015年，第8-5頁

2. 相對必要記載事項

依公司法第130條規定，計有：(1)分公司之設立；(2)分次發行股份者，定於公司設立時之發行數額；(3)解散之事由；(4)特別股之種類及其權利義務；(5)發起人所得受之特別利益及受益者姓名。

3. 任意記載事項

須不違反強行規定、公序良俗或股份有限公司之本質。

（三）認足股份

股份有限公司之設計，必須認足股份總額或第一次應發行之股份，其由發起人認足全部股份或向外募足均可。

三、設立程序

其設立程序，依發起設立或募集設立而有不同。

（一）發起設立之程序

採發起設立成立的股份有限公司，依公司法第131條第1項規定：「發起人認足第一次應發行之股份時，應即按股繳足股款並選任董事及監察人。」由此條文配合上述公司設立之共通程序得知，發起設立係：

1. 發起人（二人以上）必須確定（一人公司例外）。
2. 發起人須訂立章程。
3. 認足第一次應發行之股份，並按所認股份繳足股款。所謂「認足第一次應發行之股份」，包括探「資本確定原則」，或採「授權資本制」兩種集資方式，如為前者，則發起人一次全部認足章程所訂之股份總數，而不必分次發行。如採後者，則發起人

僅須認足第一次應發行之股份，其餘部分得待公司設立後，再分次發行。

　　4.選任董監事：選任之方式，準用公司設立後選舉董監事之辦法──累積投票法。累積投票法，係指股東選任董事時，每一股份有與應選出董事人數相同之選舉權，得集中選舉一人，或分配選舉數人；由所得選票代表選舉權較多者，當選董事。

　　5.向主管機關完成設立登記。

（二）募集設立之程序

1.訂立章程

(1) 由全體發起人訂立章程。

(2) 其情形一如發起設立之規定。

2.發起人自行認股

　　訂立章程後，發起人應自行認股，每人至少應認一股以上，而全體發起人所認股份，不得少於第一次發行股份總數四分之一。

3.招募股份

(1) 訂立招股章程。

(2) 申請證券管理機關審核。

(3) 公告招募。

4 認股人認股

(1) 發起人應備認股書，載明第133條第1項各款事項，並加記證券管理機關核准文號及年、月、日，由認股人填寫所認股

數、金額及其住所或居所，簽名或蓋章。

(2) 採行票面金額股之公司，其股票之發行價格，不得低於票面金額。但公開發行股票之公司，證券主管機關另有規定者，不在此限。其以超過票面金額發行股票者，認股人應於認股書註明認繳之金額。

(3) 採行無票面金額股之公司，其股票之發行價格不受限制。

5. 催繳股款

(1) 第一次發行股份總數募足時，發起人應即向各認股人催繳股款，以超過票面金額發行股票時，其溢額應與股款同時繳納。

(2) 認股人延欠應繳之股款時，發起人應定一個月以上之期限，催告該認股人照繳，並聲明逾期不繳，失其權利。

6. 召開創立會

(1) 股款繳足後，發起人應於二個月內召集創立會。

(2) 創立會之召集、出席、表決等程序，均準用股東會之規定。

7. 申請設立登記。

（三）設立之效力

公司設立效力乃指公司設立登記後具有的資格或權利，主要有三[6]：

---

[6] 同前註，第8-8頁。

1.取得法人資格

設立登記後，公司既已成立，乃取得法人資格，公司即為權利義務之主體。而登記前之籌備處與成立後之公司，則法律關係亦同屬一體。

2.始得發行股票

公司非經設立登記後，不得發行股票。違反此項規定發行股票者，其股票無效；但持有人得向發行股票人請求損害賠償。又公司應於設立登記或發行新股變更登記後，三個月內發行股票。

3.股份始得轉讓

設立登記後，股份始得為轉讓。公司在未經設立登記前，尚未完成法定程序，故公司對內對外之權義關係，尚未確定。因此規定，公司之股份非於設立登記後不得轉讓。

四、創立會

（一）創立會之意義

創立會乃是為了保護認股人之利益，使認股人參與關於公司設立之事務，而由發起召集各認股人所召開之會議。

（二）創立會之召集

應由發起人召集，在股款繳足後，發起人應於二個月內召開創立會；如逾期不予召集，認股人得撤回其認股。

（三）創立會之決議

1.表決權

創立會之決議方法，準用股東會之規定，即一股一表決權；且如政府或法人為認股人時，其代表人不限於一人，則以其所持有之股份綜合計算；若代表人有二人以上時，其代表人行使其表決權時，應共同為之。

2.決議方法

(1) 普通決議：應有代表已發行之股份總數過半數之認股人出席，而有過半數之同意行之。

(2) 假決議：出席人不滿定額而有代表已發行股份總數三分之一以上認股人出席時，得以出席人表決權之過半數為假決議；並將假決議通知各認股人，於一個月內再行召集創立會。

(3) 修改章程決議：應有代表已發行股份總數三分之二以上之認股人出席，以出席認股人表決權過半數之同意行之。

（四）創立會之權限

1.聽取報告權。
2.修改章程或為公司不設立之決議權。
3.選舉董事及監察人之權。
4.報酬、特定利益及設立費用之裁減權。

第五節　股份有限公司之股份

一、股份之意義

股份為公司資本之構成單位；而股東之地位，得以股票表彰

之。其意義有三：

（一）股份係指資本之成分

股份爲股東之財產，可以爲繼承之客體及強制執行之標的物。

（二）股份係指股東之權利及義務

原則上，每股有一表決權，此即股東之權利，即股東權。另外，股東依其所認股份繳納股款，此即其義務。

（三）股份係表彰股票之價值

股份乃係表彰股票之價值；經由股票而流通於證券市場。

二、股份之特性

股份依公司法之規定，具有以下特性[7]：

（一）平等性

所謂平等性，是指股份有限公司的股份每股金額相同，同時每一個股份代表一個股東地位，享有一個表決權，如果一個股東持有數股份時，則有數個股東地位。公司法採用股份平等原則之理由，主要在於便利股東權的計算、使股利分配手續簡易、便利市場買賣且便於公司帳簿登載。股份平等性主要表現在兩個方面：一是股份有限公司發行股份時，同次發行之股份，其發行條件相同者（例如無表決權的特別股），每股之價格應歸一律；一是公司各股東，除無表決權或複數表決權之特別股或公司法另有規定（如公司法第179條第2項）外，原則上每股有一表決權。

---

[7] 潘維大等著，商事法，台北，三民書局，2019年，第90至93頁。

（二）不可分性

股份之不可分性，指一股為公司資本最小的構成單位，不得再分為幾分之幾股（經濟部66.2.11商字第03910號函）。惟股份不可分性並非表示股份不得共有，一股份仍得為數人所共有，此時其股東權利應由共有人推定一人行使。若股東死亡而繼承人有數人時，在分割遺產前，各繼承人得各推一人為管理人，以行使股份共有人權利（經濟部57.6.20商字第22056號函）。

（三）自由轉讓性

由於股份有限公司性質上為資合公司，不強調股東個人資格，且股份自由轉讓可刺激社會大眾投資股份有限公司的意願，故公司法採股份自由轉讓原則，於公司法第163條本文明定：「公司股份之轉讓，除本法另有規定外，不得以章程禁止或限制之。」

（四）股份之有限責任性

股東僅就其所認股份，對公司負其責任；而股東濫用公司之法人地位，致公司負擔特定債務且清償有困難時，其情節重大，而有必要者，該股東應負清償之責。

（五）股份之證券性

股份係以股票表彰之，而股票為有價證券，故股份亦有證券性。

（六）股份之資本性

股份有限公司之資本，係由股份以求得之，若欲知公司之資本，於採行票面金額股者，應先問公司之股份總數，而後乘以每

股金額，即可獲知。於採行無票面金額股者，應先問公司之股份總數，而後乘以實際發行金額。

三、股份之種類

股份之種類，依其分類之標準，有如下之分類：

（一）依股東享有之權利而有如下兩大類[8]

1.普通股

普通股是特別股相對的名詞，亦即依股東之權利來區分，此爲公司所發行之無特別權利之通常股份。

2.特別股

股份有限公司股份，一部分得爲特別股，其種類由章程定之；此類股份享有特殊權利，又可依性質分成下列四類：

(1)「優先股」及「後配股」

分派股息、紅利或分派剩餘財產優於普通股之股份，或具有特別表決權之股份，稱之「優先股」；反之稱之「後配股」。前者常發行之公司營運困難時，尋求外界資金協助之優惠方式；後者則常於公司營運極佳時，外界資金參與公司之分紅方式。

(2)「累積股」及「非累積股」

所謂「累積股」，係指在某一期間內，若公司獲利不足以分配該特別股股利時，日後仍有權要求依約如數補發之股份。所謂「非累積股」則指公司若因經營不當或其他原因，致當年獲利不足以支付約定股利時，其未支付部分，股東不得請求於日後獲利

---

[8]　見前揭註5，第8-10至8-11頁。

較佳之年度予以補發之股份。對投資人而言，顯然累積的特別股較安全有利。

(3)「收回股」及「不收回股」

公司特別發行之優先股，其股利率通常較高，對普通股東不利，因此公司法規定此類股份，得以盈餘或發行新股所得之股款收回之；但不得損害該股東按照章程應有之權利，稱為「收回股」。反之，發行之股份自始規定不予收回者，稱為「不收回股」。

(4)「表決權股」及「無表決權股」

「表決權股」指股東享有表決權之股份，原則每股有一表決權，惟公司法第179條第1項規定，公司得以章程限制特別股之表決權及其順序。另外，公司章程亦可明訂特別股之股東無表決權，以及依法公司自己持有之股份無表決權，即屬「無表決權股」。

（二）依其股票記載及發行時期區分，股份可分兩大類

1.「記名股」

「記名股」應將受讓人之姓名或公司名稱，記載於股票，並將受讓人之姓名或名稱及住所或居所記載於公司股東名簿，否則不得以其轉讓對抗公司。

2.「舊股」及「新股」

公司設立時第一次發行之股份，稱之為「舊股」。公司設立後存續中，分次發行新股或增資發行之股份，稱為「新股」。

四、股份之轉讓

爲了保障投資人之權利，公司法對於股份之轉讓，設立了原則與例外之規範如下[9]：

（一）自由轉讓原則

1.股份有限公司之股份得自由轉讓，公司不得以章程禁止或限制之。股份之移轉，於支付價款時始生效力，在支付價款以前，股息增資股及股息，由原轉讓人領取。

2.股東轉讓其股權，雖致股東不滿法定人數，其轉讓仍爲有效。

（二）自由轉讓之例外（限制）

股份之轉讓，原則上雖屬自由，惟爲保護投資人之利益，亦設有若干例外：

1.就一般股東言，股份之轉讓須在公司設立登記後，始得爲之，違反此限制所爲之債權讓與行爲，依民法第71條及第294條第1項第1款之規定，自屬無效。

2.就董事或監察人言，經選任後應向主管機關申報，其選任當時所持有之公司股份數額；公開發行股票之公司董事在任期中轉讓超過選任當時所持有之公司股份數額二分之一時，其董事當然解任。

3.就時間言，記名股票之轉讓，於股東常會開會前三十日內，股東臨時會開會前十五日內，或公司決定分派股息及紅利或其他利益之基準日前五日內，不得爲「過戶」之手續。

---

[9]　見前揭註4，第211至212頁。

公開發行股票之公司辦理股東名簿記載之變更，於股東常會開會前六十日內，股東臨時會開會前三十日內，不得為之。前述期間，自開會日或基準日起算。

4.就當事人言，原則上公司本身不得為受讓人而收買自己的股份，以免有悖資本充實之原則。

5.就公司員工言，公司對員工依公司法第267條第1項或第2項承購之股份，得限制在一定期間內不得轉讓。但其期間，最長不得超過二年或其他法律規定收買自己之股份轉讓於員工者，得限制員工在一定期間內不得轉讓。但其期間最長不得超過二年。

五、股份之收回、收買與設質

（一）原則上禁止

我國公司法對於股份之收回、收買與設質，原則上禁止之。其禁止之理由如下：

1.公司如收回或收買自己之股份，則權利義務集於一身，其股份應因混同而消滅。

2.公司由收回、收買等行為，則股票價格，得自行任意維持，擾亂證券市場，足以釀成投機之弊。

3.股份即成本，如得自由收回、收買，則導致公司資本減少，損害債權人之權益。

（二）禁止之例外[10]

1.特別股之收回

特別股得由公司以盈餘或發行新股所得之股款收回之。詳閱

---

[10] 見前揭註1，第111至112頁。

本節前述特別股之規定。

2.少數股東請求收買

少數股東對於特定事項，在股東決議前已提出反對，並以書面通知反對該項行為之意思表示，且於股東會已為反對者，得請求公司可以當時公平價格，收買其所有之股份。

3.對合併異議股東股份之收買

公司與他公司合併時，董事會應就合併有關事項，作成合併契約，提出於股東會，股東會在集會前或集會中，以書面表示異議或以口頭表示異議經紀錄者，得放棄表決權，而請求公司按當時公平價格收買其持有之股份。

4.公司於股東清算，或受破產之宣告時，按市價收回其股份

公司於股東清算或受破產之宣告時，得按市價收回其股份，抵償其於清算或受破產宣告前結欠公司之債務。公司依第186條規定，收回或收買之股份，應於六個月內，按市價將其出售，屆期未經出售者，視為公司未發行股份，並為變更登記。被持有已發行有表決權之股份總數或資本總額超過半數之從屬公司，不得將控制公司之股份收買或收為質物。控制公司及其從屬公司直接或間接持有他公司已發行有表決權之股份總數或資本總額合計超過半數者，他公司亦不得將控制公司及其從屬公司之股份收買或收為質物。公司負責人違反規定而將股份收回、收買或收為質物，或抬高價格抵償債務或抑低價格出售時，應負賠償責任。

5. 股份收回為庫藏股

　　公司除法律另有規定者外，得經董事會以董事三分之二以上之出席及出席董事過半數同意之決議，於不超過該公司已發行股份總數百分之五之範圍內，收買其股份；收買股份之總金額，不得逾保留盈餘加已實現之資本公積之金額。至於公司收買之股份，應於三年內轉讓於員工，屆期未轉讓者，視為公司未發行股份，並為變更登記。公司依第1項規定收買之股份，不得享有股東權利。公司依第167條之1或其他法律規定收買自己之股份轉讓於員工者，得限制員工在一定期間內不得轉讓。但其期間最長不得超過二年。公司非依股東會決議減少資本，不得銷除其股份；減少資本，應依股東所持股份比例減少之。但本法或其他法律另有規定者，不在此限。

第六節　股份有限公司之股票

一、股票之意義

　　一般而言，投資人認購股份之後，即取得股東之地位，而享有股東權；公司將此種權利，表彰於書面者，即為股票。所應注意者，乃是股東權，並非由股票而創設，而是因為持有股票，即享有股東權。實際上，股票僅是表彰股東權利之證券。簡言之，股票是表彰股東權之有價證券，在性質上是證權證券。

二、股票之性質

（一）股票為證權證券

　　股票係在表彰已經發生股東權之憑證，稱之為證權證券。

（二）股票爲有價證券

股票不論有無面額之記載，有其一定之金錢價值，此之謂有價證券，此乃因在該證券上表明其價值而得以金錢估計之證券。

（三）股票爲流通證券

公司股份之轉讓，除公司法另有規定者外，不得以章程禁止或加以限制之。

（四）股票爲要式證券

發行股票之公司，依公司法之規定，明載法定事項，並由代表公司之董事簽名或蓋章，並經依法得擔任股票發行簽證人之銀行簽證後發行之，故爲要式證券。

三、股票之分類

（一）記名股票與無記名股票

記名股票者，記載股東姓名之股票。無記名股票者，不記載股東姓名之股票。目前已刪除無記名股票制度。

（二）單一股票與複數股票

單一股票者，每張表彰一股份之股票。複數股票者，每張表彰數股份之股票。如十股股票、百股股票、千股股票。

（三）普通股票與特別股票

普通股票者，乃表彰普通股權之股票。特別股票者，乃表彰特別股權之股票。

（四）舊股與新股

舊股係公司設立時所發行之股份。新股即公司存續中，因增

加資本所發行之股份。

（五）額面股與無額面股

額面股乃股票票面證明一定金額之股份而言。無面股亦稱比例股、份額股，即股票票面，不表一定金額之股票。

（六）表決權股與無表決權股

表決權股即股東有表決權之股份。無表決權股即在章程中對於股東應有之表決權，予以剝奪或限制之股份。

四、股票之發行

（一）股票發行之時期

1.公司得以董事會之決議，向證券管理機關申請辦理公開發行程序。

2.公司非經設立登記或發行新股變更登記後，不得發行股票；但證券管理機關另有規定者，不在此限。

3.公開發行股票之公司，應於設立登記或發行新股變更登記後三個月內發行股票。

（二）股票發行之款式

股票發行之款式，依公司法第162條之規定如下：

1.編號

發行股票之公司印製股票者，股票應編號。

2.應記載事項

股票應編號，載明下列事項：

(1) 公司名稱。

(2) 設立登記或發行新股變更登記之年、月、日。

(3) 採行票面金額股者，股份總數及每股金額；採行無票面金額股者，股份總數。

(4) 本次發行股數。

(5) 發起人股票應標明發起人股票之字樣。

(6) 特別股票應標明其特別種類之字樣。

(7) 股票發行之年、月、日。

3. 簽章及簽證

(1) 股票由代表公司之董事簽名或蓋章，並經依法得擔任股票發行簽證人之銀行簽證後發行之。

(2) 股票之簽證規則，由中央主管機關定之。但公開發行股票之公司，證券主管機關另有規定者，不適用之。

(3) 公司印製之股票，未經主管機關簽證，該股票之性質僅屬股權憑證。

(4) 未依規定簽證之股票，自非證券交易法第6條第1項及證券交易稅條例第1條所稱有價證券。

(5) 轉讓尚未簽證之股票，應課徵綜合所得稅。

4. 免印製股票

(1) 發行股票之公司，其發行之股份得免印製股票。

(2) 未印製股票之公司，應洽證券集中保管事業機構登錄其發行之股份，並依該機構之規定辦理。

(3) 經證券集中保管事業機構登錄之股份，其轉讓及設質，應向公司辦理或以帳簿劃撥方式為之。

　　所須注意者，爲應記載事項所列七款，除第(5)及(6)款爲相對必要記載事項外，其餘均爲絕對必要記載事項，如有欠缺，該股票即屬無效。又股票之發行價格，不得低於票面金額，但證券管理機關另有規定者，不在此限。

第七節　股份有限公司之股東

一、股東之意義

　　（一）股東爲股份之所有人；其資格，法無限制，自然人與法人均可。

　　（二）股東基於其股份，對於公司享有權利並負擔義務。

　　（三）股份有限公司應有二人以上之股東，爲其成立要件，亦爲其存續要件；但政府、法人爲股東時得爲一人。

二、股東權益原則

　　關於股東權益，其重要原則有二[11]：

（一）股東有限責任之原則

　　即股東對公司僅負出資義務，而照其所認股份繳足，對公司負責。惟對於公司債權人，則不負任何責任。公司章程或股東會之決議，違反此原則者，均屬無效。

（二）股東平等原則

　　即基於股東之資格，對公司享受權利負擔義務，概屬平等。所謂平等，係指按照股份數額依比例而受待遇，非謂按股東人數

---

[11] 梁宇賢，公司法論，台北，三民書局，2015年，第325頁。

而受均一平等。蓋股份有限公司股東人數既多，又不重視個人之信用關係，為防止董事、監察人或少數股東之專橫，故採股東平等之原則。至於特別股之發行，則屬例外。

三、股東權之內容

依公司法之規定，股東權之內容如下：

（一）股份轉讓權

依本法規定，公司股份之轉讓，除本法另有規定外，不得以章程禁止或限制之，故股東享受股份轉讓自由權。

（二）請求發給股票權

股票為證明股東所有權之證券，股東有要求公司發給股票之權。按公開發行股票之公司，應於設立登記或發行新股變更登記後三個月內發行股票。

（三）分派股利權

公司為營利之法人，故分派股利，乃股東投資之主要目的。因此，公司於彌補虧損及依本法提出法定盈餘公積後，如有盈餘，依例必須分派股利，股東對股息及紅利之分派，除章程另有規定外，以各股東持有股份之比例為準分配之權利。

（四）參與公司管理權

股東平時對公司之業務不能親自參與，均委託其選任之董事、監察人負責執行，故股東僅能於股東會時，行使其對公司之管理權。依本法之規定，有關公司重要管理權，應由公司股東會多數決議或特別決議行之。

（五）檢查權

1.股東名簿及重要文件之查閱權。

2.業務帳目及財產之檢查權。

（六）優先認購新股權。

（七）賸餘財產分配權。

（八）權利損害救濟權。

四、股東之權利[12]

股東之權利乃是股東基於其在公司之身分而對公司得以主張其權利之資格或地位。亦即股東基於其在公司之地位，所得享有之權利。此種權利亦即所謂的股東權。

（一）共益權與自益權

係以權利行使之目的為標準所作之分類。股東權限之性質可區分為共益權與自益權，前者係指股東以參與公司之管理、營運為目的所享有之權利，如表決權、股東提案權即屬之，此類權利原則上不得以公司章程或股東會決議剝奪或限制之；後者則純以股東為自己利益而行使之股東權利，包含盈餘分派請求權及賸餘財產分派請求權等，此類股東權利則得以公司章程或股東會決議予以剝奪或限制。

（二）固有權與非固有權

係以可否以章程或股東會之決議予以剝奪或限制，所作之分類。

---

12 見前揭註4，第211頁。

1.固有權：爲非經該股東之同意，不得以章程或股東會決議予以剝奪之權利。例如股東之共益權，多屬之。

2.非固有權：係得依公司章程或股東會決議予以剝奪或限制之權利。例如股東之自益權，多屬之。

（三）普通權與特別權

係依權利歸屬之主體爲標準所爲之分類。

1.普通權：乃屬於公司一般股東之權利。

2.特別權：爲屬於股東中特定人之權利。例如否決權、當選一定名額董事之權利等。

（四）單獨股東權與少數股東權

以其行使時，須否達一定之股份數額爲標準而區分。

1.單獨股東權

爲股東一人單獨即可行使之權利。一般權利均屬之，部分共益權亦屬之。例如：

(1) 請求法院判決撤銷股東會決議之權。

(2) 宣告決議無效之請求權。

(3) 董事會決議違反法令或章程之制止請求權。

2.少數股東權

所謂少數股東權，係指持有已發行股份總數達百分之若干比例以上股份之股東，始得行使之權利。通常不限於有表決權股份，僅從屬公司之少數股東行使代表訴訟權時，始限於有表決權股份。

五、股東之義務[13]

（一）繳納股款之義務

認股人有照所填認股書，繳納股款之義務，如數人共有股份，則各共有人對於公司負連帶繳納股款之義務。

（二）對公司債務之義務

股東對公司之債務，原則上僅負有限責任，即各股東之責任，以繳清其所認股份之金額為限。若股東已盡此義務，則雖公司之資產仍不足清償其債務，亦不負責任。惟股東若濫用公司之法人地位，致公司負擔特定債券且清償顯有困難，其情節重大而有必要者，該股東仍應負清償之責任，學理上稱為法人格否認法理或揭穿公司面紗原則。

第八節　股份有限公司之機關

一、股份有限公司機關之意義

公司為社團法人，雖為權利義務之主體，但其本身不能活動，必須透過其機關為之。其機關則是由自然人行之，此種由自然人所為之行為，乃「法人」之行為，即法人之機關。此種機關依公司法之規定有三：（一）股東會，為公司之意思機關。（二）董事及董事會，為執行公司業務及代表公司之機關。（三）監察人與檢查人，為公司經常或臨時監督之機關。

---

[13] 同前註，第212頁。

二、股東會

(一) 股東會之意義

股東會乃是由全體股東所組織而成，它是決定公司意思之最高機關。雖然董事會執行公司之事務，但董事會執行公司之事務，必須服從股東會之決議。

(二) 股東會之種類

1.股東常會：股東常會，每年至少召集一次，應於每會計年度終結後六個月內召開。所謂召開，指召集及開會。但有正當理由經報請主管機關核准者，不在此限。惟此之「核准」召開，僅限於核准延期召開，不得准予免開股東常會。

2.股東臨時會：於必要時召集之。所謂必要時，應依據事實由利害關係人認定之。

3.特別股東會：僅由特別股股東出席而構成者；通常是於變更章程而有損害特別股股東之權利時，召開之。

(三) 股東會之職權

依公司法之規定，股東會有下列職權[14]：

1.查核董事會造具之表冊及監察人之報告

監察人對於董事會編造提出於股東會之各種表冊，應予查核，並報告意見於股東會。董事會應將其所造具之各項表冊，提出於股東常會。各種表冊經股東會決議承認後，視為公司已解除董事及監察人之責任。股東會就董事會造具之表冊及監察人之報

---

[14] 見前揭註11，第355頁。

告有查核之權；執行此項查核時，股東會得選任檢查人。至於查核範圍，自以上開資料爲限。對於查核有妨礙、拒絕或規避之行爲者，各處新臺幣二萬元以上十萬元以下罰鍰。

2. 聽取報告

依本法規定之報告事項，分述如下：

(1) 聽取董事會之報告

①公司虧損達實收資本額二分之一時，董事會應即召集股東會報告。

②董事會決議募集公司債後，應將募集公司債之原因及有關事項報告股東會。

(2) 聽取監察人或檢查人之報告

①監察人對董事會所造具之各種表冊，經核對簿據調查實況，報告意見於股東會。

②清算完結時，監察人或檢查人應行檢查簿冊並報告於股東會。

3. 決議事項

股份有限公司之股東會，爲公司意思決定之最高機關，其所爲有關公同經營方針及股東權利義務之決議，除違反法令或章程者，依公司法第191條應屬無效外，要無不能拘束各股東之理。至於股東會決議事項可分普通決議事項及特別決議事項。

(1) 普通決議事項

①董事之選任、解任及其報酬。

②決議分派盈餘及股息、股利。

③檢查人之選任。

④董事之補選。

⑤監察人之選任、解任及報酬。

⑥對董事、監察人提起訴訟、另選代表公司為訴訟之人。

⑦決議承認董事會所造具之各項表冊。

⑧清算人之選任、解任及其報酬。

⑨承認清算人提交之各項表冊。

(2) 特別決議事項

①締結、變更或終止關於出租全部營業、委託經營或與他人共同經營之契約。

②讓與全部或主要部分之營業或財產。

③受讓他人全部營業或財產，對公司營運有重大影響者

④董事得由股東會之特別決議，隨時解任。

⑤董事競業禁止之許可及行使歸入權。

⑥以應分派之股息及紅利之全部或一部發行新股。

⑦公司之變更章程與增減資本。

⑧公司之解散、合併或分割。

（四）股東會之決議

1.表決權行使之原則：原則上每一股份均有一表決權。

2.表決權行使之例外

(1) 無表決權或限制表決權之特別股受到限制。

(2) 公司依第158、186以及317條之規定，持有自己公司之股份，無表決權。

(3) 被持有已發行有表決權之股份總數或資本總額超過半數之從屬公司，所持有控制公司之股份。

(4) 控制公司及其從屬公司直接或間接持有他公司已發行有表決權之股份總數或資本總額合計超過半數之他公司，所持有控制公司及其從屬公司之股份。

(5) 股東對於會議之事項，有自身利害關係致有害於公司利益之虞時，不得加入表決。

3. 代理出席之特別規定

股東得委託他人代理出席股東會。但由他人代理出席時，股東必須於每次股東會，出具公司印發之委託書，載明授權範圍，交付代理人出席。除信託事業或經證券主管機關核准之股務代理機構外，一人同時受二人以上股東委託時，其代理之表決權不得超過已發行股份總數表決權之百分之三，超過時，其超過之表決權不予計算。

4. 以書面或電子方式行使表決權

(1) 公司召開股東會時，採行書面或電子方式行使表決權者，其行使方法應載明於股東會召集通知。但公開發行股票之公司，符合證券主管機關依公司規模、股東人數與結構及其他必要情況所定之條件者，應將電子方式列為表決權行使方式之一。

(2) 以書面或電子方式行使表決權之股東，視為親自出席股東會。但就該次股東會之臨時動議及原議案之修正，視為棄權。

(3) 股東以書面或電子方式行使表決權者，其意思表示應於股東會開會二日前送達公司，意思表示有重複時，以最先送達者為準。但聲明撤銷前意思表示者，不在此限。

(4) 股東以書面或電子方式行使表決權後，欲親自出席股東會者，應於股東會開會二日前，以與行使表決權相同之方式撤銷

前項行使表決權之意思表示；逾期撤銷者，以書面或電子方式行使之表決權爲準。

5. 政府或法人爲股東之表決權行使

政府（公法人）或法人（此指私法人）爲公司之股東時，其代表人不限於一人。但其表決權之行使，仍以其所持有之股份綜合計算。若上述之代表有二人以上時，其代表人行使表決權應共同爲之。

（五）股東會之決議方法

股東會之決議方法，大致有三[15]：

1. 普通決議

針對公司一般性事項，其決議應有代表已發行股份總數過半數之股東出席，以出席股東表決權過半數之同意行之。

2. 特別決議

公司法明定有關締結、變更或終止關於出租全部營業，委託經營等，以及以股利發行新股，或公司變更章程等情事，應有代表股份總數三分之二以上之股東出席，以出席股東表決權過半數之同意行之。

公司之解散、合併或分割，此等重大事項與同法第185條之讓與營業相當，故亦應有代表已發行股份總數三分之二以上股東之出席，以出席股東表決權過半數之同意行之。

---

[15] 劉渝生，商事法，台北，三民書局，第102頁。

3. 假決議

　　指上述有關普通決議之事項，若出席股東雖不足已發行股份總數二分之一，但已有三分之一以上出席時，仍得以出席股東表決權過半數之同意，作為非正式的決議，即假決議。待下次股東會召開時，如仍有已發行股份總數三分之一以上股東出席，並經出席股東表決權過半數之同意時，原假決議即視同正式之決議。

（六）股東會決議瑕疵之救濟

　　股東會之決議如發生程序違法時或內容違法時，當有救濟之做法，乃至於股東會之決議，依法不成立時，所發生法律上之效果，說明如下[16]：

1. 決議之程序違法時，得訴請撤銷

　　股東會之召集程序或其決議方法，違反法令或章程時，股東自決議之日起三十日內，訴請法院撤銷其決議。所謂召集程序違反法令，例如未為通知或公告，或通知、公告未載明召集事由，或通知逾規定期限、或未具委託書代理人出席。所謂決議方法之違反法令，例如利害關係股東加入表決。惟違反法令或規章之決議，並非當然無效，如未經法院裁判撤銷，仍屬有效，股東仍應受其拘束；但苟經撤銷確定，其效力溯及既往而無效，並及於該決議有利害關係之第三人。此時決議事項已為登記者，經法院為撤銷決議之判決確定後，主管機關經法院之通知或利害關係人之申請時，應撤銷其登記，提起撤銷決議之訴之原告，在起訴時，須具有股東身分。

---

[16] 見前揭註1，第133至134頁。

2. 決議之內容違法時，當然無效

　　股東會之決議內容，違反法令或章程者，無效。例如違反關於股東固有權之規定，或違反股東平等原則，或違反股東有限責任原則，或有悖公序良俗者是也。

3. 決議不成立

　　若法律規定，決議必須有一定數額以上股份之股東出席時，此一定數額以上股份之股東出席，即為該法律行為成立之要件。股東會決議欠缺此項要件，尚非單純之決議方法違法，而是決議不成立，亦即決議根本不存在，自始不生效力，無須訴請法院撤銷。

三、董事及董事會

（一）董事

1. 董事之意義

　　董事者，乃公司之必要而常設之執行機關。股東會之決議事項，必須交由董事執行。惟股份有限公司之董事至少三人，由股東會就有行為能力之人選任之。然董事至少三人，其意見易生紛爭，事權難以統一，故董事必須組織董事會，並以董事長為公司之代表，公司業務由董事會執行。至於董事與公司之關係，除本法另有規定外，從民法關於委任之規定[17]。

　　股份有限公司通常係以聚集多數人之資金，形成大資本為目的。因之，股東人數眾多，不克使每一股東均參與公司之經營。

---

[17] 同前註，第135頁。

抑且，在股東有限責任原則之下，股東對公司之關係不切，亦不宜使每一股東參與公司之經營。因此，公司之經營，須專設法定、必備之執行業務機關以司之。此即所謂企業所有與企業經營之分離，乃股份有限公司之本質所在[18]。

但依本法之規定，公司業務之執行，除本法或章程規定應由股東會決議之事項外，均應由董事會決定之。董事會設置董事不得少於三人，並由董事會（設有常務董事者，由常務董事互選）互選一人為董事長任董事會主席，並對外代表公司。

2. 董事之人數與資格

股份有限公司董事會，設置董事至少三人，由股東會就有行為能力之人選任之，非公司股東亦得當選為董事。為求慎重，以保護公司、股東及債權人之利益，所謂「有行為能力之人」不包括民法第85條：「法定代理人允許限制行為能力人獨立營業者，限制行為能力人，關於其營業，有行為能力。」之規定。此外公司法第30條有關經理人消極資格之規定，對董事選任之資格亦準用之。

3. 董事之任期及選任方式——累積投票法之採行[19]

董事任期不得逾三年，但連選得連任。選舉董事時，公司法特別規定「累積投票法」作為選任之原則上方式。所謂累積投票法，係指股東選任董事時，每一股份有與應選出董事人數相同之選舉權，得集中選舉一人，或分配選舉數人，由所得選票代表選舉權較多者，當選為董事。茲舉例以明之：某公司應選舉董事

---

[18] 柯芳枝，公司法論（下），台北，三民書局，2015年，第1頁。
[19] 見前揭註15，第104頁。

三人，而候選人為六人，此時某甲擁有一千股，則甲應有三千個選舉權；甲之選舉權得全部集中選舉候選人Ａ，亦得分散投給六位候選人。此制之立法目的在保護小股東，使小股東因集中其選票，仍有當選董事的機會。

4. 董事之解任[20]

(1) 決議解任

由於公司與董事間之關係，除本法另有規定外，依民法關於委任之規定。故公司法依照民法委任契約之規定，同樣地規定於本法：「董事得由股東會之決議，隨時解任；如於任期中無正當理由而將其解任時，董事得向公司請求賠償因此所受之損害。」

(2) 當然解任

①公開發行股票之公司董事在任期中不得轉讓超過其經選任後向主管機關申報股權二分之一以上之股份，超過二分之一時，其董事當然解任。

②董事任期不得逾三年。但得連選連任。董事任期屆滿而不及改選時，延長其執行職務至改選董事就任時為止。但主管機關得依職權限期令公司改選；屆期仍不改選者，自限期屆滿時，當然解任。

(3) 裁判解任

董事執行業務，有重大損害公司之行為或違反法令或章程之重大事項，股東會未為決議將其解任時，得由持有已發行股份總數百分之三以上股份之股東，於股東會後三十日內，訴請法院裁判之。

---

[20] 同前註，第105頁。

(4) 當選失效

董事經選任後，若許其將持有股份隨意轉讓，必易使其無心於業，影響公司業務經營；惟實務上常有公司於董事任期屆滿前提前改選，則自選任時至就任此一期間轉讓股份，或於股東會召開前之過戶閉鎖期間轉讓持股之情形，公司法第197條第3項乃規定：「公開發行股票之公司董事當選後，於就任前轉讓超過選任當時所持有之公司股份數額超過二分之一時，或於股東會召開前之停止股票過戶期間內，轉讓持股超過二分之一時，其當選失其效力。」

(5) 視為提前解任

股東會於董事任期未屆滿前，改選全體董事者，如未決議董事於任期屆滿始為解任，視為提前解任。惟此項改選為求慎重，應有代表已發行股份總數過半數股東之出席。

5. 董事缺額之補選及臨時管理人之選任 [21]

不論何種原因，致董事缺額達三分之一時，董事會即應於三十日內召開股東臨時會補選之。但公開發行股票之公司，董事會應於六十日內召開股東臨時會補選之。

董事會不為或不能行使職權，例如因董事缺額，致無法達到公司法第206條之董事會最低法定出席人數，致公司有受損害之虞時，法院因利害關係人或檢察官之聲請，得選任一人以上之臨時管理人，代行董事長及董事會之職權。但不得為不利於公司之行為。

---

[21] 同前註，第106頁。

6. 董事之職權

依公司法相關條文之規定，董事之職權如下：

(1) 出席董事會：董事會開會時，董事應親自出席，除因會議之事項有自身利害關係，致有害該公司利益之虞時，不得加入表決外，均有表決權。

(2) 對經理人之委任與解任之同意：經理人之委任、解任及報酬，須有董事過半數之同意。

(3) 股票發行之簽名或蓋章：股票之發行應由代表公司之董事簽名或蓋章。

(4) 公司債券發行之簽名或蓋章：公司債之債券應由代表公司之董事簽名或蓋章。

(5) 調查報告募集設立之情形於創立會：董事應切實調查報告公司發起之情形於創立會。

(6) 為公司對監察人起訴之代表：公司對監察人提起訴訟時，原則上應由董事代表。

7. 董事之義務

基本上，公司與董事間之法律關係，屬於委任契約。因此，民法上有關受任人之義務，如善良管理人之義務……等，自然有其適用。又因其為公司負責人，故公司法上有關「忠實義務」之規定，自然適用於董事。

其次，公司法除了上述義務外，另有董事競業競止之義務、歸入權之規定及設質通知之義務。說明如下[22]：

---

[22] 見前揭註15，第106頁。

(1) 董事競業之禁止

董事為公司業務之執行機關，因之，若董事為自己或他人為屬於公司營業範圍內之行為，應對股東會說明其行為之重要內容，並取得許可。股東會為此競業行為之許可決議，應有代表已發行股份總數三分之二以上股東之出席，以出席股東表決權過半數之同意行之。公開發行股票之公司之出席股東人數往往因公司規模較大，不易達到三分之二以上股東出席之標準，故本法特予降低為過半數股東出席，出席股東表決權三分之二以上之同意行之。

(2) 歸入權

董事若違反上述規定，即未向股東會說明其競業行為，或雖已說明，但未獲同意。此時，董事為自己或他人所為之競業行為之所得，得由股東會作成決議，將該行為之所得視為公司之所得。但自所得產生後逾一年者，公司不得再行使歸入權。

(3) 設質通知之義務

股份之設質，係指以股份作為設定權利質權之標的而言。

公司法為避免董事身為公司執行機關之成員，因出質而轉讓其股份，致妨害資本市場之健全，或減少對公司的向心力，爰一方面規定董事之股份設定或解除質權者，應即通知公司，公司並應將該變動情形向主管機關申報並公告之。另一方面則對董事設質之比重加以控管，即：「公開發行股票之公司董事以股份設定質權超過選任當時所持有之公司股份數額二分之一時，其超過之股份不得行使表決權，不算入已出席股東之表決權數。」

8.董事之權利

董事係董事會的構成員，自得出席董事會，與其他董事共同

討論、決議公司業務之決策與執行。此外，由於董事與公司間一般皆為有償的委任契約關係，故公司法規定：董事之報酬，未經章程訂明者，應由股東會議定，俾免董事利用其地位，而恣意索取高額報酬。又股東會對董事報酬之議定，不得事後追認，此不僅防止董事利用職權先行（自行）決定其報酬，再對股東會施壓追認，且有保護公司財產利益之意義。

（二）董事會

董事會乃是由董事所組成之公司機構。股東會為公司之意思機關，而董事會則為公司之執行機關。關於董事會之召集、董事會之職權、董事會之開會方式、董事會之義務及對董事會違法行為之處理，說明如下[23]：

1. 董事會之召集

董事會由董事長召集之。董事長由董事互選產生，若公司董事會設有常務董事者，則董事長應由常務董事互選之。

董事長召集董事會時，應載明召集之事由，於三日前通知各董事及監察人。但章程有較高之規定者，從其規定。至於公開發行股票公司董事會之召集，其通知各董事及監察人之期間，由證券主管機關定之，不適用上述三日前通知之規定。但有緊急情事時，得隨時召集之。上述召集之通知，經董事或監察人同意者，得以電子方式為之。

2. 董事會之職權

董事執行業務，應依照法令章程及股東會之決議。在此前提

---

[23] 同前註，第109至110頁。

之下，公司業務應如何執行，由董事會依公司法第206條決議之方式決定之。至於董事會決議之範圍，自然在本法或章程規定，應由股東會決議之事項以外。

3. 董事會開會方式

　　董事會開會時，除非公司章程有得由他董事代理之規定，否則應當親自出席。董事會開會如以視訊會議為之，而其董事以視訊參與會議者，視為親自出席。至於委託他董事代理出席董事會時，應於每次出具委託書，並列舉召集事由之授權範圍。至於代理人以受一人之委託為限。

　　公司董事會是否得以書面表決方式，而不勞董事親自出席作成決議？公司法第205條第5項明定：「公司章程得訂明經全體董事同意，董事就當次董事會議案以書面方式行使其表決權，而不實際集會。」符合此規定者，即為合法進行之董事會議及決議。惟考量公開發行股票之公司規模較大，其決議影響公司及股東甚鉅，故為慎重起見，公開發行股票之公司，其董事會仍限於實際出席（得代理出席，如上述）為限。

（三）董事會之權限

1. 依公司法之規定對公司業務之決定權限

(1) 公司業務之執行決定權

　　公司法第202條指出，「公司業務之執行，除本法或章程規定，應由股東會決議之事項外，均應由董事會決議行之。」由此觀之，董事會有就公司業務之執行為意思決定之權限。因此對於意思決定之執行，自然得以交由董事長、副董事長或常務董事為之。由本條之規定可知擴大了董事會執行業務之權。

(2) 內部監察權

董事會對於公司業務之執行，有其決定權，則董事會對於董事長、副董事長或常務董事之執行業務，自有執行業務的監督權限。此即董事會之「內部監察」（Internal Audit）。

(3) 公司法所列舉之權限

①任命公司經理人。

②申請辦理公開發行程序。

③收買員工庫藏股。

④與員工簽訂認股權契約。

⑤召集股東會。

⑥提出營業政策重大變更之議案權。

⑦決定募集公司債之權。

⑧在授權資本制下，決定發行新股權。

⑨向法院聲請重整。

⑩於每季或每半年會計年度終了時決定以發放現金方式之盈餘分派。

⑪作成分割計畫、合併契約。

2. 依證交法之規定

(1) 證交法第14條之3規定：「已依前條第一項規定選任獨立董事之公司，除經主管機關核准者外，下列事項應提董事會決議通過，⋯⋯。」

(2) 證交法第14條之5第1項規定：「已依本法發行股票之公司設置審計委員會者，下列事項應經審計委員會全體成員二分之一以上同意，並提董事會決議，不適用第十四條之三規定⋯⋯。」

3. 章程訂定之權限

只要不違反本法強制或禁止之規定或公序良俗或股份有限公司之本質，公司章程均得規定董事會之權限。

（四）董事會之義務

關於董事會之義務，依公司法相關條文之規定如下[24]：

1. 公司章程簿冊之備置

除證券主管機關另有規定外，董事會應將章程及歷屆股東會議事錄、財務報表備置於本公司，並將股東名簿及公司債存根簿備置於本公司或股務代理機構。上述章程及簿冊，股東及公司之債權人得檢具利害關係證明文件，指定範圍，隨時請求查閱、抄錄或複製；其備置於股務代理機構者，公司應令股務代理機構提供之。本法之所以要求董事會備置公司章程簿冊，提供查閱，其目的在使股東及債權人瞭解公司之財務、業務狀況，對董事會而言固為義務，但對投資人——股東，以及債權人而言，則屬一種資訊上的權利，通稱為「查閱權」。

2. 會計表冊之提出及分發

董事會應將其所造具之各項表冊（即公司法第228條所規定，於每會計年度終了，董事會應編造之營業報告書、財務報表、盈餘分派或虧損撥補之議案），提出於股東常會請求承認，經股東會承認後，董事會應將財務報表及盈餘分派或虧損撥補之決議，分發各股東。其中，財務報表及盈餘分派或虧損撥補決議之分發，公開發行股票之公司，得以公告方式為之。至於公司之

---

[24] 見前揭註15，第112頁。

債權人針對上述之財務報表及決議，得要求公司給予、抄錄或複製，俾維護自身權益。

3. 虧損之報告及破產聲請之義務

公司虧損達實收資本額二分之一時，董事會應即召集股東會報告。至於公司資產顯有不足抵償其所負債務時，除得辦理公司重整者外，董事會應即向法院聲請宣告破產。

四、監察人與檢查人

（一）監察人之意義

監察人為股份有限公司業務及財務狀況之必要常設監察機關。

監察人為公司職務上之負責人。

監察人各得單獨行使監察權。

為期能以超然立場行使職權，監察人不得兼任公司董事、經理人或其他職員。

（二）監察人之職權

監察人於監督公司業務執行範圍內，監察人各得行使其監察權。其職權如下[25]：

1. 監督業務之執行

監察人原則上係為監督業務而設，並不執行業務，故本法未設競業禁止之限制。本法對於監督業務之具體規定如下：

---

[25] 見前揭註1，第149至150頁。

(1) 查核發起人報告：股份有限公司於募集設立時，監察人應就①公司章程。②股東名簿。③已發行之股份總數。④以現金以外之財產、技術抵繳股款者，其姓名及其財產、技術之種類、數量、價格或估價之標準及公司核給之股數。⑤應歸公司負擔之設立費用；及發起人得受報酬。⑥發行特別股者，其總額及每股金額。⑦董事、監察人名單，並註明其住所或居所、國民身分證統一編號或其他經政府核發之身分證明文件字號。⑧董事對於設立之必要事項，調查後報告於創立會。

(2) 檢查業務及財務：監察人應監督公司業務之執行，並得隨時調查公司業務及財產狀況，查核簿冊文件，並得請求董事會或經理人提出報告。監察人辦理前述事務，得代表公司委任律師、會計師審核之。違反第1項規定，規避、妨礙或拒絕監察人檢查行為者，代表公司之董事處新臺幣二萬元以上十萬元以下罰鍰。但公開發行股票之公司，由證券主管機關處代表公司之董事新臺幣二十四萬元以上二百四十萬元以下罰鍰。前述情形，主管機關或證券主管機關並應令其限期改正；屆期未改正者，繼續令其限期改正，並按次處罰至改正為止。再者董事發現公司有受重大損害之虞時，應立即向監察人報告。

(3) 列席董事會：監察人得列席董事會陳述意見。

(4) 停止董事會之行為：董事會或董事執行業務有違反法令章程，或股東會決議之行為時，監察人應即通知董事會或董事停止其行為，此即為監察人之停止請求權。

(5) 查核表冊：監察人對於董事會編造提出於股東會之各種表冊，應予查核，並報告意見於股東會。如有違反而為虛偽之報告時，各科新臺幣六萬元以下罰金。

(6) 召集股東會：監察人除董事會不為召集或不能召集股東

會外，得為公司利益，於必要時，得召集股東會。所謂必要時，原則上應於董事會不能召開或不為召開情形下，始得為之。法院對於檢查人報告認為必要時，得命監察人召集股東會。

2.代表公司

監察人例外得代表公司，其情形如下：

(1) 代表公司訴訟：公司與董事間之訴訟，除法律另有規定，或股東會另選代表人者外，由監察人代表公司。繼續六個月以上持有已發行股份總數百分之三以上之股東，得以書面請求監察人為公司對董事提起訴訟。

(2) 代表公司委託律師會計師：監察人為調查公司業務及財務狀況，查核簿冊文件，得代表公司委託律師會計師審核之。此時律師、會計師之酬金，僅得向公司請求。

(3) 代表公司與董事交涉：董事為自己或他人與公司為買賣、借貸或其他法律行為時，由監察人為公司之代表。

（三）監察人之義務

1.審核決算表冊之義務：監察人對於董事會編造提出於股東會之各種表冊，應予查核，並報告意見於股東會。

2.審查清算表之義務：普通清算完結時，清算人應於十五日內，造具清算期內收支表、損益表、連同各項簿冊，送經監察人審查之。

3.不兼任董事、經理人或其他職員之義務：監察人不得兼任公司之董事及經理人或其他職員。其立法意旨，在使監察人能以超然地位行使職權，並杜流弊。

（四）監察人之責任

1.對於公司之責任：監察人執行職務違反法令、章程或怠忽職務，致公司受有損害者，對於公司負賠償之責。例如爲不實之報告或不檢舉董事之舞弊是。

2.對於第三人之責任：監察人應忠實執行業務並盡善良管理人之注意義務，如有違反法令，致第三人受有損害時，對他人應與公司負連帶賠償之責。

3.對於股東之責任：由少數股東對監察人提起訴訟，其所訴屬實，經終局判決確定時，被訴之監察人對起訴之股東，因此訴訟所受之損害，負賠償之責。

4.連帶責任：監察人對公司或第三人負損害賠償責任，而董事亦負其責任時，該監察人及董事爲連帶債務人。

（五）檢查人

1.檢查人之意義

檢查人係用來調查公司之設立程序或公司之業務及財務狀況等爲主要目的而設置之股份有限公司的法定、任意、臨時之監督機關。具體而言，公司依公司法之規定，選任檢查人或聲請法院選派檢查人執行檢查權，以調查公司之設立程序、公司業務及財產狀況爲其主要目的，屬於一種法定的檢查制度，或謂臨時監察機關，用以彌補監察人專業監督之不足。

2.檢查人之選任方法

(1) 由公司選任者

檢查人之選任，如由公司選任者，無論係由創立會所選任，抑或由股東會所選任，公司法對於其表決比例，未有明之規定，

因此，只須以普通決議爲之，即可。

(2) 由法院選派者

繼續六個月以上，持有已發行股份總數百分之一以上之股東，得檢附理由、事證及說明其必要性，聲請法院選派檢查人，於必要範圍內，檢查公司業務帳目、財產情形、特定事項、特定交易文件及紀錄，及公司於重整時依本法第285條所選任之檢查人；有應由主管機關選派者，如在發起設立，董事、監察人於就任後，主管機關得選任檢查人檢查。

3. 檢查人之職權

檢查人之職權，顧名思義，爲檢查業務或財務。其應行檢查之事項，主要者，不外乎會計表冊之編造是否確當、金錢之數額有無出入，款項之交付是否爲法律、章程所許。至董事執行業務之當否，則檢查人無權過問，其權限亦與監察人不同；至於公司在重整中，法院所選任之檢查人，其職權依本法第285條之規定[26]。

4. 檢查人之義務

依公司法第8條第2項之規定：「……檢查人……，在執行職務範圍內，亦爲公司負責人。」因此，自有本法第23條第1項之適用。申言之，檢查人應忠實執行業務並盡善良管理人之注意義務。

---

[26] 見前揭註11，第446頁。

5. 檢查人之責任[27]

(1) 對公司之責任

依公司法第23條第1項之規定：「公司負責人應忠實執行業務並盡善良管理人之注意義務，如有違反致公司受有損害者，負損害賠償責任。」此一規定，應適用於檢查人。

(2) 對第三人之責任

檢查人在執行職務範圍內，亦為公司負責人。因之，檢查人對於公司業務之執行，如有違反法令致他人受有損害時，對他人應與公司負連帶賠償之責。

第九節　股份有限公司之會計

一、股份有限公司會計之意旨

股份有限公司係以公司財產為其債務之唯一擔保；為保護股東及債權人之利益，公司法對股份有限公司特設「會計」一節，使公司會計明確化，始能給予股份有限公司「企業經營」合理基礎。公司之會計遂成為公司之中心問題。使得股東及公司債權人之權益，才能獲得確實之保障。此外，公司會計事務之處理，公司法有明文規定者，應優先適用公司法之規定；無規定者，則應適用商業會計法之規定。

二、會計表冊之編造

通常每個會計年度終了，董事會應依中央主管機關規定之規章編造下列各項表冊，於股東常會開會三十日前交監察人查核。

---

[27] 見前揭註18，第110頁。

（一）營業報告書：係報告公司該年度營業狀況之文書。

（二）財務報表。

（三）盈餘分派或虧損撥補之議案：即由董事會擬具盈餘分派及虧損撥補之議案，俾便提交股東會承認。

三、會計表冊之備置及查閱

董事會所造具之以上各項表冊與監察人之報告書，應於股東常會開會十日前，備置於本公司，股東得隨時查閱，並得偕同其所委託之律師或會計師查閱。此查閱之目的，即在於下述股東會之承認。

四、股東常會之承認

董事會應將其所造具之各項表冊，提出於股東常會請求承認，個別股東因已於會前查閱詳細資料，故能節省會議時間。經股東常會決議承認後，董事會應將相關資料分發各股東。

五、會計表冊承認之效力

各項表冊經股東會決議承認後，視為公司已解除董事及監察人之責任。但董事、監察人有不法行為者，不在此限，股東會仍可追究之。

第十節　股份有限公司之公司債

一、公司債之意義

所謂公司債，乃是股份有限公司，因需用資金而依法定募集程序，發行流通性之有價證券，向社會大眾募集金錢之債。原本

公司需用資金時，可透過增資發行新股，或對外借貸之方式募集資金；然發行新股手續繁雜，且易造成股東人數增加，可能會造成公司經營權之爭奪。另外，如果向外借貸，可能利息較高，且易受制於金主，因此有必要以公司名義，依法定程序向外舉債。

二、公司債之種類

公司債之種類，以區分標準之不同，而有下列之類別[28]：

（一）記名公司債與無記名公司債

以公司債是否記載債權人之姓名，為區分標準：

1.記名公司債：公司債之債券上記載債權人之姓名者，謂記名公司債。

2.無記名公司債：公司債之債券上不記載債權人之姓名者，謂無記名公司債。

就本法第255條、第258條規定觀之，本法得發行記名公司債與無記名公司債。

（二）有擔保公司債與無擔保公司債

以公司債是否附有擔保，為區分標準：

1.有擔保公司債：公司債之發行，以公司全部或部分資產作為償還本息之擔保者，謂有擔保公司債。

2.無擔保公司債：公司債之發行，僅以公司信用為保證，並無其他財產擔保者，謂無擔保之公司債。

就本法第247條、第249條與第250條規定觀之，本法得發行有擔保公司債及無擔保公司債，但有限制與禁止條件。

---

[28] 見前揭註1，第160至161頁。

（三）轉換公司債與非轉換公司債

以公司債是否可轉換為股份，為區分標準：

1.轉換公司債：公司債券之所有人，得以公司債券轉換公司股份者，謂轉換公司債。

2.非轉換公司債：公司債券之所有人，不得以公司債券轉換公司股份者，謂非轉換公司債。

本法原則上採非轉換公司債，惟因採授權資本制，故例外亦承認轉換公司債，而規定於本法第262條。

（四）附保證公司債與不附保證公司債

以公司債是否有第三人保證，為區分之標準：

1.附保證公司債：公司債由第三人為償還本息擔保而發行者，謂附保證公司債。

2.不附保證公司債：公司債之發行無第三人為償還本息之擔保者，謂不附保證之公司債。

本法第248條第1項第16款明文規定：「有發行保證人者，其名稱及證明文件。」觀之，除附保證公司債外，當然亦承認不附保證之公司債。

（五）一般公司債與利益公司債

以公司債債權人享有之利益，為區分標準：

1.一般公司債：公司債定有確定利率支付利息，並有還本之期限者，謂一般公司債。

2.利益公司債：公司債以公司利益之有無而定其利息者，謂利益公司債。

本法所規定之公司債均屬一般公司債。至於利益公司債，本

法未予認許。

（六）本國公司債與外國公司債

以公司募集地，爲區分標準：

1.本國公司債：公司債在本國募集者，謂本國公司債。

2.外國公司債：公司債在外國募集者，謂外國公司債。

本法所規定之公司債，均屬本國公司債。至於外國公司債，本法對此並未明文規定，爲促進本國經濟之發展，解釋上應認爲可以。

三、公司債發行之限制

依公司法及證券交易法之規定，有如下之限制：

（一）公司債總額之限制

公開發行股票公司之公司債總額，不得逾公司現有全部資產減去全部負債後之餘額。至於非公開發行股票公司，其公司債總額則無上開限制。

（二）特別公司債之限制

已依證券交易法發行股票之公司，募集與發行有擔保公司債、轉換公司債或附認股權公司債，除經主管機關徵詢目的事業中央主管機關同意者外，其發行總額，不得逾全部資產減去全部負債餘額之百分之二百，不受公司法第247條規定之限制：

（三）無擔保公司債之限制

1.無擔保公司債之總額，不得逾公司現有全部資產減去全部負債後之餘額二分之一，蓋因其無擔保，保障力差，故減少其發

行額。

　　2.已依證券交易法發行股票之公司，募集與發行無擔保公司債，除經主管機關徵詢目的事業中央主管機關同意者外，其發行總額，不得逾全部資產減去全部負債餘額之二分之一，不受公司法第247條規定之限制。

（四）普通公司債之限制

　　公開發行股票之公司，若為普通公司債之私募，其發行總額，除經主管機關徵詢目的事業中央主管機關同意者外，不得逾全部資產減去全部負債餘額之百分之四百，不受公司法第247條規定之限制。

四、公司債發行之禁止及例外

（一）公司債發行之禁止

　　公司有下列原因時，不得發行公司債：

　　1.對於前已發行之公司債或其他債務有違約或遲延支付本息之事實，尚在繼續中者。應注意者，債務雖經債權人同意展延，仍有公司法第250條第1款之情事。

　　2.最近三年或開業不及三年之開業年度課稅後之平均淨利，未達原定發行之公司債應負擔年息總額之百分之一百者。但經銀行保證發行之公司債不受限制。

（二）無擔保公司債發行之禁止

　　公司有下列情形之一者，不得發行無擔保公司債：

　　1.對於前已發行之公司債或其他債務，曾有違約或遲延支付本息之事實已了結，自了結之日起三年內。

2.最近三年或開業不及三年之開業年度課稅後之平均淨利，未達原定發行之公司債，應負擔年息總額之百分之一百五十者。

（三）公司債發行禁止之例外

普通公司債、轉換公司債或附認股權公司債之私募不受第249條第2款及第250條第2款之限制。

五、公司債之轉讓

公司債之轉讓，依公司法之規定如下：

（一）記名式公司債券之轉讓

其轉讓須由持有人以背書為轉讓，且非將受讓人姓名或名稱記載於公司債券，並將受讓人之姓名或名稱及住所記載於公司債存根簿，不得以其轉讓對抗公司。

（二）無記名式公司債券之轉讓

無記名式公司債券之轉讓，依無記名有價證券之通例，非經交付，不生效力。但債券為無記名式者，債權人得隨時請求改為記名式。

六、公司債之轉換

依公司法之規定，公司債之轉換規定如下：

（一）公司募集公司債時，得訂明公司債能轉換為股份，而為轉換公司債之發行。

（二）轉換公司債之發行，其持有人既得保持公司債之安全性，又可請求轉換為股份以作投機，故頗具吸引力。

（三）公司發行轉換公司債時，須將其轉換辦法申請證券管

理機關審核之，公司債約定得轉換股份者，公司有依其轉換辦法核給股份之義務。但公司債債權人有選擇權。

（四）轉換股份額，如超過公司章程所定可轉換股份之數額時，應先完成變更章程增加可轉換股份之數額後，始得為之。

（五）轉換公司債之債券，應載明轉換字樣。

（六）以轉換公司債轉換為股份而增發新股時，不適用公司法第267條有關員工保留股及股東新股認購權之規定。

七、公司債債權人會議

關於公司債債權人會議規定於公司法第263條及265條如下：

（一）債權人會議之意義

公司債債權人會議，是集合公司債債權人意思之臨時性機關。會議之成員非公司股東，或公司全體之債權人，而係由同次之公司債債權人所組成。會議之目的為討論及議決債權人之共同利害關係事項。

（二）債權人會議之召集

1.由公司召集。
2.由受託人召集。
3.由同次公司債總數百分之五以上之公司債債權人召集。
召集目的必為公司債債權人之共同利害關係事項。

（三）債權人會議之決議方法

應有代表公司債債權總額四分之三以上債權人之出席，以出席債權人表決權三分之二以上之同意行之，並按每一公司債券最

低票面金額有一表決權。無記名公司債債權人，出席會議時，非於開會五日前，將其債券交存公司，不得出席。有違反公司法第265條之規定情事之一者，雖已經債權人會議決議通過，法院仍不予認可。

第十一節　股份有限公司之發行新股

一、發行新股之意義

　　所謂發行新股是指在公司成立之後，有資金之需求，再度為公開或不公開的第二次發行股份之意。依公司法之規定，我國採授權資本制，而分次發行新股者，在章程所定股份總額內，原則上授權董事會決議發行新股。

二、發行新股之方式

　　依公司法之規定，發行新股有下列兩種方式[29]：

（一）非增資之分次發行新股

　　非增資之分次發行新股者，乃公司依章程所定股份總數，得以分次發行之股份而言。本法對公司之資本總額採授權資本制，因此章程所定股份總數，得分次發行。是故股份有限公司發行其股份總數中尚未發行之部分，係屬董事會之權限。公司發行新股，應由董事會以董事三分之二以上之出席，及出席董事過半數同意之決議發行。

---

[29] 同前註，第173至174頁。

（二）增資後發行新股

公司將已規定之股份總數全數發行後，不得增加資本。股份有限公司欲增加資本發行新股，必先變更章程，故應有代表已發行股份總數三分之二以上之股東出席，以出席股東表決權過半數之同意，始得為新股之發行。惟公開發行股票之公司，出席股東之股份總數不足前述定額者，得以有代表已發行股份總數過半數股東之出席，出席股東表決權三分之二以上之同意發行新股。

前二項出席股東股份總數及表決權數，章程有較高之規定者，從其規定。又增加資本後之股份總數，得分次發行，其發行並無最低數額之限制，俾便利資金之籌措，並避免募集之資金超過其營運所需之資金，產生閒置之流弊。

三、發行新股之程序[30]

（一）董事會之決議通過

（二）董事會應備置認股書

認股書既為認股人承諾購買公司股份之契約書，故董事會不論採公開、不公開發行新股方式，均應備妥。至於認股書之內容應分別依公司法第273、274條所規定之事項，予以載明。

（三）員工及原有股東之新股認購權

對於公司所發行之新股，有法定優先承購或認購之權利者，稱之新股認購權，公司法第267條規定析述如下：

---

[30] 見前揭註15，第128至129頁。

1. 員工之優先承購權

公司發行新股時，除經目的事業中央主管機關專案核定者外，應保留原發行新股總額百分之十至十五之股份由員工承購；此處所稱員工，包括符合一定條件之控制或從屬公司員工在內。至於公營事業經該公營事業之主管機關專案核定者，得保留發行新股由員工承購；其保留股份，不得超過發行新股總額百分之十。

2. 原有股東之優先認購權

公司發行新股時，除上述應保留給員工承購者外，應公告及通知原有股東，按原有股份比例儘先分認，並聲明逾期不認購者，喪失其權利。

3. 餘額公開或不公開發行

上述原有股東未認購之餘額，公司得對外公開發行或採不公開方式，洽由特定人認購。

4. 新股認購權及股份轉讓之限制

新股認購權中，有關保留股份由員工承購，實係落實分紅入股政策的做法，目的在融合勞資為一體，有利企業之經營，故除股東之新股認購權外，員工之優先承購權不得獨立轉讓。

（四）催繳股款

認股書所載股款繳納日期屆至，董事會即應分別向全體認股人催繳股款。

公司公開發行新股時，應以現金為股款。但由原有股東認購或由特定人協議認購，而不公開發行者，得以公司事業所需之財

產為出資。

（五）發行新股票。

四、公開發行新股核准之撤銷

公開發行新股核准後，其撤銷之規範及做法，規定於公司法第271條第1項及第2項。茲說明如下：

（一）公司公開發行新股，經核准後，如發現其申請事項，有違反法令或虛偽情形時，證券管理機關得撤銷其核准。

（二）前項之撤銷核准時，未發行者，停止發行。如已發行者，股份持有人得於撤銷時起，向公司依股東原定發行金額加算法定利息，請求返還。如有因此發生之損害，並得請求賠償。

（三）認股特定人如未能在限期內繳足股款，而經證券主管機關撤銷其核准者，則無公司法第271條第2項之適用。

第十二節　股份有限公司之變更章程

一、變更章程之意義

公司因為經營之策略及未來之經營方向針，對不確定之社會演進之態樣，有必要調整其做法時，對於公司之章程內容加以調整而變更者，謂之「變更章程」。但其變更章程必須不違反法律的強行或禁止規定及公序良俗之下，更不得影響公司之基本性質的基礎下，方得變更章程。

二、變更章程之程序

公司變更章程之原因頗多，而公司法特別針對增加資本或減

少資本作爲變更章程之主要內容。其程序如下[31]：

（一）一般變更章程之程序

公司非經股東會決議，不得變更章程。此一決議應有代表已發行股份總數三分之二以上之股東出席，以出席股東表決權過半數之同意行之。公開發行股票之公司，得以有代表已發行股份總數過半數股東之出席，出席股東表決權三分之二以上之同意行之。

（二）因增資而變更章程之限制規定

公司登記之資本額全部發行完畢，若再增加資本，即屬增資。增資之方式理論上包括：股份金額的增加、股份總數的增加、或上述二者同時增加三種方式。惟三方式中僅「股份總數增加」一途不必經全體股東之同意，故實務上多採此簡便可行之方式爲之。

增資時，應由董事會先決定增資的金額及增資的方法，而後召集股東會決議之。由於公司增資，必須變更原訂之章程，故增資應依公司法第277條變更章程之表決權數決議通過後辦理之。

然而，公司欲增資，新舊公司法規定有所不同：舊公司法規定，公司已將公司章程所規定之股份總數，全數發行後，始得增資。現行新法則規定公司只須適時修改章程增加資本，即得增資。

（三）因減資而變更章程之特別規定

公司欲減少資本時，理論上亦可分爲每股金額之減少，或以

---

[31] 同前註，第130至131頁。

股份總數減少，以及以上兩種方式同時減少三種方式，達到減資的目的。惟依公司法第168條規定觀之，公司減資時應依股東所持股份比例，銷除減少之。

　　一般減資多爲公司將現金退還給股東，惟爲使公司靈活運用其資本，並因應企業經營之實際需求，公司法第168條第2項規定，除現金外，公司亦得以現金以外之財產（例如貨幣債權或技術）退還予股東。退還之財產及抵充之數額，應經股東會決議，並經該收受財產股東之同意。

　　減資與增資相同，應由董事會作成建議案，然後交由股東會決議減資及變更公司之章程。

　　除上述程序外，因減資而換發新股票時，公司應於減資登記後，定六個月以上之期限，通知各股東換取，並聲明逾期不換取者，喪失其股東之權利，此時，公司得將其股份拍賣，以賣得之金額，給付該股東。

第十三節　股份有限公司之重整

一、公司重整之意義

　　所謂公司重整，係指依公司法之規定，對於公開發行股票或公司債之股份有限公司，因財務困難、暫停營業或有停業之虞，而有重建更生之可能，透過公司或其他關係人之聲請，法院裁定予以整頓或整理，用以調整其債權人、股東及其他利害關係人之利益，使公司得以維持與事業爲目的之制度。

二、公司重整之性質

　　公司重整爲非訟事件，除公司法之相關規定外，準用民事

訴訟法之規定及適用非訟事件法，對於公司重整，具體規定如下[32]：

（一）就公司重整程序所為各項裁定，除公司法另有規定外，準用非訟事件法第172條第2項之規定。法院之裁定，應附理由；其認可重整計畫之裁定，抗告中應停止執行。

（二）依公司法第287條第1項第1款及第6款所為之財產保全處分，如其財產依法應登記者，應囑託登記機關登記其事由；其財產依法應註冊者亦同。駁回重整聲請裁定確定時，法院應囑託登記或註冊機關塗銷前項事由之登記。

（三）依公司法第287條第1項第2款、第3款及第5款所為之處分，應黏貼法院公告處，自公告之日起發生效力；必要時，並得登載本公司所在地之新聞紙或公告於法院網站。駁回重整聲請裁定確定時，法院應將前項處分已失效之事由，依原處分公告方法公告之。

（四）依公司法第305條第1項、第306條第2項至第4項及第310條第1項所為裁定，應公告之，毋庸送達。前項裁定及准許開始重整之裁定，其利害關係人之抗告期間，應自公告之翌日起算。非訟事件法第188條第1項之公告方法，準用非訟事件法第187條第1項之規定。准許開始重整之裁定，如經抗告者，在駁回重整聲請裁定確定前，不停止執行。

三、公司聲請重整之要件

（一）公司重整須以公開發行股票或公司債之公司為限，始得申請重整

---

[32] 見前揭註4，第376頁。

　　所謂「公開發行」，應指公司曾依公司法公開招募股份、或依公司法募集公司債、或依公司法公開發行新股者而言，並不以股票債券上市證券市場為必要。

　　（二）公司業務及財務狀況有重建更生之可能

　　所謂「重建更生」係指公司營業狀況，依合理財務費用負擔作為標準，仍有繼續經營之價值；如無經營價值，法院應予駁回。

四、公司重整之做法

　　（一）聲請人以書狀連同副本五份向法院為之，書狀應載明下列事項：

　　1.聲請人之姓名及住所或居所；聲請人為法人、其他團體或機關者，其名稱及公務所、事務所或營業所。

　　2.有法定代理人、代理人者，其姓名、住所或居所及法定代理人與聲請人之關係。

　　3.公司名稱、所在地、事務所或營業所及代表公司之負責人姓名、住所或居所。

　　4.聲請之原因及事實。

　　5.公司所營事業及業務狀況。

　　6.公司最近一年度依第228條規定所編造之表冊；聲請日期已逾年度開始六個月者，應另送上半年之資產負債表。

　　7.對於公司重整之具體意見。

　　（二）公司法第283條第1項第5款至第7款之事項，得以附件補充之。

　　（三）公司為聲請時，應提出重整之具體方案。股東、債權人、工會或受僱員工為聲請時，應檢同釋明其資格之文件，對公

司法第283條第1項第5款及第6款之事項，得免予記載。

五、公司重整之重整計畫[33]

（一）重整計畫之擬訂與提出

1. 重整計畫之擬訂人與擬訂原則

專屬於重整人。其他利害關係人，自無妨向重整人陳述關於重整計畫之意見，但不得逕行擬訂重整計畫。重整人擬訂重整計畫，除須合法外，應以公平而切實可行為原則。

2. 重整計畫之提出人

(1) 重整人擬訂重整計畫，應連同公司業務及財務報表，提請第一次關係人會議審查。

(2) 重整人如經法院另行選定者，重整計畫應由新任重整人於一個月內提出之。蓋新任重整人必須先對公司業務經營，與財務情形有相當之了解，始能為重整計畫之擬訂。

（二）重整計畫之內容

重整計畫之擬訂，由重整人酌定。公司重整如有下列事項，應訂明於重整計畫，而重整計畫之執行，除債務清償期限外，自法院裁定認可確定之日起算不得超過一年；其有正當理由，不能於一年內完成時，得經重整監督人許可，聲請法院裁定延展期限；期限屆滿仍未完成者，法院得依職權或依關係人之聲請裁定終止重整。

---

[33] 見前揭註1，第211至212頁。

1. 全部或一部重整債權人或股東權利之變更

關於權利變更之內容、權利變更之方法，或某類債權不予變更者，均須明訂之。例如重整債權人為一部債務之免除，或利息免除、有擔保債權人捨棄其一部擔保、股東按比例減少其股份等事項之變更，均須明訂於重整計畫。

2. 全部或一部營業之變更

重整人斟酌實際之情形，如認有必須變更全部或一部之營業者，不論其為變更營業之種類、營業之方法或營業之範圍，例如將營業範圍縮小，或原為零售業務現改為批發等是，均應說明於重整計畫。

3. 財產之處分

例如將公司財產處分充作清償債款，或重整有關費用是。關於財產之處分，於重整計畫內，僅訂明其原則為已足。至於其他細則，不妨授權重整人斟酌處理。倘重整計畫未訂明者，重整人於行為前，應經重整監督人之事前許可。

4. 債務清償方法及其資金來源

例如將債務清償期限展延，或分期為之。甚至折扣償還或產品抵付，抑以處分財產或發行新股之方法籌措資金償債，均應分類酌情訂明於計畫。

5. 公司資產之估價標準及方法

公司固定資產之估價標準、房屋、各項設備之折舊方法、有價證券之計價方法、應收票據、應收帳款之有壞帳發生者，其壞

帳準備之攤提方法、比率均宜明訂。

6. 章程之變更

章程之變更者，例如變更章程之內容，或增資、減資有所變更。

7. 員工之調整或裁減

例如重要職員之任免，因營業範圍縮小而裁減部分員工是。

8. 新股或公司債之發行

例如以發行新股或公司債所得價款，以解決公司財務之困難，或將債權轉為公司債等均屬之。

9. 其他必要事項

例如借款，或公司營業之出租或委託他人經營是。

六、公司重整之完成

關於公司重整之完成，依公司法第310條及第311條之規定如下[34]：

（一）重整完成之程序

1.公司重整人，應於重整計畫所定期限內，完成重整工作；重整完成時，應聲請法院為重整完成之裁定，並於裁定確定後，召集重整後之股東會。股東會應改選重整後之董事及監察人。

2.重整後之公司董事、監察人於就任後，應會同重整人向主

---

[34] 同前註，第218頁。

管機關申請登記或變更登記。

　　3.經法院為公司重整完成之裁定後，公司重整之程序即告終結。

（二）重整完成之效力

　　公司重整之目的，在使公司繼續經營，與破產或公司清算程序，在使公司之人格消滅者不同。重整前之公司與重整完成後之公司，其法人人格仍一貫連續，其同一性質並不因重整程序而受影響。茲將公司重整完成後之效力，述之於下：

1. 對債權人之效力

　　已申報之債權未受清償部分，除依重整計畫處理，移轉重整後之公司承受者外，其請求權消滅；未申報之債權亦同。所謂請求權消滅，學者有主張係請求權消滅者，惟本書認為應以權利消滅為當。

2. 對股東之效力

　　股東股權經重整而變更或減除之部分，其權利消滅。

3. 對訴訟程序中斷之效力

　　法院裁定重整後，公司之破產、和解、強制執行及因財產關係所生之訴訟等程序，當然停止。公司重整完成後，重整計畫對於債權人權利之行使已有解決之辦法，自毋庸當事人或法院進行重整裁定前，公司之破產、和解、強制執行及因財產關係所生之訴訟等程序，即失其效力。

4.對於重整機關之效力

重整完成後，重整人、監督人及關係人會議之任務，均告終了，自應解除其職務。惟關於重整職務之解除，究於何時，法無明文，解釋上自應認為於法院裁定重整完成時，始行解除。

第十四節　股份有限公司之解散、合併、分割及清算

一、股份有限公司之解散

（一）解散之事由

股份有限公司對於公司之解散事由，公司法第315條規定如下：

1.章程所定解散事由。

2.公司所營事業已成就或不能成就。

3.股東會為解散之決議。

4.有記名股票之股東不滿二人。但政府或法人股東一人者，不在此限。

5.與他公司合併。

6.分割。

7.破產。

8.解散之命令或裁判。

（二）解散之決議

股份有限公司對於公司解散之決議，公司法第316條規定如下：

股東會對於解散之決議，應有代表已發行股份總數三分之二以上股東之出席，以出席股東表決權過半數之同意行之，以昭慎

重。惟公開發行股票之公司，出席股東之股份總數不足前述定額者，得以有代表已發行股份總數過半數股東之出席，出席股東表決權三分之二以上之同意行之。但前二項出席股東股份總數及表決權數，章程有較高之規定者，從其規定。

（三）解散之通知及公告

公司解散時，除破產外，董事會應即將解散之要旨，通知各股東。

（四）清算之開始

公司解散時，除因合併、分割或破產而解散外，應行清算。

（五）解散登記

公司解散後，不向主管機關申請解散登記者，主管機關得依職權或據利害關係人申請，廢止其登記。主管機關對於前述之申請，除命令解散或裁定解散外，應定三十日之期間，催告公司負責人聲明異議；逾期不為聲明或聲明理由不充分者，即廢止其登記。

（六）解散之通告

公司解散時，除破產外，董事會應即將解散之要旨，通知各股東。

二、股份有限公司之合併

有關股份有限公司之合併，規定於第317條、第318條及第387條等相關條文，說明如下[35]：

---

[35] 見前揭註1，第221至222頁。

（一）合併之決議

董事會將合併之議案，請求股東會決議時，應就分割、吞併有關事項，作成合併契約，提出於股東會。此之合併契約，應以書面為之，並記載下列事項：

1.合併之公司名稱，合併後存續公司之名稱或新設公司之名稱。

2.存續公司或新設公司因合併發行股份之總數、種類及數量。

3.存續公司或新設公司因合併對於消滅公司股東配發新股之總數、種類及數量與配發之方法及其他有關之事項。

4.對於合併後消滅之公司，其股東配發之股份不滿一股應支付現金者，其有關規定。

5.存續公司之章程需變更者或新設公司依第129條應訂立之章程。

上述之合併契約書，應於發送合併承認決議股東會之召集通知時，一併發送於股東，俾股東對應否同意合併，作一正確判斷。

（二）不同意合併之股東股份收買請求權

股東在股東會之集會前或集會中，以書面表示異議，或以口頭表示異議經紀錄者，得放棄表決權，而請求公司按當時公平價格，收買其持有之股份，不得將異議股份實行減資退還資金，此為少數股東權之一。請求收買期間、請求價格裁定期間，準用本法第187條及第188條之規定。

（三）合併之公告及通知

　　股份有限公司關於合併應為公告與通知，對異議之債權人提供擔保，以及權利義務由合併後存續公司承受等規定，均準用無限公司之規定。

（四）合併後存續或新設公司應循之程序

　　公司合併後，存續公司之董事會，或新設公司之發起人，於完成催告債權人程序後，其因合併而有股份合併者，應於股份合併生效後，其不適於合併者，應於該股份為處分後，分別依下列程序行之：

　　1.存續公司，應即召集合併後之股東會，為合併事項之報告，其有變更章程必要者，並為變更章程。

　　2.新設公司，應即召集發起人會議，訂立章程。

　　無論為存續公司或新設公司，其章程之訂立，均不得違反合併契約之規定。

三、股份有限公司之分割

（一）公司分割之意義

　　所謂公司分割，其意旨乃在於將一公司經由分割程序調整其業務經營及組織規模，使其營業或財產將他公司之全部或一部承受後，形成兩個以上之獨立人格的公司。公司分割後得以適度縮小公司之規模，調整其組織，可以促成企業經營之專業，對公司之經營有所助益。

（二）公司分割之方式

　　1.以是否另立公司，可分為下列兩種方式：

(1) 新設分割：乃是指一公司將其營業或財產之全部或部分，由新設立公司承受者。

(2) 吸收分割：乃是指一公司將其營業或財產之全部或部分，由既存之他公司承受，而不再另設新公司。

2.以公司分割後，被分割之公司是否繼續存在，可分為：

(1) 存續分割：乃是指分割程序完成後，被分割公司依然存續存在。

(2) 消滅分割：乃是指分割程序完成後，被分割公司因解散而消滅。

（三）分割計畫

依公司法第317條第1項之規定，分割計畫，應以書面為之，並記載下列事項：

1.承受營業之既存公司章程需變更事項或新設公司章程。

2.被分割公司讓與既存公司或新設公司之營業價值、資產、負債、換股比例及計算依據。

3.承受營業之既存公司發行新股或新設公司發行股份之總數、種類及數量。

4.被分割公司或其股東所取得股份之總數、種類及數量。

5.對被分割公司或其股東配發之股份不滿一股應支付現金者，其有關規定。

6.既存公司或新設公司承受被分割公司權利義務及其相關事項。

7.被分割公司之資本減少時，其資本減少有關事項。

8.被分割公司之股份銷除所需辦理事項。

9.與他公司共同為公司分割者，分割決議應記載其共同為公

司分割有關事項。

四、股份有限公司之清算

（一）清算之意義

　　股份有限公司之清算乃是指公司因為破產或合併，或因分割以外之事由而解散時，為了結公司之法律關係或處理其財產而實施之程序。通常在無限公司解散後，得為任意清算，而在股份有限公司則必須嚴格履行清算程序。

（二）清算之類別

　　股份有限公司之清算，依其是否有特別規定，可以區分為普通清算與特別清算兩種，說明如下：

1. 普通清算

　　普通清算是指股份有限公司解散後，通常所進行之清算。易言之，股份有限公司因破產或合併以外之事由而解散，依一定之方法處分公司財產，以了結公司法律關係之程序。

2. 特別清算

　　特別清算是指解散之股份有限公司，於實行普通清算發生顯著之障礙或公司之負債超過資產而有不實之嫌疑時，法院依債權人或清算人或股東之聲請或依職權，得命令公司開始特別清算程序。

（三）普通清算之規範

1. 清算人之選定

依公司法第322條之規定如下：

(1) 法定清算人：股份有限公司依法以董事爲清算人。

(2) 指定清算人：股份有限公司之章程，明定董事以外之人爲清算人者，自應從其規定。

(3) 選任清算人：不論章程有無預定清算人，股東會皆得另選清算人。

(4) 選派清算人：不能依前述方法決定清算人時，法院得因利害關係人之申請，選派清算人。

2. 清算人之解任

依公司法第322條之規定如下：

(1) 股東會解任：清算人除由法院選派者外，得由股東會決議解任。

(2) 法院解任：法院因監察人或繼續一年以上持有已發行股份總數百分之三以上股份股東之聲請，得將清算人解任。法院亦得依職權解除其任務。

3. 清算人之職務與權限

(1) 清算人之職務

依公司法第334條之規定，清算人之職務計有①了結現務；②收取債權，清償債務；③分派盈餘或虧損；④分派賸餘財產。所須注意者乃是股份有限公司股東之責任，均屬間接與有限責任，因此公司解散後，經了結現務與收取債權後，如公司之財產

不足以清償其債務時，清算人應即聲請宣告破產，自不發生分派虧損問題。反之，如公司之財產清償其債務後，仍有餘額時，則應屬剩餘財產之多寡問題，應不發生分派盈餘問題。惟公司清償債務後，如有剩餘財產，清算人應將之分派於各股東，以符合公司以營利爲目的之要求。

(2) 清算人之權限

依公司法第334條之規定，①清算人在執行職務之範圍內，除將公司營業包括資產負債轉讓於他人時，應得全體股東同意外，有代表公司爲訴訟上或訴訟外一切行爲之權。此外，公司清算人，在其執行職務之範圍內，亦爲公司之負責人。②清算人有數人時，得推定一人或數人代表公司，其推定之代表人，應於就任後十五日內向本公司所在地法院聲報，如未能推定時，各有代表公司之權。關於清算事務之執行，取決於過半數之同意。③對於清算人代表權所加之限制，不得對抗善意第三人。

4. 清算之完結

清算之完結，規定於公司法第331條第1項及第3項。

清算人原則上應於六個月內完結清算；清算完結時，清算人應於十五日內，造具清算期內收支表、損益表，連同各項簿冊，送經監察人審查，並提請股東會承認。股東會承認後十五日內，清算人應將已經承認之收支表及損益表，向法院聲報。

（四）特別清算之規範

1. 清算人的選任與解任

依公司法第337條規定如下：特別清算程序中，清算人之選任及解任與普通清算相同：不論清算人如何產生，有重要事由

時，法院均得解任之。清算人缺額或有增加人數之必要時，由法院選派之。

2. 清算事務的報告及調查

依公司法第338條之規定如下：法院為明瞭公司清算進行情形，得隨時命令清算人，為清算事務及財產狀況之報告，並得為其他清算監督上之必要調查。

3. 清算人之職務

清算人之職務，在一般規定方面與普通清算相同，而在特別規定方面，則有下列規定：
(1) 聲請法院開始特別清算。
(2) 造具公司業務及財產狀況之調查書及會計表冊。
(3) 向債權人會議陳述意見。
(4) 對債權人會議提出協定之建議。
(5) 聲請法院命令檢查公司業務及財產。

4. 清算人之權限

清算人之權限，在一般規定方面與普通清算相同，而在特別規定方面，則有下列規定：
(1) 召集債權人會議。
(2) 得監理人同意者，可為各種重要行為。

5. 清算之完結[36]

(1) 在特別清算程序中，各債權人如能獲得十足清償，亦無

---

[36] 同前註，第238頁。

協定之可決與認可，則與普通清算程序之終結情形相同。

(2) 若有協定之可決與認可，則在協定之條件實行完畢時，其特別清算程序亦爲終結。

(3) 如公司財產確有不足清償債務，法院於命令特別清算開始後，而協定爲不可能，或雖經協定而在實行上有不可能，又不可能變更其條件時，法院應依職權就破產法爲破產之宣告，其特別清算程序，自然終結而移轉爲破產程序，此時特別程序之費用，視爲破產財團債務。

第六章　關係企業

第一節　關係企業之定義及其範圍

　　所謂關係企業乃是指企業在經營上不是完全獨立，而受到他企業某種程度之掌控，以致形成一爲控股公司，另一則爲從屬公司之關係態樣。

　　至於關係企業之範圍，依公司法第369條之1規定，有二：一爲有控制與從屬關係之公司；另一則爲相互投資之公司。

一、有控制與從屬關係之公司

　　（一）關係企業之形成，主要在於公司間存在指揮監督關係，而此種關係則藉由控制公司對從屬公司之控制來達成，從而有控制與從屬關係之公司，即爲關係企業之第一種型態。舉凡公司持有他公司有表決權之股份或出資額超過他公司已發行有表決權之股份總數或資本總額半數者；或公司直接或間接控制他公司之人事、財務或業務經營者，其相互間即具有控制與從屬關係，前者爲形式控制，後者爲實質控制。

　　（二）公司與他公司間如有執行業務股東或董事半數以上彼此兼任，或股份總數或資本總額有半數以上爲相同股東持有或出資者，亦推定爲有控制與從屬關係。惟公司得舉反證推翻之。

二、相互投資之公司

　　（一）公司與他公司相互投資各達對方有表決權之股份總數或資本總額三分之一以上者，爲相互投資公司，此乃關係企業之第二種形態。

（二）相互投資公司各持有對方已發行有表決權之股份總數或資本總額超過半數者，或互可直接或間接控制對方之人事、財務或業務經營者，互為控制公司與從屬公司。

第二節　控制公司權利行使之限制[1]

一、為警惕使從屬公司為不合營業常規或其他不利益經營之控制公司，更引進美國判例法上之「深石原則」，限制其抵銷權、別除權及優先權之行使。

二、控制公司直接或間接使從屬公司為不合營業常規或其他不利益經營者，如控制公司對從屬公司有債權，在控制公司對從屬公司應負擔之損害賠償限度內，不得主張抵銷。

三、債權無論有無別除權或優先權，於從屬公司依破產法之規定為破產或和解，或依公司法之規定為重整或特別清算時，應次於從屬公司之其他債權受清償。

第三節　相互投資公司表決權行使之限制[2]

一、限制之理由

公司間相互投資除有虛增資本之弊端外，尚有董事及監察人用以長久維持其經營控制權或控制股東會之缺點，為避免相互投資之現象過度擴大，爰應就其表決權之行使予以必要之限制。但公司法未有禁止相互投資公司得否被選為董監事。

---

[1] 賴源河，實用公司法，台北，五南圖書出版股份有限公司，2018年，第424頁。
[2] 同前註，第426頁。

二、限制之比例與要件

（一）相互投資公司知有相互投資之事實者，其得行使之表決權，不得超過被投資公司已發行有表決權股份總數或資本總額之三分之一。

（二）至於以盈餘或公積增資配股所得之股份，仍得行使表決權。

（三）公司依第369條之8規定通知他公司後，於未獲他公司相同之通知，且未知有相互投資之事實者，其股權之行使仍不受不得超過被投資公司已發行有表決權股份總數或資本總額三分之一之限制。

（四）在計算所持有他公司之股份或出資額時，尚應將從屬公司所持有他公司之股份或出資額，以及第三人為該公司及其從屬公司而持有之股份或出資額，一併計入。

第七章　外國公司

第一節　外國公司之意義

所謂外國公司，乃是以營利為目的，依照外國法律之組織而登記者。此外，外國公司於法令限制內，與中華民國公司有相同之權利。其意義如下[1]：

一、須以營利為目的之公司

凡非以營利為目的之公司，縱其本國稱為公司，亦不得在我國申請登記為外國公司。

二、須依外國法律組織登記之公司

本法第4條所規定者，係採準據法說，為分公司設立之先決條件。換言之，外國公司並非依我國法律組織登記而成立之公司，乃係依據外國法律組織，並在該外國登記取得公司資格之公司。倘在該外國未取得公司資格，自不得在我國申請設立分公司。

三、須經中華民國政府同意設立

在國際化之趨勢下，國內外交流頻繁。依外國法設立之外國公司既在其本國取得法人人格，我國對此一既存事實宜予尊重，且為強化國內外公司之交流可能性，配合實際貿易需要及國際立法潮流趨勢，刪除公司認可制度。

---

[1] 梁宇賢著，商事法要論，台北，三民書局，2018年，第255頁。

四、須在中華民國境內設立分公司營業

　　他國之公司如不在我國境內營業，自無設立分公司之必要，僅得依本法第386條之規定，將一定事項報請中央主管機關備查即可，故外國公司須在我國境內營業，始有設立分公司之必要。

五、須標明種類、國籍及中文名稱

　　外國公司在中華民國境內設立分公司者，其名稱，應譯成中文，並標明其種類及國籍。

第二節　外國公司認許所應具備之條件

　　外國公司應具備下列積極條件與消極條件，始得辦理分公司登記[2]。

一、積極條件

　　外國公司在中華民國境內設立分公司者，應專撥其營業所用之資金，並指定代表為在中華民國境內之負責人。

二、消極條件

　　外國公司有下列情事之一者，不予分公司登記：

（一）目的或業務違反中華民國法律及公序良俗者

　　外國公司於其本國適法成立，並為適法之營業，但如其目的或業務違反中華民國法律、公共秩序或善良風俗者，不予分公司登記。因法律、公共秩序與善良風俗為社會安全之本也。

---

[2] 賴源河，實用公司法，台北，五南圖書出版股份有限公司，2018年，第432頁。

（二）申請登記事項或文件，有虛偽情事者

分公司登記之申請必須報明法定事項於主管機關，如有虛偽情事者，不予分公司登記。

應注意者，若公司專爲逃避我國法律之管制，依外國法律適法成立，而向我國申請分公司登記，期能在我國境內經營業務者，而有脫法行爲時，應不予分公司登記。

第三節　外國公司認許之效力

外國公司如已依據該國法律有效設立，經我國政府登記，即是認爲其乃在外國已存在之公司，許可其在我國境內營業。外國公司所享有之效力如下[3]：

一、外國公司經登記後，其法律上權利義務及主管機關之管轄，於法令限制內，與中華民國公司有同一之權利能力。故外國公司準用公司法總則規定。

二、外國公司非經登記，不得在中華民國境內營業。既在中華民國境內營業，外國公司自應專撥其營業所用之資金，並應指定代表爲在中華民國境內之負責人。

三、外國公司經登記後，無意在中華民國境內繼續營業者，應向主管機關申請廢止登記；但不得免除廢止登記前所負之責任或債務。

四、外國公司申請登記時所報事項或所繳文件，經查明有虛偽情事，或公司解散、已受破產之宣告者，主管機關應撤銷或廢止其登記。撤銷或廢止登記，不得影響債權人之權利及外國公司

---

[3]　吳威志主編，商業法，新北市，全華圖書公司，2015年，第10-3頁。

之義務。

第四節　外國公司之解散與清算

　　對於外國公司之解散與清算，公司法規定如下[4]：

一、解散

　　（一）外國公司之解散，理論上可分任意解散與命令解散兩種。所謂任意解散，係依外國公司之章程或股東會決議定之。至於命令解散，因外國公司僅在中華民國境內設立分公司，我國主管機關似無法對外國公司命令解散，僅得廢止或撤銷其分公司登記。故依公司法第377條第1項規定，第10條規定並不準用於外國公司在中華民國境內設立之分公司。

　　（二）解散之外國公司，除因合併、破產而解散外，其在中華民國境內設立之分公司應行清算。清算完結前於清算範圍內，仍視爲存續。

二、清算

　　（一）清算，除外國公司另有指定清算人者外，以外國公司在中華民國境內之負責人或分公司經理人爲清算人，並依外國公司性質，準用公司法有關各種公司之清算程序。

　　（二）外國公司在中華民國境內之財產，在清算時期中，不得移出中華民國國境，除清算人爲執行清算外，並不得處分。

　　（三）外國公司在中華民國境內之負責人、分公司經理人或

---

[4]　見前揭註2，第437頁。

指定清算人，違反公司法第380條或第381條規定時，對於外國公司在中華民國境內營業，或分公司所生之債務，應與該外國公司負連帶責任。

第二部分

證券交易法

章　次

第一章　總則

第一節　立法目的

　　證券交易法第1條規定：「爲發展國民經濟，並保障投資，特制定本法。」因此，可知證券交易法（以下簡稱證交法）之立法目的，在其第1條即開宗明義指出，乃是爲了發展國民經濟及保障投資之故。可知，證券交易法之立法目的有二：一、發展國民經濟。二、保障投資。無論是證券交易法之條文解釋或其適用以及其他證券交易相關之行政規則或行政命令，均應依此立法目的作爲最高準則。以下乃就此立法目的，分別闡述之。

一、發展國民經濟

　　發展國民經濟乃是我國憲法所揭示之基本國策。憲法第142條即明定：「國民經濟應以民生主義爲基本原則，實施平均地權，節制資本，以謀國計民生之均足。」由此可見，國民經濟的發展，其最終目的乃是要達成「均富」。如果證券市場的機制能夠臻於完善，證券能廣爲人民所持有，而讓企業能有效經營獲得利潤，全民能分享經濟發展的成果，則對於均富之目標，不難達成。

二、保障投資

　　證券交易法除了應妥善規範證券市場參與者之行爲，用以防止侵害投資人之權益外，並應賦予受害投資人適當之救濟管道，在證券市場上，投資人多半缺乏自保能力，因此應該賦予妥善之法律保護，如此，證券市場方能健全發展其功能，且能夠引導產

業正常發展，用以保障投資而發展國民經濟。

第二節　主管機關

　　證券交易法第3條規定：「本法所稱主管機關，為金融監督管理委員會」。其下轄銀行局、證券期貨局、保險局及檢查局。證券期貨局則為實際上負責證券交易業務之單位。

第三節　規範做法

一、貫徹公開原則

　　證券的價值主要決定於發行公司的財務業務狀況。發行公司掌握公司的各種資訊，若是「不公開」，投資人即無法瞭解證券所代表之價值。因此證券法律規範的首要原則即是貫徹公開原則。公開下列資訊：發行證券之公司財務、業務、人事、組織、資金之運用、未來之投資計畫。只要證券尚在市場流通，發行公司必須定期及不定期的提供相關資訊，以利投資人是否買入證券或是繼續持有特定公司之證券。

二、禁止欺騙

　　向主管機關申報公司相關資訊，或是公司向投資人公開的資訊，包括公開說明書、財務報告及其他財務。業務文件，必須真實且完整，不得有虛偽或隱匿的情事，致使投資人遭受欺騙而作出錯誤的投資證券市場的決定。此種禁止欺騙的原則，實則貫穿整部證券相關法律，是「公開原則」之外的另一核心價值表現。

三、處理利害衝突問題

　　不論是在發行市場或交易市場，其市場參與者，在彼此相互之間，普遍存在利害衝突之問題。就發行公司而言，於發行有價證券時對於不利公司發行之相關訊息，多半採取隱匿閃避之方式，隱藏對公司不利之資訊，而投資人為求其投資最大利益的回報，則希望獲得最完整之資訊，以作出正確之投資判斷。就上市公司之經營者而言，大小股東之間，或經營者與小股東之間，亦因不同之利益考量而產生利害衝突的問題。因此如何妥善利害衝突的問題，亦成為證券法律之另一核心課題。

四、管理證券相關事業

　　證券相關事業，包括：證交所、櫃買中心、證券商、集保、投信、投顧、證券金融等，其經營之成敗影響投資人權益至鉅，且影響投資市場之發展，因此事業組織必須健全，必須具備足夠的資本，有關資金的運用及業務之執行，必須遵守法令規章；而在管理方法上，其設立均採取許可主義，而在設立之後主管機關負有監督之權責，以利證券市場之發展，保護投資人之權益。

第四節　證券管理相關法規

　　證券交易法雖為證券交易之基本規範，但證券交易法第2條規定：「有價證券之募集、發行、買賣，其管理、監督依本法之規定；本法未規定者，適用公司法及其他有關法律之規定。」準此，證券交易所適用之法律，並不侷限於證券交易法，因其交易尚涉及公司、會計及主管機關所頒佈之行政命令及解釋函令，凡此，皆為證券管理之規範，茲列舉如下：

一、公司法。

二、會計師法。

三、商業會計法。

四、依證券交易法所頒佈之行政法規。

五、主管機關對證券交易法所作之解釋函令。

六、主管機關對公司法所作之解釋函令。

七、其他規範（如自律規範）。

第五節　有價證券

一、政府債券：如中央政府公債、地方政府公債、國庫券等。

二、公司股票：係指表彰股東權利之有價證券；包括普通股、特別股。

三、公司債券：包括擔保或無擔保之公司債、附認股權公司債及轉換公司債等，原則上與公司股票一樣，不以公開發行者為限。

四、新股認購權利證書：係指表彰新股認購權利憑證。此一證書得與原有股份分離而獨立轉讓，且此轉讓應於原股東認購新股限期前為之。

五、新股權利證書：係指認購新股或是分配新股時，於股票交付前得印製而交付給股東以表彰股東權利之證書。

六、經主管機關核定之其他有價證券：此為概括規定，主管機關有權將其他證券納入本法規範，如外國之股票、公司債、政府債券、受益憑證……等投資性質之有價證券、台灣存託憑證及具證券性質之虛擬通貨等。

　　七、上開各種有價證券之價款繳納憑證，或表明其權利之證書：依最高法院之判決，認購股權合約書、申購合約書等，如表彰一定之價值且具有投資性與流通性者，爲有價證券。

第六節　證券市場

一、證券市場之意義

　　政府或公司公開發行有價證券，因爲繼續流通或交易買賣所形成之市場。

二、證券市場之類型

（一）發行市場（Issue Market）

　　發行市場係指有價證券之發行人，以公開首次發行股票或債券等有價證券之方式向社會大衆（潛在投資人）募集資金所形成之市場。此種市場在學理上稱之爲「初級市場」（Primery Market）。

（二）流通市場（Circulation Market）

　　流通市場係指有價證券發行後，證券得被買賣交易之場所，又被習稱爲「次級市場」（Sccondary Markct）。

1. 證券集中交易市場

　　該市場係指證券交易所爲供有價證券之「競價」（Competitive Offer）買賣所開設之市場。

2. 店頭市場

　　店頭市場係一般所謂之OTC（Over-The-Counter），其買賣

方式，一般又稱之爲櫃檯買賣。此交易型態乃是在證券商所專設之櫃檯進行交易之行爲，此係採「議價」（Negotiated Offer）方式所進行之買賣，學理上稱之爲「櫃檯買賣」。

（三）未上市（櫃）市場

我國之證券市場可分爲上市及非上市市場。就股票而言，若非在上市（集中交易市場）或上櫃（店頭市場）交易之股票，均可稱之爲未上市股票。因而其交易之處所則未如上市市場之限制。其交易場所則不限於特定場所。故此交易之市場，即所謂之「未上市市場」。

第二章　有價證券之募集、發行與私募

第一節　募集與發行之制度

　　爲維護證券市場秩序，保護投資人權益，各國證券法律對於有價證券之募集與發行，多要求發行人必須公開相關資訊，並履行規定的程序；其管理方法大致有核准制與申報制兩種[1]。所謂核准制，係指發行人除須公開有關資訊外，其財務、業務並須符合一定的標準，且經主管機關核准後，才能公開發行有價證券，故又稱爲實質審查制。所謂申報制，係以公開原則的實現爲基礎，發行人無須具備一定的財務、業務條件，但應依規定申報及公開有關資料，如主管機關於一定期間內未表示異議，即得發行證券。

第二節　證券交易法之規定

　　關於有價證券之募集與發行，證券交易法第22條規定如下：
　　有價證券之募集及發行，除政府債券或經主管機關核定之其他有價證券外，非向主管機關申報生效後，不得爲之。
　　已依本法發行股票之公司，於依公司法之規定發行新股時，除依第43條之6第1項及第2項規定辦理者外，仍應依規定辦理。
　　出售所持有第6條第1項規定之有價證券或其價款繳納憑證、表明其權利之證書或新股認購權利證書、新股權利證書，而公開招募者，準用第1項規定。
　　依規定申報生效應具備之條件、應檢附之書件、審核程序及

---

[1] 賴英照，證券交易法解析（簡明版），賴英照自版，2020年，第14頁。

其他應遵行事項之準則，由主管機關定之。

　　至於準則有關外匯事項之規定，主管機關於訂定或修正時，應洽商中央銀行同意。

一、募集

　　所稱募集，係指「發起人於公司成立前或發行公司於發行前，對非特定人公開招募有價證券之行為」。此一規定，可分三點說明[2]：

　　（一）所謂「發起人於公司成立前」，係指以募集設立方式成立新公司，而以公開發行有價證券籌募資金的行為。所謂「公司於發行前」，則指公司設立後，為增加實收資本或營運資金，而公開發行有價證券的行為。募集的主體在公司設立前為發起人，設立之後為公司。至於募集的客體均為有價證券。

　　（二）募集的方式須為「對非特定人公開招募」。何謂非特定人？證交法及公司法均未加以界定。如果純從公司法第268條的規定觀察，公司發行的新股，如由原有股東及員工全部認足，或洽由特定人協議認購，不論人數多寡，均非公開發行。因此，即使認購新股的公司股東員工人數眾多，且未具備判別股票優劣的知識經驗，均非本條的募集，其行為不受證交法有關募集發行的規範。

　　（三）在未向主管機關辦理申報生效之前，依證交法第22條規定，不得向非特定人公開招募，此時是否即不得刊登廣告，或舉辦說明會，為新發行的證券預作銷售準備？如從嚴解釋，認為廣告係銷售活動，屬公開招募行為，應不得為之，否則依第

---

[2] 同前註，第18頁。

174條第2項第3款論處。但如從寬解釋，在「尚未達給予認股單據或發行認股憑證股票之程度，僅屬市場調查而已，難認為係屬募集或發行之行為」。從立法目的觀察，應以投資人保護的必要性著眼，如某項銷售行為，並未令投資人負法律義務，亦不致損害投資人權益時，應無需以第174條相繩。

二、發行

　　證交法所稱發行，係指「發行人於募集後製作並交付，或以帳簿劃撥方式交付有價證券之行為」；其情形可能包括：（一）以募集設立方式成立公司時，發行股票的行為；（二）公司成立後，公開發行新股或其他有價證券的行為。

　　依公司法第161條之1第1項及經濟部的規定，公司資本額達五億元以上者，應於設立登記或發行新股變更登記後三個月內發行股票。為配合無實體有價證券的發行，證交法第8條第2項規定「以帳簿劃撥方式交付有價證券之發行，得不印製實體有價證券」。

第三節　主管機關之處理準則

　　發行人募集、發行有價證券（含募集設立），須經公司內部的程序，包括董事會或股東會的決議，及向主管機開申報的程序。

　　主管機關依證交法第22條的授權，發布「發行人募集與發行有價證券處理準則」等數種行政命令；其規範對象有本國及外國發行人，規範標的則包括股票（含在國外發行）、公司債（含轉換公司債、附認股權公司債、海外公司債等）、員工認股權憑

證、台灣存託憑證、海外存託憑證、認購權證、認售權證及其他有價證券的發行，與公開招募、補辦公開發行、無償配股、減資等事項的處理等，內容十分繁複。

在審查原則方面，募發準則除要求發行人編製公開說明書及其他文件，揭露相關資訊外，並規定發行人應具備一定的財務業務條件，同時並就發行證券所得資金的用途，予以規範。

其次募發準則之相關規定指出有下列情事之一者，主管機關得退回或不予核准發行有價證券[3]：

一、證券承銷商出具的評估報告，未明確表示本次募集與發行有價證券計畫之可行性、必要性及合理性；或經主管機關認定發行計畫不具可行性、必要性及合理性者。

二、申報現金增資或發行公司債案件，直接或間接赴大陸地區投資金額，違反經濟部投資審議委員會規定者。但其資金用途係用於國內購置不動產、廠房及設備並承諾不再增加對大陸地區投資，不在此限。

三、非因公司間或與行號間業務交易行為有融通資金之必要，將大量資金貸與他人，迄未改善者。

四、有重大非常規交易，迄未改善者。

五、現金增資或發行公司債計畫之用途，係為轉投資以買賣有價證券為主要業務之公司，或籌設證券商或證券服務事業者。

六、內部控制制度之設計或執行有重大缺失者。

七、申報日前一個月，其股價變化異常者。

八、公司全體董事或監察人違反證交法第26條所定的最低持股比率，經通知補足而尚未補足者。

---

[3] 同前註，第25至26頁。

　　九、發行人或其董事長、總經理或實質負責人於最近三年內，經法院判決有期徒刑以上之罪，或因違反證交法，經法院判決確定須負擔損害賠償義務，迄未依法履行者。

　　十、爲他人借款提供擔保，違反公開發行公司資金貸與及背書保證處理準則第5條規定（例如將資金貸與無業務往來的公司），情節重大，迄未改善者。

　　上開規定，性質上均爲實質條件的審查（Merit Review），其範圍包括公司財務業務事項及資金用途的限制，而非僅爲實現公司原則的資訊揭露而已。

第四節　公開原則、申報文件與公開說明書

一、公開原則

　　公開原則在證券交易法中的運用範圍甚廣，例如：第22條之有價證券的募集與發行、第25條之內部人股權的申報、第25條之1的委託書之使用、第43條之1的公開收購股權之管理……等等，均以公開原則爲其基本規範。

　　公開原則的實現，具有兩層意義[4]：（一）投資人在買賣證券之前，有充分而正確的資料，據以做成投資判斷，減少證券詐欺情事的發生。（二）公司把財務、業務資訊公開，政府及社會大眾有機會瞭解公司的經營狀況，可以減少公司經營者違法濫權的情事，具有監督防腐的作用。從各國立法觀察，公開原則已成爲證券法律的基石。

---

[4] 同前註，第26頁。

二、申報文件

依據證券交易法第30條之規定，募集發行有價證券時，應向主管機關申報相關文件，並加具公開說明書。然則所指相關文件，包羅甚廣，公司法相關條文均有所指示，各依其條文之實際規定列舉如下：諸如營業計畫書、招股章程，認股書、公司債相關資料、財務報表、可轉換公司債換股辦法、發行新股相關資料、增資計畫、財務報表、認股書、申請人向主管機關申報的聲明書、申請書（例如發行新股申請書、募集設立申請書等，見發行人募集與發行有價證券處理準則附表）及其他附件。

三、公開說明書

公開說明書之法源依據，規定於證券交易法第31條：「募集有價證券，應先向認股人或應募人交付公開說明書。」而此處之公開說明書則規定於證券交易法第13條：「發行人為有價證券之募集或出資，依本法之規定，向公眾提出之說明文書。」而此處之募集則規定於同法第7條第1項，係指「發起人於公司成立前或發行公司於發行前，對非特定人公開招募有價證券之行為」。至於出資，證券交易法並未予以定義；實務上之做法則是如上市（櫃）前之公開承銷，或是由大股東向不特定人公開招募股票……等之做法。

四、應編製公開說明書之情形

依證券交易法及主管機關之規定，以下各種情形，應編製公開說明書[5]：

---

[5] 同前註，第28至30頁。

（一）募集、發行有價證券

　　證交法第30條第1項規定，「公司募集、發行有價證券，於申請審核時，除依公司法所規定記載事項外，應另行加具公開說明書。」因此，募集發行有價證券時，應編製公開說明書。本條以「公司」為編製主體，涵蓋範圍不若「發行人」周延。至於發行人，不論為本國或外國，均屬之。一般而言，因發行有價證券而應編製公開說明書的情形包括：1.發行新股；2.發行公司債；3.發行員工認股權憑證，及4.股份有限公司的募集設立等。

（二）申請上市、上櫃

　　依證交法第30條第3項規定，公司申請有價證券在證券交易所上市或於證券商營業處所買賣者，應加具公開說明書（本條為2002年6月12日增訂）；其應記載事項分別由證交所及櫃買中心擬訂，報請主管機關核定。

（三）補辦公開發行

　　公司對於「未依本法發行之股票」，擬申請上市、上櫃者，應先向主管機關申請補辦公開發行程序，並檢具股票公開發行說明書，其應記載事項，準用發行股票公開說明書之規定。

（四）出售老股之公開招募

　　任何人出售所持有第6條第1項之有價證券或其價款繳納憑證、表明其權利之證書或新股認購權利證書、新股權利證書，而公開招募者，準用公開發行有價證券的規定；有價證券持有人應檢具公開招募說明書，載明公開招募的動機、目的、價格訂定方式與說明，及承銷商的評估報告等，向主管機關申報。此即一般所稱的老股承銷，常見的情形如：政府以公開承銷方式出售公

股，使公營事業移轉民營；公司申請上市或上櫃時，爲達成股權分散標準，由大股東拿出股票辦理上市（櫃）前的公開承銷；及大股東爲個人籌集資金或其他目的公開出售其股票等。

（五）公開收購

依證交法爲公開收購的行爲時，公開收購人除係公司依規定買回股份者外，應於應賣人請求時，或應賣人向受委任機構交存有價證券時，交付公開收購說明書；其應記載事項，由主管機關定之；本法第31條及第32條準用之。

第五節　強制公開發行與股權分散

依證交法規定，公開發行公司發行新股並由投資人以現金認購者（稱爲現金發行新股），股東及員工原則上不能認購全部的股份，公司必須提撥一定的比率公開承銷，供社會大眾認購，此即一般所稱之強制公開發行。依現行規定：一、上市或上櫃公司，應提撥新股總額的百分之十，以時價（即承銷價）向外公開發行。二、未上市、未上櫃的公開發行公司，如股權分散未達主管機關所規定的標準者，除主管機關予以免除者外，亦應提撥新股百分之十公開承銷。三、公司股東會如決議提撥百分之十以上之比率者，從其決議[6]。

證交法第22條之1規定，已依本法發行股票之公司，於增資發行新股時，主管機關得規定其股權分散標準。所謂股權分散未達標準，依主管機關規定，係指公司持股一千股以上的記名股東人數未達三百人，或未達其目的事業主管機關規定的股權分散

---

[6] 同前註，第36頁。

標準者。但有下列情形之一者，股權分散雖未達規定標準，仍無需提撥新股公開發行：一、首次辦理公開發行者；二、自設立登記後，未逾二年者；三、獲利能力未達主管機關規定的標準者；四、依百分之十之提撥比率或股東會決議之比率計算，對外公開發行的股數未達五十萬股者；五、發行附認股權特別股者；六、主管機關認為無須或不適宜對外公開發行的其他情形[7]。

　　依上開規定，（一）上市、上櫃公司不論股權分散程度如何，均至少提撥百分之十辦理承銷：（二）未上市、未上櫃的公開發行公司，則以股權分散未達規定標準者，始有提撥百分之十公開承銷的義務；且即使股權分散未達規定標準者，仍有許多例外無須提撥的情形[8]。

第六節　私募制度

　　私募基本上是相對於「公開發行」而言，也就是不向社會大眾公開招募，而是洽請特定人購買證券之制度。依證券交易法第7條第2項之規定：所謂私募乃是指已依本法發行股票之公司依第43條之6的第1項及第2項之規定，對特定人招募有價證券之行為。易言之，私募乃是指發行公司所發行之有價證券，並非銷售給證券市場上之一般不特定對象之投資行為；而是透過私人洽購之方式，出售給特定之投資人。私募之特色，乃是發行公司「招募」有價證券之對象為「特定人」，而非如公募之公開招募對象為一般社會大眾之「非特定人」。

　　私募乃係企業須經主管機關核准，而係直接向特定投資人募

[7] 同前註。
[8] 同前註。

集資金之方式。方便公司或企業籌措資金，在制度設計上私募制度宜有適當之配套措施，以利資金之募集，並能防範流弊發生，其配套如下[9]：

一、公開發行公司以私募方式發行股票，證交法並未規定其訂價標準，而僅委由股東會決議，是否能獲致合理價格？且發行的新股，一方面允許公司或其關係企業董事、監察人及經理人認購，一面排除股東及員工的優先認購權，如訂價偏低，難免發生圖利特定人而傷害公司及小股東的權益，甚至成為大股東套利的工具。實證資料顯示，許多私募案件，大股東往往以低於市價（約二成）買進私募股票，並以市價賣出老股，謀取鉅額利益。如刻意壓低私募價格，再由關係人認購，問題更為嚴重。

二、私募認購價格如低於十元票面金額，差額須從公司的保留盈餘扣除，如無保留盈餘，則增加公司累積虧損，每股淨值因而降低，小股東難免受損。如先辦理減資再以私募增加資本，則可能變更股東結構，使未參加私募認股的股東，持股比率因而降低。

三、證交法有關內線交易及歸入權的適用對象，均以上市、上櫃者為限，私募的證券即使是由上市、上櫃公司發行，但性質上仍非上市、上櫃證券，不論金額如何龐大，均不在規範之範圍內。因此，大股東認購新股，同時賣出手中持股，即發生規避適用歸入權的問題。公司有重大利多消息，內部人以私募買進新股，亦有規避內線交易的問題。

---

[9] 同前註，第38至39頁。

一、私募程序[10]

（一）股東會或董事會的決議

　　私募有價證券應經股東會特別決議，即代表已發行股份總數過半數股東出席，出席股東表決權三分之二以上同意所做的決議。依立法理由說明，公司私募股票時，因可排除股東及員工的優先認購權，故而須經股東會決議。至於普通公司債的私募，因無優先認購權問題，僅須董事會決議即可；依公司法私募公司債者，亦同。至於公司債以外的其他種類有價證券，依證交法第43條之6第1項的文義解釋，仍均應依股東會決議辦理。

　　股東會關於私募的議案，不得以臨時動議提出，股東會召集事由並應說明：1.價格訂定之依據及合理性，2.特定人選擇之方式：其已洽定應募人者，須說明應募人與公司之關係，及3.辦理私募之理由。

（二）提供資訊

　　私募對象如為符合主管機關所定條件的自然人、法人或基金，公司應依其請求，於私募完成前提供與本次私募有關的公司財務、業務或其他資訊。至於第43條之6第1項第1款的金融機構及第3款的公司內部人，因取得資訊較為方便，無須有類似的規定予以保護。

　　上市、上櫃及興櫃股票公司應依證交所及櫃檯買賣中心規定，將私募有價證券資訊輸入公開資訊觀測站，其內容包括價格的訂定、應募人的選擇、私募資金的運用等相關事項。

---

[10] 同前註，第40頁。

（三）事後報備

　　私募有價證券，採事後報備制，因此無須事前向主管機關申報。公司應於股款或公司債等有價證券的價款繳納完成之日起十五日內，檢附相關文件，報請主管機關備查。公司可將申報事項輸入證期局指定的公開資訊觀測站，而完成備查手續。公司應於董事會決議定價日之日（或政府核准日）起十五日內完成股款或價款收足。未能收足者，應依法加算利息返還股額或價額。

二、資格及人數限制

（一）資格

　　依證券交易法第43條之6第1項之規定，公開發行股票之公司，得以有代表已發行股份總額過半數股東之出席，出席股東表決權三分之二以上之同意，對下列之人進行有價證券私募：

　　1.銀行業、票券業、信託業、保險業、證券業或其他經主管機關核准之法人或機構。

　　2.符合主管機關所定條件之自然人、法人或基金。

　　3.該公司或其關係企業之董事、監察人及經理人。

（二）人數限制

　　證券交易法第43條之6第1項第1款之應募人，無人數限制。至於第2款及第3款的應募人總數，不得超過三十五人。而依公司法辦理私募者，其私募人數除金融機構外，亦以三十五人為限。

三、私募轉售之限制

　　為避免私募之有價證券，透過轉讓，而規避公開招募程序之

適用，因此明定有價證券之私募的應募人及購買人，除有下列情形，不得再行賣出：

（一）證交法第43條之6第1項第1款之人持有私募有價證券，無同種類之有價證券於證券集中交易市場或證券商營業處所買賣而轉讓予具相同資格者；

（二）自該私募有價證券交付日起滿一年以上且自交付日起第三年期間內，依主管機關所定持有期間及交易數量之限制，轉讓予符合證交法第43條之6第1項第1款及第2款之人。

（三）自該私募有價證券交付日起滿三年。

（四）基於法律規定所生效力之移轉，如繼承。

（五）私人間之直接讓受，其數量不超過該證券一個「交易單位」（係指交易數量不超過一千股），前後二次之讓受行為，相隔不少於三個月。

（六）其他經主管機關核准者。

（七）公司董事、監察人、經理人或持有公司股份超過股份總額百分之十之股份，應募取得私募股票，無證交法第157條規定之適用。

四、禁止詐欺

證券交易法第6條所規定之有價證券，不以公開發行者為限。公司私募股票或公司債，如有違反證交法第20條禁止證券詐欺之規定者，應負民事責任及刑事責任。至於辦理私募，依規定而申報或公告之財務業務文件，內容如有虛偽或隱匿情事而違反證交法第20條第2項之規定者，發行公司即為發行人，其行為負責人依證交法第171條及第179條之規定論處。

第三章　上市、上櫃、外國公司

第一節　證券交易市場

證券交易市場被證券交易法分類為集中市場與店頭市場。在集中市場買賣的證券稱之為上市；而在店頭市場交易者，稱之為上櫃或興櫃。

一、集中市場

證券商在營業處所，接受客戶買賣證券之委託，應全部集中於「大樓」內「成交」，不得在其營業處所自行與客戶完成交易，因而形成集中市場交易。

二、店頭市場

證券商開設證券商號，在其營業處所，隔著櫃檯與客戶直接議價，完成證券買賣，而一般通稱之為櫃檯買賣市場或稱之為店頭市場（Over-The-Counter Market; OTC Market）。

第二節　上市

公開發行之有價證券「獲准」在集中交易市場掛牌買賣，稱之為「上市」，而發行上市之有價證券的公司，即成為「上市公司」。證券交易法原則上採取任意申請（任意上市）；例外則是在上市公司發行新股時，則採取當然上市制度，而於證交法第139條對於當然上市亦有例外之規定。

一、任意上市

　　公司是否申請上市，原則上公司得自主決定。然而有價證券是否上市，影響眾多投資人之利益，且涉及證券市場之健全發展。依證券交易法之規定，其程序有三[1]：（一）由公司依規定向證交所提出申請；（二）證交所依有價證券上市審查準則等規定予以審核；（三）證交所審核通過後，將上市契約報請主管機關備查。

　　所須注意者，依證交法第161條之規定，主管機關對於有價證券之上市，仍握有最後決定權。

　　此外，準則及契約均規定，「證券交易所依據有關法令、證券交易所章則規定或基於其他原因認為有必要者，得對上市之有價證券變更原有交易方法，並應於執行後一個月內報請主管機關備查；或於報請主管機關核准後，得對上市之有價證券予以停止買賣或終止上市。」因此，證交所「基於其他原因認為有必要者」，即得將上市股票打入全額交割股（變更交易方法），僅於事後向主管機關報備即可。

　　另外，第149條又對於上市程序設有一例外，即「政府發行之債券，其上市由主管機關以命令行之，不適用本法有關上市之規定。」

二、當然上市

　　證券交易法第139條第1項及第2項之規定，對於當然上市制度明白指出：上市公司再發行新股時，原則上應於向股東交付之日起上市，並於新股上市後十日內，由上市公司將有關文件送

---

[1] 賴英照，證券交易法解析（簡明版），賴英照自版，2020年，第52頁。

達證交所。其目的乃是在於使同一上市公司之股票，皆能掛牌買賣，並能簡化其手續。另方面，為防止當然上市可能產生的弊端，證交法第139條第2項但書規定，上市公司有證交法第156條第1項各款情事之一時，主管機關得限制其上市買賣，亦即不適用當然上市的規定，其情形包括[2]：（一）公司遇有訴訟事件或非訟事件，其結果足使公司解散或變動其組織、資本、業務計畫、財務狀況或停頓生產者。（二）公司遇有重大災害，簽訂重要契約，發生特殊事故，改變業務計畫之重要內容或退票，其結果足使公司之財務狀況有顯著重大之變更者。（三）公司有虛偽不實或違法情事，足以影響其證券價格者。（四）該有價證券之市場價格，發生連續暴漲或暴跌情事，並使他種有價證券隨同為非正常之漲跌者。（五）公司發生重大公害或食品藥物安全事件（本款為2015年7月1日增訂）。（六）其他重大情事。

三、變更交易方法

所謂變更交易方法，通常係指將股票列為全額交割股而言。上市股票經列為全額交割股者，投資人委託買入時，應先向證券商繳交全額買賣價金，委託賣出時，應先交付擬出售的全部股票。

證交法並無規定證交所得變更上市股票的交易方法，惟第138條明定證交所應訂定業務規則或營業細則，對於有價證券上市買賣的相關事項加以規範；證交所依此所訂定的營業細則規定：上市公司有特定事由時，證交所得變更有價證券之交易方法為全額交割；俟其原因消失後，始得恢復為普通交割買賣。證交

---

[2] 同前註，第55頁。

所採行此項措施時，僅須於執行後一個月內報主管機關備查即可，無須事先核准；恢復普通交割買賣時亦同[3]。

四、停止買賣

　　參照證券交易法第152條之規定，所謂停止買賣，乃是指個別公司的有價證券，在集中市場上暫時停止交易。

　　依證交法規定，停止買賣的情形有二[4]：

（一）證交所的強制

　　證交所依法令或上市契約的規定，或為保護公眾利益，就上市有價證券停止或回復其買賣時，應報經主管機關備查。違反規定未報請備查者，科處罰鍰。

（二）主管機關的命令

　　主管機關因上市公司違反本法或依本法發布之命令，為保護公益或投資人利益，得命令證交所停止該有價證券的買賣。何種情形得命令停止買賣？依證交法第156條規定：上市公司遇有訴訟或非訟事件、重大災害、簽訂重要契約、發生特殊事故、有虛偽不實的行為或違法情事，對公司財務、業務產生重大影響，或上市有價證券的價格，發生連續暴漲或暴跌情事，並使他種有價證券隨同為非正常之漲跌，或發生重大公害或食品藥物安全事件，或有其他重大情事者，主管機關得命令停止特定之上市有價證券一部或全部之買賣，或對自營商、經紀商的買賣數量加以限制。

---

3 同前註，第57頁。
4 同前註。

五、終止上市

所謂終止上市，通常是指對於特定已上市之有價證券，所作之永久停止交易之行為，一般習稱為「下市」。

證券交易法對於終止上市有下列三種情形之規定[5]：

（一）公司自願申請

發行公司得依上市契約申請終止上市；證券交易所應擬訂申請終止上市之處理程序，報請主管機關核定，修正時亦同。違反本條規定者，科處罰鍰。

上市公司申請終止上市應履行何種程序？證交法並無明文，依證交所訂定的「上市公司申請有價證券終止上市處理程序」規定，公司應經董事會或股東會決議通過，且表示同意的董事或股東，其持股需達已發行股份總數三分之二以上，始符規定。此外，贊成董事會決議的董事，或同意將終止上市的議案提交股東會討論的董事，應負收購公司股票的連帶責任，但獨立董事不在此限。收購價格不得低於董事會或股東會議決前一個月收盤平均價格的簡單算數平均數，以價格高者為準。公司申請終止上市案，應經證交所董事會核議，並報請主管機關備查。此外，公司法第156條之2第1項規定，公司申請停止公開發行者，應經股東會特別決議。

（二）證交所的強制下市

證交所得「依法令或上市契約之規定」，終止有價證券上市，並應報請主管機關備查。未依規定報請備查者，科處罰鍰。

---

[5] 同前註，第58頁。

所謂「依法令」，似指依第144條規定而言，至於依上市契約，則證交所「依據有關法令、證券交易所章則規定或基於其他原因認為有必要時，……得對上市之有價證券予以停止買賣或終止上市，並報請主管機關備查」。證交所有廣泛的裁量權，其中所謂「交易所章則」，包括證交所章程及營業細則等，除列舉許多得終止上市的具體事由外，並包含「其他有終止有價證券上市必要之情事者」，賦予證交所極大的彈性。依美國1934年證券交易法，證交所依其所定的終止上市標準，認為特定上市公司符合該等標準時，得向聯邦證管會申請准予下市。

　　上市契約原規定，終止上市應報請主管機關核准，因2012年1月4日證交法修正，將終止上市改為報請主管機關備查，上市契約因而配合修正。

（三）主管機關命令下市

　　上市公司「有違反本法或依本法發布之命令時」，主管機關為保護公眾或投資人利益，得命令證交所終止該有價證券的上市買賣。所謂「違反本法或依本法發布之命令」，範圍雖欠明確，惟仍應有「保護公益或投資人利益」之必要時，始得為之。

　　依美國1934年證券交易法規定，上市公司如有違反該法規定的情事者，聯邦證管會於舉行聽證會之後，得予以停止上市有價證券十二個月以內的交易，或終止上市。

六、場外交易之禁止

（一）原則禁止

　　依證券交易法第150條之規定，上市有價證券之買賣，原則上應予集中交易市場為之，亦即禁止場外交易，且此項禁止之規

定，不僅適用於證券商，並同時及於所有投資人。另外，本條規定，僅適用於買賣之情形，如非買賣而移轉上市有價證券，例如贈與，則不適用本條之規範。

（二）例外允許

依據證券交易法第150條之規定，下列四種情形，得為場外交易，而不適用第149條之規定。

1.政府所發行債券之買賣；包括中央與地方各級政府依法發行之債券。

2.基於法律規定所生之效力，不能經由有價證券集中交易市場之買賣而取得或喪失證券所有權者。

3.私人間之直接讓受，其數量不超過該證券一個成交單位；前後兩次之讓受行為，相隔不少於三個月者；此處，股票以每股面額十元，一千股為一個交易單位；公債及公司債以面額十萬元為一個交易單位。

4.其他符合主管機關所定事項者；其事項包括：上市公司依法將買回之股份轉讓予消滅公司或其他公司股東、公司可發行可轉換有價證券，經主管機關核准以他種有價證券清償或轉換，或依證券交易法為公開招募或公開收購等情形。

第三節　上櫃與興櫃

一、法源依據[6]

　　證券交易法第62條規定，「證券經紀商或證券自營商，在其營業處所受託或自行買賣有價證券者，非經主管機關核准不得為之。前項買賣之管理辦法，由主管機關定之。第一百五十六條及第一百五十七條之規定，於第一項之買賣準用之。」此為本法關於店頭市場的規定。

　　證交法第62條第1項所稱「證券經紀商或證券自營商，在其營業處所受託或自行買賣有價證券」，依主管機關定義，係指「有價證券不在集中交易市場以競價方式買賣，而在證券商專設櫃檯進行交易之行為，簡稱櫃檯買賣」，也就是一般所稱的店頭市場，包括上櫃和興櫃在內。

二、主管機關之規定

　　證券交易法第3條規定：「本法所稱主管機關，為金融監督管理委員會。」而依證券交易法第62條指出，有關管理事項均授權主管機關訂定之。主管機關乃依據證券交易法第62條訂定「證券商營業處所買賣有價證券管理辦法」（以下簡稱「管理辦法」）。

　　該管理辦法之重點，規定如下[7]：

　　（一）證券商經營櫃檯買賣，應先經主管機關核准。

　　（二）櫃檯買賣的有價證券，以公開發行但未上市的有價證

---

[6]　同前註，第62頁。

[7]　同前註，第63頁。

券爲限。因此同一種有價證券不能同時上市及上櫃。

（三）有價證券在櫃檯買賣，除政府公債外，由發行人向財團法人中華民國證券櫃檯買賣中心（以下簡稱櫃買中心）申請。

（四）櫃檯買賣應以現款、現貨爲之。

（五）櫃買中心應就櫃檯買賣有關事項訂定業務規則，報主管機關核定；實務上，業務規則的規範事項，類似證交法第138條及證交所營業細則的規定。

（六）櫃買中心應訂定證券商營業處所買賣有價證券審查準則，報主管機關核定，作爲審查申請上櫃或興櫃的標準，其內容與證交所的「上市審查準則」類似。

（七）櫃買中心認爲有價證券合於上櫃標準者，應與申請之發行人訂立「證券商營業處所買賣有價證券契約」，並報主管機關備查。

（八）櫃檯買賣之終止，應由櫃買中心依有關法令或所定契約之規定，報請主管機關備查。

（九）櫃檯買賣中心依有關法令、櫃檯買賣契約規定，或爲保護公眾的利益，就上櫃有價證券爲停止或回復買賣時，應報請主管機關備查。

（十）上櫃公司有違反證交法或依法發布之命令時，主管機關爲保護公眾之利益，得命櫃買中心停止或終止該有價證券之買賣。

（十一）受託買賣的手續費費率，經證券商同業公會洽商櫃買中心後，由公會報請主管機關核定。本條有關「洽商櫃買中心」的程序，實質上變更證交法第85條第2項「由證券商同業公會申報主管機關核定」的規定。

三、櫃檯買賣中心規則

　　櫃檯買賣中心（簡稱櫃買中心），依據前項管理辦法，負責上櫃及興櫃市場之經營作業，其管理權限與證交所類似，主要包括[8]：

　　（一）審查上櫃申請：櫃買中心依管理辦法第8條的授權，訂定證券商營業處所買賣有價證券審查準則，作為管理櫃檯買賣的依據。

　　（二）有價證券櫃檯買賣交易的撮合、給付結算的處理，及電腦作業與資訊管理。

　　（三）上櫃公司的管理：櫃買中心負責審查上櫃公司的年度、半年度與季財務報告及公司申報的財務預測，及上櫃公司平時的查核，及發生財務、業務重大事件時的專案檢查。

　　（四）證券商的管理：櫃買中心對證券商的財務、業務亦有實質的規範；除規定證券商建立內部控制及內部稽核的標準外，並評比證券商的經營風險。櫃買中心亦執行對證券商的例行及專案檢查工作。

　　（五）訂定市場規範：櫃買中心仿照證交所的章則內容，訂定許多規則，就店頭市場的管理做詳細的規範，對於證券商及上櫃公司的營運多所約制，且對於投資人的權益亦產生重大影響（例如業務規則第12條有關變更交易方法的規定，及第12條之1以下有關停止或終止上櫃的規定等）。

---

[8] 同前註，第64頁。

第四節　外國公司

一、外國公司之認定

外國公司之認定，證券交易法與公司法之規定，均是以「依外國法律組織登記」爲標準。證券交易法第4條第2項即規定：「本法所稱外國公司，謂以營利爲目的，依照外國法律組織登記之公司。」

二、管理

對於「外國公司」的管理，其目的乃是爲了促進外國企業來台上市、上櫃或登錄興櫃，提供必要的法律規範，用以推動證券市場之國際化，同時保障所有投資人之權益。對於外國公司之管理，究竟應以何國法律爲依歸？（一）依該公司註冊國之法律；（二）依有價證券上市國法律；或（三）因不同事務之處理，來適用不同國別之法律。我國證券交易法採取上述第三種做法。即事務之性質而分別適用外國法律及我國法律。尤有進者，證券交易法更將來台上市、上櫃或登錄興櫃的外國公司，區分爲「第一上市櫃及興櫃外國公司」（簡稱爲第一上市櫃公司）及「第二上市櫃及興櫃外國公司」（簡稱爲第二上市櫃公司）。

（一）第一上市櫃公司[9]

外國公司股票首次獲准在台上市、上櫃或登錄興櫃時，其股票未在國外證券交易所交易者，稱爲第一上市櫃公司。此種公司，「因其並未受外國證券主管機關相當之監理，故除部分事項（如董監持股成數規範等）因該第一上市櫃及興櫃外國公司據以

---

[9] 同前註，第66頁。

組織登記之外國法令與我國規定或有不同，恐生衝突，或為與國際規範一致外，其管理、監督宜比照我國公開發行公司準用本法之相關規定。」換言之，外國公司股票如果只在台灣上市，其管理、監督原則上依照我國法律為之。

　　同時，為保持規範的彈性，主管機關可視外國公司的國別，適用不同的法律規範。因此，第一上市櫃公司「據以組織登記之外國法律，如對保障投資人較有利者，自得適用其母國法律，故規定除主管機關另有規定外，第一上市櫃及興櫃外國公司有價證券之募集、發行、私募及買賣之管理、監督，應準用本法相關規定」。

（二）第二上市櫃公司[10]

　　股票已在外國證券交易所上市的外國公司來台上市者，稱為第二上市櫃公司（符合主管機關規定條件的外國金融機構之分支機構，及外國公司之從屬公司亦包括在內）。第二上市櫃公司的股票已在國外證券交易所上市，因其已受外國證券主管機關相當之監理，因而其有價證券於國外募集、發行及買賣之行為尚無必要準用本法之相關規定，僅就其有價證券於中華民國募集、發行及買賣之行為，除主管機關另有規定外（例如外國公司據以組織登記之外國法律，對保障投資人較有利者，得適用其母國法律），準用本法相關條文規定為管理、監督。

（三）指定訴訟及非訴訟之代理人[11]

　　證交法第165條之3規定，「外國公司，應在中華民國境內

---

[10] 同前註，第69頁。
[11] 同前註，第69至70頁。

指定其依本法之訴訟及非訴訟之代理人，並以之爲本法在中華民國境內之負責人。」準此，外國公司之代理人，應在中華民國境內有住所或居所，並將其姓名、地址等相關資料向主管機關申報。

第四章　證券金融事業

第一節　證券金融事業之意義

　　為了促進證券市場之發展，不得忽視證券金融業務之發展。證券金融業務，就狹義而言，即是指證券之融資融券業務；就廣義而言，則可包括證券保管與劃撥清算等業務在內。

　　現代工商營運、市場活動及國家經濟發展皆需藉助金融業務之支持配合，就證券市場而言，證券發行人在初級市場募集或增資發行籌措長期資金，經由證券承銷商包銷，以及市場投資人、公司員工及原有股東之認購，均需資金周轉融通；在證券交易市場方面，投資人間之證券買賣常向金融機構申辦或經由證券經紀商以信用交易方式辦理融資融券，甚或證券投資人質押證券變現或購買期貨避險、儲存或借用資券等活動皆需金融服務，而證券商包銷證券、自營商購進證券商品及證券經紀商承作信用交易及日常營運等各項業務活動均需資金支應，在有效調度運用自有資金不足時，亦需向金融機構借貸或周轉融通，該等以證券為擔保或以證券為商品、媒體之金融及授信業務，以及對證券業者資金融通周轉均可統稱為證券金融，實為金融體系之一環[1]。

　　證券金融業務係指以有價證券為標的，在有價證券市場之發行、流通過程中提供金融服務，對有價證券市場參加者（上市公司、證券商、投資人等）所需款券提供信用融通，舉凡各種有價證券如股票、債券、受益憑證等之發行、買賣、承銷、擔保、質

---

[1] 李開遠，證券交易法理論與實務，台北，五南圖書出版股份有限公司，2019年，第377頁。

押、借貸等之融通，均屬證券金融業務之範疇；因此，藉多元化金融服務與信用之提供，可促使交易市場活絡，達成調節供需與兼顧穩定股價之目的[2]。

第二節　證券金融事業之功能

　　證券融資融券業務之主要功能，在於透過融資融券之信用授受，調節市場供需與穩定股價之目的，證券市場參與者有兩種主要類型：一為長期投資者，一為短期投資者。證券市場不能只有前者而無後者，蓋證券市場之投資者如皆為長期持有者，不輕易賣出，則極易形成有行無市，亦唯有在投機者之積極參與買賣，才能圓滑，甚至熱絡市場交易，市場參與者對於市場價格之預期往往頗為分歧，看漲者先行設法買進，俟股價真正上漲後再予賣出，賺取價差利益；相反地，看跌者必先行設法賣出，俟股價真正下跌後則予買入，亦可賺取價差利益，然由於投機者本身往往欠缺足夠之資金或股票，以供其買賣股票，遂行其投機目的；此時如有證券金融機構之參與，即可提供相當現金或股票以讓其完成交易，足見融資融券有活絡市場交易，並調節市場價格之功能[3]。

　　由於證券之保管、流通至為方便，資產證券化則頗具市場性及大眾化，而證券金融對於證券發行、交易與證券投資人投資理財之資券融通、變現避險，以及證券商之經營等各項活動，可提供多元性之金融服務，發揮市場創造、款券供需調節及活絡交易與穩定行情等各種功能，對於證券市場之健全發展，實具關鍵性

---

[2] 同前註。
[3] 同前註，第378頁。

之作用[4]。

　　證券金融不論是在證券市場上抑或是金融市場上，均係一種具有特殊性之專業金融制度。在證券市場上，提供證券市場上所需之資金，彈性而具有調節證券之信用；而在金融市場上，則是填補一般金融機構對市場參加人提供不足之處，用以調和證券市場及金融市場之競合關係。

第三節　證券信用交易

一、證券信用交易之意義

　　按所謂證券金融事業，指依證券金融事業管理規則予證券投資人「融通資金或證券」之事業。而所謂融通資金或證券，即通稱之融資、融券，投資人以融資、融券方式買賣證券者，即一般所稱之信用交易[5]。

　　信用交易如為廣義者，則包括買賣雙方互為授信者，或證券商、銀行予證券投資人授信者，狹義說則僅指證券商或證券金融機構對投資人為融通資金（融資）或融通證券（融券）者而言[6]。

　　一般而言，證券信用交易係指證券金融事業或證券商經證券主管機關核准，對證券自營商或投資人以買賣有價證券為目的之融資或融券以完成交割之授信行為。稱融資者，指證券金融事業或證券商對其客戶融通資金之謂，亦即指投資人預期股價上漲，為增加證券之購買量，向融資機構辦理融資，由投資人繳納規定

---

[4]　同前註。

[5]　陳春山，證券交易法論，台北，五南圖書出版股份有限公司，2006年，第265頁。

[6]　同前註。

之自備款而取得一定比率之貸款，委託證券經紀商買進特定證券，而由融資機構取得所購進股票之質權，作爲借款之擔保。稱融券者，指證券金融專業或證券商對其客戶融通證券之謂，亦即指投資人預期股價下跌，爲增加其證券之出售量，乃向融券機構辦理融券，由投資人繳納規定成數之保證金而取得一定數量之特定證券，然後委託證券經紀商賣出特定證券，而由融券機構取得售出股票價金之質權，以爲融券之擔保[7]。

二、證券信用交易之功能

證券買賣融資融券基本功能在於藉由信用之授與，以滿足投資人利用財務槓桿效果追求更大利潤之動機，並進而活絡股市交易。此種操作方式易於助長短線投機，雖爲不爭之事實，然因融資買進可增加證券買賣之連續性，圓滑市場交易，有助於提高證券之流通性，融券之賣出或事後回補，亦具有調節市場價格之功能，對於證券市場之發展仍具有相當正面之助益，因此各國證券市場大部分皆允許此種信用交易之存在，惟爲避免造成過度之投機，各國亦皆針對本國之國情，設計其適當管理制度，嚴格加以管理[8]。

三、證券信用交易法規範之必要性

信用交易就投資人而言，乃藉信用交易之槓桿作用，使有機會多獲利潤，並激發其交易之意願。就整體證券市場而言，藉由信用交易，可活絡並穩定證券市場之交易[9]。

---

[7] 見前揭註1，第380頁。
[8] 同前註。
[9] 見前揭註5，第266頁。

　　就活絡交易而言，於有信用交易之證券市場，其不僅有實需求、供給以維持市場流通，尚有經由融資、融券所造成假需求、供給，擴大市場深度，以維持市場交易之圓滑；就穩定市場而言，僅由實需求、供給所形成之市場，將造成過劇之買壓或賣壓，而經由融資、融券所形成假需求、供給，可調整實需求，供給之不均衡。故具信用交易之市場，可藉由假需求、供給，而維持交易之流通性、市場安定性，並期以證券公平價格之形成[10]。

　　反言之，信用交易將可造成投資人過鉅之損失；且投資人預期股價下跌時，必向融券機構融券，股價更加下跌，預期股價上漲時，必向融資機構融資，股價更加上漲，信用交易勢造成助漲助跌之現象；再者，投資人過分熱衷信用交易，必造成證券投資資金之集中，而影響其他實質產業投資資金之供應。信用交易雖有前述弊端，惟不可否定其對證券市場有正面之功能，且全面禁止信用交易亦為事實上之不可能，故信用交易需以謀投資人權益之保障及市場之穩定，以為有效之規範[11]。

　　依證券交易法第18、60、61條之規定，信用交易之主管機關，包括中央銀行及金管會，證券金融事業、證券商辦理證券金融業務之核准，及融資融券標準等由證期局職管，融資融券額度、期限及融資比率、融券保證金成數則由證期局商經中央銀行同意後核定之[12]。

---

[10] 同前註。
[11] 同前註。
[12] 同前註。

四、證券信用交易之基本概念

（一）融資融券與資券相抵

　　所爲融資，乃是指投資人預期股價會上漲，如先行買進，待股價上漲後再行賣出，便可獲利；因此爲增加購買股票的數量，乃先行向融資機構借款，買進股票，謂之融資。

　　所謂融券，則是指投資人預期股價將會下跌，乃先行賣出股票，待股價下跌後，再行回補，便可獲利；因此爲增加出售股票的數量，乃向融券機構借券賣出。

　　就證券市場而言，信用交易可以使得交易的量、值增加，深具活絡市場之功能，且主管機關可以透過融資、融券的做法，調整融資、融券之做法，得以增加穩定市場之力量。

　　另外，融資買進股票者，如遇股價超跌，且無法補繳自備款差額時，融資機構依法售出擔保之股票，此即斷頭，如此則使股價雪上加霜，形成「漲時助漲、跌時助跌」之效果。

（二）保證金

　　保證金的制度，是借出資金或證券的機構，確保債權的方法，同時也是主管機關管控信用交易的手段。一般情形，有原始保證金（Intial Margin）及維持保證金（Maintenance Margin）兩種；前者是指投資人辦理融資或融券時，應自備一定比率的資金，包括融資自備款及融券保證金。後者是指融資、融券的債務未清償前，其擔保品應維持一定的價值；其衡量標準稱爲擔保維持率，即擔保品的價值應與所負債務之間，維持一定的比率[13]。

　　爲確保授信機構的債權，在原始保證金之外，並設有維持保

---

[13] 賴英照，證券交易法解析（簡明版），賴英照自版，2020年，第72頁。

證金制度。在融資的情形，授信機構係以融資買進的股票做為擔保品，在融資款未回收前，如擔保品（股票）的價值大幅降低，可能損及融資債權，此時即通知融資人在限期內補繳自備款差額，否則便將股票出售以收回融資款。另方面，融券賣出股票後，股價上漲超過一定幅度時，亦可能損及融券的債權，融券機構亦通知融券人補繳保證金差額。而決定應於何時補繳差額的基準，就是維持保證金比率，在實務上稱為整戶擔保維持率[14]。

五、證券信用交易之法制架構

證交法有關信用交易的規定，主要包括下列各條[15]：

（一）第18條及第18條之1：經營證券金融事業應經主管機關核准；其設立條件、申請核准程序、財務、業務與管理及其他應遵行事項的規則，由主管機關定之；證交法第38條、第39條及第66條準用於證券金融事業；同法第53條、第54條及第56條準用於該事業之人員。

（二）第60條：證券商非經主管機關許可，不得為1.有價證券買賣之融資或融券；2.有價證券買賣融資融券之代理；3.有價證券之借貸或為有價證券借貸之代理或居間；4.因證券業務借貸款項或為借貸款項之代理或居間；5.因證券業務受客戶委託保管及運用其款項；證券商申請辦理上開業務應具備的資格條件、人員、業務及風險管理等事項之辦法，由主管機關定之。

（三）第61條：有價證券買賣融資融券之額度、期限及融資比率、融券保證金成數，由主管機關商經中央銀行同意後定

---

[14] 同前註。

[15] 同前註，第73頁。

之；有價證券得爲融資融券標準，由主管機關定之。

（四）第175條：未經許可經營證券金融事業，或證券商未經許可而經營融資融券或其代理業務者，處二年以下有期徒刑、拘役或科或併科新台幣一百八十萬元以下罰金。

（五）第178條之1：2019年4月17日增訂本條，明定有違反本條所列舉規定之一者，處新台幣二十四萬元以上四百八十萬元以下罰鍰，其處罰對象爲證券商或證券金融事業。

六、證券商與證券金融事業

依照現行法律規範所建立的證券信用交易業務，乃是採取所謂的「雙軌制」，即由證券商及證券金融事業辦理。亦即在實務上，證券金融事業可以透過證券商之媒介，對投資人辦理融資或融券之業務，同時亦可將資金貸與證券商及其他證券金融事業；在另一方面，證券商亦可直接對投資人作融資與融券之業務。進一步言，證券商已取代證券金融事業成爲證券信用交易之主要機構。

（一）證券商

證券商辦理信用交易應具備一定的財務業務條件，包括淨值達二億元以上，每股淨值不低於票面金額，申請日前半年資本適足率未低於百分之二百，經營經紀業務滿一年以上，且在一定期間內，未受證期局依證交法爲警告以上的處分，亦未受證交所、櫃買中心或期交所依其章則爲科處違約金或停止、限制買賣等處分。此外，證券商應設置專責單位，指派合格的專任人員承辦業務，並應增提五千萬元營業保證金。主管機關得依政策需要爲准

駁之決定，性質上屬許可制[16]。

（二）證券金融事業

　　證券金融事業的設立亦採許可制，須爲股份有限公司，實收資本額達新台幣四十億元以上；應以其中百分之五繳存央行作爲保證金；其自有資金僅能用於規定的用途，且不得貸與他人，亦不得爲保證、票據背書或提供財產供他人設定擔保[17]。

　　證券金融事業的業務包括：融資、融券、對證券商或其他證券金融事業轉融通、辦理認股融資（即現金增資及承銷認股的融資）、承銷融資（即對證券承銷商辦理承銷的融資）、有價證券交割款項之融資及有價證券之借貸。上開業務的性質，與金融機構的授信業務相近。因此，證金規則第1條即明示其訂定的依據，除本法第18條第2項外，尚有銀行法第139條第2項。按銀行法第139條規定，「依其他法律設立之銀行或其他金融機構，除各該法律另有規定者外，適用本法之規定。前項其他金融機構之管理辦法，由行政院定之。」事實上，行政院自始即認定證券金融事業兼具有金融機構的性質，因而援引銀行法爲其訂定管理規則的依據。有關證券金融事業的管理，除證交法另有規定外，銀行法的相關規定亦應適用[18]。

---

[16] 見前揭註13，第74頁。

[17] 同前註，第75頁。

[18] 同前註。

第四節　證券集中保管

一、集中保管之法律規定

　　證券集中保管乃是爲了促進有價證券之發行、流通、設質及過戶等手續之合理化、現代化而設計之制度。我國爲順應世界潮流及證券金融市場之需陸續訂定相關法律；例如：證券交易法之第18條之修正，建立了集中保管事業之法律依據。另又訂定「有價證券集中保管帳簿劃撥作業辦法」（簡稱作業辦法）及「證券集中保管事業管理規則」（簡稱管理規則）。茲將相關規定主要內容說明如下 [19]：

（一）保管及帳簿劃撥

　　保管的有價證券包括上市、上櫃及興櫃有價證券，及其他經主管機關指定的有價證券。

（二）參加人

　　證券交易所、證券櫃檯買賣中心、證券商及證券金融事業辦理有價證券買賣之集中交割，應以帳簿劃撥方式爲之，並於保管事業開設保管劃撥帳戶，成爲參加人。以有價證券爲設質標的之設質交付，得以帳簿劃撥方式爲之。發行人以帳簿劃撥方式交付無實體有價證券，應於保管事業開設保管劃撥帳戶，成爲參加人。

　　參加人之客戶送存、領回集中保管之有價證券及以集中保管之有價證券爲帳簿劃撥交割或設定質權，均應以參加入名義辦理之。發行人以帳簿劃撥方式交付無實體有價證券及其股東辦理轉

---

[19] 同前註，第79至81頁。

帳作業，應以參加人名義辦理之。

（三）以帳簿劃撥方式辦理交割

　　依證交法規定，「證券集中保管事業保管之有價證券，其買賣之交割，得以帳簿劃撥方式為之。以證券集中保管事業保管之有價證券為設質標的者，其設質之交付，得以帳簿劃撥方式為之，並不適用民法第九百零八條之規定。」本條雖未排除公司法第164條記名股票應由股票持有人以背書轉讓的規定，惟依立法理由說明，本項規定之目的在於「減少證券經紀商、證券金融事業等每日需運送大量待交割證券向證券交易所辦理，並於交割後取回證券之勞繁、風險，准許進入集中保管之證券，其買賣之交割，明定得以帳簿劃撥方式為之」，其有意排除公司法第164條的意旨，甚為明確。

（四）以擬制人名義辦理登記

　　證券集中保管事業為處理保管業務，得就保管之股票、公司債以該證券集中保管事業之名義，登載於股票發行公司股東名簿或公司債存根簿；依立法理由說明，此一規定，「使證券集中保管事業成為保管股票之形式股東，此即美、日等國擬制人名義（Street Name）之做法，俾使其所保管股票於銷除前手及過戶事項更加便利」。

（五）以集保公司的通知辦理過戶

　　證券集中保管事業於股票、公司債發行公司召開股東會、債權人會議，或決定分派股息及紅利或其他利益，或還本付息前，將所保管股票及公司債所有人之本名或名稱、住所或居所及所持有數額通知該股票及公司債之發行公司時，視為已記載於公司

股東名簿、公司債存根簿或已將股票、公司債交存公司，不適用公司法第165條第1項、第176條、第260條及第263條第3項之規定。本項規定的目的，在於簡化股票過戶手續，實施帳簿劃撥辦法，因而明文排除公司法相關條文的規定。證交法第43條第4項及第5項規定，亦準用於政府債券及其他有價證券；所謂其他有價證券，例如受益憑證。

（六）混合保管與分戶保管

證券集中保管事業以混合保管方式保管之有價證券，由所有人按其送存之種類數量分別共有；領回時，並得以同種類、同數量之有價證券返還之。混合保管的有價證券，由參加人或其客戶按送存的數量分別共有。

公開發行公司董、監事、大股東，或信託投資公司、保險機構等投資購買的股東，得以分戶保管方式，與集保公司簽約，直接洽辦送存及領回股票事宜。

（七）兩段式保管架構

第一段為客戶將股票寄託於證券商，成立民法第603條之1的混藏寄託關係，客戶仍保有股票所有權。實務上即由投資人向證券商申請開戶，簽訂保管契約、領取存摺，委託辦理買賣證券的帳簿劃撥、證券送存及領回等手續。

第二段為證券商以自己名義在集中保管事業開戶，二者亦成立民法第603條之1的混藏寄託關係，並將客戶股票寄託於集中保管事業。實務上係由證券商向集保公司申請開戶，辦理代客買賣證券的劃撥交割，再將投資人委託保管的證券辦理轉存、匯撥及領回等手續。

　　依上述架構，證券商分別與客戶及集中保管事業成立寄託契約。相對於客戶而言，證券商為保管人；相對於集中保管事業而言，證券商為寄託人。

　　客戶（投資人）以股票寄存證券商，同時保有股票所有權，惟客戶（投資人）與集保公司之間則無寄託關係。

（八）無實體有價證券

　　集中保管制度的實施，成效顯著。帳簿劃撥交割已取代傳統的款券交付方式。

　　投資人既已習慣帳簿劃撥，實體有價證券的存在，似已無關宏旨。推動有價證券的無實體化，也已水到渠成。依主管機關規定，2006年7月1日起，初次申請上市、上櫃或興櫃公司的股票（IPO），及上市、上櫃、興櫃公司增資發行的新股（SPO），依規定應採帳簿劃撥方式，不印製實體股票。

二、集中保管事業

　　依管理規則規定，所稱證券集中保管事業，指經營有價證券之保管、帳簿劃撥及無實體有價證券登錄之事業。集保事業應經主管機關核准，始得設立，其組織以股份有限公司為限，採發起設立，實收資本額不得少於新台幣五億元[20]。

　　證券集中保管事業經營的業務包括：（一）有價證券的保管；（二）有價證券買賣交割、設質交付的帳簿劃撥；（三）有價證券帳簿劃撥事務之電腦處理；（四）有價證券帳簿劃撥配發作業的處理；（五）有價證券無實體發行的登錄，及其他經主管

---

[20] 同前註，第79至81頁。

機關核准的有關業務等[21]。

　　證券集中保管帳簿劃撥交割制度主要使證券市場之交割手續合理化，俾便簡化證券交割作業程序，發揮證券集中保管之功能。且證券集中保管事業，建立帳簿劃撥制度，用以透過款券劃撥來進行交割作業，如此則可防止「違約交割」情形的發生。

---

[21] 同前註，第82頁。

第五章　公司治理

第一節　公司治理概念之緣起

　　這些年來，世界各地的金融風暴層出不窮，且各國的公司不斷發生財務的詐欺事件，造成各國的惶恐不安。影響之所及乃是「公司治理」在各國之間受到高度之重視。到了1999年，「經濟合作暨發展組織」（Organization for Economic Cooperation and Development; OECD）提出了「公司治理原則」（Principles of Cooperate Governance），作爲各國改革公司治理依循之依據。一般而言，公司治理之目的，主要是在使企業組織透過法律之制衡與設計管控，求取公司內部與外部之各組織中尋求平衡，在公司所有與企業經營「分離」之組織體系架構中，能夠有效監督其組織活動，以及如何來健全其組織運作，防止脫法行爲之發生，更要實現企業社會責任之崇高目標。換句話說，公司治理乃是儘可能地兼顧所有相關利害關係人之大前提之下，追求公司經營之最大利益，並用以確保股東投資分配之利益作爲其目的。亦即由董事會擬定公司經營之策略方針，並且能有效監督與執行公司之經營，同時經由外部之公權力適當之規範，以及公司參與者自由意志之協議、監督並指導管理者，達成其應負擔之責任，同時將公司所有之重大事件，依法確實揭露，並做出明確說明，用以確保所有股東及參與者權益之管理機制及指導規範。

第二節　公司治理基本原則

一、工作重點

參照2004年經濟合作暨發展組織的公司治理準則，將公司治理之主要課題，歸納成六大重點如下[1]：

（一）為優質之公司治理架構奠定完備之基礎。

（二）確保股東權利，並使其發揮功能。

（三）平等對待全體股東。

（四）利害關係人之權利及其在公司治理之功能。

（五）資訊公開之時效性與正確性之提升。

（六）董事會及監察人應盡之義務與責任。

二、基本原則[2]

（一）保障股東基本權益及決策參與權。

（二）公平對待大小股東及外國股東。

（三）重視利害關係人包括股東、員工、客戶、上下游廠商、銀行、債權人等彼此間權利及義務關係的平衡。

（四）確保有關公司財務狀況、績效、所有權及其他重大資訊之正確揭露及透明性。

（五）確保公司董事會之策略性指導及有效性監督。

第三節　公司治理之範圍

從各國經驗來看，公司治理涵蓋之範圍可區分為狹義及廣義

---

[1] 姚志明，證券交易法導讀，台北，三民書局，2008年，第85頁。

[2] 李開遠，證券交易法理論與實務，台北，五南圖書出版股份有限公司，2019年，第444頁。

兩方面[3]：

一、狹義

公司治理狹義範圍係指「公司監理」，尤其是上市、上櫃公司之監理，重點涵蓋公司經營者之責任、公司股東之權利義務、公司董監事之結構與權責，以及公司營運之防弊措施等；涉及之規範包括公司法、證券交易法、商業會計法及會計準則等。

二、廣義

公司治理廣義範圍除公司監理之外，尚包含相關之市場機制、企業併購、特定組織（如管制機關、公營事業等）之治理、機構投資人機能、資本市場專業機構的建立、破產與重整機制、財經法之執行與改革等。

第四節　公司治理之法制架構

近年來，各國均在致力於經濟發展，國內企業在量的方面，呈現出蓬勃發展的氣勢，朝向國際化發展的方向；在質的方面，因為因應新的問題之產生，在法制規範方面就有必要調整，而公司治理因為具有法律規範的作用，使得公司企業不得不調整其步調。這些年來政府財經部門及其他相關機關亦已陸續推動各項修法及改革的工作。我國政府與民間企業意識到提升國際競爭力之必要。大致上，這些年來，我國公司治理乃是建立在下列三大層面[4]：

---

[3] 同前註。
[4] 同前註，第466頁。

一、公司法

公司法乃是公司治理之主軸，有關股東會、董事會及監察人之公司法制，就如同政治學上「三權分立」之行政、立法及司法之相互獨立又互相制衡之作用，用以達成公司治理之目標。

二、證券交易法

舉凡公開發行股票之股份有限公司，其有價證券之募集、發行、買賣之管理與監督悉依證券交易法之規定辦理，而證券交易法未規定者，始能適用其他相關法律之規定。另外，除證券交易法外，證券主管機關，依據證券交易法所授權而訂定之公開發行公司相關之規範，亦為公司治理之重要內涵。

三、上市、上櫃之相關規章

證券交易所及櫃檯買賣中心所訂定之上市上櫃相關規章，併同公司法、證券交易法公開發行公司之相關法律規範，均可協助並引導上市上櫃公司建立並執行與落實公司治理制度。

第五節　獨立董事、審計委員會及薪資報酬委員會

一、董事會與獨立董事

（一）董事會

證券交易法對於公開發行之董事會，在第26條之3設有下列規定，故而應優先於公司法之適用[5]：

1.公司董事不得少於五人。

---

[5]　賴英照，證券交易法解析（簡明版），賴英照自版，2020年，第85頁。

2.除經主管機關核准者外，政府或法人不得由其代表人同時當選或擔任爲同一家公司的董事及監察人。

3.除經主管機開核准者外，董事間應有超過半數的席次，監察人間或監察人與董事間，應至少一席以上，不得具有配偶或二親等以內的親屬關係。

董事及監察人的當選人不符上開規定時，應依下列規定決定當選人：(1)董事間不符規定者，不符規定的董事所得選票較低者，其當選失其效力；監察人間不符規定者，亦同；(2)監察人與董事間不符規定者，不符規定的監察人所得選票較低者，其當選失其效力；已充任董事或監察人者，如有上開配偶或近親關係者，準用上開規定當然解任。

4.董事因故解任，致不足五人者，公司應於最近一次股東會補選之。但董事缺額達章程所定席次三分之一者，公司應自事實發生之日起六十日內，召開股東臨時會補選之。

5.公司應訂定董事會議事規範；其主要議事內容、作業程予、議事錄應載明事項、公告及其他應遵行事項之辦法，由主管機關定之。

（二）獨立董事

1.設置

證交法第14條之2第1項規定：「已依本法發行股票之公司得依章程規定設置獨立董事。但主管機關應視公司規模、股東結構、業務性質及其他必要情況要求其設置獨立董事，人數不得少於二人，且不得少於董事席次五分之一。」準此，公開發行公司是否設置獨立董事，原則上得自主決定，但主管機關有權指定符

合特定情況的公司設置獨立董事[6]。

董事會設有常務董事者，至少應有一名獨立董事擔任常務董事，且不得少於常董席次的五分之一。

2. 選任

公司設置獨立董事者，應先修改章程，載明其名額，並應採候選人提名制度。公司應公告獨立董事應選名額，及受理提名的期間，其期間不得少於十日。有權提名獨立董事候選人者，限於：(1)持有已發行股份總數1%以上股份的股東；(2)董事會；及(3)主管機關規定的其他方式。提名人數不得超過獨立董事應選名額；經董事會認定符合獨立董事所應具備條件後，送請股東會選任之。獨立董事與非獨立董事應一併進行選舉，分別計算當選名額，由所得選票較多者當選；惟金融控股公司持有發行全部股份之子公司、政府或法人股東一人所組織之公開發行公司，其獨立董事得由金融控股公司、政府或法人股東指派之（經濟部2006年2月8日經商字第09502011990號函）[7]。

3. 補選

依照證券交易法第14條之2第6項之規定，獨立董事因故解任，致人數不足者，應於最近一次股東會補選；獨立董事均解任時，公司應自事實發生之日起六十日內，召開股東會補選之。另外，獨立董事與非獨立董事之身分不能相互置換；因此，獨立董事出缺時，不得以非獨立董事遞補之。而且因為獨立董事較諸一般董事，尚有其特定之職權及責任要負擔，故兼任獨立董事不宜

---

[6] 同前註。
[7] 同前註，第86頁。

過多，以免影響其執行職務之品質。因之，獨立董事兼任其他公司獨立董事不得逾三家。

4.獨立董事之條件

　　依據證券交易法第14條之2第2項之規定，獨立董事應具備專業知識，其持股及兼職應予限制，且於執行業務範圍內應保持獨立性，不得與公司有直接或間接的利害關係；其專業資格、持股與兼職限制、獨立性之認定、提名方式及其他應遵行事項之辦法，由主管機關定之。

　　另外，依據證券交易法第14條之2第4項所規定之消極資格如下：下列之人不得擔任獨立董事，其已充任者，當然解任：(1)有公司法第30條各款情事之一；(2)依公司法第27條規定以政府、法人或其代表人當選者；解釋上應涵蓋公司法第27條第1項及第2項兩種情形；(3)違反主管機關所定獨立董事之資格者。

（三）獨立董事之職權

　　依證券交易法第14條之3規定，選任獨立董事的公司，除經主管機關核准者外，下列事項應提董事會決議通過：

　　1.訂定或修正內部控制制度。

　　2.訂定或修正取得或處分資產、從事衍生性商品交易、資金貸與他人、為他人背書或提供保證之重大財務業務行為的處理程序。

　　3.涉及董事或監察人自身利害關係的事項。

　　4.重大資產或衍生性商品交易。

　　5.重大資金貸與、背書或提供保證。

　　6.募集、發行或私募具有股權性質的有價證券。

7. 簽證會計師的委任、解任或報酬。

8. 財務、會計或內部稽核主管的任免。

9. 其他經主管機關規定的重大事項。

（四）獨立董事之地位

依據證券交易法第14條之3的規定，獨立董事對前開議案如有反對意見或保留意見，應於董事會議事錄載明。

另外，依證券交易法第14條之2第3項之規定敘明：公司不得妨礙、拒絕或規避獨立董事執行業務。獨立董事執行業務認有必要時，得要求董事會指派相關人員或自行聘請專家協助辦理，相關必要費用，由公司負擔之。

二、審計委員會

（一）設置

依證券交易法第14條之4第1項之規定：公開發行公司應擇一設置審計委員會或監察人。但主管機關得視公司規模、業務性質及其他必要情況，命令設置審計委員會替代監察人；其辦法，由主管機關定之。公司未依主管機關規定設置審計委員會或設置不符規定者，依同法第178條科處罰鍰，並得依法按次處罰。

且依證券交易法第14條之4之規定，審計委員會之成員均為獨立董事，且應由三名以上之獨立董事組成，尚不得包括獨立董事以外之人員。另外，依證券交易法第14條之4第1項前段規定：「已依本法發行股票之公司，應擇一設置審計委員會或監察人。」依此規定之意旨可知已設置審計委員會之公司，必須配合其公司章程中刪除關於監察人之規定；亦即已設置審計委員會者，不得再依公司法之規定選任監察人。

（二）職權

1. 審計委員會之獨立董事，仍為董事，參與董事會行使職權

獨立董事仍負有決定公司業務執行之職責。同時，依證券交易法第14條之5的規定：下列事項應先經審計委員會全體成員二分之一以上同意後，再提董事會決議：

(1) 訂定或修正內部控制制度。

(2) 內部控制制度有效性的考核。

(3) 訂定或修正取得或處分資產、從事衍生性商品交易、資金貸與他人、為他人背書或提供保證之重大財務業務行為的處理程序。

(4) 涉及董事自身利害關係的事項。

(5) 重大資產或衍生性商品交易。

(6) 重大資金貸與、背書或提供保證。

(7) 募集、發行或私募具有股權性質的有價證券。

(8) 簽證會計師的委任、解任或報酬。

(9) 財務、會計或內部稽核主管的任免。

(10) 由董事長、經理人及會計主管簽名或蓋章之年度財務報告，及須經會計師查核簽證之第二季財務報告。

(11) 其他公司或主管機關規定的重大事項。

2. 審計委員會有監督經營的權責

依證券交易法第14條之4第3項之規定，公司設置審計委員會者，證交法、公司法及其他法律對於監察人之規定，於審計委員會準用之。另依「公開發行公司審計委員會行使職權辦法」第11條之規定，審計委員會或其獨立董事成員得代表公司委任律師、會計師或其他專業人員，就行使職權有關之事項為必要之查

核或提供諮詢，其費用由公司負擔之。

　　3.審計委員會之獨立董事，準用公司法關於監察人之規定。其重要之準用內容如下：

　　(1) 獨立董事由股東會選任，須為有行為能力人，不得有公司法第30條所定的缺格事由，且至少須有一人在國內有住所。

　　(2) 獨立董事與公司間的關係，依民法關於委任之規定。準此，公司為委任人，獨立董事為受任人，負忠實與注意義務。

　　(3) 獨立董事應監督公司業務之執行，並得隨時調查公司業務及財務狀況，查核、抄錄或複製簿冊文件，並得請求董事會或經理人提出報告。獨立董事於辦理業務時，得代表公司委託律師、會計師審核之。

　　(4) 董事發現公司有受重大損害之虞時，應立即向獨立董事報告。

　　(5) 董事會或董事執行業務有違反法令、章程或股東會決議之行為者，獨立董事應即通知董事會或董事停止其行為。

　　(6) 獨立董事得於董事會不為召集或不能召集股東會，或其他為公司利益之必要，召集股東會。

（三）會議規範

　　依據「公開發行公司審計委員會行使職權辦法」第7條之規定：「審計委員會為合議制的機關，其決議應有全體成員二分之一以上的同意；所謂全體成員，以實際在任者計算，審計委員會應至少每季召開一次會議，並於審計委員會組織規程中明定之。」

　　同辦法第8條又進一步規定：「審計委員原則上應親自出席，但如不能親自出席，得委託其他獨立董事成員代理出席；並

應於每次出具委託書，列舉召集事由之授權範圍；如以視訊參與會議者，視為親自出席。」

三、薪資報酬委員會

（一）設置

證券交易法第14條之6規定，上市、上櫃公司應設置薪資報酬委員會；其成員專業資格、所定職權之行使及相關事項之辦法，由主管機關定之。前項薪資報酬應包括董事、監察人及經理人之薪資、股票選擇權與其他具有實質獎勵之措施。

另外，公司法第196條及第227條有如下之規定：董事、監察人之報酬，未經章程訂明者，應由股東會議定之，不得事後追認。因此，須以章程訂之，或由股東會決議；至於經理人的薪酬則應由董事會決議。

薪資報酬委員會成員由董事會決議委任之，其人數不得少於三人，其中一人為召集人。但已設置獨立董事之公司應至少由一名獨立董事擔任薪資報酬委員。至其委員之任期與委任之董事屆期相同。

（二）職權

薪酬委員會應以善良管理人之注意，忠實履行下列職權，並將所提建議提交董事會討論。但有關監察人薪資報酬建議提交董事會討論，以監察人薪資報酬經公司章程訂明或股東會決議授權董事會辦理者為限：1.訂定並定期檢討董事、監察人及經理人績效評估與薪資報酬之政策、制度、標準與結構。2.定期評估並訂定董事、監察人及經理人之薪資報酬[8]。

---

[8] 見前揭註5，第96頁。

薪酬委員會履行職權時，應依下列原則為之：1.董事、監察人及經理人之績效評估及薪資報酬應參考同業通常水準支給情形，並考量與個人表現、公司經營績效及未來風險之關連合理性。2.不應引導董事及經理人為追求薪資報酬而從事逾越公司風險胃納之行為。3.針對董事及高階經理人短期績效發放紅利之比例及部分變動薪資報酬支付時間應考量行業特性及公司業務性質予以決定[9]。

第六節　董事與監察人最低持股比率

證交法第26條規定，公開發行公司「其全體董事及監察人二者所持有記名股票之股份總額，各不得少於公司已發行股份總額一定之成數。前項董事、監察人股權成數及查核實施規則，由主管機關以命令定之。」準此，上市、上櫃、興櫃及其他公開發行公司的全體董事及全體監察人，至少應持有一定比率的股份；其立法目的係為增強董、監事經營信念，健全公司資本結構，並防止其對本公司股票做投機性買賣，致影響證券交易及投資人利益[10]。

主管機關訂定發布之「公開發行公司董事、監察人股權成數及查核實施規則」（簡稱查核實施規則），主要內容包括[11]：

一、全體董事、監察人應持有的記名股票最低比率，係以公司實收資本額為計算基礎；其比率如下：

---

[9] 同前註。
[10] 同前註，第99頁。
[11] 同前註，第100頁。

公開發行公司全體董事及全體監察人最低持股成數表

級別	公司實收資本額（新台幣）	全體董事持有記名股票最低成數	全體監察人持有記名股票最低成數
一	三億元以下	15%	1.5%
二	超過三億元～十億元	10%	1%
三	超過十億元～二十億元	7.5%	0.75%
四	超過二十億元～四十億元	5%	0.5%
五	超過四十億元～一百億元	4%	0.4%
六	超過一百億元～五百億元	3%	0.3%
七	超過五百億元～一千億元	2%	0.2%
八	超過一千億元	1%	0.1%

　　二、持股數量的計算，以股東名簿的記載或送存證券集中保管事業保管的證明爲準。但已轉讓的股票，雖受讓人尚未辦理過戶手續，亦應予以扣除。政府或法人當選爲董、監事，其代表人自己所持有「以分戶保管方式」提交集保公司集中保管者，得併入計算。

　　三、公開發行公司已依本法設置審計委員會者，不適用有關監察人持有股數不得少於一定比率的規定。除金融控股公司、銀行法所規範的銀行及保險法所規範的保險公司外，公開發行公司選任的獨立董事超過全體董事席次二分之一，且已依本法設置審計委員會者，不適用有關全體董事及監察人持有股數各不得少於一定比率的規定。

　　四、爲考量獨立董事持股較少的因素，並鼓勵公司踴躍設置獨立董事，主管機關規定，獨董事的持股不納入最低持股比率的計算；如公司有獨立董事兩人以上者，其餘董事的最低持股比率降爲前述標準的百分之八十。

五、全體董事或監察人的選任當時所持有記名股票不足規定成數時，應由獨立董事以外的全體董事或監察人補足之；如在任期中轉讓股份或部分解任，致全體董事或監察人持有股份總額低於規定成數時，除獨立董事外的全體董事或監察人應補足之。公司於每月十五日以前，依本法第25條第2項彙總向主管機關指定之資訊申報網站輸入其董事、監察人持有股數變動情形時，若全體董事或監察人持有股份總額有低於第2條所定成數者，應於每月十六日以前通知獨立董事外的全體董事或監察人補足，並副知主管機關。

六、主管機關得隨時派員查核董事及監察人持股情形，並檢查有關書表帳冊，公司應轉知其董事、監察人將股票持往公司辦公處所或指定的處所接受檢查；董、監事不得拒絕。

第七節　內部人轉讓股票之限制

依證券交易法相關條文之規定，公開發行公司之董事、監察人、經理人及持股逾百分之十之股東（即內部人），其股票之轉讓，限於下列三種方式完成之[12]：

一、經主管機關核准或自申報主管機關生效日後，向非特定人為之。依此種方式轉讓股票時，準用「發行人募集與發行有價證券處理準則」第五章「公開招募」的規定。實務上，政府為將公營事業民營化而出售公股時，常採取此一方式。

二、依主管機關所定持有期間及每一交易日得轉讓數量比例，於向主管機關申報之日起三日後，在集中交易市場或店頭市

---

[12] 同前註，第104頁。

場為之。但每一交易日轉讓股數未超過一萬股者，免予申報。主管機關的具體規定如下：

（一）所稱「持有期間」，為取得內部人身分後滿六個月，因此，任何人成為內部人之後六個月內，不得依此種方式賣出股票。如董事、監察人任期屆滿而連任者，無須受六個月期間的限制。

（二）關於「每一交易日得轉讓之數量比例」，如依證交所或櫃買中心拍賣辦法、標購辦法或盤後定價交易辦法等規定辦理者，其轉讓數量不受限制；其餘情形，每一交易日轉讓數量的上限，在上市、上櫃股票（興櫃除外）為：1.公司發行股數在三千萬股以下部分，為百分之零點二；超過三千萬股者，其超過部分為百分之零點一。或2.申報日之前十個營業日該股票市場平均每日交易量（股數）的百分之五。至於興櫃股票則每日不得逾公司股份總數的百分之一。

（三）申報的股票轉讓期間不得超過一個月，超過者應重行申報。準此，內部人出售股票必須在申報日起一個月內為之。

三、於向主管機關申報之日起三日內，向符合主管機關所定條件之特定人為之。所稱「特定人」的條件，例如：

（一）未上市、未上櫃股票，限於對公司財務、業務有充分了解，具有資力，且非應公開招募而認購者。

（二）上櫃股票（包括興櫃）限定為證券自營商及以同一價格受讓之該發行股票公司全體員工。

（三）上市股票限定為以同一價格受讓之該發行公司全體員工。

（四）依證交法第43條之1第2項及第3項規定，進行公開收購之人等。

第八節　財務、業務及股權變動之公開

　　為使投資人有機會瞭解公開發行公司的財務、業務狀況，證交法第36條明定公開發行公司應定期公布其財務資訊，包括年度及第一、二、三季的財務報告。此外，每月應公布營運情形，每年應編製年報；在特定情形，例如遇有偶發重大事項，並應隨時公布[13]。

　　依證交法第14條規定，所謂財務報告，係指「發行人及證券商、證券交易所依法令規定，應定期編送主管機關之財務報告」。財務報告的內容、適用範圍、作業程序、編製及其他應遵行事項之準則，由主管機關定之，不適用商業會計法第四章、第六章及第七章之規定。年度及季財務報告，應經董事長、經理人及會計主管簽名或蓋章，並出具財務報告內容無虛偽或隱匿之聲明；此一規定係仿自美國沙班法（Sarbanes-Oxley Act of 2002），其目的在確保財務報告的真實完整[14]。

　　財務報告，有應經會計師查核簽證者，證交法授權主管機關訂定查核簽證準則，依據該準則規定，僅具備一定條件的聯合會計師事務所才能辦理查核簽證[15]。

一、定期報告

（一）年度財務報告

　　依證券交易法第36第1項第1款之規定如下：公司應於每會計年度終了後三個月內，公告並向主管機關申報由董事長、經理

---

[13] 同前註，第105頁。
[14] 同前註。
[15] 同前註。

人及會計主管簽名或蓋章，並經會計師查核簽證、董事會通過及監察人承認的年度財務報告。

在關係企業方面，則依公司法第369條之12辦理：如控制公司為公開發行股票公司，應於每會計年度終了，編製關係企業合併營業報告書、關係企業合併財務報表；從屬公司為公開發行股票公司者，應編製關係報告書。

另外，證券交易法施行細則第4條有所規定，其內容如下：年度財務報告，應載明查核會計師姓名及其查核意見為「無保留意見」、「修正式無保留意見」、「保留意見」、「無法表示意見」或「否定意見」；如非屬「無保留意見」的查核報告，並應載明其理由。

（二）季財務報告

依證券交易法第36條第1項第2款，對季財務報告有如下之規定：公司應於每畫計年度第一季、第二季及第三季終了後四十五日內，公告並向主管機關申報由董事長、經理人及會計主管簽名或蓋章，並經會計師核閱及提報董事會的季財務報告。

另依證券交易法施行細則第4條之規定：季財務報告應載明核閱會計師姓名及核閱報告所特別敘明事項。

有關依證券交易法第36條所公告並申報之財務報告，如未依有關法令編製而應予更正者，應照主管機關所定期限自行更正之。

（三）揭露員工平均薪資及調薪情形

依證券交易法第14條第5項之規定，上市、上櫃及興櫃公司編製財務報告時，應依主管機關規定揭露公司全體員工平均薪資及調整情形。

（四）每月營運情形報告

依證券交易法第36條第1項之規定，公司應於每月十日以前，公告並向主管機關申報上月份之營運情形。而依證券交易法施行細則第五條之規定，申報內容則包括：1.合併營業收入額；2.為他人背書及保證之金額；3.其他主管所定之事項。

（五）特殊情形

依證券交易法第36條第1項之規定，有特殊情形者，不適用定期公告之規定；而同條第2項並授權主管機關訂定適用範圍等事項；其主要內容則依主管機關所訂定之「公開發行公司財務報告及營運情形公告申報特殊適用範圍辦法」辦理之。

（六）重整期間

證券交易法第36條第6項規定：公司在重整期間，董事會及監察人有關年度財務報告之職權，由重整人及重整監督人行使。且依公司法第293條第1項之規定重整裁定送達公司後，公司業務之經營及財產之管理處分權移屬於重整人，由重整監督交接，並申報法院。公司股東會、董事及監察人之職權，應予停止。則公司在重整期間，董事及監察人均不能行使職權，而由重整人及重整監督人所替代。基於此，有關報表之編製、申報及公告，均由重整人及重整監督人為之。

二、偶發重大事項報告

依證券交易法第36條第3項之規定，公開發行公司遇有下列偶發重大事項者，應於事實發生日起二日內公告，並向主管機關申報：（一）股東常會承認之年度財務報告與公司先前申報及公

告之內容不一致；（二）發生對股東權益或證券價格有重大影響之事項。

三、年報

公開發行公司每年應編製年報，於股東常會分送股東。年報的編製，應依主管機關「公開發行公司年報應行記載事項準則」（簡稱年報記載事項準則）的規定；其主要內容如下[16]：

（一）編製原則：年報所載事項「應具有時效性，力求翔實明確，文字敘述應簡明易懂，善用統計圖表、流程圖或其他圖表」。

（二）年報內容：應記載事項如下：

1.致股東報告書：包含前一年度營業結果、本年度營業計畫概要、未來公司發展策略、受到外部競爭環境、法規環境及總體經營環境之影響等。

2.公司簡介：應記載設立日期、公司沿革；最近年度及截至年報刊印日止辦理公司併購、轉投資關係企業、重整之情形、董事、監察人或持股超過百分之十之大股東股權之大量移轉或更換、經營權之改變、經營方式或業務內容之重大改變及其他足以影響股東權益之重要事項與其對公司之影響。

3.公司治理報告：應記載下列事項：

(1) 組織系統：列明公司之組織結構及各主要部門所營業務。

(2) 董事、監察人、總經理、副總經理、協理、各部門及分支機構主管資料。

---

[16] 同前註，第112頁。

(3) 公司治理運作情形，主要包括：

①董事會及審計委員會運作情形或監察人參與董事會運作情形。

②公司治理運作情形及其與上市上櫃公司治理實務守則差異情形及原因。

③履行社會責任情形：公司對環保、社區參與、社會貢獻、社會服務、社會公益、消費者權益、人權、安全衛生與其他社會責任活動所採行之制度與措施及履行情形。

④內部控制制度執行狀況，公司及其內部人員依法被處罰、公司對其內部人員違反內部控制制度規定之處罰、主要缺失與改善情形；及簽證會計師之相關資訊等。

⑤股東會及董事會之重要決議。

4.募資情形：包括資本及股份、公司債、特別股、海外存託憑證、員工認股權憑證及併購（包括合併、收購及分割）之辦理情形暨資金運用計畫執行情形。

5.營運概況：包括業務及產業概況、市場及產銷概況，最近二年度從業員工人數、環保支出資訊、勞資關係及重要契約等。

6.財務概況：應記載最近五年度簡明資產負債表及損益表、財務分析、最近年度財務報告之監察人審查報告、最近年度財務報表及經會計師查核簽證之母子公司合併財務報表等。

7.財務狀況及財務績效之檢討分析與風險事項：公司應就財務狀況、財務績效、現金流量、重大資本支出、轉投資政策等檢討分析，並就利率、匯率變動、通貨膨脹情形、高風險投資、重大政策、法律變動等事項，做風險評估。

8.特別記載事項：包括關係企業相關資料、私募有價證券辦理情形、子公司持有或處分本公司股票情形及其他必要補充說明

事項等。

9.偶發重大事項：最近年度及截至年報刊印日止，如發生證交法第36條第3項第2款所定對股東權益或證券價格有重大影響之事項，應逐項載明。

（三）資訊傳送

公司應於股東會召開日前，將年報之電子檔傳至主管機關指定之資訊申報網站。但以年報作爲股東會議事手冊之補充資料者，則應依公開發行公司股東會議事手冊應行記載及遵行事項辦法規定期限，將年報之電子檔，傳至主管機關指定之資訊申報網站[17]。

年報的目的，在於強化公開原則的實現，使公司未發行新股（或其他有價證券）的年度，雖無編製公開說明書，股東仍可藉年報獲得較多的資訊，以瞭解公司的財務業務狀況。從內容觀察，年報與公開說明書具有相輔相成的功效。惟年報的編製應履行何種程序？公司重整期間，何人負責編製年報？證交法及上開「準則」均未明定。鑒於年報的重要性，其歸製應類推適用年度財務報告的程序；證交法並應修正予以明定[18]。

四、內部控制制度及內控聲明書

證券交易法第14條之1規定：「公開發行公司、證券交易所、證券商及第十八條所定之事業應建立財務、業務之內部控制制度。主管機關得訂定前項公司或事業內部控制制度之準則。第一項之公司或事業，除經主管機關核准者外，應於每會計年度終

---

[17] 同前註，第114頁。
[18] 同前註。

了後三個月內，向主管機關申報內部控制聲明書。」主管機關依據此項規定，訂定發布「證券暨期貨市場各服務事業建立內部控制制度處理準則」，明定各事業的內控制度應經董事會通過，並以確保「營運之效果及效率」、「財務報導之可靠性」及「相關法令之遵循」爲目標，以促進事業經營之健全。內部控制制度聲明書應經董事會通過。

五、內部人持股及質權設定的申報

依證交法第25條規定，公開發行公司於登記後，應即將其董事、監察人、經理人及持股超過百分之十的股東（內部人），所持有的本公司股票種類、股數及票面金額，向主管機關申報並公告；所稱董事（監察人），包括「依公司法第27條第1項規定選任法人爲董事時，所指派之自然人爲代表執行職務之人」[19]。

上開內部人並於每月五日以前將上月份持有股數變動情形，向公司申報；公司應於每月十五日以前，彙總向主管機關申報，並依主管機關命令公告之；股票經設定質權者，出質人應即通知公司；公司應將其出質情形於質權設定後五日內，向主管機關申報並公告。內部人的配偶、未成年子女及利用他人名義持有的股票，均應依規定申報及公告，以防止內部人規避申報義務及歸入權的適用[20]。

---

[19] 同前註，第115頁。
[20] 同前註。

第六章　證券交易機關

第一節　證券商

一、管理特質

依證券交易法之規定，經營證券業務者為證券商，包括：承銷商、自營商及經紀商。如果證券商同時經營承銷、自營及經紀三種業務者，為綜合證券商。

證交法對證券商的管理，目的在於健全證券商的經營，保護投資人權益，並促進證券市場的發展，其規範方法具有下列特質[1]：

（一）採行高密度的管理：從申請設立的條件，到內部組織、人員資格、財務標準、資金運用、業務經營、內控制度，以及停業、解散等各個層面，證券商都受到嚴密的規範。而規範的主要目的有三：1.確保證券商的財務，業務維持一定的品質；2.防止證券商利用業務上的機會，侵害投資人的權益，影響證券市場秩序；3.發揮證券商的積極功能，促進證券市場的健全發展。

（二）主管機關行使廣泛的裁量權：證交法的規定通常較為簡略，有關證券商的管理事宜，多半出於主管機關的命令。這些命令，有些雖有法律的授權，但授權往往甚為概括；有許多甚至並無明確的法律依據。在法律未做任何修正的情況下，主管機關變更命令，就可以大幅改變證券商的經營。證交法於2006年1月修正時，一面擴大主管機關的規範權限，一面刪除證交法的具體

---

[1] 賴英照，證券交易法解析（簡明版），賴英照自版，2020年，第175頁。

規範，使主管機關的管理權限更具彈性。

（三）證交所、櫃買中心及證券商公會扮演重要的管理角色：在主管機關的授權下，不論證交法上有無明文規定，證交所及櫃買中心對證券商執行廣泛的監督管理權。此外，證券商公會負責擬定承銷相關辦法，在承銷業務上具有舉足輕重的影響力。因此，有關證券商的管理規範，除證交法及主管機關的命令之外，更應注意證交所、櫃買中心及證券商公會的相關規定。

二、證券商扮演之角色

就證券商而言，其在證券市場上所扮演的角色，可分別從發行市場與流通市場的兩大領域觀察之[2]：

（一）在發行市場上，企業雖得以發行有價證券的方式，透過證券市場，向社會大眾集資，完成該發行公司所需之資金調度，但有價證券之公開發行，並非一般公司所熟稔之事務；因而在實務上，發行公司往往與特定的證券商訂立所謂地「承銷契約」，委由證券商處理有價證券之發行，使發行公司得以順利從證券市場上完成資金籌措的目的。

（二）在流通市場，例如公開發行的有價證券，得集中在證券交易所或藉著證券商營業處的買賣交易，如此的證券市場乃提供一般投資大眾進行投資理財與回收資金的市場，實現有價證券流通性的本質。惟以證券交易法第11條與第151條所規定為例，證券交易所係提供證券商（或會員）進行有價證券集中交易的場所；易言之，就現行的證券交易制度而言，一般投資人得委託證券商買賣有價證券，創造證券市場上投資人間資金移動的效果。

---

[2] 廖大穎，證券交易法導論，台北，三民書局，2017年，第415頁。

三、證券商之種類與其特質

（一）證券承銷商

依證券交易法第22條第3項所指：公司為籌集資金，對外公開發行股票、公司債或其他有價證券，須委託證券承銷商處理發行工作。另外大股東公開出售有價證券者，亦由承銷商協助完成之。

此處所謂之「承銷」者，大致上乃是依約定包銷或代銷發行有價證券之行為。此種以受託（約定）而辦理發行有價證券之承銷事務為業之人即為證券承銷商。由於承銷商不論是承銷抑或是包銷，均具有為企業籌集資金之功能，因而具有投資銀行之性質。另外，承銷商除了基本上的協助發行有價證券外，尚有包括「輔導」公司上市、上櫃，及提供企業併購相關服務之業務。

（二）證券自營商

一般而言，所謂證券自營商，乃是指從事經營有價證券之自行買賣及其他經主管機關核准之相關業務的證券商。而此處所謂之「自行買賣」乃係指證券商為自己計算，從事有價證券買賣之自營業務。

更進一步而言，自營商係為自己之計算，在交易市場買賣有價證券。所謂為自己之計算，係指自營商自己負擔買賣的盈虧而言。自營商依規定不能接受客戶委託，辦理代客買賣證券業務；自營商買賣證券亦不須透過經紀商，而係以自己名義直接在集中交易市場或店頭市場報價完成交易[3]。

---

[3] 見前揭註1，第176頁。

（三）證券經紀商

在集中市場或店頭市場買賣證券，除自營商之外，不論為自然人或法人（含機構投資人），均不能自行向證交所報價，而須委託證券經紀商報價買賣。經紀商的主要業務，即係於流通市場接受客戶委託，代為買賣有價證券[4]。

委託人與經紀商之間的關係，依證交法第15條、第16條規定，得為居間或行紀。所謂居間，依民法第565條，係指「當事人約定，一方為他方報告訂約之機會，或為訂約之媒介，他方給付報酬之契約」，居間人僅立於媒介地位，契約當事人為雙方投資人。如對方違約時，投資人自負違約效果；所謂行紀，依民法第576條，係指「以自己之名義，為他人之計算，為動產之買賣或為其他商業之交易，而受報酬之營業」，在證券交易的情形，受託買賣證券的經紀商（而非委託買賣的投資人）為契約當事人，對於交易相對人，自得權利並自負義務；如經紀商一方違約時，應由他方經紀商承受其效果，委託買賣證券的投資人權益不受影響。實務上係採行紀方式。委託經紀商以行紀名義買賣證券的投資人，權利受侵害時、得以自己名義訴請賠償[5]。

（四）綜合證券商

證券商兼營多種業務，固有利於規模的擴大及服務品質的提升，但如無適當的管理，也可能引起流弊。因此「證券商管理規則」第7條規定：「證券商經營二種以上證券業務者，應按其經營證券業務種類獨立作業」，證交法第46條明定，證券商兼營自營與經紀業者，「應於每次買賣時，以書面文件區別其為自行

---

[4] 同前註，第177頁。
[5] 同前註，第178頁。

買賣或代客買賣」；本此原則，「證券商管理規則」於第43條規定，「證券商在集中交易市場自行及受託買賣有價證券，應分別設立帳戶辦理申報與交割，申報後不得相互變更」；同時，同規則第44條並規定，證券商受託買賣時，「不得利用受託買賣之資訊，對同一之買賣爲相反之自行買賣」；上開規定的目的，均在於防止證券商因同時辦理自行買賣及受託買賣而侵害客戶權益，亦即將高價買入、低價售出者，歸於客戶，反之歸於自己。實務上，證券商受託買賣有價證券時，於電腦輸入買賣報價時，必須同時將委託客戶之帳戶號碼輸入，以杜流弊[6]。

第二節　證券商之設立與撤銷

一、許可主義之採行

　　證券交易法對於證券商之設立，明定必須經過主管機關之許可，該法第44條第1項即規定：「證券商須經主管機關之許可及發給許可證照，方得營業。」足以證明我國對於證券商之設立，乃是採取許可主義。不僅如此，證券交易法第58條更規定，證券商或其分支機構於開始或停止營業時，應向主管機關申報備查。

　　至於實際上的作業程序，依公司法及證券商設置標準（以下簡稱設置標準）的相關規定辦理。規定如下：（一）應由發起人檢附規定文件向主管機關申報許可；（二）向證交所取得電腦連線承諾，准予籌組證券商；（三）自許可後六個月內，完成公司登記；（四）檢附相關文件，向主管機關申請核發許可證照，成

同前註。

立證券商。

二、設置條件

關於證券商及其分支機構之設置，依相關規定辦理如下[7]：

（一）採行發起設立

證券商除由金融機構兼營者外，須為股份有限公司組織，公司名稱並應標明證券之字樣。證券商的發起人應一次認足最低實收資本額。換言之，證券商的設立，以發起設立為限，不得採行募集設立。

（二）嚴格限制發起人資格

證券商的經營特重誠信，開放新設之時（1988年），正值地下投資公司（未取得銀行執照，卻以借款或投資等各種名義向社會大眾吸收資金）氾濫之時，為防止不法業者將非法吸收的資金轉而投資設立證券商，並充任發起人，設置標準第4條因而從嚴規範發起人的資格。同時，證交法對於證券商的董事、監察人、經理人及受僱人的資格條件，亦從嚴規定。

何謂經營證券業務？依證交法第15條規定，證券業務包括有價證券的承銷、自行買賣、行紀、居間、代理及其他經主管機關核准的相關業務。因此未經核准而經營上開業務者，即為違法經營證券業務。

如以販賣股票為名，行詐財之實，是否仍屬經營證券業務？法院持否定之見解。實務上，未經許可經營證券業務之案件頗多，顯示地下盤商交易熱絡，其違法態樣包括：1.未經許可為證

---

[7] 同前註，第179至181頁。

券商報告買賣證券的機會；2.自行經營未上市（櫃）公司股票的仲介買賣業務；3.經營經紀、承銷或自營業務；4.經營投顧、證金等業務：及5.經營未公開發行股票的買賣業務等。

（三）從高訂定資本額

證交法授權主管機關訂定證券商之最低實收資本額。依主管機關規定，證券承銷商及證券自營商的最低實收資本額各為新台幣（下同）四億元；證券經紀商則為二億元。兼營二種以上業務者，最低實收資本額應予併計。因此兼營上述三種業務的綜合證券商，應有十億元的實收資本。

（四）繳存營業保證金

證券商發起人應於向主管機關申請許可時，按其種類，向指定的銀行存入下列金額的現金、政府債券或金融債券：1.承銷商：四千萬元；2.自營商：一千萬元；3.經紀商：五千萬元。證券商經營二種以上業務者，營業保證金應併計。此外，每設置一家分支機構，增提一千萬元。

（五）場地及設備須符合規定

證券商經營業務之場地及設備，應符合證券商同業公會或櫃買中心訂定的標準；其經營受託或自行買賣上市有價證券業務者（即自營商及經紀商），且應符合證交所訂定的標準，並應於向主管機關申請許可前，取得證券集中保管事業及證交所電腦連線的承諾；增設分支機構時亦同。

（六）金融機構兼營證券業務

金融機構兼營證券業務，應以機構名義為之，並按其兼營種

類，依規定提撥營運資金；其實收資本額不足提撥營運資金者，應先辦理增資。

（七）設立許可的撤銷

證券商或其分支機構於取得營業許可後，經發覺有違反法令或虛偽情事者，主管機關得撤銷其營業許可。此一規定與公司法第9條規定的意旨類似，惟公司法第9條的撤銷登記，須經法院判決有罪確定後，由檢察官通知主管機關撤銷登記；而本條的撤銷許可，則逕由主管機關為之。

此外，證券商受領營業許可或其分支機構設立登記後，三個月內未開始營業，或已開始營業而自行停止營業連續三個月以上者，主管機關得撤銷其許可。惟為顧及實際需要，證券商如有正當事由者，得申請主管機關核准延長上述期限。此一規定與公司法第10條第1項第1款相似；惟公司法第10條所定之期限為六個月，較本法所定者為長。

（八）未經許可不得經營證券業務

證交法第44條第1項規定，證券商須經主管機關之許可及發給許可證照，方得營業；非證券商不得經營證券業務；違者，依同法第175條規定處二年以下有期徒刑、拘役或科或併科新台幣一百八十萬元以下罰金。

1.有公司法第30條各款情事之一者，包括：(1)曾犯組織犯罪防制條例規定之罪，經有罪判決確定，尚未執行、尚未執行完畢，或執行完畢、緩刑期滿或赦免後（以下簡稱「尚未執行等情況」），未逾五年；(2)曾犯詐欺、背信、侵占罪經宣告有期徒刑一年以上之刑確定，尚未執行等情況未逾二年；(3)曾犯貪污治罪條例之罪，經判決有罪確定，尚未執行等情況未逾二年；

(4)受破產之宣告或經法院裁定開始清算程序，尚未復權；(5)使用票據經拒絕往來尚未期滿；(6)無行為能力或限制行為能力；(7)受輔助宣告尚未撤銷。

2.曾任法人宣告破產時之董事、監察人、經理人或其他地位相等之人，其破產終結未滿三年或調協未履行者。所謂「調協」，係指破產人於破產財團分配未認可前，依破產法提出調協計畫以清理債務而言。依破產法第150條規定，破產人依清償或其他方法解免其全部債務時，或不能解免其債務而於破產終結三年後或於調協履行後，得向法院為復權之申請。準此，破產人於破產後雖未滿三年，而能清償其全部債務者，均得申請復權，經復權後，依公司法規定得擔任董、監、經理人。惟依本款規定，如破產人於未滿三年內清償其全部債務經復權者，仍不得擔任證券商之董、監、經理人，較公司法規定更為嚴格。

3.最近三年內在金融機構有拒絕往來或喪失債信之紀錄者。

4.依證交法之規定，受罰金以上刑之宣告，執行完畢、緩刑期滿或赦免後未滿三年者。此一規定，較單純的罰金刑，產生更大的嚇阻作用。

5.違反證交法第51條之規定者，亦即除經主管機關核准兼任被投資證券商的董事或監察人外，不得兼任其他證券商的任何職務。

6.受證交法第56條及第66條第2款解除職務處分，未滿三年者。證交法第51條規定：「證券商之董事、監察人及經理人，不得兼任其他證券商之任何職務。但因投資關係，並經主管機關核准者，得兼任被投資證券商之董事或監察人。」準此，證券商之董、監事、經理人，除主管機關核准外，不得兼任其他證券商任何職務，包括董、監事、經理人及職員等。證券商董、監事、

經理人能否兼任非證券商的公開發行公司職務？從條文文字觀察，並無禁止規定，惟兼任公開發行公司職務仍將受主管機關命令的限制。

第三節　證券商負責人及業務人員之範圍與資格

一、範圍

　　證交法第70條授權主管機關訂定證券商負責人及業務人員管理之事項。主管機關據此訂頒「證券商負責人與業務人員管理規則」（以下簡稱人事規則），對於證券商相關人員的範圍、資格及相關條件，設有詳細規定；此外，依證交法施行細則規定，證交法第54條第1項所稱之業務人員係指：（一）在證券承銷商為辦理有價證券承銷、買賣接洽或執行之人員；（二）在證券自營商為辦理有價證券自行買賣、結算交割，代辦股務或衍生性金融商品風險管理或操作之人員；（三）在證券經紀商為辦理有價證券買賣之開戶、徵信、招攬、推介、受託、申報、結算、交割、融資融券或為款券之收付、保管之人員；（四）證券商之主辦會計、投資分析、自行查核、法令遵循、內部稽核人員或辦理其他經核准業務之人員[8]。

二、積極資格

　　依上開人事規則規定，負責人及業務人員應具備下列資格[9]：

　　　　（一）總經理、副總經理、協理、經理、部門主管、分支機

---

[8] 同前註，第182頁。
[9] 同前註，第183頁。

構負責人、業務員及高級業務員等應具備一定的學經歷及考試等資格條件。

　　（二）證券商負責人及業務人員於執行職務前，應由所屬證券商向證交所、證券商同業公會或櫃買中心辦理登記，非經登記不得執行職務。

　　（三）證券商之業務人員，應參加主管機關或其所指定機構辦理之職前訓練與在職訓練；如不參加職前訓練或在職訓練，或參加訓練成績不合格於一年內再行補訓，二次成績仍不合格者，由主管機關通知註銷業務人員登記。

三、消極資格

　　消極資格乃是指不得擔任之情勢，規定如下[10]：

（一）董事、監察人及經理人

　　依證交法第53條規定，有下列情事之一者，不得充任證券商的董事、監察人或經理人；其已充任者，解任之，並由主管機關函請經濟部撤銷其人事登記：

　　1.有公司法第30條各款情事之一者。

　　2.曾任法人宣告破產時之董事、監察人、經理人或其他地位相等之人，其破產終結未滿三年或調協未履行者。

　　3.最近三年內在金融機構有拒絕往來或喪失債信之紀錄者。

　　4.依本法之規定，受罰金以上刑之宣告，執行完畢，緩刑期滿或赦免後未滿三年者。

　　5.違反第51條之規定者。

---

[10] 同前註，第183至185頁。

6.受第56條及第66條第2款解除職務之處分，未滿三年者。

（二）業務人員

證交法第54條規定：證券商業務人員應年滿二十歲，並具備有關法令所規定的資格條件，並無下列各款情事之一者：（一）受破產之宣告尚未復權、受監護宣告或受輔助宣告尚未撤銷；（二）兼任其他證券商之職務者。但因投資關係，經主管機關核准兼任被投資證券商之董事或監察人者，不在此限；（三）曾犯詐欺、背信罪或違反工商管理法律，受有期徒刑以上刑之宣告，執行完畢、緩刑期滿或赦免後未滿三年者；（四）有證交法第53條第2款至第4款及第6款情事之一；（五）違反主管機關依照本法所發布之命令。業務人員的職稱，由主管機關定之。本條並未對業務人員予以界定；而係由主管機關發布的證券商負責人與業務人員管理規則予以規定[11]。

證交法第54條第1項第2款前段禁止業務人員「兼任其他證券商之職務」，目的在於利害衝突之避免；此一規定，亦較公司法為嚴格[12]。

第四節　證券商同業公會

一、證券商同業公會之意義

證券交易法第89條規定：「證券商非加入同業公會，不得開業。」準此，證券商於從事業務行為前，須先加入同業公會，此為強制規定。一般認為證券商同業公會乃係一種法定的商業團

---

[11] 同前註，第185頁。
[12] 同前註。

體組織。亦即證券商同業公會乃是以證券商為會員所組成之社團法人，而且是對於證券商從事證券商業務時，負有監督權限之「自律機關」。

二、證券商同業公會之管理

　　針對證券商同業公會之管理，我國證券交易法第90條至第91條定有明文。並經證券交易法第90條之授權，主管機關亦制定了相關行政規範作為指導與監督證券商同業公會業務等相關事項之用；而證券交易法之規範重點，可分為：章程及業務之監督、主管機關之命令權及理、監事之監督，分別說明如下[13]：

（一）章程及業務之監督

　　證券交易法第90條規定：「證券商同業公會章程之主要內容，及其業務之指導與監督，由主管機關以命令定之。」主管機關便依此授權訂定證券商同業公會業務管理規則，來作為指導及監督證券商同業公會之依據。

（二）主管機關之命令權

　　證券交易法第91條規定：「主管機關為保障有價證券買賣之公正，或保護投資人，必要時得命令證券商同業公會變更其章程、規則、決議或提供參考、報告之資料，或為其他一定之行為。」

（三）理、監事之監督

　　證券交易法第92條規定：「證券商同業公會之理事、監事

---

[13] 姚志明，證券交易法導讀，台北，三民書局，2008年，第219至220頁。

有違反法令怠於實施該會章程、規則，濫用職權，或違背誠實信用原則之行為者，主管機關得予糾正，或命令證券商同業公會予以解任。」

第五節　證券交易所

一、意義

不論是學術界或實務界，均認為證券交易所（以下簡稱證交所）是證券市場的核心。其原因乃是因為依證券交易法第11條之規定，證券交易所乃係依規定設置有價證券集中交易之場所及設備，以供有價證券之會員或證券經紀商與自營商進行競價交易所開設之市場。當然，亦有學者認為證券交易所之集中交易市場，乃是指傳統所認知之證券市場的唯一市場。

詳細言之，依證交法規定，證券交易所（以下簡稱證交所）係指「依本法之規定，設置場所及設備，以供給有價證券集中交易市場為目的之法人」；此處所稱有價證券集中交易市場，係指「證券交易所為供給有價證券之競價買賣所開設之市場」。因此，證交所係以提供場所及設備，進行證券交易以形成集中市場的法人。

二、設立

依據證券交易法第93條之規定：證券交易所之設立，應於登記前先經主管機關之特許或許可……。足以證明我國對於證交所之設立採取所謂的許可主義。另依第93條後段之規定：本法並授權主管機關訂定申請設立之程序。據此，主管機關訂定了「證券交易所管理規則」，就證交所之組織，設立會員制。公司

制之相關事項加以明文規定。

　　從證券交易法第11條證券交易所設立之目的性觀之，證券交易法第98條亦特別明文交易所業務之消極限制，即「非經主管機關核准，不得經營其他業務……」之謂；換言之，證券交易所原則上應以經營供給有價證券集中交易市場爲業務範圍，除非經主管機關核准，否則不得經營其他業務，當然第98條亦同時積極限制，不得對其他事業投資[14]。

　　又，證交所之名稱，應標明證券交易所之字樣，同時非證券交易所，不得使用證券交易所之名稱，此爲證券交易法第97條所明定。且依證交所管理規則第35條之規定，依法取得之業務許可，不得以任何方式，作爲權利之標的。

　　另外，依證券交易法第95條第2項之規定：證交所以開設一個有價證券集中交易市場爲限，且依第98條之規定，非經主管機關核准，不得經營其他業務或對其他事業投資，此爲強制規定，用以維持證交所之專業經營。

三、撤銷與解散

　　（一）撤銷：依證券交易法第100條之規定：證券交易所依法設立後，主管機關發現申請書或加具之文件有虛僞記載，或有其他違反法令之行爲者，得撤銷其特許或許可。其目的在確保設立登記事項之正確與眞實。

　　（二）解散：依證券交易法第163條規定：證交所違反法令或本於法令之處分，或妨害公益或擾亂社會秩序時，主管機關得報經行政院核准予以解散。此外，會員制證券交易所因下列事由

---

[14] 同前註，第441頁。

之一而解散：1.章程所定解散事由之發生；2.會員大會之決議；3.會員不滿七人時；4.破產；5.證券交易所設立許可之撤銷。會員大會解散之決議，非經主管機關核准，不生效力。公司制證交所之解散，則依公司法相關規定辦理[15]。

四、權限

依我國證券交易法相關條文之規定，證券交易所之主要權限如下[16]：

（一）審查上市的申請，並與上市公司簽訂上市契約。上市公司依契約規定，應遵守證交所訂定的各項章則、辦法，因而實質上受證交所的監督管理。此外，證交所亦得依法令或上市契約的規定，停止上市有價證券全部或一部買賣；或終止有價證券上市，並應經報請主管機關備查。

（二）審查證券商（經紀商與自營商）的資格，並與證券商簽訂「供給使用有價證券集中交易市場契約」（以下簡稱使用市場契約），使證券商得參與集中市場的買賣。證券商依契約的規定，應遵守證交所的各項章則、辦法，因而亦受證交所的監督管理。使用市場契約，除因契約所訂事項終止外，因契約當事人一方之解散或證券自營商、證券經紀商業務特許之撤銷或歇業而終止。

（三）訂定市場規範，以管理證券商、上市公司及相關業者，並對違反其規定者，施予懲罰。依證交法第138條第1項規定，證交所「除應分別訂定各項準則外」，並「應於其業務規則

---

[15] 見前揭註1，第156頁。
[16] 同前註，第157頁。

或營業細則中，將有關左列各款事項詳細訂定之」：

　1.有價證券之上市：規定申請上市的程序、應具備的資格條件、變更交易方法、終止上市等事項。

　2.有價證券集中交易市場之使用：規定經紀商、自營商使用市場的資格條件，包括人員、場地、分支機構的設立、業務、財務資訊揭露等事項。

　3.證券經紀商或證券自營商之買賣受託：規定經紀商受託買賣，或自營商自行買賣的相關事項。

　4.市場集會之開閉與停止：規定市場每日的交易時間、停止交易、休假日等。

　5.買賣種類：有(1)普通日交割，即成交日後第二營業日內辦理交割；(2)成交日交割，即買賣雙方同意以當日辦理交割；(3)特約日交割，由證交所另訂辦法規定。

　6.證券自營商或證券經紀商間進行買賣有價證券之程序，及買賣契約成立之方法。

　7.買賣單位：證交法第27條第1項規定，主管機關對於公開發行之股票，得規定其每股之最低或最高金額。但規定前已准發行者，得仍照原金額；其增資發行之新股，亦同。

　8.價格升降單位及幅度。所謂價格升降單位，係指申報買賣股票或其他證券時的最低價格差距，例如市價十元的股票為一分，十元至未滿五十元者為五分，五十元至未滿一百元者為一角等。

　9.結算及交割日期與方法。

　10.買賣有價證券之委託數量、價格、撮合成交情形等交易資訊之即時揭露。

　11.其他有關買賣之事項，包括交割結算基金及經手費、仲

裁、違規處理等。

五、證交所之組織：會員制與公司制

依證券交易法第94條之規定，證交所之組織，分爲會員制與公司制，說明如下 [17]：

（一）會員制

會員制證交所爲非以營利爲目的的社團法人，由七人以上的自營商及經紀商爲會員所組成；置董事至少三人組成董事會，由會員選任，但至少應有三分之一，就非會員的有關專家選任之；經董事過半數同意，就非會員董事中選任一人爲董事長。監事至少一人，亦由會員選任。董事、監事或經理人，除本法另有規定外，準用公司法關於董事、監察人或經理人的規定。會員制證交所具有自律機構（Self-Regulatory Organization）的性質。

（二）公司制

公司制證交所應爲股份有限公司組織，董事、監察人應至少有三分之一，由主管機關指派非股東的有關專家擔任。證券商之董事、監察人、股東或受僱人，不得爲公司制證交所之經理人。

（三）會員制與公司制的區別

依證交法的設計，公司制與會員制證券交易所的主要區別有三：

1.公司制爲營利性的公司組織，會員制則爲非以營利爲目的之社團法人。

---

[17] 同前註，第160至161頁。

2.公司制證交所之董事、監察人至少應有三分之一，由主管機關指派非股東之有關專家任之，負責證交所營運；會員制則係由證券商為會員所組成，並由會員選任證交所董事、監事，負責證交所的營運。

3.由於會員制證交所係由證券商主導掌控，因此證交所的章程、細則及其他規範，屬於自律性質，與公司制證交所係以契約等方式規範證券商者不同。此外，會員制證交所的組織形態可能為公司組織，亦可能為非公司組織的社團法人。

（四）證交所採公司制

證交所設立時雖採公司制，惟其後證交法數度修正，逐漸朝會員制轉型，一方面繼續保持公司制的形式，另方面增加證交所的公益性，實質上具有會員制的內涵。惟證交法第127條規定，公司制證券交易所發行之股票，不得於自己或他人開設之有價證券集中交易市場上市交易；第128條並規定，公司制證券交易所不得發行無記名股票；其股份轉讓之對象，以依本法許可設立之證券商為限；每一證券商得持有證券交易所股份之比率，由主管機關定之。此等規定，均使改弦易轍的努力增加困難。綜合而言，證交法現行規定係表現會員制與公司制混合的特色。

第七章　內線交易

第一節　內線交易規範之緣起

一、資訊揭露之必要

　　首先，從資訊揭露之觀點言之，企業必須充分對於投資大眾、股東公開企業之所有資訊，以達資訊透明之目的，進而充分保護投資者與股東之權益；但資訊揭露制度仍有本質上之缺陷，亦即公司之 董事、監察人、經理人或大股東等所謂內部關係人（亦即居於創造或是經手公司資訊地位之人），並無須經由資訊揭露制度來取得相關資訊。如這些處於資訊優勢地位之內部關係人，於取得資訊後並未公開，在投資者不知之情形下，與其一同在市場上交易，自然形成「資訊不對等」之狀況，亦即破壞投資者對於市場公正性之信賴。

　　其次，因為公司內部關係人易取得相關之優位資訊，投資者自然會注意其持股變化，間接造成不當影響市場機制之結果，有必要對於該內部關係人之持股特別加以規範，以充分減少投資者之疑慮。因此，依據此等關係人交易類型之不同，對於投資者、股東之影響狀況，而分別在法律上禁止與限制之規範，自屬必要。

二、內線交易禁止之立法理由

　　晚近鑑於「對於利用內部消息買賣公司股票之禁止」，已蔚為世界先進國家之風氣。歐美各國均已在其公司法或證券交易法上明文禁止之。我國亦於1988年元月29日增訂禁止內線交易之條文。

　　內線交易禁止之立法理由有：（一）公平交易；（二）杜絕股價操縱行為；（三）促進證券市場資訊迅速透明化；（四）公司資產之正當利用；（五）增進公司經營決策之健全與時效。

　　基本上，為了保障投資人權益、維護投資人之投資信心及投資之公平性，對於「內線交易」之禁止，確有其必要。揭櫫世界各國之規範，對於內線交易之禁止，確實已成為各國立法及實務上之趨勢。

　　我國對於禁止內線交易之理論基礎，主要的是基於美國法的論點：第一是基於健全市場理論；第二是基於信賴關係理論。茲說明如下[1]：

　　健全市場理論乃係從市場總體的觀點著眼，以促進資訊流通、資源合理分配及提升證券市場效率為基礎，主張投資人有平等獲取資訊的權利，以維持公平交易，因此影響公司股價的重要消息應公開讓投資人分享。而內線交易違反此一平等公開原則，損害投資人信心，影響交易市場健全發展，須加以禁止。第二為信賴關係理論，即由公司個體的觀點立論，以內部人對公司及股東所負的信賴義務為基礎，主張內部人利用內線消息買賣股票，違背信賴義務，為導正公司經營並保障股東權益，必須加以禁止。此外，晚近的私取理論認為股票交易人違背對其雇主或其他消息來源的信賴義務，構成內線交易，本質亦以信賴義務立論，並以內線消息屬公司財產為理論基礎。

賴英照，證券交易法解析（簡明版），賴英照自版，2020年，第592頁。

第二節　證交法之基本規定

一、證交法第157條之1

　　下列各款之人，實際知悉發行股票公司有重大影響其股票價格之消息時，在該消息明確後，未公開前或公開後十八小時內，不得對該公司之上市或在證券商營業處所買賣之股票或其他具有股權性質之有價證券，自行或以他人名義買入或賣出：

　　（一）該公司之董事、監察人、經理人及依公司法第27條第1項規定受指定代表行使職務之自然人。

　　（二）持有該公司之股份超過百分之十之股東。

　　（三）基於職業或控制關係獲悉消息之人。

　　（四）喪失前三款身分後，未滿六個月者。

　　（五）從前四款所列之人獲悉消息之人。

　　前項各款所定之人，實際知悉發行股票公司有重大影響其支付本息能力之消息時，在該消息明確後，未公開前或公開後十八小時內，不得對該公司之上市或在證券商營業處所買賣之非股權性質之公司債，自行或以他人名義賣出。

　　違反第1項或前項規定者，對於當日善意從事相反買賣之人買入或賣出該證券之價格，與消息公開後十個營業日收盤平均價格之差額，負損害賠償責任；其情節重大者，法院得依善意從事相反買賣之人之請求，將賠償額提高至三倍；其情節輕微者，法院得減輕賠償金額。

　　第1項第5款之人，對於前項損害賠償，應與第1項第1款至第4款提供消息之人，負連帶賠償責任。但第1項第1款至第4款提供消息之人有正當理由相信消息已公開者，不負賠償責任。

　　第1項所稱有重大影響其股票價格之消息，指涉及公司之財

務、業務或該證券之市場供求、公開收購，其具體內容對其股票價格有重大影響，或對正當投資人之投資決定有重要影響之消息；其範圍及公開方式等相關事項之辦法，由主管機關定之。

第2項所定有重大影響其支付本息能力之消息，其範圍及公開方式等相關事項之辦法，由主管機關定之。

二、證交法第22條之2

第22條之2第3項規定，於第1項第1款、第2款，準用之；其於身分喪失後未滿六個月者，亦同。第20條第4項規定，於第3項從事相反買賣之人準用之。

第三節　適用範圍

一、僅適用於交易市場

內線交易之規範僅適用於交易市場而不及於發行市場。其理由有二如下[2]：

（一）立法體例上，證交法第157條之1係置於第五章「證券交易所」之中，其規範對象僅限於交易市場，而不及於發行市場。

（二）依第157條之1第1項規定，適用範圍限於在交易市場上市或上櫃的證券（所謂上櫃包括興櫃在內），而不及於未上市、未上櫃的證券。在發行市場買賣（承銷）的股票，如發行人為非上市或上櫃公司，其股票未獲准上市或上櫃者，固然不在適用範圍之內；即使發行人為上市、上櫃公司，因承銷的股票尚未

---

[2] 同前註，第214頁。

掛牌上市、上櫃，仍不受內線交易的規範。

二、適用於股票、公司債或其他具有股權性質之有價證券

證交法經過歷次修正後，其適用範圍迭有擴大如下[3]：

（一）所謂股票、公司債，指上市、上櫃或興櫃者而言。公司債亦以上市、上櫃者為限，且不包括政府公債。此外，公司債部分，僅規定知悉內線消息後不得賣出；此點與「股票或其他具有股權性質之有價證券」部分，明定不得「買入或賣出」者不同。

（二）何謂「具有股權性質之有價證券」？證交法沒有定義，證交法施行細則第11條第1項特予規定：「本法第一百五十七條第六項及第一百五十七條之一第一項所稱具有股權性質之其他有價證券，指可轉換公司債、附認股權公司債、認股權憑證、認購（售）權證、股款繳納憑證、新股認購權利證書、新股權利證書、債券換股權利證書、臺灣存託憑證及其他具有股權性質之有價證券。」

第四節　規範主體

證券交易法第157條之1所列各款，有關內線交易行為之規範主體，一般泛稱為「內部人」。該條文指出，下列各款之人，實際知悉發行股票公司有重大影響其股票價格之消息時，在該消息明確後，未公開前或公開後十八小時內，不得對該公司之上市或在證券商營業處所買賣之股票或其他具有股權性質之有價證券，自行或以他人名義買入或賣出：

---

[3] 同前註，第215頁。

一、該公司之董事、監察人、經理人及依公司法第27條第1項規定受指定代表行使職務之自然人。

二、持有該公司之股份超過百分之十之股東。

三、基於職業或控制關係獲悉消息之人。

四、喪失前三款身分後，未滿六個月者。

五、從前四款所列之人獲悉消息之人。

簡而言之，證券交易法第157條之1第1項第1款，將內線交易之主體分為三類：亦即傳統內部人、臨時性內部人以及消息受領人（Tippee）等三類。即傳統內部人主要包括董事、監察人、經理與大股東，亦即指消息傳遞人（Tipper）；臨時性內部人指因職務或職業關係獲悉內線消息之人；消息受領人係指從傳統及臨時性內部人處獲悉內線消息之人[4]。

第五節　規範客體

證券交易法第157條之1於2010年修訂後增訂第2項如下：「前項各款所定之人，實際知悉發行股票公司有重大影響其支付本息能力之消息時，在該消息明確後，未公開前或公開後十八小時內，不得對該公司之上市或在證券商營業處所買賣之非股權性質之公司債，自行或以他人名義賣出。」

該款之規定，在強調「實際知悉」，用以明確地涵蓋「知悉」之所涉及及待證實之「內涵」。對於該第2項之規定，說明如下[5]：

---

[4] 吳光明，證券交易法論，台北，三民書局，2019年，第391頁。
[5] 同前註，第393頁。

一、上市或在證券商營業處所買賣

所謂「上市」亦即依證券交易法第140條以下規定，申請在證券交易所為買賣者。故依此規定，關於內線交易規範客體，限於證券交易市場之上市、上櫃、興櫃之證券，而不及於發行市場。

事實上，公開發行公司於上市、上櫃之前，交易頻繁，極具內線交易之誘因，故不應將其排除在外，造成法律漏洞。另外，公開發行公司有價證券私募制度，亦有內線消息問題，但因該等股票非屬上市、上櫃股票，如未將發行市場之交易納入規範，亦將造成法律漏洞。

二、股票或其他股權性質之有價證券

證券交易法施行細則第11條第1項規定：「本法第一百五十七條第六項及第一百五十七條之一第一項所稱具有股權性質之其他有價證券，指可轉換公司債、附認股權公司債、認股權憑證、認購（售）權證、股款繳納憑證、新股認購權利證書、新股權利證書、債券換股權利證書、臺灣存託憑證及其他具有股權性質之有價證券。」另鑑於臺灣存託憑證亦屬具有股權性質之有價證券，爰將臺灣存託憑證納入本法第157條第6項及第157條之1第1項所稱具有股權性質之其他有價證券之範圍。

三、非股權性質之公司債

如公司發行債券後，財務惡化，無法正常支付公司債本息，在消息未公開前，仍有內線交易問題，認為仍有納入內線交易規範之必要。

第六節　內線消息

一、意義及範圍

（一）證券交易法之基本規定

　　依證交法第157條之1規定，成立內線交易，須內部人所實際知悉者，爲「發行股票公司有重大影響其股票價格之消息」；其意義係指「涉及公司之財務、業務或該證券之市場供求、公開收購，對其股票價格有重大影響，或對正當投資人之投資決定有重要影響之消息」。準此，所謂重大消息包括關於公司財務、業務的消息，及公司股票的市場供求或公開收購的消息；該等消息均須對公司股票價格有重大影響或對正當投資人的投資決定有重要影響者，始足當之。此外，在公司債的部分，行爲人所實際知悉者，須爲「發行股票公司有重大影響其支付本息能力之消息」。其範圍由主管機關規定之。

（二）主管機關之規定

　　主管機關依「重大消息及公開辦法」之規定，其內容如下[6]：

1.重大影響股票價格之消息

　　所謂重大影響其股票價格之消息，包括涉及公司之財務、業務消息，及有關該證券之市場供求的消息。

　　(1) 有關「公司財務、業務」的重大消息，包括下列各項：

　　①證交法施行細則第7條所定之事項。

---

②公司辦理重大之募集發行或私募具股權性質之有價證券、減資、合併、收購、分割、股份交換、轉換或受讓、直接或間接進行之投資計畫，或前開事項有重大變更者。

③公司辦理重整、破產、解散、或申請股票終止上市或在證券商營業處所終止買賣，或前開事項有重大變更者。

④公司董事受停止行使職權之假處分裁定，致董事會無法行使職權者，或公司獨立董事均解任者。

⑤發生災難、集體抗議、罷工、環境污染或其他重大情事，致造成公司重大損害，或經有關機關命令停工、停業、歇業、廢止或撤銷相關許可者。

⑥公司之關係人或主要債務人或其連帶保證人遭退票、聲請破產、重整或其他重大類似情事；公司背書或保證之主債務人無法償付到期之票據、貸款或其他債務者。

⑦公司發生重大之內部控制舞弊、非常規交易或資產被掏空者。

⑧公司與主要客戶或供應商停止部分或全部業務往來者。

⑨公司財務報告A.未依證交法第36條規定公告申報，或B.發生錯誤、疏漏，依施行細則第6條應更正且重編，或C.會計師出具無保留意見或修正式無保留意見以外之查核或核閱報告，或D.出具繼續經營假設存有重大疑慮之查核或核閱報告者。

⑩公開之財務預測與實際數有重大差異者或財務預測更新（正）與原預測數有重大差異者。

⑪公司營業損益或稅前損益與去年同期相較有重大變動，或與前期相較有重大變動且非受季節性因素影響所致者。

⑫公司有下列會計事項，不影響當期損益，致當期淨值產生重大變動者：A.辦理資產重估；B.金融商品期末評價；C.外幣換

算調整；D.金融商品採避險會計處理；E.未認列爲退休金成本之淨損失。

⑬爲償還公司債之資金籌措計畫無法達成者。

⑭公司辦理買回本公司股份者。

⑮進行或停止公開收購公開發行公司所發行之有價證券者。

⑯公司取得或處分重大資產者。

⑰公司發行海外有價證券，發生依上市地國政府法令及其證券交易市場規章之規定應即時公告或申報之重大情事者。

⑱其他涉及公司之財務、業務對公司股價有重大影響，或對正當投資人之投資決定有重要影響之消息。

(2) 有關「該證券之市場供求」的重大消息，包括下列各項：

①上市、上櫃有價證券「有被進行或停止公開收購」，或「有標購、拍賣、重大違約交割、變更原有交易方法、停止買賣、限制買賣或終止買賣」之情事或事由者。

②公司或其控制公司股權有重大異動者。

③依法執行搜索之人員至公司、其控制公司或其符合會計師查核簽證財務報表規則第2條之1第2項所定重要子公司執行搜索者。

④其他涉及該證券之市場供求對公司股票價格有重大影響，或對正當投資人之投資決定有重要影響之消息。

2. 重大影響公司支付本息能力之消息

(1) 本法施行細則第7條第1款至第3款所定情事者。

(2) 第2條第5款至第8款，第9款第4目及第13款所定情事者。

(3) 公司辦理重整、破產或解散者。

(4) 公司發生重大虧損，致有財務困難、暫停營業或停業之虞者。

(5) 公司流動資產扣除存貨及預付費用後之金額加計公司債到期前之淨現金流入，不足支應最近期將到期之本金或利息及其他之流動負債者。

(6) 已發行之公司債採非固定利率計息，因市場利率變動，致大幅增加利息支出，影響公司支付本息能力者。

(7) 其他足以影響公司支付本息能力之情事者。

（三）政府重大政策及公權力之行使

　　稅率、利率、匯率、兩岸政策、經貿法令、司法裁判及政府重大措施，如對證券市場的供求產生重大影響者，是否為內線消息？學者看法分歧，有認為政府措施影響集中市場所有的上市證券，而非個別股票的價格，因此不屬於內線消息的範疇。依信賴關係理論的觀點，內線消息應指有關公司營運變化的事項，而非政府政策；但依市場健全理論，則不以此為限。從健全市場發展及公平交易的觀點著眼，不應對重大消息的範圍做機械式的限縮。因此，條文所謂涉及「該證券之市場供求」的消息，不宜做狹義解釋，而應包括同時影響數種甚至全部股票供求的事項。認定是否為重大消息，其關鍵不在影響的家數究為一家或多家，而在於是否對理性投資人的投資決定有重要影響。證券交易所得稅等稅制的變更，如對市場產生重大影響，也不因影響層面廣泛，而否定其為重大消息的性質。2005年7月13日行政院函送立法院審議的證交法修正草案，明白指出：「有關『公共政策』如已涉及市場供求，且對股票價格有重大影響或對正當投資人之投資決

策有重要影響者，應已符合本項重大消息之法定構成要件，亦有禁止內線交易之適用。[7]」

二、消息明確或成立

　　依證交法第157條之1規定，內部人實際知悉重大影響股票價格時，「在該消息明確後」，買賣股票應受限制。因此，雖屬重大消息的事項（例如公開收購），在消息尚未明確之前，內部人買賣股票仍不受限制。如何認定重大消息已經明確？證交法並未明文加以界定。主管機關的行政命令規定，「消息成立之時點，為事實發生日、協議日、簽約日、付款日、委託日、成交日、過戶日、審計委員會或董事會決議日或其他依具體事證可得明確之日，以日期在前者為準。」此項規定頗具彈性[8]。

　　最高法院許多判決認為所謂「消息明確」，係指「重大消息所指內涵於一定期間必然發生之情形已經明確」，或「在某特定時間內必定成為事實」。

三、實際知悉消息或利用消息

　　內部人是否必須實際利用內線消息買賣股票，始構成內線交易？或只要證明內部人實際知悉消息後買賣證券即可成立？如採實際利用的標準，民事原告或刑事追訴者必須證明，內部人買賣證券係受內線消息的影響，亦即有實際利用內線消息的事實。

　　證交法第157條之1規定，具特定身分之人實際知悉內線消息後，在消息未公開之前買賣股票，成立內線交易。證交法有關

---

[7] 同前註，第229頁。
[8] 同前註，第230至231頁。

內線交易的規定，不以行為人的欺騙為要件，並無類似美國法「證明欺騙意圖」的問題，且第157條之1明文使用「實際知悉」的文字，表達獲悉說的文義[9]。

四、公開

　　依證交法第157條之1規定，內部人實際知悉消息後，不得於消息「未公開前或公開後十八小時內」買賣股票、具有股權性質之有價證券，或賣出公司債。

　　公開之方式則依主管機關之規定如下：

　　（一）關於公司財務、業務及影響支付本息能力等重大消息的公開，係指「經公司輸入公開資訊觀測站」。

　　（二）有關「證券之市場供求」的重大消息，其公開則指下列方式之一：

　　1.公司輸入公開資訊觀測站。

　　2.在證交所或櫃買中心的基本市況報導網站中公告。

　　3.兩家以上每日於全國發行報紙之非地方性版面、全國性電視新聞或前開媒體所發行之電子報報導；並以派報或電視新聞首次播出或輸入電子網站時點在後者起算（十八小時）。至於派報時間早報以上午六時起算，晚報以下午三時起算。

[9] 同前註，第233頁。

第八章　短線交易之歸入權

第一節　歸入權之意義

所謂短線交易（Short Swing Transaction），或稱內部短線交易，依我國證券交易法第157條第1項規定：「發行股票公司董事、監察人、經理人或持有公司股份超過百分之十之股東，對公司之上市股票，於取得後六個月內再行賣出，或於賣出後六個月內再行買進，因而獲得利益者，公司應請求其利益歸於公司。」此種做法，一般稱為歸入權。

證券交易法第157條已明文適用於上市公司，而第62條第3項，並將其準用於上櫃及興櫃公司。茲將證券交易法第157條羅列如下：

發行股票公司董事、監察人、經理人或持有公司股份超過百分之十之股東，對公司之上市股票，於取得後六個月內再行賣出，或於賣出後六個月內再行買進，因而獲得利益者，公司應請求將其利益歸於公司。

發行股票公司董事會或監察人不為公司行使前項請求權時，股東得以三十日之限期，請求董事或監察人行使之；逾期不行使時，請求之股東得為公司行使前項請求權。

董事或監察人不行使第1項之請求以致公司受損害時，對公司負連帶賠償之責。

第1項之請求權，自獲得利益之日起二年間不行使而消滅。

第22條之2第3項之規定，於第1項準用之。

關於公司發行具有股權性質之其他有價證券，準用本條規定。

　　一般所謂之「歸入權」，因其係將公司董事、監察人、經理人或持有公司股份超過百分之十之股東所爲內部人短線交易利得歸於公司所得，以補償公司因此所受損害，亦即自違反義務之內部人奪取其基於違反義務行爲所生之經濟效果。故學者亦有稱其爲「奪取權」。

　　歸入權係以公司一方之意思表示，使違反內部人短綜交易禁止之內部人之行爲，將其行爲所得經濟上效果歸屬於公司之特殊權利。其目的即在防止公司董事、監察人、經理人與持股超過百分之十之大股東，憑藉其特殊地位，利用內部消息，買賣股票以短線交易之方式圖利，影響投資人信心，乃科其等須將所得經濟上效果歸屬於公司，故只須在買進、出售所屬公司股票之際，均具有該公司前述內部人身分，且股票交易行爲係在六個月之範圍內者，即足當之。

第二節　歸入權之立法目的

一、遏止內部人短線交易

　　公司內部人與一般投資人處於本質上不平等之地位，爲求資本市場發揮功能，健全交易秩序及加強投資人信心，剝奪公司內部人短線交易之所有利得，遏阻此種不當利得有其必要。

二、解決舉證困難之問題

　　對於內部人短線交易之實際獲利情形與金額，如須逐予舉證，實際作業上顯屬不易，爲求上述機制能發揮其作用，亦即利用此制度機械性適用之原則，解決舉證困難的問題，而收事前防止內線交易之效果。

三、不以內部人主觀之可歸責為必要

　　經查歸入權之立法意旨及其適用之特性而論，並不以內部人有主觀上的可歸責，作為其成立要件。此一規定之用意僅在檢查內部人在短期內是否有反覆買賣股票之行為，而不以行為人是否知悉為前提。易言之，內部人所從事之短線交易行為，不問其主觀上是否有故意或過失，亦不問其是否有不法之意圖，只要有客觀上之短線交易行為即已足。

四、不以利用公司內部資訊為必要

　　證券交易法第157條第1項之規定，乃是要防堵公司內部人之短線交易行為，維護證券市場交易之公正性與公平性，故不以公司內部人是否確有利用公司內部資訊為必要。

第三節　歸入權規範之主體

一、歸入權之請求權人──公司

　　證券交易法第157條第1項規定：「發行股票公司董事、監察人、經理人或持有公司股份超過百分之十之股東，對公司之上市股票，於取得後六個月內再行賣出，或於賣出後六個月內再行買進，因而獲得利益者，公司應請求將其利益歸於公司。」從本規定可知，此歸入權之請求權人應是該發行股票之公司。

　　然而，依證券交易法第4條之規定：公司乃是指股份有限公司。而公司為法人，其行使歸入權，依證券交易法及公司法之規定，說明如下[1]：

姚志明，證券交易法導讀，台北，三民書局，2008年，第387頁。

（一）董事長或董事代表行使：依公司法第208條第3項前段之規定，股份有限公司之董事長對外代表公司。因而，此歸入權之行使，應由該公司之董事長代表公司為之。且依公司法第208條第3項後段之規定，若是董事長請假或因故不能行使職權時，由副董事長代理之；無副董事長或副董事長亦請假或因故不能行使職權時，由董事長指定常務董事一人代理之；其未設常務董事者，指定董事一人代理之；董事長未指定代理人者，由常務董事或董事互推一人代理之。

（二）監察人代表行使：若是為短線交易者為董事，則依公司法第213條之規定，除法律另有規定外，由監察人代表公司，股東會亦得另選代表公司為訴訟之人。

（三）臨時管理人代表行使：依公司法第208條之1第1項規定，董事會不為或不能行使職權，致公司有受損害之虞時，法院因利害關係人或檢察官之聲請，得選任一人以上之臨時管理人，代行董事長及董事會之職權。但不得為不利於公司之行為。因而，從本規定可知，法院所選任之臨時管理人亦得行使此歸入權。

二、股東之代位行使

證券交易法第157條第2項規定：「發行股票公司董事會或監察人不為公司行使前項請求權時，股東得以三十日之限期，請求董事或監察人行使之；逾期不行使時，請求之股東得為公司行使前項請求權。」學說上，稱此規定為股東代位訴訟。證券交易法對此代位訴訟之行使，並未如公司法第214條第1項明文規定行使代位訴訟之股東，需繼續一年以上，持有已發行股份總數百分之三以上。因此，學理上或有認為，證券交易法之代位請求濫

訴顧慮較少，並可彌補董監事怠於行使歸入權之不足，且證券交易法第157條為公司法代位訴訟之特別規定，因而公司法第214條之規定自不應適用之。若是股東行使此代位權，其所請求之利益仍是應歸於公司之所有。

三、歸入權之義務人──內部人

　　依證券交易法第157條第1項之規定，短線交易之內部人包括發行股票公司董事、監察人、經理人或持有公司股份超過百分之十之股東。以下便分別敘述之[2]：

（一）董事或監察人

　　依公司法及證券交易法規定產生之董事或監察人，無論其是否實際有否執行職務，均應屬於短線交易規範之範圍當無疑義。學者並謂，縱使未具董事頭銜而實際執行董事或監察人職權者（亦即所謂有實無名者），本於務實觀點，因該等人實際掌握公司之內部資訊，亦應包含於歸入權行使之對象。不過，此似乎與證券交易法第157條第1項條文之文義解釋有所不符。解釋上，或應以具有合法董事及監察人身分者，方屬於證券交易法第157條第1項所稱之董事及監察人為妥。此外，依公司法第27條第1項之規定，政府或法人當選為董事或監察人時，須指定自然人代表行使職務。此時，在名義上，董事或監察人為政府或法人，但是在法律上，被指派之自然人之行為即為董事或監察人之行為。換言之，無論在形式上或實質上，被指定代表政府或法人行使董事（或監察人）職務之自然人即在執行董事（或監察人）之職務。

同前註，第388至389頁。

（二）經理人

　　所謂經理人者，乃包括1.總經理及相當等級者；2.副總經理及相當等級者；3.協理及相當等級者；4.財務部門主管；5.會計部門主管；6.其他有為公司管理事務及簽名權利之人。

（三）持有公司股份超過百分之十之股東

　　依證券交易法第157條第5項之規定：「第二十二條之二第三項之規定，於第一項準用之。」因而，計算上述之董事、監察人、經理人及大股東之股票時，則包括其配偶、未成年子女及利用他人名義持有者。換言之，歸入權利益之計算，除包括內部人買進及賣出之獲利外，尚包括此內部人之其配偶、未成年子女及利用他人名義持有股票買進及賣出之獲利。

四、歸入權之成立要件

　　歸入權之是否成立，應視是否滿足下列兩要件而定，依證券交易法第157條及相關條文之規定，說明如下[3]：

（一）須內部人有短線交易行為

　　1.須行為人具有內部人身分。

　　2.須短線交易之客體為上市股票或公司發行具有股權性質之其他有價證券。

　　證券交易法第157條規範之短線交易之客體，依第1項及第6項之規定，分別為上市股票及關於公司發行具有股權性質之其他有價證券。以下分別敘述之：

---

[3]　同前註，第390至392頁。

(1) 上市股票

證券交易法第157條第1項規定：「發行股票公司董事、監察人、經理人或持有公司股份超過百分之十之股東，對公司之上市股票，於取得後六個月內再行賣出，或於賣出後六個月內再行買進，因而獲得利益者，公司應請求將其利益歸於公司。」依本規定可知，短線交易規範之客體，首先針對的是上市股票。

(2) 關於公司發行具有股權性質之其他有價證券

證券交易法第157條第6項規定：「關於公司發行具有股權性質之其他有價證券，準用本條規定。」而依證券交易法施行細則第11條第1項規定，證券交易法第157條第6項所稱具有股權性質之其他有價證券，指可轉換公司債、附認股權公司債、認股權憑證、認購（售）權證、股款繳納憑證、新股認購權利證書、新股權利證書、債券換股權利證書、臺灣存託憑證及其他具有股權性質之有價證券。

3.須該交易行為為短線交易

所謂短線者，依證券交易法第157條第1項之規定，係指對於上市股票，於取得後六個月內再行賣出，或於賣出後六個月內再行買進者。而依第157條第6項準用第1項之規定可知，此六個月期間之規定對於關於公司發行具有股權性質之其他有價證券準用之。證券交易法對於此六個月期間之計算，並未明文規定，應依民法之規定。

證券交易法第157條第1項規範之短線交易中「交易」之概念係指：(1)取得後六個月內再行賣出，或(2)賣出後六個月內再行買進。所謂取得者，除了一般經由證券經紀商而以買賣方式所買進者外，尚包括①因受贈取得之上市公司股票；②承銷商因信託關係受託持股當選上市公司董事或監察人後，依證券交易法

第71條包銷承購上市股票者；③公營事業因移轉民營釋出公股時，公營事業經理人依「移轉民營從業人員優先認購股份辦法」所認購之上市股票。

（二）須因短線交易行為致生有利益

發行股票公司董事、監察人、經理人或持有公司股份超過百分之十之股東，對公司之上市股票，於取得後六個月內再行賣出，或於賣出後六個月內再行買進，因而獲得利益者，公司應請求將其利益歸於公司。而就該利益而言，又分為下列兩個重點：

1.利益之計算：依證券交易法施行細則第11條第2項之規定，其計算方式分為四種：

(1) 取得及賣出之有價證券，其種類均相同者，以最高賣價與最低買價相配，次取次高賣價與次低買價相配，依序計算所得之差價，虧損部分不予計入。

(2) 取得及賣出之有價證券，其種類不同者，除普通股以交易價格及股數核計外，其餘有價證券，以各該證券取得或賣出當日普通股收盤價格為買價或賣價，並以得行使或轉換普通股之股數為計算標準；其配對計算方式，準用前款規定。

(3) 列入前二款計算差價利益之交易股票所獲配之股息。

(4) 列入第1款、第2款計算差價利益之最後一筆交易日起或前款獲配現金股利之日起，至交付公司時，應依民法第203條所規定年利率百分之五，計算法定利息。

2.列入前項第1款、第2款計算差價利益之買賣所支付證券商之手續費及證券交易稅，得自利益中扣除。

五、歸入權利使之法律效果

　　行使歸入權之後的法律效果，依證券交易法第157條第1項及第5項之規定如下：

　　證券交易法第157條第1項規定：「發行股票公司董事、監察人、經理人或持有公司股份超過百分之十之股東，對公司之上市股票，於取得後六個月內再行賣出，或於賣出後六個月內再行買進，因而獲得利益者，公司應請求將其利益歸於公司。」依本規定，如符合內部人短線交易之要件時，公司應請求將其利益歸於公司。且公司法第213條規定：「公司與董事間訴訟，除法律另有規定外，由監察人代表公司，股東會亦得另選代表公司為訴訟之人。」因而，若是從事短線交易者為公司董事，則此歸入權原則應由公司監察人行使此請求權，而於從事短線交易者為公司董事以外之內部人時，歸入權之行使則由具有業務執行權之董事為之。

　　不過，發行股票公司董事會或監察人不為公司行使前項請求權時，依證券交易法第157條第2項之規定，股東得以三十日之限期，請求董事或監察人行使之；逾期不行使時，請求之股東得為公司行使前項請求權。此外，同條第3項又規定，董事或監察人不行使第157條第1項之請求以致公司受損害時，對公司負連帶賠償之責。

　　此外，依證券交易法第157條第5項之規定：「關於公司發行具有股權性質之其他有價證券，準用本條規定。」

第三部分

保險法

章　次

第一章　總綱

第一節　保險之概念

一、保險之意義

　　保險兩字，很難從字面上去推敲，甚難去加以解釋。比較簡易的做法是從其功能或作用來加以著墨。所以比較妥當的解釋，可以從經濟及法律兩方面去檢視。先從法律的層面來分析：保險可有廣狹二義：廣義的保險是指保險的法律關係而言；而狹義的保險則是指保險契約而言。

　　保險法採廣義之解，其第1條第1項即規定：「本法所稱保險，謂當事人約定，一方交付保險費於他方，他方對於因不可預料或不可抗力之事故，所致之損害，負擔賠償財物之行為。」因此，它一是種雙務契約，一方交付保險費於他方，他方則於是「事故」（保險事故）發生時負擔賠償或賠償之責任的具有「經濟用作」的契約。

　　就其上之「法定定義」，可分三點說明如下：

（一）保險是受法律支配之契約性質之法律關係

　　保險關係之雙方，因簽訂「保險契約」而建立之法律關係，受契約的相關法律所支配者便是。此種法律關係之成立，乃是基於雙方當事人間所簽之契約而定，此契約便稱之為「保險契約」，簡稱「保險」。

（二）保險是當事人一方交付保險費的法律關係

　　所謂保險費即是當事人一方（要保人）交付保險人保險費作

為負擔損害賠償責任對價之金額。保險契約既為雙務契約，則保險費是必須由要保人交付，而保險人之是否賠償，則端視「偶然事故」（保險事故）之發生與否而定。

（三）保險是當事人一方負擔賠償財務損失或損害的法律關係

　　保險既然是當事人一方（保險人）負擔賠償財物損失或損害之法律關係，則保險人所負之債務，自是損害賠償之債務，性質上屬於「特別賠償債務」，因此處之債務，其引起乃是他方因為不可預料或不可抗力之「偶然事故」所導致之損害而言。此種不可預料或不可抗力所導致之事故，稱之為「保險事故」。

二、保險之種類

（一）以保險標的為區分

　　1.財產保險：亦稱產物保險。即是以物或其他財產利益之損害為標的之保險。包括：火災保險、海上保險、陸空保險、責任保險、保證保險及其他經主管機關核定之其他財產保險等六種（保險法第13條第2項）。

　　2.人身保險：以人為標的之保險。包括：人壽保險、健康保險、傷害保險，及年金保險等四種（保險法第13條第3項）。

（二）以保險人所負責任之次序為區分

　　1.原保險：指保險人對被保險人因保險事故所導致之損害，第一次予以賠償之保險，又稱為第一次保險。

　　2.再保險：指保險人以其所承保之危險，轉向他保險人投保之保險，又稱為第二次保險。

（三）以保險舉辦之目的為區分

1.營業保險：營業保險舉辦之目的，在於營利。其保險契約屬於商事行為。

2.社會保險：社會保險舉辦之目的，乃在於推行社會安全政策，由國家以法律強制實行，亦稱強制保險。

（四）以保險標的之價值為區分

1.定值保險：指保險契約訂立時，載明保險標的之一定價值的保險。

2.不定值保險：指保險契約訂立時，載明保險標的之價值，須至危險發生後「估計」而定之保險。

（五）以保險人之人數為區分

1.單保險：指要保人以同一保險利益、同一保險事故，向一個保險人，訂立一個或數個保險契約之保險。

2.複保險：指要保人就同一保險利益、同一保險事故，向數個保險人分別訂立數個保險契約之保險。

三、保險之經濟作用

保險是一種法律關係，它也同時具有經濟作用之功能。因此，可以如此的解釋之；保險是一種具有經濟作用之法律關係。然而此保險之經濟作用又是如何表現出來的呢？基本上，可以從個人及社會兩方面來加以描述。

（一）就個人而言：是對未來不知之事故或危險的發生與否，預作準備或防範。用以避免事故發生之突然而措手不及。此種防範突發事故或危險之發生，其經濟作用之產生乃是經由經

濟之手段來達成。而經濟的手段基本上有三種辦法：1.預防的辦法；2.抑制的辦法；及3.填補的辦法。就保險的宗旨及精神來審視，填補的辦法是在保險事故發生在前或在後，均可以達到保險之目的，就個人經濟而言，也才是防範於未然。

（二）就社會而言，是考量未來危險的分散及謀求社會的集體安全。就分散危險而言，保險原本在本質上就是在尋求由多數人各個提出少許之金錢（保險費），加以儲存，待危險事故一旦發生時，由所儲蓄之金額中，撥出一少部分，給與該個人，以填補其損失或損害；亦可進而達成社會安全之目標。

第二節　保險之主體

一、保險之當事人

（一）保險人

保險人亦稱承保人。保險法第2條有明確指出：「本法所稱保險人，指經營保險事業之各種組織，在保險契約成立時，有保險費之請求權；在承保危險事故發生時，依其承保之責任，負擔賠償之義務。」

由此可知：

1.保險人係指經營保險事業之各種組織；並非指自然人。但保險法第136條第1項規定：「保險業之組織，以股份有限公司或合作社為限。但經主管機關核准者，不在此限。」

2.保險人在保險契約成立時，有保險費之請求權。

3.保險人在承保保險事故發生時，依其承保之責任，負擔其賠償之義務。

（二）要保人

要保人亦稱投保人。保險法第3條即明確指出：「本法所稱要保人，指對保險標的具有保險利益，向保險人申請訂立保險契約，並負有交付保險費義務之人。」

由此可知：

1.要保人係向保險人申請訂立保險契約之人。

2.要保人對於保險標的，須具有保險利益。

3.要保人有負擔交付保險費之義務。

二、保險之關係人

（一）被保險人

依保險法第4條之規定，定義了被保險人。

「本法所稱被保險人，指於保險事故發生時，遭受損害，享有賠償請求權之人；要保人亦得為被保險人。」

由此可知：

1.被保險人是保險事故發生時，遭受損害之人。

2.被保險人是因保險事故之發生，享有賠償請求權之人。

3.被保險人亦為要保人。

（二）受益人

受益人亦稱保險金受領人。保險法第5條即定義了受益人。

「本法所稱受益人，指被保險人或要保人約定享有賠償請求權之人，要保人或被保險人均得為受益人。」

由此可知：

1.受益人是享有賠償請求權之人。

2.受益人是由被保險人或要保人所約定之人。

3.受益人亦可由被保險人或要保人擔任之。

三、保險之輔助人

（一）保險代理人

保險代理人亦稱保險代理商。依保險法第8條之規定：「本法所稱保險代理人，指根據代理契約或授權書，向保險人收取費用，並代理經營業務之人。」

由此可知：

1.保險代理人係指代營保險業務之人。

2.保險代理人乃是向保險人收取費用之人。

3.保險代理人之收取費用，須根據代理契約或授權書。

（二）保險經紀人

保險經紀人亦稱保險掮客。依保險法第9條之規定：「本法所稱保險經紀人，指基於被保險人之利益，洽訂保險契約或提供相關服務，而收取佣金或報酬之人。」

由此可知：

1.保險經紀人係代要保人向保險人「洽訂」保險契約之人。

2.保險經紀人之「代洽」訂約或提供相關服務，必須是「為被保險人之利益」。

3.保險經紀人向承保之保險業收取佣金。

（三）保險公證人

保險公證人之定義，依保險法第10條界定如下：「本法所稱公證人，指向保險人或被保險人收取費用，為其辦理保險標的之查勘、鑑定及估價與賠款之理算、洽商，而予證明之人。」

由此可知：

1.公證人係指辦理關於保險標的及理賠工作之人。

2.公證人係就其所承辦之工作出具證明之人。

3.公證人係向保險人或被保險人收取費用之人。

（四）保險業務員

保險業務員依保險法第8條之1的定義如下：「本法所稱保險業務員，指為保險業、保險經紀人公司、保險代理人公司或兼營保險代理人或保險經紀人業務之銀行，從事保險招攬之人。」

由此可知：

1.保險業務員係從事保險招攬之人。

2.保險業務員係為保險業、保險經紀人公司、保險代理人公司或兼營保險代理人或保險經紀人業務之銀行，從事保險招攬之人。

第三節　保險之客體──保險標的

一、保險標的之意義

保險有其主體，則必有其客體。保險之客體即是保險之標的。所謂保險之標的就是在財產保險方面指的是作為保險對象的經濟上之財貨，而在人身保險方面則是指自然人。換句話說，保險事故發生之本體，如為「物」則為保險之標的；如為「人」時，便同時是「被保險人」。

二、保險標的之種類

（一）財產保險之保險標的

財產保險乃是以經濟上有價值之財貨作為標的。所謂經濟上有價值之財貨，即是指具有經濟價值之財貨而言；例如動產之貨物及運費，不動產之房屋。但此處之財貨並不限於有體物，如債權及無形之利益亦包括在內。然而若以有體物作為保險標的時，法律上稱之為「保險標的物」。

（二）人身保險之保險標的

人身保險乃是以「人」為保險對象，即人才是人身之保險標的。此之所謂人，乃是指已出生且具有生命之自然人為限。又人身保險之標的不以單一人為限，以多數人為標的，亦無不可。

三、保險標的之移轉

所謂保險標的之移轉，即其權利人有所變更；而且僅發生在財產保險方面，在人身保險方面則不會有此問題。其移轉之原因，有由於法律規定者，如繼承及公司之合併；有由於法律行為者如買賣及贈與。保險標的移轉後之法律關係（保險關係）之繼續存在與否，依保險法第18條之規定而繼續存在，該條規定如下：「被保險人死亡或保險標的物所有權移轉時，保險契約除另有訂定外，仍為繼承人或受讓人之利益而存在。」

四、保險標的之消滅

保險標的之消滅，在人身保險方面，即是指被保險人之死亡；在性質上屬於保險事故之發生；嗣後，保險人即應給付保險金。而在財產保險方面，則有兩種情形：（一）保險標的因為保

險契約所載之保險事故的發生而消滅時，保險人即應給付保險金。（二）保險標的，非因保險契約所載之保險事故的發生而消滅時，保險契約則終止。

第二章　保險法總論

第一節　保險法之意義

一、廣義與狹義

（一）廣義之保險法乃是以保險法為規律對象之一切法規之總稱；包括保險公法與保險私法。

（二）狹義之保險法，則專指保險私法而言；如保險企業組織法及保險契約法。

二、形式意義與實質意義

（一）形式意義之保險法：乃是指法典中以「保險」二字命名者而言。

（二）實質意義之保險法：乃是指不限於「成文」之保險法。凡與保險有關之習慣、判例與法理，均包括在內。

總括而言，保險法即係以規律保險關係及保險企業組織為對象的一種商事法。

第二節　保險法之法源

一、成文法

保險法是以成文法之形式來規範；而簡易人壽保險制定之目的則在便利全民投保，增進社會福祉，故無須健康檢查。

而其他保險法規範有（一）軍人保險條例；（二）公教人員保險法；（三）勞工保險條例；（四）農民健康保險條例。

二、習慣

法律所未規定者依習慣。保險界依習慣者甚多；凡與法律未牴觸者，均可以依習慣。

三、判例

近年來學界多半認為判例可以視為獨立之法源，因此，有關保險之判例，自然亦可視其為保險法之法源。

四、法理

一般而言，法無規定者，依習慣；無習慣者依法理。多數學者認為法理亦可作為保險法之法源。

第三節　保險法之特性

一、社會性

保險制度的建立，廣泛的被社會大眾所利用，特別是人壽保險、責任保險及火災保險廣泛的被公眾所加以利用。除了先進社會所常加使用的海上保險以外，一般所論及之保險在生活當中，頗具有社會性；而且保險法一方面要規範保險業之經營，他方面又規定，非經主管機關許可，並依法作出設立登記，繳存保證金，領得營業執照後，方可開始營業。以便保護社會大眾，因此，保險法具有社會性。

二、強行性

所謂強行性，乃是指強行規定而言；原則上，保險法第54條第1項，即明白指出：「本法之強制規定，不得以契約變更

之。但有利於被保險人者，不在此限。」此處之強制規定，例如有關保險人之責任，便是這裡所指之強行性規定。其中為了被保險人之利益，也不得變更之。例如，保險以支付保險費為要件，如有保險契約，訂定不支付保險費者，該契約則不生效力。因此，法律有明白規定者，如當事人有相反之約定者，其約定自然不生效力。

三、倫理性

保險契約通常視保險事故是否發生之「偶然」來決定保險人之責任是否存在，具有射倖契約的性質。因此必須以特別之「善意」對待之。因此，保險法具有「特別善意性」，即具有倫理性。

我國保險法第64條所設據實說明之義務，以及第33條及第98條規定被保險人有防止損害之規定，另有第109條，被保險人故意自殺、犯罪處死或拒捕或越獄致死者，保險人不負給付保險金額之規定，此等均是顯現倫理性之具體表現。

四、技術性

保險法因為它的特性，必須要計算保險責任發生後，雙方當事人必須處理「理賠」相關事宜，用以決定損害賠償責任之負擔，以謀經濟生活之穩定及社會安全制度之建立；而且保險業者之經營，當以數理計算為基礎，因此在規範保險關係之保險法，自有多方面的計算專業性之技術規定。

第三章 保險契約

第一節 保險契約之概念

一、保險契約之意義

保險法第1條規定：「本法所稱保險，謂當事人約定，一方交付保險費於他方，他方對於因不可預料或不可抗力之事故所致之損害，負擔賠償財物之行為。根據前項所訂之契約，稱為保險契約。」

因此，所謂保險契約乃是指形式上由要保人與保險人所訂立之保險單。易言之，保險契約乃是當事人雙方約定，一方支付保險費於他方，他方對於因不可抗力或不可預料之事故，所致之損害，負擔賠償之契約。

二、保險契約之性質

（一）保險契約是有名契約

凡法律賦與一定名稱之契約，均謂之有名契約。保險契約乃由保險法所明定，故屬有名契約。

（二）保險契約是有償契約

當事人雙方互負對價關係之給付的契約，謂之有償契約。保險契約之訂定，要保人有支付保險費之義務，而保險人在保險事故發生時，有賠償財物之對價，因此，在雙方在互負對價關係之給付，謂之有償契約。

（三）保險契約是雙務契約

當事人雙方互負對價關係債務之契約，謂之雙務契約。雙務契約，期間要保人有支付保險費之債務，而保險人在保險事故發生時，有給付保險金額之義務；二者屬於對價關係，謂之雙務契約。

（四）保險契約是要式契約

保險契約之成立，須有一定之「方式」為之，故為要式契約。如保險法第43條規定，保險契約應以保險單或暫保單為之。又保險法第55條亦明定，保險契約之應記載事項。故保險契約是要式契約。

（五）保險契約是善意契約

保險契約之訂立須本於當事人之最大善意。保險法規定，要保人對於保險人之書面詢問，有據實說明之義務，否則保險人得據以解除契約。故保險契約是善意契約。

（六）保險契約是射倖契約

保險契約之要保人固然要支付保險費；但保險人之是否給付保險金，則繫乎偶然事故之是否發生而定，故學者稱之射倖契約。

（七）保險契約是附合契約

保險契約通常由保險人訂定為「定型化契約」，要保人僅有同意與否之自由，故而為附合契約。

三、保險契約之種類

（一）定值保險契約、不定值保險契約

1. 定值保險契約

保險法第50條第3項規定：「定值保險契約，為契約上載明保險標的一定價值之保險契約。」亦稱定價保險契約。

2. 不定值保險契約

保險法第50條第2項規定：「不定值保險契約，為契約上載明保險標的之價值，須至危險發生後估計而訂之保險契約。」亦稱不定價保險契約。

（二）個別保險契約、集合保險契約

1. 個別保險契約

個別保險契約乃是以一人或一物為保險標的之保險契約，亦稱單獨保險契約。

2. 集合保險契約

集合保險契約即是以多數人或多數物為保險標的之保險契約。以多數人為保險標的者，謂之團體保險；而以多數物為保險標的者，謂之集團保險。

（三）特定保險契約、總括保險契約

1. 特定保險契約

特定保險契約就是保險標的特定而不變動之保險契約。

2. 總括保險契約

總括保險契約就是保險標的是可以變動的多數人或物之集團的保險契約。亦稱概括保險契約或包括保險契約。

（四）原保險契約、再保險契約

1. 原保險契約

原保險契約是指要保人與保險人原始訂立之保險契約。

2. 再保險契約

再保險契約是指保險人與其所承保之危險，轉向他保險人爲保險之保險契約。

（五）爲自己利益保險契約、爲他人利益保險契約

1. 為自己利益保險契約

爲自己利益保險契約係指要保人以自己名義，爲自己利益所訂之保險契約。

2. 為他人利益保險契約

爲他人利益保險契約係指要保人以自己名義，爲他人利益所訂之保險契約。

（六）單保險契約、複保險契約

1. 單保險契約

單保險契約係指要保人對被同一保險利益，同一保險事故與同一保險人訂立一個保險契約。

2. 複保險契約

複保險契約係指要保人對於同一保險利益，同一保險事故，與數保險人，分別訂立數個保險之保險契約行為。

第二節　保險利益之概念

一、保險利益之意義

所謂保險利益係指要保人或被保險人對於保險標的，所存有之利害關係。亦即要保人或被保險人因標的物之存在而獲益，因標的物之毀損而蒙受損失。因此，保險利益是保險契約之標的。保險法第17條即規定：「要保人或被保險人，對於保險標的物無保險利益者，保險契約失其效力。」

二、保險利益之種類

（一）財產保險之保險利益

1. 財產上之現有利益

財產上之現有利益即要保人對於某財產上，現在享有之利益。

2. 財產上之期待利益

財產上之期待利益即要保人的對於因為財產上之現有利益而生之期待利益，有保險利益。

3. 財產上之責任利益

財產上之責任利益是指運送人或保管人，對於所運送或保管

之貨物，以其所負之責任爲限，有保險利益。

（二）人身保險之保險利益

人身保險之保險利益是指要保人對於下列各人之生命或身體，有保險利益：1.本人或其家屬；2.生活費或教育費所仰給之人；3.債務人；4.爲本人管理財產或利益之人。

（三）積極之保險利益

積極之保險利益係指要保人或被保險人，對於保險標的之安全存在，所享有之利益。

（四）消極之保險利益

消極之保險利益係指要保人或被保險人，對於保險標的之不安全存在，所能遭受之損害。

三、保險利益之要件

（一）須爲「適法」之利益

所謂「適法」之利益，即指保險利益不違反強行法規及公序良俗。

（二）須爲「確定」之利益

所謂「確定」之利益，即指利益「已確定」或「可得確定」之意。

（三）須爲「經濟上」之利益

所謂「經濟上」之利益，即指屬於「經濟價值」之利益。

四、保險利益之作用

（一）避免賭博行為

賭博乃是單憑偶然事件之發生與否，來決定輸贏之行為，往往有背於公序良俗，法所不容；因此保險契約必須經保險利益之存在為前提。

（二）防止道德危險

所謂道德危險，就是由要保人、被保險人或受益人，因為意圖領取保險金，基於故意的作為或不作為，而造成或擴大的危險。亦稱作「主觀的危險」。因此法律上乃規定要保人或被保險人對於保險標的，必須具有保險利益，始能不欲保險事故發生。惟有不欲保險事故發生的人，始能享有保險的權利。

（三）限制賠償程度

保險事故發生後，被保險人所得主張之賠償，不得超過其保險利益之金額或價值。易言之，保險利益是保險事故不發生時，要保人或被保險人所享有之利益即所得主張之賠償。

五、保險利益之存在

（一）保險利益存在於何人？

依保險法第17條之規定所述，不但要保人對保險標的須具有保險利益，且被保險人亦須具有保險利益。其實保險利益須存在於被保險人，為絕對之必要。

（二）保險利益存在於何時？

1.在財產保險，保險利益於保險契約訂立之時，不必存在；

而於事故發生時，則必須存在。

2.在人身保險，其保險利益於保險契約訂立之時，必須存在；而於事故發生之時，不必存在。

六、保險利益之變動

（一）保險利益之移轉

1.繼承

保險法第18條規定：「被保險人死亡時……保險契約除另有訂定外，仍為繼承人之利益所存在。」此即明示保險利益除契約另有訂定外，原則上會因繼承而移轉於繼承人。

2.讓與

保險法第18條規定：「……保險標的物所有權移轉時，保險契約除另有訂定外，仍為……受讓人之利益而存在。」此處「除另有訂定外」係指保險人對於保險標的物之轉讓，致生保險利益之變動，因而不願繼續或接受讓保險契約之存續，則可依約定而終止契約。

3.破產

保險法第28條規定：「要保人破產時，保險契約仍為破產債權人之利益而存在。」因要保人雖已破產，但對於保險標的之保險利益，並不因之而喪失。其保險契約仍屬有效；但其保險契約只能為其破產債權人存在。

（二）保險利益之消滅

在財產保險方面，保險標的物滅失，保險利益即歸消滅。在

人身保險方面，原則上保險利益亦歸消滅；保險利益消滅後，保險契約亦歸消滅。

第三節　保險契約之成立

一、保險契約之訂立程序[1]

（一）要保人之聲請與保險人的同意

　　保險法第44條第1項規定：「保險契約，由保險人於同意要保人聲請後簽訂。」這個「聲請」（即要保聲請書）就是「要約」，聲請出於要保人自動，或由於保險人或其輔助人主勸誘，在所不問，而「同意」即是「承諾」。要約即經承諾，依民法本應成立契約，但保險契約尚須簽訂書面始可。

（二）書面契約的簽訂

　　保險法第43條規定：「保險契約，應以保險單或暫保單為之。」可見保險契約是一種要式契約，保險契約，除本法另有規定外，並應記載第55條所列各款（保險契約基本條款）。要保人所為投保之要約，保險人所為承保之承諾，縱令口頭上已臻合致，在雙方當事人尚未訂立保險單或暫保單之書面契約前，尚難謂保險契約業已合法成立（69台上246判決）。

（三）以保險單或暫保單為書面契約

　　保險單是正式的保險契約，其發給，為完成保險契約之最後程序，一經發出，先前議定條件及暫保之約定均歸併在保險單為，一切條件均以保險單所載者為準。

潘維大等著，商事法，台北，三民書局，2019年，第413頁。

　　暫單是非正式、過渡性之保險契約，在保險單作成交付前，與保險單有同一的效力，至正式保險單發出，暫保單之條件即歸併人於保險單而失其效力。

（四）要保人據實說明的義務

　　保險法第64條第1項規定：「訂立契約時，要保人對於保險人之書面詢問，應據實說明。」詳言之：

1. 說明義務的主體

　　為要保人。被保險人或受益人無此義務，惟72年5月司法院司法業務研討會第三期討論結果，認人壽保險契約之被保險人亦負告知義務，保險法雖未明文規定，應為當然之解釋，因被保險人對自己之生命健康，知之最稔，如不使負告知義務，有礙保險人對危險之估計。

2. 義務內容

　　因保險種類及保險人詢問之內容不同而不同，惟無論何種詢問，必須以書面為之始可，口頭詢問則不在此限。

3. 履行此義務的時期

　　在訂立契約時。是要保人的一種特有義務，與保險契約成立後，所負之通知義務（保險法第58條、第59條）不同。

4. 違反義務時的效果

　　保險法第64條第2項規定：「要保人有為隱匿或遺漏不為說明，或為不實之說明，足以變更或減少保險人對於危險之估計者，保險人得解除契約；其危險發生後亦同。但要保人證明危險

之發生未基於說明或未說明之事實時，不在此限。」從此規定可知，此義務之違反，足以構成保險人解除契約之理由。保險人解除契約，於危險發生前固得為之，於危險發生後亦得為之。於危險發生後解除，不但不須支付保險金，同時亦無須返還其已收之保險費。

二、保險契約之內容[2]

（一）保險契約之基本條款

1. 當事人的姓名及住所

當事人指要保人與保險人而言，為保險契約主體，其所以應當記載，係因契約成立後，為雙方行使權利或履行義務之依據。惟財產保險之無記名式保險，因無記名式，即不記載要保人之姓名，要保人得依交付而轉讓其保險單於第三人之保險，故毋庸記載要保人姓名、住所，例如以貨物投保火險，可將保險單隨同貨物交付而轉讓他人是。

2. 保險的標的物

就財產保險而言，指可能發生保險事故之特定財產；就人身保險而言，指被保險人之生命或身體。

3. 保險事故的種類

指保險人依保險契約應承擔之危險，例如火災保險之火災、死亡保險之死亡，主要是確定保險人之責任範圍及保險金額。

---

[2] 同前註，第415至417頁。

4. 保險責任開始的日時及保險期間

保險責任開始之日時就是保險人由何時起始負保險責任，通常保險契約成立之同時，保險責任即行開始。

5. 保險金額

即契約當事人約定在保險事故發生時，保險人所應賠償之金額。在人身保險，保險金額就是保險事故發生時，保險人實際支付之金額，但在財產保險多為表示保險人賠償責任之最高限額，至其實際賠償額，須視實際之損害情形而定。

6. 保險費

指要保人交付保險人負擔保險責任之對價。

7. 無效及失權的原因

指當事人約定保險契約無效或要保人、被保險人及受益人喪失契約權利之事由，保險法對此多設有強制規定，如當事人為變更此規定之約定時，不得有不利於被保險人之情形（保險法第54條）。

8. 訂約年月日

訂約年月日指保險契約成立之時期，與保險責任開始之日時，非必相同。且保險契約訂立時，保險標的之危險已發生或已消滅者，此契約無效。

（二）保險契約之特約條款

1. 特約條款的意義

　　特約條款為當事人於保險契約基本條款外，承認履行特種義務之條款（保險法第66條）。

2. 特約條款的內容

　　保險法第67條規定：「與保險契約有關之一切事項，不問過去、現在或將來，均得以特約條款定之。」惟特別條款之約定，除有利於被保險人者外，不得違反保險法之強制規定（保險法第54條第1項）。

3. 特約條款的效力

　　特約條款屬於任意記載事項，一經記載，當事人即不得違背，保險法第68條第1項規定：「保險契約當事人之一方違背特約條款時，他方得解除契約；其危險發生後亦同。」惟此解除權之行使，受有除斥期間之限制，即解除權人知有解除之原因後，經過一個月不行使而消滅；或契約訂立後經過二年，即有可以解除之原因，亦不得解除契約（保險法第68條第2項準用第64條第3項）。

第四節　保險契約之效力

一、要保人之義務

（一）保險費之交付

1. 保險費之意義

保險費乃是要保人交付於保險人作爲其負擔危險責任之對價的金錢。

2. 交付義務人

保險法第22條第1項及第2項規定：「保險費應由要保人依契約規定交付。信託業依信託契約有交付保險費義務者，保險費應由信託業代爲交付之。前項信託契約，保險人依保險契約應給付之保險金額，屬該信託契約之信託財產。」另外，爲他人利益所訂之保險契約，其保險費交付之義務，雖應由要保人負責，但要保人如不交付，保險人亦得以對抗受益人（保險法第22條第3項）。

3. 保險費之數額

保險費之數額，由保險人定之，其算定方法，係以保險金額爲基礎，而依危險率計算之。

4. 交付方法

保險費之交付方法，分一次交付及分期交付兩種。

5. 交付之時期

保險法第21條規定：「保險費分一次交付及分期交付兩

種。保險契約規定一次交付，或分期交付之第一期保險費，應於契約生效前交付之。但保險契約簽訂時，保險費未能確定者，不在此限。」

6. 交付之地點

習慣上，保險費之交付，多由保險公司派人收取。而人壽保險之規定則是保險費經催告後，應於保險人營業所交付之。

（二）保險費之返還[3]

1. 保險金額超過保險標的價值時：以同一保險利益，同一保險事故，善意訂立數個保險契約，其保險金額之總額超過保險標的之價值者，在危險發生前，要保人得依超過部分，要求比例返還保險費。

2. 保險契約無拘束力時：

(1) 保險契約訂立時，僅要保人知危險已發生者，保險人不受契約之拘束，其已收受之保險費無須返還，並得請求償還費用。

(2) 保險契約訂立時，僅保險人知危險已消滅者，要保人不受契約之拘束，保險人不得請求保險費及償還費用。其已收受者，並應返還要保人。

(3) 複保險時，要保人故意不將他保險人之名稱及保險金額通知各保險人，或意圖不當得利而為複保險時，保險契約雖因之無效，保險人於不知情之時期內，所收取之保險費毋庸返還。

3. 保險契約解除時：保險契約因要保人違背本法第64條所訂

王立中，商事法新論，台北，三民書局，2000年，第280頁。

據實說明之義務而解除時，保險人無須返還其已收受之保險費。

4.保險契約終止時：

(1) 保險人對減少保險費不同意時，要保人得終止契約。其終止後之保險費已交付者，應返還之。

(2) 保險人破產時，保險契約於破產宣告之日終止，其終止後之保險費，已交付者，保險人應返還之。

(3) 要保人破產時，破產管理人或保險人得於破產宣告三個月內終止保險契約。其終止後之保險費已交付者，應返還之。

(4) 保險契約所載之危險增加時，保險人得提議另訂保險費，如要保人不同意者，其契約即為終止。終止後之保險費已交付者，應返還之。

(5) 保險標的物，非因保險契約所載之保險事故而完全滅失時，保險契約即為終止。終止後之保險費已交付者，應返還之。

(6) 保險標的物受部分之損失者，保險人與要保人均得終止契約。終止後，已交付未損失部分之保險費應返還之。

（三）危險通知之義務[4]

1.危險發生之通知義務：危險發生時，應使保險人迅即知悉，以便調查真相，準備理賠，故保險法第58條規定：「要保人、被保險人或受益人，遇有保險人應負保險責任之事故發生，除本法另有規定，或契約另有訂定外，應於知悉後五日內通知保險人。」違反此項通知義務者，對於保險人因此所受之損失，應負賠償責任。

當事人之一方對於他方應通知之事項而怠於通知者，除不可

---

[4] 同前註，第281頁。

抗力之事故外，不問是否故意，他方得據爲解除保險契約之原因。

2.危險增加之通知義務：危險程度之高低，關係保險費數額之決定，訂約後若因情事之遷移，而危險程度增加者，即應使保險人儘速知悉，故要保人依法應負下列之義務：

(1) 要保人對於保險契約內所載危險增加之情形應通知者，應於知悉後通知保險人。

(2) 危險增加，由於要保人或被保險人之行爲所致，其危險達於應增加保險費或終止契約之程度者，要保人或被保險人應先通知保險人。

(3) 危險增加，不由於要保人或被保險入之行爲所致者，要保人或被保險人應於知悉後十日內通知保險人。若未於規定期限內爲通知者，對於保險人因此所受之損失，應負賠償責任。

3.通知義務之免除（例外）：

(1) 危險增加，如有下列情形之一時，要保人或被保險人不負通知義務。

①損害之發生不影響保險人之負擔者。

②爲防護保險入之利益者。

③爲履行道德上之義務者。

(2) 當事人之一方，對於下列情形，不負通知義務。

①爲他方所知者。

②依通常注意爲他方所應知，或無法諉爲不知者。

③一方對於他方經聲明不必通知者。

（四）據實說明之義務（告知義務）

保險契約爲最大善意契約，保險標的之實際狀況，影響保險

人危險估計甚鉅，故本法課要保人以據實說明之義務。

　　1.訂立契約時，要保人對於保險人之書面詢問，應據實說明。

　　要保人故意隱匿，或因過失遺漏，或為不實之說明，足以變更或減少保險人對於危險之估計者，保險人得解除契約；其危險發生後亦同。但要保人證明危險之發生未基於其說明或未說明之事實時，不在此限。

　　2.解除契約權，自保險人知有解除之原因後，經過一個月不行使而消滅；或契約訂立後經過二年，即有可以解除之原因，亦不得解除契約。

二、保險人之義務

（一）償還費用

　　保險人對於要保人或被保險人，為避免或減輕損害之必要行為所生之費用，負償還之責任。其償還數額與賠償金額，合計雖超過保險金額，仍應償還。避免或減輕損害之必要行為，足以防止事故之發生或救援其事故發生後之損害，係對保險人有利之行為，故上述費用應由保險人償還之。而保險金額與保險標的之價值未必盡同，故保險人對此項費用之償還，依保險金額對於保險標的之價值比例定之。例如保險金額二十萬元，保險標的之價值四十萬元，支出必要費用二萬元，則依二分之一之比例，保險人應償還一萬元是。

（二）給付保險金額

　　保險事故發生後，保險人應向被保險人或受益人給付保險金額。茲就給付之範圍與給付之時期分述如次：

1.給付之範圍（數額）：

(1) 在人身保險，通常以保險契約上所記載之保險金額，即為賠償金額。

(2) 在財產保險，則在契約所訂保險金額範圍內，依實際損失之程度，而判定賠償之數額。此在定值保險，固無問題。在不定值保險，則依保險事故發生時，保險標的之實際價值為標準，計算賠償，其賠償金額不得超過保險金額。

2.給付之時期：保險人應於要保人或被保險人交齊證明文件後，於約定期限內給付賠償金額。無約定期限者，應於接到通知後十五日內給付之。賠償金額之給付，原則上應依約定期限，無約定者，始依法定十五日之期限。本法更明確規定保險人因可歸責於自己之事由致未在前項規定期限內為給付者，應給付遲延利息年息一分。以保護被保險人利益並避免保險人藉故推諉或遲延。

三、保險人之代位權

被保險人因保險人應負保險責任之損失發生，而對於第三人有損失賠償請求權者，保險人得於給付賠償金額後，代位行使被保險人對於第三人之請求權；但其所請求之數額，以不逾賠償金額為限（保險法第53條第1項）。保險人之代位權，其成立要件有二：

（一）被保險人因保險事故發生，對第三人有損失賠償請求權。

（二）保險人因保險事故之發生已給付賠償金額。

具備前述二要件，保險人即得依法行使其代位求償權。否則，若不令保險人享有此代位權，則被保險人除得保險金額之賠

償外，更得向第三人求償，乃受雙重之賠償，顯有違損害填補之原則。

　　惟依保險法第53條第2項之規定，若第三人為被保險人之家屬或受僱人時，保險人無代位請求權。但損失係由其故意所致者，不在此限。

四、保險人之當然代位權[5]

　　保險法第53條第1項規定：「被保險人因保險人應負保險責任之損失發生，而對於第三人有損失賠償請求權者，保險人得於給付賠償金額後，代位行使被保險人對於第三人之請求權；但其所請求之數額，以不逾賠償金額為限。」此為保險人之「當然代位權」（Right of Subrogation），係本於法律之規定而成立，故不必被保險人為移轉之行為，即可行使，惟其行使有二條件：

　　（一）非至保險人已對被保險人履行全部賠償義務後，保險人不得行使代位權。

　　（二）代位行使之權利，不得超過所賠償之金額。

　　但尚須注意代位權行使之條件如下：

　　1.保險人對於第三人雖有代位權，但如該第三人為被保險人之家屬或受僱人時，保險人無代位請求權，但損失係由其故意所致者，不在此限（保險法第53條第2項）。

　　2.保險人之代位權，僅限於財產保險有之，若為人壽保險、健康保險、傷害保險或年金保險，則無此代位權（保險法第103、130、135、135-4條）。

---

[5] 鄭玉波著，保險法論，台北，三民書局，2019年，第74至第75頁。

第五節　保險契約之時效

關於保險契約之時效，規定於保險法第65條：

「由保險契約所生之權利，自得爲請求之日起，經過二年不行使而消滅。有左列各款情形之一者，其期限之起算，依各該款之規定：

一、要保人或被保險人對於危險之說明，有隱匿、遺漏或不實者，自保險人知情之日起算。

二、危險發生後，利害關係人能證明其非因疏忽而不知情者，自其知情之日起算。

三、要保人或被保險人對於保險人之請求，係由於第三人之請求而生者，自要保人或被保險人受請求之日起算。」

第六節　保險契約之無效與失效

一、保險契約之無效

係指保險契約成立後，因違反法定或約定事項，在法律上自始的不生效力。

（一）絕對無效（全部無效）

1.複保險，除另有約定外，要保人應將他保險人之名稱及保險金額，通知各保險人。要保人如故意不爲通知或意圖不當得利而爲複保險者，其契約無效。

2.保險契約訂立時，保險標的之危險已發生或已消滅者，其契約無效；但爲當事人雙方所不知者，不在此限。

3.由第三人訂立之死亡保險契約，未經被保險人書面承認，並約定保險金額，其契約無效。

4.人壽保險之被保險人年齡不實，而其真實年齡已超過保險人所定保險年齡限度者，其契約無效。

（二）相對無效

僅當事人之一方得主張保險契約無效。

1.訂約時，僅要保人知危險已發生者，保險人不受契約之拘束。

2.訂約時，僅保險人知危險已消滅者，要保人不受契約之拘束。

（三）一部無效

指保險契約之一部自始不生效力，僅某一部分或在某限度內有其效力。如本法第76條第1項規定：「保險金額超過保險標的價值之契約，係由當事人一方之詐欺而訂立者，他方得解除契約，如有損失，並得請求賠償；無詐欺情事者，除定值保險外，其契約僅於保險標的價值之限度內為有效。」

除本法無效原因之規定外，當事人間亦得在保險契約上約定無效事由，遇此約定事由發生，其契約隨之無效。惟此約定應記載於保險契約之中而且不得違反法律強制規定或公序良俗。

二、保險契約之失效

指保險契約自失效原因發生時起，喪失其效力之情形。無效則係自始不生效力，兩者有所不同。本法規定要保人或被保險人對於保險標的無保險利益者，保險契約失其效力。

本法亦有就契約之失效為消極規定者，如第19條規定：「合夥人或共有人聯合為被保險人時，其中一人或數人讓與保險

利益於他人者，保險契約不因之而失效。」第69條規定：「關於未來事項之特約條款，於未屆履行期前危險已發生，或其履行為不可能，或在訂約地為不合法而未履行者，保險契約不因之而失效。」等均是。

第七節　保險契約之解除與終止[6]

一、保險契約之解除

保險契約之解除者，指當事人之一方基於保險契約成立後之事由，行使法定或約定解除權，而使契約之效力自始消滅之謂。

法定解除權，其發生係依法律之規定，本法所訂解除之事由如下：

（一）違背通知義務

當事人之一方對於他方應通知之事項而怠於通知者，除不可抗力之事故外，不問是否故意，他方得據為解除保險契約之原因。

（二）違背據實說明之義務

訂立契約時，要保人對保險人之書面詢問故意隱匿，或因過失遺漏，或為不實之說明，足以變更或減少保險人對於危險之估計者，保險人得解除契約；其危險發生後亦同。但要保人證明危險之發生未基於其說明或未說明之事實時，不在此限。

見前揭註3，第289頁。

（三）違背特約條款

保險契約當事人之一方違背特約條款時，他方得解除契約。其危險發生後亦同。

（四）超額保險

保險金額超過保險標的價值之契約，係由當事人一方之詐欺而訂立者，他方得解除契約。

二、保險契約之終止

保險契約之終止者，謂在保險契約存續期間內，由於一定事由之發生，或當事人行使終止權，或基於法律之規定當然終止，而使契約自終止時起消滅之情形。茲就本法有關契約終止原因之規定，分述於後：

（一）保險人或要保人破產

保險人破產時，保險契約於破產宣告之日終止（保險法第27條前段）。要保人破產時，破產管理人或保險人得於破產宣告三個月內終止契約。又海上保險之要保人或被保險人於保險人破產時，得終止契約。

（二）危險變動

保險費依保險契約所載增加危險之特別情形計算者，其情形在契約存續期間內消滅時，要保人得按訂約時保險費率，自其情形消滅時起算，請求比例減少保險費。保險人對減少保險費不同意時，要保人得終止契約。

（三）要保人違反危險通知義務

　　要保人對於保險契約內所載增加危險之情形應通知者，應於知悉通知保險人，如違反危險通知義務時，保險人得終止契約，或提議另定保險費。要保人對於另定保險費不同意者，其契約即為終止。

（四）保險標的物滅失

　　保險標的物非因保險契約所載之保險事故而完全滅失時，保險契約即為終止。

　　保險標的物受部分之損失者，保險人與要保人均有終止契約之權。終止後，已交付未損失部分之保險費應返還之。此項終止契約權，於賠償金額給付後，經過一個月不行使而消滅。保險人終止契約時，應於十五日前通知要保人。

（五）保險費未交經催告期滿

　　人壽保險之保險費到期未交付，除契約另有訂定外，經催告到達後逾三十日仍不交付時，保險人於期限屆滿後，有終止契約之權。

（六）保險費付足一年

　　人壽保險之保險費，如付足一年以上，要保人得終止保險契約，通知保險人於一個月內償付解約金。

第八節　複保險與再保險

一、複保險

（一）複保險之意義

保險法第35條規定：「複保險，謂要保人對於同一保險利益，同一保險事故，與數保險人分別訂立數個保險之契約行為。」

（二）複保險之要件[7]

1.須同一保險期間

所謂同一保險期間，係指數個保險契約，不必始期與終期完全相同，僅其一部分之期間於交叉關係，發生共同之利害者，即為複保險。

2.須同一保險利益

所謂同一保險利益者，例如屋主就同一房屋，基於所有權之關係，訂立數個火災保險契約是。

3.須對於同一保險事故

如非對於同一保險事故，則非複保險。例如貨物所有人就同一貨物，一方面訂立火災保險契約，另一方面訂立竊盜保險契約，不構成複保險是。

---

[7] 見前揭註3，第269頁。

4.須要保人與數保險人分別訂立數個保險契約

若要保人與數保險人共同訂立一個保險契約，則為共同保險，而非複保險。

（三）複保險之效力

保險法第38條規定：「善意之複保險，其保險金額之總額超過保險標的之價值者，除另有約定外，各保險人對於保險標的之全部價值，僅就其所保金額負比例分擔之責。但賠償總額，不得超過保險標的之價值。」

所謂另有約定外，乃指各保險人之特別約定，可不依比例分擔之謂。

二、再保險

（一）再保險之意義

保險法第39條規定：「再保險者，謂保險人以其所承保之危險，轉向他保險人為保險之契約行為。」亦稱之為分擔契約，或轉保契約。且再保險契約，以有原保險契約為前提。因此，再保險之要保人與原保險契約之要保人必為同一人。

（二）再保險之性質

再保險在性質上屬於責任保險之一種，具有責任保險之性質；而有關再保險契約之事項，應適用責任保險之規定。

（三）再保險之效力

1.依保險法第40條之規定：「原保險契約之被保險人，對於再保險人無賠償請求權。但原保險契約及再保險契約另有約定者，不在此限。」此因原保險契約與再保險契約為各別之契約，

法律上無主從關係之存在。

　　2.依保險法第41條之規定：「再保險人不得向原保險契約之要保人，請求交付保險費。」

　　3.依保險法第42條之規定：「原保險人不得以再保險人不履行再保險金額給付之義務爲理由，拒絕或延遲履行其對於被保險人之義務。」

第四章　財產保險

第一節　火災保險

一、火災保險之意義

火災保險乃是對於由火災所導致「保險標的物」之毀損或滅失，負擔賠償責任之保險。當然如果契約另有訂定者，不負賠償之責。此外，因火災所引起之損失，不以直接遭火災焚毀者為限，因救護「保險標的物」，而致「保險標的物」發生損失者，視同所保危險所生之損失。

二、火災保險之保險種類

（一）動產火災保險、不動產火災保險

火災保險以保險標的物的不同，可分為：

1. 動產火災保險

動產火災保險就是以動產為保險標的火災保險。動產乃不動產以外之物。凡屬動產原則上都可以為火災保險之標的，但不得為火災保險之標的者亦有之，詳見本節第三點，茲不先贅。

2. 不動產火災保險

不動產火災保險就是以不動產為保險標的火災保險。不動產謂土地及其定著物。但得為火災保險之標的者，應以定著物為限，土地無投保火險之必要。所謂定著物，如家宅、工廠、倉庫、橋梁等都是。

（二）定值火災保險、不定值火災保險

火災保險以其標的物的價值，於訂約時是否已約定爲標準，可分爲：

1. 定值火災保險

保險法第50條第3項規定：「定值保險契約，爲契約上載明保險標的一定價值之保險契約。」前已言之，此項契約，如用之於火災保險，就是定值火災保險。保險法第73條第1項規定：「保險標的，得由要保人，依主管機關核定之費率及條款，作定值之要保。」便是揭明此旨。所謂「主管機關」，是指金融監督管理委員會而言（保險法第12條），所謂「核定之費率」，指主管機關依本法第144條各項的規定所核定之保險費率而言，所謂「條款」，應指本法所定保險契約之基本條款及財政部所訂定之「火災保險單基本條款」而言。要保人如依上述之費率及條款，作定值之要保，而經保險人同意時，即可成立定值火災保險契約。

2. 不定值火災保險

保險法第50條第2項規定：「不定值保險契約，爲契約上載明保險標的之價值，須至危險發生後估計而訂之保險契約。」前已言之，此種保險契約，如用之於火災保險，便是不定值火災保險契約。保險法第73條第1項規定：「保險標的，得由要保人，依主管機關核定之費率及條款，作不定值約定之要保。」即係表明此意。火災保險本以不定值者爲多（定值者多用於海上保

險），本法修正特將定值火災保險與不定值火災保險並列，則要保人自得選擇爲之。

三、保險價額與保險金額[1]

（一）保險價額與保險金額的意義

1.「保險價額」者，謂保險標的物在特定時期內，得以金錢估計的價值總額。

2.「保險金額」者，謂保險事故發生時，保險人對於要保人或被保險人所給付的金額。

（二）保險價額與保險金額的關係

保險金額爲保險契約的要件，其數額必須約定；保險價額可以事前約定，也可以於危險發生後估計。二者關係如下：

1.全部保險：即以保險價額的全部定爲保險金額。

2.一部保險：即保險金額不及保險標的物之價值的情形，除契約另有訂定外，保險人的負擔，以保險金額對於保險標的物之價值比例定之（保險法第77條），其計算公式爲：

保險價額：保險金額＝損失額：賠償額

在保險標的物全損時，保險人即須按所定的保險金額賠償。

3.超額保險：保險金額爲保險人在保險期內，所負責任之最高額度。保險人應於承保前，查明保險標的物之市價，不得超額承保。

王立中，商事法新論，台北，三民書局，2000年，第293至294頁。

四、火災保險契約之效力 [2]

（一）火災保險中保險人的義務

1. 損失賠償義務

(1) 保險標的，以約定價值為保險金額者，發生全部損失或部分損失時，均按約定價值為標準，計算賠償。其實際價值若干，在保險事故發生時，可以不問。又保險標的物不能以市價估計者，例如古董等藝術品，得由當事人約定其價值，賠償時，從其約定。所謂「全部損失」，係指保險標的全部滅失或毀損，達於不能修復或其修復之費用，超過保險標的恢復原狀所需者。

(2) 保險標的未經約定價值者，發生損失時，按保險事故發生時實際價值為標準，計算賠償，其賠償金額，不得超過保險金額。

(3) 給付保險金的期限：應給付的保險金確定後，保險人應於約定期限內給付之，無約定者，應於接到通知後十五日內給付之。

申言之，在定值保險，如發生全部損失時，損失無須估計者，應於上述期限內給付之；如在不定值保險，則須估計損失，估計的期限，可比照上項期限。

(4) 估計遲延的效果：損失之估計，因可歸責於保險人之事由而延遲者，應自被保險人交出損失清單一個月後加給利息。損失清單交出二個月後損失尚未完全估定者，被保險人得請求先行交付其所應得之最低賠償金額。

2　賴源河著，王志誠校訂，實用商事法精義，台北，五南圖書出版股份有限公司，2018年，第586至587頁。

2.費用償還義務

(1) 減免損害費用的償還：保險人對於要保人，或被保險人為避免或減輕損害之必要行為所生之費用，負償還之責。其償還數額與賠償金額，合計雖超過保險標的的價值，仍應償還，但契約另有訂定者，不在此限。保險人對於前項費用之償還，以保險金額對於保險標的之價值比例定之。

(2) 估計損失費用的負擔：保險人或被保險人為證明及估計損失所支出之必要費用，除契約另有訂定外，由保險人負擔之。

(3) 費用償還的方式：

①其原因可歸責於保險人時，應將自原因發生的日期起至期滿日止的保險費，按日數比例返還之。

②其原因可歸責於被保險人時，按短期保險費的規定，扣除保險契約有效期間的保險費後返還之。

（二）火災保險中要保人之義務

要保人之義務如下：

1.交付保險費。

2.危險通知。

3.損失估計前不得為現狀之變更。

五、火災保險契約之終止

（一）當然終止

火災保險標的物「全部」滅失時，無論由於保險事故的發生，或由於保險事故以外的事故，火災保險契約皆當然終止。其係由於保險事故而全部滅失者，保險人固須依法負賠償責任，若非因保險事故而使保險標的物完全滅失者，保險契約終止。終止

後之保險費已交付者，保險人應返還之，但非以時間為計算基礎者，不在此限。

（二）任意終止

火災保險標的物受「部分」損失時，保險人與要保人均有終止契約之權。終止後已交付未損失部分之保險費應返還之。前項終止契約權，於賠償金額給付後，經過一個月不行使而消滅。保險人終止契約時，應於十五日前通知要保人。要保人與保險人均不終止契約時，除契約另有訂定外，保險人對於以後保險事故所致之損失，其責任以賠償金額之餘額為限。

第二節　海上保險

一、海上保險之意義

所謂海上保險，乃是指以航行中所可能發生的危機，且得以貨幣估價之財產權益為標的；而對於因海上一切事變及災害所生之毀損、滅失及費用，負賠償責任之財產保險（保險法第83條）。

二、海上保險之種類

（一）船舶保險（包括船體、設備與屬具）。
（二）貨物保險。
（三）運費保險。
（四）預期利益保險（即貨物到達後之可期待利益）。

三、海上保險中保險價額之計算[3]

（一）船舶的保險價額

關於船舶的保險，以保險人責任開始時之船舶價格及保險費，為保險價額。

（二）貨物的保險價額

關於貨物之保險，以裝載時、地之貨物價格、裝載費、稅捐、應付之運費及保險費，為保險價額。但運送物有喪失、毀損，或遲到者，其損害賠償額，應依其交付時目的地之價值計算之。

（三）運費的保險價額

運費之保險，僅得以運送人如未經交付貨物即不得收取之運費為之，並以被保險人應收取之運費及保險費為保險價額。前項保險，得包括船舶之租金及依運送契約可得之收益。

（四）預期利益的保險價額

關於因貨物到達時應有利得的保險，應以貨物到達時應有之佣金、費用或其他利得之保險以保險時之實際金額，為保險價額。

四、海上保險人之賠償責任[4]

（一）原則

保險人對於保險標的，除契約另有規定（即特約條款）外，

---

[3] 同前註，第589頁。
[4] 同前註，第590頁。

因海上一切事變及災害所生之毀損滅失及費用，負賠償責任。對於戰事的危險，除契約有反對的訂定外，保險人亦應負賠償責任。

（二）例外

1.因要保人或被保險人或其代理人之故意或重大過失所致之損失，保險人不負賠償責任。

2.未確定裝運船舶之貨物保險，要保人或被保險人於知其已裝載於船舶時，應將該船舶之名稱、裝船日期、所裝貨物及其價值，立即通知於保險人。不為通知者，保險人對未為通知所生之損害，不負賠償責任。

3.保險事故發生時，要保人或被保險人應採取必要行為，以避免或減輕保險標的之損失，保險人對於要保人或被保險人未履行此項義務而擴大之損失，不負賠償責任。但保險人對於要保人或被保險人，為履行前項義務所生之費用，負償還之責，其償還數額與賠償金額合計雖超過保險標的價值，仍應償還之。

五、海上保險中要保人或被保險人之義務

海上保險契約，適用保險法第64條第1項及第22條的規定，除應負據實說明及按契約交付保險費外，海商法特別規定要保人或被保險人對於危險負有通知的義務。其規定如次：

（一）要保人或被保險人，於知悉保險之危險發生後，應即通知保險人。

（二）要保人或被保險人，自接到貨物之日起，一個月內不將貨物所受損害通知保險人或其代理人時，視為無損害。

六、海上保險契約之消滅

海上保險契約的消滅，海商法特設下列規定：

（一）海上保險契約之解除

要保人或被保險人於保險人破產時，得終止契約。

（二）海上保險契約之失效

貨物保險時，未確定裝運的船舶者，要保人或被保險人於知其已裝載於船舶時，應將該船舶之名稱、裝船日期、所裝貨物及其價值，立即通知於保險人。不為通知者，保險人對未為通知所生之損害，不負賠償責任。如要保人或被保險人於投保時已將裝貨船名填載於投保書內，實務上認為裝運船舶已確定。

七、海上保險之委付

海上保險之委付，乃是指被保險人於保險標的物，發生「法定委付原因」時，得將保險標的物的一切權利，移轉於保險人，而請求支付該保險標的物，全部保險金額的行為。

第三節　陸空保險

一、陸空保險之意義

陸空保險，係保險人對保險標的物，因陸上、內河及航空一切事變及災害所致之毀損、滅失及費用，負賠償責任的一種保財產險契約（保險法第85條）。

二、陸空保險之種類[5]

（一）陸上運送保險

陸上運送保險，係指陸地運送的保險而言。例如對於火車、汽車運送的貨物，付諸保險即是。陸上貨物運送保險，其被保險人常為託運人或貨物所有人，因而與運送人以其運送貨物的責任所為的保險不同，後者屬於責任保險，應不包括於陸上運送保險之內。

（二）內河運送保險

內河運送保險，係指對於航行內河的船舶運費及裝載貨物的保險而言。此種保險的領域因其限於水上，大體言之，與海上保險並無多大差異，故保險法規定內河運送保險準用海上保險有關條文（保險法第89條）。海上保險單每載有「自倉庫至倉庫」條款，或訂明其為「全險」條款，是即以海上運送保險而兼包括陸上運送的危險。

（三）航空運送保險

航空運送保險，係指航空機運送的保險。其領域並不限於空中，即起落時的危險亦包括在內，但與「航空保險」不同。所謂航空保險，乃指對航空機的事故所致損害的一切保險而言。

三、陸空保險之保險事故

（一）陸空保險，性質上屬於綜合性保險，其保險事故包括甚多，保險法第85條僅以「陸上、內河及航空一切事變及災

---

[5] 同前註，第594頁。

害」一語概括，實務上應有下列各種：

1.車輛的碰撞、脫軌、傾覆；船舶的碰撞、沉沒、擱淺。
2.火災、暴風雨、雷閃。
3.強盜及其他偶然事故。

（二）至於戰事所致的損害，除契約有相反的訂定外，保險人亦應負賠償責任。但一般情形，保險人對於戰爭的危險，均予除外。

（三）關於地震的危險，保險人通常也不承保。

（四）陸空保險雖屬綜合性保險，但當事人也可以契約訂定，將其保險事故限於一種或二種，此時仍不失為陸空保險。

四、陸空保險之保險標的

（一）貨物及其應有利得。
（二）運送工具（車、船、飛機）。
（三）運費。

五、陸空保險之效力

（一）運送的效力

陸空保險，如因運送上之必要，暫時停止或變更運送路線或方法時，保險契約除另有訂定外，仍繼續有效（保險法第88條）。所謂因運送上之必要變更運送路線或方法者，應係指保險標的物交運後，無法依保險契約所載之運送路線或方法運送，必須變更始能運送者而言。

（二）保險人的責任

陸上、內河及航空保險人，對於保險標的物，除契約另有訂

定外，因陸上、內河及航空一切事變及災害所致之毀損、滅失及費用，負賠償之責（保險法第85條）。

第四節　責任保險

一、責任保險之意義

　　責任保險，乃保險人於被保險人對於第三人，依法應負賠償責任，而受賠償之請求時，負賠償責任的一種財產保險契約（保險法第90條）。責任保險人的賠償責任，於因責任事故依法應受賠償的第三人向被保險人行使賠償請求權時即發生，此時被保險人對責任保險人的請求給付保險金之債權即具有讓與性，而得為讓與的標的（96台上2868判決）。

二、責任保險之標的及事故

（一）責任保險的保險標的

　　責任保險的保險標的，是被保險人對第三人應負的賠償責任。

1.須被保險人對於「第三人」應負的賠償責任

　　「第三人」指被保險人以外的任何人，不包括被保險人自己在內。

2.須為依「法」應負的「民事」責任

　　責任保險標的的賠償責任，須屬於民事責任。但有時民事責任與刑事責任時常發生競合者，於此情形，民事責任部分，仍得為責任保險的標的。民事責任有「非依法而生的責任」與「依

法而生的責任」之別，責任保險標的的責任，須屬依法而生的責任。

3. 須為「過失」責任

即責任的發生，須因被保險人的過失，若因故意，不發生責任保險的問題。

（二）責任保險的保險事故

責任保險的保險事故，乃被保險人依法應負賠償責任，而受賠償的請求。

三、責任保險之效力[6]

（一）責任保險中保險人的義務

1. 賠償責任的負擔

責任保險依保險法第90條規定，並非以被保險人特定的具體財產為標的，因此責任保險契約原則上無所謂保險價額的問題，保險人只在所約定的保險金額限度內負責任。

2. 必要費用的負擔

被保險人在受第三人的請求時，對於該第三人所為不負賠償責任的抗辯，係屬有利於保險人，其因此支出的訴訟上或訴訟外的必要費用，除契約另有訂定外，自應由保險人負擔。被保險人就此項費用，並得請求保險人墊給（保險法第91條）。

同前註，第599頁。

3.保險金額的給付

保險人於第三人由被保險人應負責任事故所致之損失，未受賠償以前，不得以賠償金額之全部或一部給付被保險人。被保險人對第三人應負損失賠償責任確定時，第三人得在保險金額範圍內，依其應得之比例，直接向保險人請求給付賠償金額（保險法第94條），以保護第三人的權利。但保險人得經被保險人通知，直接對第三人爲賠償金額之給付（第95條）。

（二）責任保險中保險人的權利

1.保險人的參與權

責任保險契約成立後，損害賠償額的多少，與保險人利害有關，保險人得事先約定被保險人對於第三人就其責任所爲之承認、和解或賠償，未經其參與者，不受拘束。但經要保人或被保險人通知保險人參與而無正當理由拒絕或藉故遲延者，不在此限。

2.強制汽車責任保險人的代位權

被保險人有下列情事之一，致被保險汽車發生汽車交通事故者，保險人仍應依強制汽車責任保險法規定負保險給付之責。但得在給付金額範圍內，代位行使請求權人對被保險人之請求權（強制汽車責任保險法第29條第1項）

第五節　保證保險

一、保證保險之意義

保證爲以擔保債權爲目的，爲確保債權之效力所定之制度。

民法上之保證，謂當事人約定一方於他方之債務人不履行債務時，由其代負履行責任之契約。除民法規定保證之制度外，公司法、票據法中亦有特別規定，此外，除一般債權之保證外，尚有特殊之保證制度，例如人事保證、信用保證等是。足見保證制度使用之廣泛。

二、保證保險之種類[7]

（一）債務人行為保證之保證保險

此種保險之目的，在擔保契約之履行。保險法第95條之1規定：「保證保險人於被保險人因……債務人之不履行債務所致損失，負賠償之責。」基此，保證保險係對於債權人（被保險人）所提供之保證債務履行的制度，原則上須有主債務之有效存在（為前提），換言之，主債務自始無效或因撤銷或解除而為無效時，保證保險之契約自亦不生效力。

所謂「債務人不履行債務」，係指債務已屆履行期，而債務人未履行其債務而言。至於保險人對於不履行債務所致之損失負賠償之責，其損失之範圍除原本外，利息、違約金以及損害賠償之金額等，均得包括在內。

（二）受僱人行為保證之保證保險

此種保險之目的，在擔保受僱人之忠實，屬於人事保證之一種。就僱傭關係而言，因可歸責於受僱人之事由，例如無故離職或停工、矇蔽及詐欺等情事，均屬不誠實之行為，致使僱用人遭受損害時，依保險法第95條之1之規定，由保證保險人負賠償之

---

[7] 劉渝生著，商事法，台北，三民書局，2018年，第332頁。

責。

三、保證保險契約之內容

無論「債務人行為保證」之保證保險契約，或「受僱人行為保證」之保證保險契約，其契約內容除記載保險法第55條規定事項外，並均應載明被保險人之姓名或住所。

此外，債務人行為保證之保證保險契約，尚應記載債務人之姓名或其他得以認定為債務人之方式。受僱人行為保證之保證保險契約亦應將受僱人之姓名、職稱或其他得以認定為受僱人之方式，記載於保證保險契約內。

第六節　其他財產保險

一、其他財產保險之意義

所謂「其他財產保險」為不屬於火災保險、海上保險、陸空保險、責任保險、保證保險之範圍，而以財物或無形利益為保險標的之各種保險（保險法第96條）。

以標的區分，其他財產保險之種類包括汽車保險、信用保險（以債務人不能履行債務，而受損失作為標的之保險）、農業保險、玻璃保險以及前節之保證保險等是。

如以事故之種類區分，則可分為天候保險、竊盜保險以及戰爭保險等是。

二、保險人之權利

（一）標的物查勘權

保險人有隨時查勘保險標的物之權，如發現全部或一部處於

不正常狀態，經建議要保人或被保險人修復後，再行使用。

（二）契約終止權

　　如要保人或被保險人不接受上述之建議時，保險人得以書面通知終止保險契約或其有關部分。

三、要保人之責任

（一）未盡保護之責任

　　要保人或被保險人對於保險標的物未盡約定保護責任所致之損失，保險人不負賠償之責。

（二）未盡合理方法保護之責任

　　在危險事故發生後，經鑑定係因要保人或被保險人未盡合理方法保護標的物，因而增加之損失，保險人亦不負賠償之責。

四、保險契約之變動

　　保險標的物受部分之損失，經賠償或回復原狀後，保險契約繼續有效；但與原保險情況有異時，得增減其保險費。惟若要保人或被保險人對於增減保險費不同意時，其契約即為終止。

五、保險標的物部分損失之效果

　　保險法第99條規定：「保險標的物受部分之損失，經賠償或回復原狀後，保險契約繼續有效。但與原保險情況有異時，得增減其保險費。」

　　保險法第60條第1項規定：「……要保人對於另定保險費不同意者，其契約即為終止。」

六、其他財產保險準用之法規

　　其他財產保險，除適用保險法有關保險之通則外，依保險法第82條之1第1項規定：「第七十三條至第八十一條之規定，於海上保險、陸空保險、責任保險、保證保險及其他財產保險準用之。」至於保險法第124條乃人壽保險有關保單價值準備金，有優先受償之規定，此等規定，於超過一年之其他財產保險準用之。

第五章　人身保險

第一節　人壽保險

一、人壽保險之意義

（一）人壽保險，簡稱壽險，就是以被保險人的生命為保險標的，以其在契約規定年限內死亡或生存為保險事故，保險人受領要保人交付的對價，同意於保險事故發生時，給付約定金額的契約。

（二）人壽保險須按照約定的保險金額給付，無所謂實際損害的問題，故人壽保險均屬於「定值保險」，至其保險金額的多寡，得由當事人任意約定之。與財產保險的保險金額僅為一種賠償最高限額，實際給付額須視實際損害若干決定不相同。

二、人壽保險契約之種類[1]

（一）死亡保險（Life Insurance）

依契約之所定，於一定期間或不定期間，被保險人死亡時，保險人應依照契約給付保險金額之保險。即以被保險人死亡為條件，其約定以一定期間為保險期間者，為定期死亡保險，其不定期間而以被保險人之終身為保險期間者為終身保險。終身保險係以繼續繳付保險費直至被保險人死亡時止，或在一定期間內支付保險費，期滿不再支付；或一次付足全部保費，需視契約規定而定。

潘維大等著，商事法，台北，三民書局，2019年，第436至437頁。

（二）生存保險（Endowment Insurance）

　　依契約之所定，於一定期間，或達一定年齡，被保險人生存時，保險人給付保險金額者，爲生存保險。生存保險之保費，有一次交足，亦有分期交付；其保險金額亦分一次給付或分期給付兩種。

（三）生死混合保險

　　即被保險人在保險期間死亡，或期滿仍生存時，均須給付保險金額之保險。生死混合保險具有儲蓄之性質，因爲生存保險，若在一定期間或一定年齡前死亡，則前所交付之保費等於白交，爲彌補這種缺點而有生死混合險。是附有以被保險人生存條件之死亡保險，即達一定期間或一定年齡被保險人死亡時，保險人應給付保險金額，若達一定時期或一定年齡而仍生存時，保險人亦負給付保險金額之義務。

三、由第三人所訂立人壽保險契約[2]

　　人壽保險契約，得由本人或第三人訂立之（保險法第104條）。由第三人訂立之契約，應有保險法第16條規定之保險利益始可。在死亡保險，如由第三人訂立，未經被保險人書面承認，並約定保險金額者，其契約無效（保險法第105條），由第三人訂立人壽保險契約，其權利之移轉或出質，非經被保險人以書面承認者，不生效力（保險法第106條）。此所謂「不生效力」，係指其權利移轉或出質不生移轉或出質之效力而言，非謂保險契約無效。所以須經被保險人書面承認等，係因第三人以他

---

[2]　同前註，第437頁。

人之死亡爲保險事故，若與被保險人無深切關係，第三人難免爲貪圖保險金而謀加害被保險人之虞，即有不道德危險出現之可能。

四、被保險人年齡錯誤之效果[3]

被保險人年齡不實，而其眞實年齡已超過保險人所定保險年齡限度者，其契約無效，保險人應退還所繳保險費。因被保險人年齡不實，致所付之保險費少於應付數額者，要保人得補繳短繳之保險費，或按照所付之保險費與被保險人之眞實年齡比例減少保險金額。但保險事故發生後，且年齡不實之錯誤不可歸責於保險人者，要保人不得要求補繳短繳之保險費。因被保險人年齡不實，致所付之保險費多於應付數額者，保險人應退還溢繳之保險費（保險法第122條）。

五、人壽保險契約之訂立

通常保險契約之訂立，先由要保人填具要保書，經保險人指派之醫師對被保險人爲身體檢查合格後（簡易人壽保險不作體檢），經保險人同意承保，簽訂保險單而成立保險契約。

（一）契約當事人

爲要保人與保險人，要保人須具保險法第16條所定之保險利益始可。

同前註，第438頁。

（二）契約關係人

1.被保險人

須爲自然人，保險法並設有消極資格之限制（保險法第107條）。

2.受益人

保險法對受益人之資格沒有限制，自然人、法人都可以，且人數不限於一人，胎兒以將來非死產者爲限，亦得爲受益人。

六、人壽保險契約之效力[4]

（一）對保險人的效力

1.保險金額的給付

保險人於被保險人在契約規定年限內死亡，或屆契約規定年限而仍生存時，依照契約負給付保險金額之責任（保險法第101條）。關於保險法第138條之2規定如下：「保險業經營人身保險業務，保險契約得約定保險金一次或分期給付（第一項）。人身保險契約中屬死亡或失能之保險金部分，要保人於保險事故發生前得預先洽訂信託契約，由保險業擔任該保險信託之受託人，其中要保人與被保險人應爲同一人，該信託契約之受益人並應爲保險契約之受益人，且以被保險人、未成年人、受監護宣告尚未撤銷者爲限（第二項）。前項信託給付屬本金部分，視爲保險給付，信託業依信託業法規定擔任保險金信託之受託人，且該信託契約之受益人與保險契約之受益人爲同一人，並以被保險人、

---

[4] 同前註，第441至443頁。

未成年人、受監護宣告尚未撤銷者爲限者，其信託給付屬本金部分，亦同（第三項）。保險業辦理保險金信託業務應設置信託專戶，並以信託財產名義表彰（第四項）。前項信託財產爲應登記之財產者，應依有關規定爲信託登記（第五項）。」

2. 代位請求的禁止

保險人不得代位行使要保人或受益人因保險事故所生對於第三人之請求權（保險法第103條）。

3. 保險人免責事由

依保險法第109條及第121條列舉如下：

(1) 被保險人故意自殺者，保險人不負給付保險金額之責任。但應將保險之保單價值準備金返還於應得之人（保險法第109條第1項）。

(2) 保險契約載有被保險人故意自殺，保險人仍應給付保險金額之條款者，其條款於訂約二年後始生效力。恢復停止效力之保險契約，其二年期限應自恢復停止效力之日起算（第109條第2項）。

(3) 被保險人因犯罪處死或拒捕或越獄致死者，保險人不負給付保險金額之責任。但保險費已付足二年以上者，保險人應將其保單價值準備金返還於應得之人（第109條第3項）。

(4) 受益人故意致被保險人於死或雖未致死者，喪失其受益權（保險法第121條第1項）。

(5) 要保人故意致被保險人於死者，保險人不負給付保險金額之責。保險費已付足二年以上者，保險人應將其保單價值準備金返還於應得之人（保險法第121條第3項）。

4. 保險費的受領權

保險人對於要保人交付或利害關係人代要保人交付之保險費，有受領權，但保險人對於保險費，不得以訴訟請求交付（保險法第117條第1項）。

5. 責任準備金返還的義務

(1) 責任準備金之意義：保險給付之來源出自保險費，故任何保險無不以支付保險費為要件。人壽保險富有儲蓄性質，保險人為準備將來債務之履行並鞏固其信用，必就其所收之保險費，扣除營業開支，並支付當年之保險金額後，將剩餘之款充作準備金。準備金為全體被保險人存款之累積，尚非保險人所有之財產。依保險法第11條規定，保險法所稱各種責任準備金，包括責任準備金、未滿期保費準備金、特別準備金及賠款準備金及其他經主管機關規定之準備金。保險業於營業年度屆滿時，應分別保險種類，計算其應提存之各種責任準備金，記載於特設之帳簿。此項所稱各種準備金比率，由主管機關（金融監督管理委員會）定之（保險法第145條）。

(2) 返還之原因：保單價值準備金應返還之原因，有被保險人故意自殺（保險法第109條第1項）。被保險人因犯罪處死，或拒捕或逃獄致死（第109條第3項），要保人故意致被保險人於死者（第121條第3項）及保險契約終止（第116條第7項）。除被保險人故意之情形外，其餘均以保險費已付足二年以上為條件，保險人始負返還之義務。

6. 解約金的償付

要保人得隨時以一方之意思表示終止保險契約。保險法第

119條規定：「要保人終止保險契約，而保險費已付足一年以上者，保險人應於接到通知接一個月內償付解約金；其金額不得少於要保人應得保單價值準備金之四分之三。償付解約金之條件及金額，應載明於保險契約。」

（二）對要保人的效力

1. 保險費交付的義務

(1) 要保人有依約交付保險費的義務（保險法第3條後段、第22條第1項），但此義務之履行，沒有專屬性。利害關係人均得代要保人交付保險費（第115條）。所謂「利害關係人」如受益人、被保險人固是利害關係人，即此外之第三人如確有利害關係，如依法受扶養權利之人，保險人亦不得拒絕。

(2) 要保人雖有交付保險費之義務，但不能強制履行。保險法第117條第1項規定：「保險人對於保險費，不得以訴訟請求交付。」因為人壽保險本兼有儲蓄性質，法律上不能強人為之，僅得以催告程序使生一定效果（第116條）。

(3) 保險費未付之效果：

①保險人之催告及三十天寬限期間：保險費到期未交付者，除契約另有訂定外，經催告到達後屆三十日仍不交付時，保險契約之效力停止（保險法第116條第1項），此三十日稱為寬限期間。此催告應送達於要保人，或負有交付保險費義務之人之最後住所或居所，保險費經催告後，應於保險人營業所交付之（保險法第116條第2項）。前述停止效力之保險契約，於停止效力之日起六個月內清償保險費、保險契約約定之利息及其他費用後，翌日上午零時起，開始恢複其效力（保險法第116條第3項

前段）。爲避免保險道德危險之產生，賦予保險人於要保人申請
保險契約效力恢復時，有危險篩選權。

　　②終止契約：保險人得以保險費未交付，在三十天寬限期
間及申請恢復效力期間屆滿後，終止契約（保險法第116條第6
項）。

　　③保險金額或年金之減少：以被保險人終身爲期，不附生存
條件之死亡保險契約，或契約訂定於若干年後給付保險金額或
年金者，如保險費已付足二年以上而不交付時，於保險法第116
條所定之恢復效力期間屆滿後，保險人僅得減少保險金額或年金
（保險法第117條第2項），而不得終止契約。

　　④約定由保險人墊繳保險費：保險契約如果約定由保險人以
保單價值準備金墊繳保險費者，當墊繳之本息超過保單價值準備
金時，其停止效力及恢復效力之申請準用保險法第116條第1項
至第6項之規定。

第二節　健康保險

一、健康保險之意義

　　健康保險乃是指當事人雙方約定，一方支付保險費於他方，
他方於被保險人疾病、分娩及因其所致失能或死亡時，負給付約
定保險金額之契約（參第125條）。所稱失能之內容，依各保險
契約之約定。

二、健康保險之種類[5]

（一）疾病保險

指以被保險人之生病，及因生病所致之殘廢死亡為保險事故之人身保險，通常包括醫藥費、住院費、手術費，及因疾病致不能工作所致之工資損失，或不能從事營業所致之業務損失。雖臺灣自民國84年3月實施社會福利之全民健保，但因其保險事故限於疾病、傷害及生育，並以醫療費用為限，且有自行負擔部分醫療費用等問題，仍不能全部替代商業性質之健康保險。

（二）生育保險

指以婦女之分娩為保險事故之健康保險。分娩採廣義解釋，不問活產或死產、妊娠期間之長短都包括在內，但不包括墮胎，及其所致疾病、殘廢或死亡。

三、健康檢查

保險人於訂立保險契約前，對於被保險人得施以健康檢查，檢查費用由保險人負擔。

四、健康保險契約的應記載事項

被保險人不與要保人為同一人時，保險契約除記載保險法第5條之基本條款外，並應載明下列事項。

（一）被保險人之姓名、年齡及住所。

（二）被保險人與要保人之關係。

同前註，第447頁。

五、健康保險契約的訂立

健康保險契約之當事人為保險人與要保人，此外亦有被保險人與受益人之契約關係人。要保人與被保險人通常為同一人，但不同一人時亦無不可，故健康保險亦得由第三人訂立。

六、健康保險契約之效力[6]

（一）健康保險契約中對保險人的效力

1. 保險金額的給付

健康保險人於被保險人疾病、分娩及其所致失能或死亡時，負給付保險金額之責。

2. 法定免責事由

(1) 保險契約訂立時，被保險人已在疾病或妊娠情況中者，保險人對是項疾病或分娩，不負給付保險金額之責任。

(2) 被保險人故意自殺或墮胎所致疾病、失能、流產或死亡，保險人不負給付保險金額之責。

3. 代位權的禁止

保險人不得代位行使要保人或受益人因保險事故，所生對第三人的請求權。

（二）健康保險契約中對要保人的效力

健康保險的保險費交付，利害關係人得代要保人交付之。

---

[6] 同前註，第448頁。

第三節　傷害保險

一、傷害保險的意義

傷害保險，謂被保險人因遭受意外傷害及其所致失能或死亡時，由保險人負給付保險金額責任的保險契約。

二、傷害保險的種類[7]

（一）普通傷害保險（一般傷害保險）

就是個人於日常生活中，可能遭遇到的一般傷害，而以之為保險事故的保險。

（二）團體傷害保險

以多數被保險人作為一個團體，而發行一張保險單的傷害保險，例如運動團體傷害保險。

（三）旅行傷害保險

被保險人在旅途中，因意外事故遭受傷害，而以之為保險事故的保險，例如飛機失事所致旅客身體的傷害。

（四）交通傷害保險

以搭乘火車、公共汽車等，定期或定時而依一定路線行駛的陸上交通工具中所生傷害為事故的一種保險。

鄭玉波著，保險法論，台北，三民書局，2019年，第164至165頁。

三、傷害保險契約之效力 [8]

（一）對保險人的效力

1. 保險金額的給付

保險人於被保險人遭受意外傷害及其所致失能或死亡時，負給付保險金額之責。

2. 法定免責事由

(1) 被保險人故意自殺，或因犯罪行為所致傷害、失能或死亡，保險人不負給付保險金額之責任。

(2) 受益人故意傷害被保險人者，無請求保險金額之權。受益人故意傷害被保險人未遂時，被保險人得撤銷其受益權利（保險法第134條）。

3. 代位的禁止

保險人不得代位行使要保人或受益人因保險事故所生對於第三人之請求權。

4. 保險費的受領權與請求權

保險人對保險費有受領權，要保人不依約交付保險費時，得以訴訟請求交付。

（二）對要保人的效力

要保人的主要義務，為保險費的交付。但此非專屬義務，因而利害關係人均得代要保人交付之。

---

[8] 同前註，第166至167頁。

　　若到期未交付保險費者，除契約另有訂定外，經催告到達後逾三十日仍不交付時，保險契約之效力停止。該項催告應送達於要保人或負有交付保險費義務之人之最後住所或居所。保險費經催告後，應於保險人營業所交付之。

第四節　年金保險

一、年金保險之意義

　　近年來因為經濟的發展，環境衛生的改善，使得老年人口的增加；每個家庭的負擔在老年生活的安排及子女教育的負擔，在在都需要政府的協助與考量，乃有「年金保險」之出現。

　　所謂年金保險者，係保險法第135條之1的規定，年金保險人於被保險人生存期間或特定期間內，依照契約負一次或分期給付一定金額之責任的保險。

二、年金保險契約應記載之事項

　　年金保險契約，除了應記載保險法第55條規定之基本條款外，尚應依照保險法第135條之2的規定應記載下列事項：
　　（一）被保險人之姓名、性別、年齡及住所。
　　（二）年金金額或確定年金金額之方法。此表示年金金額在契約上確定，亦得不予確定，僅約定確定年金金額之方法。
　　（三）受益人之姓名及與被保險人之關係。
　　（四）請求年金之期間、日期及給付方法。
　　（五）依本法第118條之規定，有減少年金之條件者，其條件。

三、受益人

（一）受益人於被保險人生存期間為被保險人本人。

（二）保險契約載有於被保險人死亡後給付年金者，其受益人準用第110條至第113條規定（保險法第135條之3）。

四、年金保險契約之訂立

年金保險契約之當事人為要保人及保險人，亦有被保險人與受益人之契約關係人。

五、準用人壽保險契約之規定

（一）第103條、第104條、第106條、第114條至第124條規定，於年金保險準用之。但於年金給付期間，要保人不得終止契約或以保險契約為質，向保險人借款（保險法第135條之4）。

（二）因保險法第107條並未準用於年金保險契約，故得以未滿十五歲之未成年人為被保險人訂立年金保險契約。又訂立年金保險契約時，以精神障礙或其他心智缺陷，致不能辨識其行為或欠缺依其辨識而行為之能力者為被保險人，仍為有效。

第四部分

海商法

章　次

第一章　緒論

　　難以否認是海洋乃陸地生命的起源。世界各國在陸地爭戰了數千年之後，開始意識到海洋世界的重要性。幾百年來，各國逐漸重視到海洋相關的各種議題。台灣四面臨海，海岸線長達一千五百餘公里。自古以來在歷史及地理上即與海洋建立了難以分割的關係。尤其是位於西太平洋之濱，位處東西交通之樞紐的台灣。更具有發展海上商務及海洋事務之優勢。

　　台灣四面環海，長久以來，即以對外貿易做為經濟命脈之主要支撐：以海洋做為對外貨運及商務之天然通道。海上商務，藉由船舶運送，貨暢其流。我國對於海上商務等活動中，以海上運輸在世界海洋舞台上扮演著重要之角色，海商法在海洋事務上居於不可忽視之核心地位。海商法即是在對海上商務之相關活動之權利義務及責任的規範，有其一定之國內及國際地位。

第二章　通則

第一節　海商法之意義

自古以來，人類爲了生存發展，從陸地上的各種社會活動的經營擴大到占地球表面積百分之七十一的海洋。審視各民族在過去數千年的經營發展，可以發現以船舶做爲主要的交通運送工具，往來經營各種商業的活動，形成一種重要的經濟行爲。

檢視各國對於海上事務之經營管理規範，因爲本身歷史文化背景之不同，往往會有自成一套之海事慣例或法規，用以保護其本國國民之經濟利益，而有助於各個國家本身之對外貿易的發展。

一般而言，海商法係以航海方面所發生之商業事件內容，作爲規範對象之一種商事法規範。具體而言，即是在規定船舶在海上或與海面相通之水面或水中航行時，所發生法律上之權利義務與責任之法律關係規範。基本上，海商法既屬海洋法，又爲商事法之一部分，則可將其稱之爲關於商事之海洋法；或關於海洋之商事法。

一般通稱海商法係以海上商事法爲主要規範對象之商事法的一環。其意義如下[1]：

一、海商法爲民事特別法

我國爲民商合一的國家，並無獨立的商法典，但有單行之商事法，故現行海商法係民商合一制度下之單行商事法，亦爲商法

---

[1] 潘維大等著，商事法，台北，三民書局，1998年，第179頁。

之一部分。

　　按民國18年公布之海商法第7條規定：「海商本法無規定者，適用民法之規定。」另現行海商法第5條規定：「海商事件，依本法之規定，本法無規定者，適用其他法律之規定。」因之，從上述及舊法與現行法之規定可知，海商法為民法之特別法固屬無疑。

二、海商法所規範者以私法上之權利義務關係為主

　　海商法是以船舶營運為業務的商業組織者及其活動為規範對象的法律，是屬於商法，然其內容不限於商業行為，例如本法第六章所規範之「船舶碰撞」，即非商業行為。

三、海商法為船舶航行海上或在與海相通之水面或水中之特別法

　　海商法適用之地域不限於海洋，凡是河流或湖泊的水面與海相通者，均可有海商法的適用。反之，像日月潭之渡輪承載貨物所生的法律關係，即無海商法規定之適用，蓋日月潭並未與海相通之故。

第二節　海商法之規範內容

　　現行海商法計分八章，共153條。除了第一章通則及第八章附則外，其餘分為：海上組織、海上活動、海上事故及海上保險四大部分。海上組織涵蓋第二章之船舶，規範船舶所有權、海事優先權及船舶抵押權。海上活動涵蓋第三章之運送，規範貨物運送、旅客運送及船舶拖帶。海上事故涵蓋第四章船舶碰撞、第五章海難救助及第六章共同海損。最後，在第七章規範海上保險。

第三節　海商法之特色

海商法之主要特色計有下列五者：一、航海之危險性；二、船舶之孤立性；三、危險發生之全損性；四、航海利益之團體性思維；五、有國際性。分述如下[2]：

一、航海之危險性

船舶裝載人貨，乘風破浪，賴以終航的，惟有風平浪靜。然大海汪洋無際、波濤洶湧再加以天候變幻莫測，使海上航行危險重重，是人力所難抗拒的。再加以可能之人為過失或第三人行為所造成的船舶碰撞，更突顯航海的危險性。

二、船舶之孤立性

船舶裝載人貨，通常孤舟航行於汪洋大海之中，等於與外界隔絕，一旦遭遇危險，海上的救援往往緩不濟急，致使船貨盡失，業者損失慘重。因為船舶的孤立性，是肯定船長船舶上統御領導的權限，使船長具有所謂的司法警察權。

三、危險發生之全損性

船舶既裝載人貨航行於大海，由於船舶的孤立性，救助困難，常致使船貨盡損，無一倖免。是在海商法上，產生了船舶所有人限制責任制度的思想。

四、航海利益之團體性

由於航海之危險性、船舶之孤立性，再加以危險發生的全損

---

[2] 同前註，第180至181頁。

性，導致所謂的「航海利益團體」思維的建立，使從事航海冒險之人組織一利益與損失的共同體。此團體性思維表現於海商法的共同海損制度及船舶共有制度上。

五、海商法之國際性

海洋乃人類共同的自由通路，船舶自由航行貿易其間，裝載人貨往來溝通世界各港口。既貿易擴大、海運大通，若各國海商法不能統一，各行其事，將致船舶業者及從事海上貿易人員疲於奔命，無所適從，成為貿易的障礙，故自本世紀始，乃有國際統一化之運動，或有協議或有條約，海商法遂成為一世界法。

第四節　海商法之船舶

依船舶法第4條之規定，所謂船舶者乃是指「在水面或水中可供航行之船舶」。依此概念可知，船舶尚須具備下列主觀條件及客觀條件[3]：

一、主觀要件

即施智謀教授所稱之「意」的要件。乃指船舶建造的目的在供自出航行於水面或水中之謂；簡言之，該船舶之建造目的須是供航行之用。但船舶之航行不以具有經常性為必要，如僅一時停航，暫移為他用，例如作為水上旅館、水上碼頭之用，而非永久地變更其目的者，仍不失為一船舶。然究竟船舶之移用，其性質是屬暫時性或永久性發生疑義時，首先應探求當事人表現出來的

---

[3] 同前註，第182頁。

眞意，若無從探知時，則應視爲僅是爲暫時性的移用，仍承認其船舶性。若船舶因受損而暫時被解體，而有修復之意圖者，亦不失爲一船舶。

二、客觀要件

即施智謀教授所稱之「能」的要件。乃指該所稱之船舶在外觀上須有船舶的形態，若僅是能在水中浮動承載輕量人貨之物體，例如竹筏、橡皮艇、舢舨等之類船艇者，則非此處所稱之「船舶」。又一船舶在效用上須具備航行之功能者，始能稱爲眞正的船舶。蓋一船體雖具有船舶之形態，然並非供作航行之用或不具備航行之功能者，例如僅作爲船塢、浮橋、水上倉庫等用時，則非屬船舶。

凡「在海上航行，或在與海相通之水面或水中航行之船舶」，即爲海商法所稱之船舶。其要件如下[4]：

（一）須爲船舶

一船舶除具備前述之要件外，尚須具備：

1.在設計的考量上具有浮動性、機動性，且有在水面上裝載人或貨物從事運送的能力。

2.該結構體會暴露在一般海面上的風險中，例如觸礁，且能朝一定方向爲運動，而非隨波逐流、漫無目標。

（二）就航行目的而言

係指商船，而非軍艦或公務船，此可由海商法第3條第2款及第3款得知海商法上之船舶不包括軍艦及公務船。

---

[4] 同前註，第183頁。

（三）就航行地域而言

　　須為海船、非河船，依海商法第1條規定，航行地域限於「在海上航行及在與海相通水面或水中航行之船舶」。且所謂「海上航行」，是採「實際海上航行主義」，非如其他國家採「登記主義」作為是否為海商法上船舶之判斷標準。而所謂「與海相通之水面或水中」，根據實務（21年院字第80號解釋）認為不但須與海相通，且須為船舶所能直接到達者，若其中有淺灘阻塞或有其他隔阻，即非海商法之水面，是為狹義說。另有學者，採廣義說，以為只要其水域直接或間接與海相通，不論有否阻塞，即為海商法上之水面。

（四）就噸位而言

　　是乃大船而非小船。依海商法第3條第1款依船舶法規定採雙軌制，即總噸位，於動力船舶，在二十噸以上者；非動力船舶，在五十噸以上者，才是屬於海商法上之船舶，否則除船舶碰撞外，不適用海商法之規定。其區別目的乃在鼓勵一般人建造動力船舶而淘汰非動力船舶以及有意排除遊樂性之私人非動力船舶，故對非動力船舶之噸位要求較嚴格。

　　上述要件均具備者，始能稱為海商法之船舶。否則若只是總噸位符合第3條第1款之限制，而僅能航行內河之船舶，仍不能適用海商法（21年院字第807號）。又雖是航行於海上或與海相通之水面或水中的漁船，其總噸數未能符合本法所定之限制者，則依法即不得認為係海商法之船舶而應視之為民法上所稱動產之一（51年台上字第2242號）。

第五節　海商法之船舶特性

依一般通說，認為海商法上之船舶乃具有不動產性與人格性，分述於下[5]：

一、船舶之不動產性

依民法第66條規定「稱不動產者，謂土地及其定著物」、第67條規定「稱動產者，為前條所稱不動產以外之物」，蓋船舶並非土地及其定著物，原為動產，海商法亦承認其為動產。然船舶之價值與體積不菲，遠非一般動產所能比擬，故在法律上常以不動產看待之，可由下列情形看出：

（一）登記

船舶雖是動產，但關於所有權、抵押權、租賃權之設定、移轉、變更、限制或消滅，非經登記，不得對抗第三人，是採「登記對抗主義」；與民法規定不動產物權，依法律行為而取得、設定、喪失及變更者，非經登記不生效力略有差異，蓋一般不動產係採登記生效要件。

（二）抵押

船舶得為抵押之標的，且得就建造中之船舶設定之。是項設定行為，依海商法第33條之規定「應以書面為之」，並經登記始得對抗第三人。蓋以動產為債權擔保者，除動產擔保交易法有動產抵押之名稱外，在民法是稱為質權，而質權之設定，並無登記制度。

---

[5]　同前註，第185至186頁。

（三）租賃

關於租賃權利之登記，只限於不動產，惟我船舶法及船舶登記法均規定應行登記，且登記後，對於此後取得船舶，亦生效力。

（四）強制執行

船舶之強制執行，依強制執行法第114條，準用不動產的執行程序。

二、船舶之人格性

船舶為「物」，乃所有權之標的，但其在法律上之地位，常類似於自然人或法人，學者稱此為船舶之「人格性」，謹分述如下：

（一）船名

依船舶登記法第12條第1款規定，船名乃船舶應行登記之事項，其船名與自然人之姓名及法人名稱相類似，所謂船舶個別化是也。

（二）國籍

依船舶法第5條，船舶應具國籍且採「船舶所有人國籍歸屬主義」。蓋本國船舶與外國船舶在法律上權利義務不同，是究為何一國家之船舶，乃依該船舶之國籍確定之，就好像自然人之國籍來定其權利義務般。

（三）船籍港

船舶之船籍港，類似自然人及法人之住所，由船舶所有人自

行認定，且爲應登記事項之一。

第六節　船舶之強制執行

關於船舶之強制執行乃是由船舶停泊港所屬之法院所管轄。而執行之方法，非海商法上之船舶，係依一般動產之執行方法爲之，而海商法上之船舶及建造中之船舶則依強制執行法第114條第1項規定：「……其強制執行，除本法另有規定外，準用關於不動產執行之規定……」，又強制執行法第75條第1項：「不動產之強制執行，以查封、拍賣、強制管理之方式行之。」

另民國88年修正前的海商法第4條規定：「船舶之扣押、假扣押、自運送人……」，故可知船舶強制執行的原因包括[6]：

一、扣押

究竟民國88年修正前之海商法第4條所稱之「扣押」意義爲何？學者與實務之見解互有爭議：有採終局執行之「查封」說者，認爲本條將「扣押」與「假扣押」併列，假扣押既指保全程序之查封，則「扣押」應指終局執行之查封，以相對應，否則「假扣押」將無意義。亦有採查封說者，認爲扣押即強制執行法之「查封」，此乃基於民法第294條第1項第3款規定債權禁止扣押，第601條之1規定第三人就寄託物爲扣押之「扣押」；且扣押應即日本法之「差押」，意指法制執行下之查封；另德國舊法第482條亦認爲係指查封，是學者多採此說。但在實務上，前司法行政部63年3月23日台函民字第02582號函則採前說，認扣押

---

[6] 同前註，第187至188頁。

係終局執行之「查封」。

二、假扣押

　　係指保全程序中之假扣押。通說以為另一保全程序——假處分亦可類推適用本條之「假扣押」，因假處分亦係保全程序之一種，其執行將可使船舶之航運受影響，為貫徹海商法第4條保護社會公益之立法精神，其行使應受海商法第4條之限制，又強制執行法第114條第3項規定船舶之保全程序之執行，依其修正理由認為所謂「保全程序」包括假扣押、假處分之程序。

　　因船舶與一般動產、不動產性質有異，故針對船舶之扣押或假扣押，海商法設有下列限制：

（一）扣押或假扣押時期之限制

　　關於船舶之強制執行，海商法第4條第1項規定：「……於船舶發航準備完成時起，以迄於航行至次一停泊港時止，不得為之。」所謂「發航準備完成時」，有學者採實質主義認以「發航準備實際完成之際」為決定標準，而不以形式上是否領得發行許可證為唯一條件，然拙見以為如此將造成「是否發航準備完成」的認定困難。是本文以為應依「辦理強制執行事件應行注意事項」第61條第3項規定，所謂發航準備完成者，指船長已取得當地航政主管機關核准發航及海關准結關放行之情形而言。以形式上領得發行許可證為「發航準備完成時」之時點，故認採形式主義說為妥。又所謂「航行完成時」，係指船舶於該次航行已到達預定停泊港，是採航段主義。而實務上，依「辦理強制執行事件應行注意事項」第61條第3項規定：「所謂航行完成，指船舶到達下次預定停泊之商港而言」，亦係採「航段主義」。而「為使

航行可能所生之債務」，則通說認爲應限於「本次航行」所發生者，此爲避免債權人怠於行使權利，且基於海商法第4條第1項但書屬例外規定，故須從嚴解釋，使其限於本次航行。

（二）假扣押方法之限制

船舶之強制執行，準用不動產之執行程序，已見前述。一般不動產之假扣押，除亦得爲揭示外，並應交由一定之人保管，是否得爲管理使用，執行法院有裁量權。在船舶之假扣押，海商法第4條第2項規定國境內航行船舶之保全程序，得以揭示方法爲之。似乎得僅以揭示方法爲之，使之得發揮經濟價值。

第七節　法律之適用

海商法第5條明白指出：海商事件，依本法之規定，本法無規定者，適用其他法律之規定。此乃因海商法爲民法之特別法，依特別法優於普通法以及普通法補充特別法之原則，如海商法已設有規定時，自應優先於民法而爲適用，必海商法無規定時，始得適用民法之規定。惟海事之特別法，如船舶法、船舶登記法等，則爲海商法之特別法，應優先海商法而爲適用。至海商法如無規定，而其他民事特別法有規定時，其他民事特別法仍優先於民法而爲適用，例如海商法中之海上保險無規定時，即須先行適用保險法之規定，必保險法無規定時，始得適用民法是。

其適用之原則，端視何法爲特別法。依特別法優先適用於普通法之法律適用基本原則來作出決定。

第三章　船舶所有權

第一節　船舶所有權之範圍

一、船舶所有權之讓與

　　海商法第7條規定船舶所有權範圍：「除給養品外，凡於航行上或營業上必需之一切設備及屬具，皆視為船舶之一部。」此一規定之重點在於，所有權讓與時，船舶上哪些部分屬於船舶所有權範圍，以致讓與移轉所有人時有明確法律效果。

　　船舶為一合成物，即動產與動產之合成者，海商法為使船舶維持整體經濟上利用價值，便有整體所有權，而於此範圍內視為一體不可分。若分開，將使船舶之功能喪失。故法律上有下列幾則，應為注意[1]：

（一）所有權移轉於第三人時，須確定範圍，以維持船舶之整體功能、價值與效用。

（二）應為概括性之規定

　　船舶林林總總，其設備因所有人之喜好及船舶本身不同之功能（運客、載貨、散裝、集體……），若要列舉其內容並不可能，故給予概括規定、相對性訂定所有權之範圍，使具彈性，俾能因應各不同之情況與需要。

（三）相對性之條件

　　航行（指機械、汽機與商業無涉）或營業上（指商業、載

---

[1] 柯澤東，海商法：新世紀幾何觀海商法學，台北，元照出版有限公司，2010年，第66頁。

客、貨等）所「必需」之一切設備及屬具，皆視為船舶之一部。

　　相對性在此可應用於排除特定船舶非必需之設備、屬具，如：救生艇有數個，而若非航行上全部必要時，多餘者除契約另行約定，否則，可與船舶分離而為處分，不計入所有權移轉範圍。

（四）第7條不以所有人區別，而以航行或營業上之必要與否為決定其範圍之標準

　　海商法第7條規定，在船舶上之設備或屬具，縱非屬同一船舶所有人，若屬船舶、航行及營業所必需者，亦不能與船舶分離，出讓時應一起出讓，不因為屬第三人之所有而為不同之處分。但讓與契約有相反之約定者，不在此限。

　　因此，船舶所有範圍包括：

　　1.船舶本體：包括船殼、甲板與汽機三部。

　　2.設備：依船舶設備規則第6條之例舉規定如：救生、電信、冷藏等設備。其內容雖非絕對，但屬固定設施。第16款所規定「其他經主管機關公告應配備之設備」，為概括規定。

　　3.屬具：救生方面之超重機、羅盤、測量氣候之儀器、救生艇……等航行或營業上所必要之設備均屬之。

二、船舶所有權讓與之證明

　　海商法第8條規定：船舶所有權或應有部分之讓與，非作成書面並依下列之規定，不生效力：

　　（一）在中華民國，應申請讓與地或船舶所在地航政主管機關蓋印證明。

　　（二）在外國，應申請中華民國駐外使領館、代表處或其他

外交部授權機構蓋印證明。

1.書面：指以書面形式條件之具備爲生效要件，而非僅是注意事項。

2.形式要求：

(1) 讓與在我國發生，應申請讓與地或船舶所在地之航政主管機關蓋印證明。

(2) 在外國發生，若無領事館，應就近向我國駐外商務、經齊、文化、科技相關代表政府機關之申請蓋印證明。若仍無，則用該國航管機關（經我國授權）之簽證或其法律公證，宜就近其他可生公權力法律力之機關或機構公證（此爲本書提議之解決方法）。

第二節　船舶所有權之取得與消滅

一、船舶所有權之取得

船舶所有權之取得，一般而言，有下列兩種方式[2]：（一）原始取得。此指最正常之取得方式，如由新船買賣或承攬建造之取得，係船舶所有權原始創設。另爲因國家（政府）行爲或法律規定，認爲屬原始取得者。前者之取得方式稱一般方式之取得；後者爲特別方式之取得；（二）繼受取得。指本於他人之權利而取得所有權。其形態有舊船之買賣、贈與、繼承而取得所有權，勾屬所有權移轉或稱船舶讓與問題。

同前註，第68至71頁。

（一）原始取得

1.特別方式取得：係由國家或法律規定。

(1) 捕獲：敵國之漁船、商船及其他非軍用之船舶，或中立國具敵性之私船（如：基於國家主權，國際公法下以為具敵性或本國以為違背中立之法規），則經軍方捕獲法庭判決、拍賣後取得所有權之人，成立新所有權。

(2) 徵用：政府為公共設施或戰時緊急時徵用民船，通常給予相當補償。在國家長期使用後成為國家船舶，戰後經拍賣而為私人拍走後成立新所有權。

(3) 沒收：本國船舶因牴觸禁運之規定或徵稅之義務，或其他公法規定而為國家沒收之船舶，於國家拍賣取得所有權之人，乃得新所有權。

(4) 委付：（前三種乃公法作用所取得之方式）此即為私法方式而取得者。非由雙方意思約定讓與，而係因法律規定，被保險人有權主張委付，若保險人接受委付，則委付自得為委付發生原因日起，發生效力，所有權移轉於保險人；若保險人拒絕被保險人之委付，則被保人可訴諸法院，經判決確定後，自發生委付原因之日起，船舶視為保險人所有。惟委付未經承諾前，被保險人對於保險標的物之一切權利不受影響。保險人或被保險人對於保險標的採取救助、保護或回復之各項措施，不視為已承諾或拋棄委付。

2.一般方式取得：自材自建，帆船時代之船多屬之，現代則分工。

(1) 建造：

①承攬建造（契約）：船舶之定造人與承攬人由外觀之視為承攬及委建，但實質上卻屬買賣關係。建造方式有二：

A.由建造人提供建材、圖案及監督人，而在承攬建造人之所在地由承攬人提供場所、建造人員、工程師。

B.由定造人提供監督及圖案模式及資金，其餘由承攬人提供。

契約書中多約定依工作進度完成階段提供資金。船舶與陸上建築物之所有權取得方式有異。建築物須工作完成交付尾款時所有權方移轉，而船舶因造價昂貴，除小船外，大船之建造則大致有二類型契約：

a.由定造人原始取得所有權方式：有以每階段完成時，依契約或每階段到達日期時，分期付款支付償金，分期分段移轉所有權。因若等建造完成才移轉所有權，則因建造時間長，資金大，承攬人恐有破產或不履行之情形，而涉及所有權之移轉，定造人可設定抵押以資保障。另，陸上建築所有權於建築物完成即移轉所有權。但船舶則須下水試航，經三次才算完成，並有保固期間。若保固期間（如六個月）內發現有重大瑕疵，則依契約，所有人得主張：(a)解除契約；(b)請求損害賠償（此與陸上建築物之無保固期間有別）。

b.另類契約，係由承攬建造人原始取得所有權：此類船舶承攬建造契約，因依建造階段分期付款，由定作人或其代理人監督，但於船舶建造完成落成並經試水後始生交付，移轉所有權。

②承攬建造中之破產：海商法為獎勵及保護造船工業，船舶建造中，若承攬建造人破產，而破產人不為完成建造者，自有妨害航業，為使船舶能完成其建造而不受影響，海商法於第10條規定保護與振興航業。於承攬建造人破產時，定造人有以下方法完成造船：一為定造人得將船舶及業已交付之或預定之材料，照估價扣除已付之定金，給償收取之。自行或另與他人訂約繼續船

舶之承攬建築。或定造人自行出資建造，於原造船廠完成建造，此時因利用造船廠定作應給付報酬。

(2) 買賣－新船買賣：須做成書面，不問為全部或一部讓與證明，已如前述：

①在我國作成所有權讓與：應申請讓與地或船舶所在地之航政主管機關之蓋印證明。

②在外國讓與：申請中華民國駐外使領館、代表處或其他外交部授權機構蓋印證明。已讓與所有權，欲對抗第三人，須對所讓與之全部或一部分新登記。若未登記，雖仍有讓與，但不得對抗第三人，故登記乃對抗要件，非生效要件。

（二）繼受取得

有三點特別注意：

1.方式有二：法定繼受取得方式，乃依法律之規定而取得者，如繼承及意定之繼受方式；基於當事人之意思而取得者，如舊船之買賣、贈與、拍賣。

2.所有權之移轉：無論上面何種方式之繼受取得，均發生船舶所有權移轉問題。故涉及應依海商法規定有關「船舶讓與」及移轉「登記」之規定，應作成書面讓與契約，並經官署或機構之蓋印證明，經所有權之移轉登記，俾得對抗第三人，以防糾紛。

3.拍賣：包括自願拍賣、法院拍賣及海關拍賣：

(1) 自願拍賣及強制執行法院之拍賣，應解為買賣之一種。

(2) 海關之沒收，固為原始取得，但再經海關行政拍賣，成為民法上之契約所有權，為繼受取得，由買受人——拍得人再設登記。

二、船舶所有權之消滅

其消滅可分二情形如下[3]：

（一）船舶所有權之權利客體未消滅

因移轉所有人而變動權利主體，就前所有人主體言，則為船舶所有權之消滅。

（二）船舶權利客體之實際消滅

1. 船舶失蹤：經一定期限視為消滅。
2. 船舶滅失：如全部燒毀，不能修復。
3. 船舶沈沒深海：雖在海底有其實體，似不消滅，但實質上不可能打撈，視為實際上消滅。
4. 拋棄船舶：故意拋棄者，視為滅失而消滅。

第三節　船舶共有

一、船舶共有之起因[4]

船舶共有（Parts-Owners或Co-Owners）乃係中古時代所遺留之小型資本的航海企業組織形態。蓋因中古時代，船舶建造所需資本龐大，絕非一人資力所能承擔；加以當時船舶構造簡單，通訊設備不發達，船舶保險制度亦未產生，致使船舶航海上業務時常孤立無援，人船盡溺、血本無歸之事故頻仍。因之，有志於海上業務經營者，在資金需求以及危險分擔的原則下，乃結合眾人，共同投注資金，以共同經營航海業務並依所投資金比例，分

同前註，第71頁。
邱錦添，海商法新論，台北，元照出版有限公司，2008年，第81頁。

擔損益，此即爲船舶共有制度之濫觴。其後蒸汽機問世，傭船運送之經營方式漸爲定期運送及件貨運送所取代，船舶共有制度乃大行其道。

迨至近代，科技進步，交通發達，船舶航行之動力，早已由機械運轉、電腦操控取代人力操作；船舶體積亦非昔日小型船隻可比，因而船舶建造所需之成本，大大提高，較以往者尤鉅，亦非少數人所能負擔。加以公司形態之企業組織已取代船舶共有制度，因之，船舶共有之經營形態，已日漸式微。惟船舶共有制度，在小型之不定期航運及遠洋漁業之場合，仍有存在之價值，如英、美、德、法、日等公司制度發達之國家，至今仍保留船舶共有制度。我國海商法制定當時，航業尚未發達，公司組織亦未健全，船舶共有之情形頗多，故參酌外國立法例，將共有制度列入海商法內，以資適用。

二、船舶共有之性質

我國海商法就船舶共有，並無定義之規定，學者間見解有二[5]：

（一）單純共有說

認爲船舶爲數人所分別共有者，縱令共有人共同經營海上事業，亦不推定該數人間爲合夥關係。除原屬合夥組織，係另一法律關係外，所有共有船舶，縱依民法規定應認爲公司共有，如因繼承而取得者，仍應依船舶登記法爲共有之登記，載明各人應有部分，而改爲海商法上可分之共有。

---

[5] 同前註，第82頁。

（二）合夥關係說

認為船舶共有，為物權法上之分別共有與民法上之合夥契約所結合而成之一特殊關係。對於船舶共有所生之法律關係，我國海商法無特別規定，共有人間亦無特別約定者，仍應適用民法上關於合夥之規定。

以上二說，第一說為通說。因此，我國海商法上之船舶共有，係為普通法「民法」所規定共有關係以外，屬於特別法「海商法」上所規定之特殊共有關係。

三、船舶共有之要件

海商法上之船舶共有，係指二人以上互約出資購置一船舶，並各對船舶之所有權享有應有部分之權利，以藉船舶之航海而獲利之共同投資關係。由是可知，其要件如下[6]：

（一）須有多數共有人

船舶共有，應指多數法律上具有獨立人格者共有船舶，故無論自然人、法人，均得為船舶共有人，且船舶可由自然人與自然人共有、自然人與法人共有、法人與法人共有。又多數人共組公司，而購置一船舶者，僅公司為船舶所有人，公司之股東並非船舶所有人。

（二）須存於單一船舶

船舶共有關係，僅存在單一船舶上，亦即僅存在一艘船舶上。倘數人共有數艘船，則為數船舶共有關係，非僅為一單純共有關係。

同前註，第84頁。

（三）須有分別共有關係存在

　　單一船舶上，其所有權必須有多數分別共有之物權關係存在，亦即各共有人於共有之船舶，各有其應有部分者，始生船舶共有關係。倘無，則無海商法適用之餘地。如數人共租一舶船，或數人共有一船舶之抵押權或優先權者，該等權利關係既非物權法上之分別共有關係，故無從成立船舶共有之關係。此外，即使數人於物權法上共有一船舶，惟其共有關係非為分別共有，而為公同共有關係者，如數繼承人因繼承而公同共有一船舶，或各合夥人以合夥之名義購置一船舶，該船舶即為合夥人共同共有之財產等情形，均非海商法上所稱船舶共有關係，故該等公同共有人對第三人之責任及彼此間之法律關係，僅得適用民法上有關之規定。

（四）須共同為航海業務之經營

　　所謂共同為航海業務之經營，係指二人以上共同為「藉航海而獲利」之行為，例如數人購置船舶從事客貨運送、拖帶、引水或漁撈等業務。故如船舶下水試航，雖實際並非航海業務，然其顯為航海業務之必要行為，解釋上應認為已具共同為航海業務之經營要件，故在試航中船舶碰撞而應負損害賠償責任時，船舶共有人可主張海商法第14條第1項債務比例分擔之原則。惟須注意者，共有船舶雖係「藉航海而獲利」，然卻不因之而推定其為合夥組織。

四、船舶共有人之內部關係[7]

（一）共有船舶之處分

　　共有船舶之處分，及其他與共有人共同利益有關之事項，應以共有人過半數並其應有部分之價值合計過半數之同意為之。所謂船舶之處分，非僅船舶之讓與，即船舶之抵押，亦屬處分行為。其他與共有人共同利益有關之事項，如船舶之出租是。

（二）應有部分之出賣

　　船舶共有人出賣其應有部分，固無須經他共有人之同意，得自由為之。惟如因船舶共有權一部分之出賣，致該船舶喪失中華民國國籍時，則應得共有人全體之同意，蓋以其攸關全體共有人之利益故也。又船舶共有人有出賣其應有部分時，其他共有人，得以同一價格儘先承買，是為船舶共有人之優先承買權。

（三）應有部分之抵押

　　船舶共有人，以其應有部分供抵押時，應得其他共有人過半數之同意。蓋以應有部分供抵押，則船舶將有被扣押之虞。

（四）共有關係之退出

　　船舶共有人為船長而被辭退或解任時，得退出共有關係，並請求返還其應有部分之資金。至於資金數額，依當事人之協議定之，協議不成時，由法院裁定之。且退出共有關係之權，自被辭退之日起算，經一個月不行使而消滅，俾法律關係早日確定。

王立中，商事法新論，台北，三民書局，2010年，第234頁。

（五）共有關係之繼續

船舶之共有關係，不因共有人中一人之死亡、破產或受監護宣告而終止，以免海運事業因個人因素而中斷。

五、船舶共有人之外部關係[8]

（一）債務之分擔

船舶共有人，對於利用船舶所生之債務，就其應有部分，負比例分擔之責。例如船舶之燃料或修理費用，均為利用船舶所生之債務。又共有人對於發生債務之管理行為，曾經拒絕同意者，關於此項債務，得委棄其應有部分於他共有人而免其責任，是為船舶共有人之免責委棄權。蓋航海事業風險較大，如此所以減輕船舶共有人之責任，藉以獎勵海運事業之投資。

（二）共有船舶經理人

共有船舶其共有人非必均具有經營航業之能力，且因人數眾多，意見紛歧，故應選任共有船舶經理人，經營其業務。茲就本法有關共有船舶經理人之規定，述之如下：

1.共有船舶經理人之選任

共有船舶經理人之選任，應以共有人過半數，並其應有部分之價值合計過半數之同意為之。

2.共有船舶經理人之權限

共有船舶經理人，關於船舶之營運，在訴訟上或訴訟外代表

---

[8] 同前註，第235頁。

共有人。惟共有船舶經理人，非經共有人依海商法第11條規定之書面委任，不得出賣或抵押其船舶，以示慎重。又船舶共有人，對於共有船舶經理人權限所加之限制，不得對抗善意第三人，藉保交易之安全。

3.共有船舶經理人之義務

共有船舶經理人，於每次航行完成後，應將其經過情形，報告於共有人，共有人亦得隨時檢查其營業情形，並查閱帳簿。俾便監督經營而維護船舶共有人之利益。

六、建造中船舶所有權之歸屬

所謂建造中之船舶，是指自安放龍骨或相當於安放龍骨之時起，至其成為海商法所定之船舶為止之船舶。因船舶價昂，故建造中船舶之所有權歸屬，頗有爭議，且法律亦有對定造人之保障規定，將其分別說明如下[9]：

（一）建造中船舶所有權之歸屬

建造中船舶所有權，究應屬造船廠？或定造人？學說上有不同意見。第一說認為除當事人另有約定外，應屬造船廠所有。第二說則以全部或主要材料由誰提供，而決定所有權人，即由定造人提供者，以定造人為所有權人；如由造船廠提供者，則由造船廠取得所有權。以上二說，以第一說較合承攬契約及加工之法理，自值贊同。

吳威志主編，商事法，台北，全華科技公司，2003年，第358頁。

（二）建造中船舶定造人之權利保障

　　依海商法第10條規定：「船舶建造中，承攬人破產而破產管理人不爲完成建造者，船舶定造人，得將船舶及業經交付或預定之材料，照估價扣除已付定金給償收取之，並得自行出資在原處完成建造。但使用船廠應給與報償。」即定造人有給償收取權及完成建造權之規定。

第四章　船舶所有人責任限制制度

第一節　船舶所有人責任限制之立法理由

　　船舶所有人責任限制是國際上普遍實行的海事賠償制度，也是海商法特有的一種制度。所謂「船舶所有人責任限制」是指船舶無論是在航行中或停泊時，凡因船長在執行職務時的作為或不作為，或因其他航海事故而產生的重大民事責任，船舶所有人在法律規定的最高限度之內承擔損害賠償責任。但船舶所有人有過錯或知情、參與而造成損害的不在此限：此為民法第188條之特別規定[1]。

　　因此，船舶所有人在海商法上之責任安排，特別是在責任限制制度之建立，有其立法上之正當理由，說明如下[2]：

一、船長在航海中權限極大，船舶所有人不易指揮命令

　　船長在航海中權限極廣，其行為亦極為自由，船舶所有人實在不易指揮命令，縱然現代通訊設備發達，分公司及營業所普遍設立，但於船舶發航後船長負有指揮監督之責，實非船舶所有人所能直接指揮命令。

二、海員在航海中行動自由，船舶所有人無法直接指揮監督

　　海員在航海中行動自由，船舶所有人不易直接指揮監督，且受航政主管機關監督之事由頗多，對海員之選任、解任，亦難任意辦理。

吳威志主編，商事法，台北，全華科技公司，2003年，第359頁。
邱錦添，海商法新論，台北，元照出版公司，2008年，第359頁。

374 商事法通論 ▶ ▶ ▶

三、僱用合格船長海員，故伊等之航海技術，船舶所有人無義務
再爲審究而鮮少過失

四、若不減輕船舶所有人責任，人人將視航海爲畏途

　　航海事業，危險性既高，其損害之金額又極其龐大，若令船
舶所有人於「海上財產」之外，復須以「陸上財產」賠償之，將
致使個人傾家蕩產、影響社會經濟，如此人人將視航海爲畏途，
海運事業焉能發展。

五、海商企業關係國勢之強弱，於國策上實有特加保護之必要

　　海商企業本爲一國軍事政治經濟活動之基礎，海商之盛衰關
係國勢之強弱，因此爲獎勵航業、發展國貿、鞏固海權，於國策
上實有特加保護之必要。

　　前述第一至三之理由，因目前通訊設備極其發達，其構成理
由之重要性，顯已不如從前。就上開第四之理由，因我國現行法
已有法定免責之規定，此法定免責之規定，就船舶所有人的保護
而言，實益尤甚於「船舶所有人責任限制」，因此第四之理由，
就船舶所有人之保護或鼓勵而言，並非甚爲重要。

第二節　船舶所有人責任限制原則之必要性與正當性[3]

　　所謂船舶所有人責任限制者，乃指陸上運輸工具所有人負無
限責任之賠償，而海上運輸船舶所有人享受責任限制之賠償原則
也，其理由爲：

　　一、國家爲了鼓勵發展航海事業，自十九世紀中葉納入國內

---

[3] 柯澤東，海商法：新世紀幾何觀海商法學，台北，元照出版公司，2010年，第83頁。

立法。

　　二、海上風險多、大且無常（與陸上相比較）。

　　三、船舶所有人與船長各分開其責任，船舶一出海即離開船東之控制，由船長指揮。而船長乃經國家考試合格，領有執照。因此，船長之航行上過失或侵權行為或航海、商業之行為或因契約所生之債務，往往非船舶所有人所能控制者，不應負連帶責任，僅負部分責任即可。其他責任，則屬國家發照予船長錯誤（船東依據執照僱用船長，而執照為國家所發給）。

　　但反對者以為，以上之理由不足以作為支持船舶所有人責任限制，蓋：

　　一、現代國家所有事業均應予鼓勵，故以獎勵此事業為理由以是而非，不利者為受害人。

　　二、海上風險，由於現代科技進步與發達，多方面控制船舶與海難風險方法已較以往增進改良。

　　三、現今通訊技術發達，船東、船長之責任應係一體，不應予以劃分，而陸上事業受僱人脫離僱用人之例亦多，即單憑執照僱用者，陸上情形亦多。

　　所以反對者認為，此原則應該去除，該條文應刪除。但1924年、1957年、1976年諸國際公法仍予維持此原則，到現階段仍受各國立法所贊同。船舶所有人責任限制一方面固為發展一國海運之所需，但他方面亦應與國際公約相調適。

　　應特別注意者為：

　　一、本原則之政策重於法律，故協調性、妥協性遠超過法律技術面。

　　二、由各國家決定該原則所應採取之不同內容與標準，應逐漸使受害人之保護擴大周全。

三、至現階段作為支持此原則之理由，自法律觀點言，應有二：

（一）海上風險之特殊性（前反對理由之二），終難克服，異於陸上。

（二）現代保險制度尚無法承保船舶所有人無限責任之範圍。因海上特殊風險，保險公司不願承保全部風險之責任。雖科技進步，造船設計、設備及材料改進，但仍無法認為陸上、海上之風險無差別，故船舶所有人仍須藉本原則，使其責任有所限制。

第三節　船舶所有人責任限制之事由[4]

船舶所有人原應對債務負無限責任為原則，但海商法為了保護船舶所有人，獎勵航海事業，特減輕船舶所有人的責任，使負有限責任。然依海商法第21條第1項規定，船舶所有人僅得於下列事由發生時，始可主張限制責任。即：

一、在船上、操作船舶或救助工作直接所致人身傷亡或財物毀損滅失之損害賠償。

二、船舶操作或救助工作所致權益侵害之損害賠償。但不包括因契約關係所生之損害賠償。

三、沈船或落海之打撈移除所生之債務。但不包括依契約之報酬或給付。

四、為避免或減輕前二款責任所負之債務。

不過，依同法第22條之規定，於下列情形中，如仍由船舶

4　吳威志主編，商事法，台北，全華科技公司，2003年，第360頁。

所有人主張上開責任限制之規定，反將有違社會政策與公平原則，故例外限制船舶所有人不得主張限制責任。

　　一、本於船舶所有人本人之故意或過失所生之債務。

　　二、本於船長、海員及其他服務船舶之人員之僱用契約所生之債務。

　　三、救助報酬及共同海損分擔額。

　　四、船舶運送毒性化學物質或油污所生損害之賠償。

　　五、船舶運送核子物質或廢料發生核子事故所生損害之賠償。

　　六、核能動力船舶所生核子損害之賠償。

第四節　船舶所有人責任限制之標的

　　船舶所有人責任限制是指船舶無論是在航行中或停泊，凡因船長在執行職務時的作為或不作為，或因其他航海事故而產生的重大民事責任，船舶所有人在法律規定的最高限度之內承擔損害賠償責任。所稱「船舶所有人」包括船舶所有權人、船舶承租人、經理人及營運人。

　　依海商法第21條第1項規定，船舶所有人所負之責任，原則以本次航行之船舶價值、運費及其他附屬費為限（船價主義），且其價值低於一定標準時，則船舶所有人須補足之（金額主義）。以下分別說明之[5]：

同前註，第361頁。

一、船舶價值

（一）限於本次航行之船舶價值。所稱本次航行，依海商法第21條第3項規定係指船舶自一港至次一港之航程而言。

（二）另依海商法第23條規定，船舶所有人，如依第21條之規定限制其責任者，對於本次航行之船舶價值應證明之。

二、運費

指船舶運送旅客或貨物所得之報酬，為託運費，且不包括依法或依約不能收取之運費及票價。

三、附屬費

係指船舶因受損害應得之賠償；但不包括保險金。

四、船舶價值之補足

海商法第21條第4項規定，第1項責任限制數額如低於下列標準者，船舶所有人應補足之：

（一）對財物損害之賠償，以船舶登記總噸，每一總噸為國際貨幣基金，特別提款權五四計算單位，計算其數額。

（二）對人身傷亡之賠償，以船舶登記總額，每一總噸特別提款權一六二計算單位計算其數額。

（三）前二款同時發生者，以船舶登記總噸，每一總噸特別提款權一六二計算單位計算其數額，但人身傷亡應優先以船舶登記總噸，每一總噸特別提款權一〇八計算單位計算之數額內賠償，如此數額不足以全部清償時，其不足額再與財物之毀損滅失，共同在現存之責任限制數額內比例分配之。

（四）船舶登記總噸不足三百噸者，以三百噸計算。

第五章　海事優先權

第一節　海事優先權之意義[1]

　　我國海商法以船舶爲擔保標的之權利，計有船舶優先權及船舶抵押權，二者皆爲擔保物權。本節所述者，爲船舶優先權，至於抵押權部分，容於下節說明之。優先權者，得優先受償之權利也。依民法之規定，一般優先權限於抵押權、質權以及留置權等擔保物權，惟本節所稱之優先權，僅限於海商法上之優先權。所謂海商法上之優先權，乃擔保海上特別債權，就特定標的物享有優先其他債權而受清償之擔保物權。

　　「海事優先權」係指債權人對於船舶之營運直接所生的特定債權，法律許其得就船舶及其附屬物，有優先受償之權利。其實，在一般債權中，債務人應以其個人之財產作爲全部債權人之總擔保，除有擔保物權者外，應依比例平等受償，是爲債權平等原則。但由於航海事業有其特殊性，尤其在船舶所有人可以主張責任限制之情形下，相對已使債權人所得主張之權益空間受到壓縮，因此，如不設計另一制度以保障債權人等之利益，使其在船舶所有人所負限制責任數額下，充分受償，勢必影響海上企業經營者籌集資金之能力，因此產生了「海事優先權」制度。

　　海事優先權之特色，乃海商法所創設的特種物權，其效力高於一般債權，甚至船舶抵押權。其次，船舶優先權因未經登記而不具公示性，也無須占有標的物，且債權發生在後者優先受償，與一般的擔保物權不同，其效力足以排除先成立之他種擔保物權。

吳威志主編，商事法，台北，全華科技公司，2003年，第362頁。

第二節　海事優先權之立法理由

依國內海商學者先進，認為海事優先權規範制定有其立法上之必要性及正當性。其主要立法理由如下[2]：

一、緩和船舶所有人責任限制制度

按海商法第21條規定，船舶所有人因船舶業務所生之債務，得主張船舶所有人限制責任，其立法目的，主要著眼於保護航海業者之資產，惟有鑑於船舶所有人主張限制責任之結果，將使債權有日後難以受償之危險，而拒絕與船舶所有人交易，如此反有害航運發展。故為調和船舶所有人及船舶債權人之利益，復行承認與其對等之海事優先權制度，以期船舶資金得以融通，船舶債權得以受償，而能順利完成航海之目的。

二、鼓勵船舶之救助、沈船之打撈或移除，以維護航海安全

船舶所有人責任限制之制度下，因船舶業務活動所生之債務，船舶所有人往往得以主張船舶所有人責任之限制，對於船舶債權人而言，可謂相當不利。而船舶在航行中往往因為特殊狀況，須為船舶之救助、沈船之打撈或移除，若不承認海事優先權，船舶債權人因恐日後之清償無著，勢將拒絕為之，對於船舶航海之安全亦必發生不利之影響，故承認海事優先制度，具有助益船舶航海安全之功能。

三、保障公益、共益及衡平權益之考量

船舶所有人因船舶所生之債務，得主張船舶所有人的限制責

2　邱錦添，海商法新論，台北，元照出版有限公司，2008年，第123頁。

任，對船舶債權人頗為不利，故法律為衡平其間之權益，以期公平，因此規定特定債權人具優先受償之權利。

第三節　海事優先權之特色

關於海事優先權之規範特色，國內學者先進多半認為有如下之特色[3]：

一、海事優先權為物權

依海商法第24條第1項規定海事優先權擔保之債權，有優先受償之權，顯見海事優先權為物權，且由海事優先權之優先位次、標的、追及效力及除斥期間等規定，均可印證海事優先權之物權性。昔日有關海事優先權為債權或債權物權化之爭議，當可因上述條文規定而平息。

二、海事優先權無須登記或占有

物權表現之方式可分：（一）對不動產者，為登記；（二）對動產者，為占有。惟海事優先權無須履行登記方式，亦不必取得占有，只需本法第24條第1項所規定之債權發生時，即有海事優先權之存在，故海事優先權為一隱而不顯之海上特權，對其他債權人極為不利。

三、海事優先權不得任意創設

海事優先權既為海上特權，為防止權利濫用，本法採列舉主

張新平，海商法，台北，五南圖書出版股份有限公司，2010年，第68頁。

義，無法由當事人設定。

四、海事優先權之標的以海上財產爲限

海事法上素將船長、海員之行爲，視爲船舶自身之行爲，因此利用船舶而發生債之關係時，皆得由該船舶負責，海事優先權之標的遂以該船舶及其從屬利益爲限，且強調「海上財產主義」，故已收取之運費成爲「陸上財產」，無法列爲海事優先權之標的。

五、海事優先權具有追及性

債權主體不變更時，縱船舶所有權移轉他人，海事優先權仍追及於該船舶而存在。因此海事優先權，不因船舶所有權之移轉而受影響。船舶所有權、船舶登記或船籍縱有變更，海事優先權仍追及於該船舶。惟海事優先權既爲物權，具有從屬於債權之效力，故海事優先權所擔保之債權經讓與或代位者，海事優先權亦隨同移轉，因此保險公司取得代位求償權後，亦成爲海事優先權之權利人。

六、海事優先權有位次之別

物權於相互間及物權與債權之間，有優先之效力，海事優先權因係物權，故有位次之規定。本法不但規定同次、異次航行之位次，亦規定海事優先權與船舶抵押權、船舶留置權之位次。

第四節　海事優先權之標的

原則上，爲海事優先權擔保之債權，有優先受償之權。債權

人得就海事優先權之標的，所賣得之價金，優先於一般債權人而受清償。故船舶優先權之存在以其擔保標的之存在爲前提。亦即船舶之海事優先權的債權人之債權優先於船舶之留置權、抵押權及其他債權人之債權而受清償。依海商法第27條之規定，海事優先權之標的如下[4]：

一、船舶、船舶設備及屬具或其殘餘物

海事法之慣例係將船長、海員之行爲，視爲船舶自身之行爲，因此利用船舶而發生債之關係時，皆得由該船舶負責。分述如下：

（一）海事優先權之標的爲發生海事優先權之船舶及其設備、屬具或其殘餘物，至於其他船舶及其設備，屬具或其殘餘物，則不與焉。

（二）船舶之所有權究屬何人，並非所問。因此海事優先權人得向船舶所有權人、傭船人、租船人或船舶經營人行海事優先權，甚且船舶爲他人無權占有期間發生優先權者，該船舶仍爲優先權之標的。

二、在發生優先債權之航行期內之運費

運費爲海事優先權之標的，宜注意下列各點：

（一）運費爲毛運費，而非扣除營運成本後之淨運費。且運費包括旅客之票價。

（二）運費僅限在發生優先債權之航行期內之運費。

（三）運費爲尚未收取之運費，以符「海事優先權標的爲海

同前註，第73頁。

上財產」之特性。

（四）船長、海員及其他在船上服務之人員，本於僱傭契約所生之債權，得就同一僱傭契約期內所得之全部運費，優先受償，不受本款之限制。

三、船舶所有人因本次航行中船舶所受損害，或運費損失應得之賠償

此項賠償有如下特色：

（一）限於因「本次航行」船舶所受損害或運費損失，船舶所有人應得之賠償。

（二）賠償限於尚未收取者，以符「海事優先權標的為海上財產」之特色。

（三）保險金、獎金、津貼或其他國家補助金均非本款規定之範疇。

四、船舶所有人因共同海損應得之賠償

本款承襲一九二六年統一船舶優先權及抵押權規則國際公約第4條第2款之規定：「船舶所有人因船舶所受損傷而未經修復，或因運費之喪失，而應得的賠償或共同海損的分擔額。」因此本法本款之「因共同海損應得之賠償」在解釋上亦應限於「因船舶所受損害、或運費損失應得之共同海損分擔額」，而不包括第111條因共同海損發生之「費用」之分擔額。

五、船舶所有人在航行完成前，為施行救助所應得之報酬

本款係參酌一九二六年統一船舶優先權及抵押權規則國際公約第4條第3款規定：「船舶所有人於航行完成前，因施行救助

及撈救應得之報酬，但應分配與船長或其他服務於船舶人員者，應予扣除。」是以本法本款之規定，在解釋上亦應扣除應分配予船長或其他服務船舶人員之分配報酬。

第五節　船舶優先權之效力

海事優先權之力，依其與其他權利之比較受償位次先後而定，可分為以下五點說明之[5]：

一、海事優先權恆優先於一般債權而受償

二、海事優先權與海事優先權間之位次

（一）不同航次之海事優先權

即不屬於同次航行之海事優先權，其後次航行之海事優先權，先於前次航行之海事優先權。

（二）相同航次之海事優先權

海商法第29條規定，屬於同次航行之海事優先權，其位次依第24條各款之順序，而同一款中有數債權者，不分先後，比例受償，但第24條第1項第3款所列之債權，如有二個以上屬於同一種類，其發生在後者應優先受償，救助報酬之發生應以施救完成時為準，惟若因同一事變所生之債權，無從辨識其先後，則視為同時發生之債權。而共同海損之分擔，應以共同海損行為發生之時為準。

見前揭註1，第365頁。

（三）綜上所述，數種海事優先權間之位次

簡單的說是先以「後來居上」爲原則；同一航次，再以「法定順序」爲第二原則。

三、海事優先權與船舶抵押權、船舶留置權之位次

海事優先權之位次，在船舶抵押權之前。至建造或修繕船舶所生債權，其債權人留置船舶之留置權位次，在海事優先權之後，船舶抵押權之前。

三者前後位次爲：海事優先權＞船舶留置權＞船舶抵押權。

四、海事優先權移轉之效力

依海商法第31條規定，海事優先權，不因船舶所有權之移轉受影響，一般稱爲「海事優先權之追及效力」。

五、海事優先權除斥期間

依海商法第32條規定：第24條第1項海事優先權自其債權發生之日起，經一年而消滅。但第24條第1項第1款之賠償，自離職之日起算。此乃海事優先權消滅之規定。惟尙須說明如下：

（一）所消滅者只是優先受償之權利，債權本身並不因而消滅。

（二）一年期間之性質，有認係除斥期間，有認是消滅時效，亦有認應分別認定；惟因前述海事優先權之性質，既爲物權，故應認屬「除斥期間」爲妥。

第六章　海上運送

第一節　海上運送概論

海上運送契約之意義

　　海上運送契約乃當事人間之約定。一方由運送人利用船舶將承運之客人、貨物或船舶由特定場所運送至另一特定場所，而他方由託運人或旅客，俟運送完成時，給付報酬之契約。

　　國內海商法先進柯澤東教授就有下面這段話值得參考[1]：

　　海上之運送，不論爲貨物或旅客運送，均有二特質，一爲海上風險特多，運送人責任與賠償應區別於陸上運送，非有足夠之誘因與保護，無人願意投資與冒險。故國家政策必須一方面鼓勵，二方面以法制保障。就一國而言，海運立法上制定運送人較低責任制度，始能使海運生存、發展，同時船舶於平時供海上運送，戰時供作軍事利用，以發展本國之貿易、經濟並鞏固國防，爲海洋發展儲備實力。就國際而言，海運航業須建立秩序與貿易發展，海洋爲船舶航行之通道，海上運送必須建立航運國際秩序，以利運送權義關係之維護。對海上運送之規範，爲海商法最主要之內容，亦爲國內及國際海商法最重要部分。

第二節　貨物運送

一、貨物運送契約之意義

　　運送有陸運、空運與海運之分，海商法所謂之運送係指海

柯澤東，海商法：新世紀幾何觀海商法學，台北，元照出版有限公司，2010年，第115頁。

運而言[2]：海運以船舶爲主力，又可分爲貨物運送及旅客運送兩種。旅客運送，除有特別規定外，多準用關於貨物運送之規定。貨物運送契約者，謂當事人約定一方支付運費於他方，他方以船舶由甲地代爲運送貨物至乙地之契約也。因一方有支付運費之義務，他方有完成貨物運送工作之義務，故爲雙務契約及有償契約，並具有承攬契約之性質。其在傭船契約，應以書面爲之，又爲要式契約。其在託運人指定第三人爲受貨人時，又爲利他契約。

二、貨物運送契約之種類

依海商法第38條之規定，貨物運送契約分爲下列二種[3]：

（一）件貨運送契約

即以件貨之運送爲目的之運送契約，因其係以貨物之件數爲計算運費之標準，故稱之。此種貨運，多見於定期航行之大型貨輪，非專爲某特定託運人運貨，而係廣泛接受一般不特定大衆之託運，猶如班車之任人搭載然，故亦稱搭載契約。

（二）傭船契約

即以船舶之全部或一部供運送爲目的之運送契約。其以船舶之全部供運送者爲全部傭船契約；其以船舶之一部供運送者爲一部傭船契約。其運費之計算係以艙位之大小爲標準，猶如包車然。故於傭船人所包定之部位內，縱有餘留空地，船舶所有人非經傭船人之同意，不得任意裝載他人貨物。

---

[2]　王立中，商事法新論，台北，三民書局，2000年，第243頁。
[3]　同前註，第243至244頁。

　　傭船契約係以完成運送為目的之承攬契約與租船契約係以船舶之使用收益為目的之租賃契約二者性質不同，故於傭船契約，傭船人並不占有船舶，其航行之費用與船舶之艤裝以及船長、海員之僱用，仍由船舶所有人負責；而在租船契約，則船舶由租船人占有管理，其航行之費用與船舶之艤裝以及船長、海員之僱用，均由船舶承租人負責，是以承租人關於船舶之利用對於第三人與船舶所有人有同一之權利義務。

三、貨物運送契約之訂立

　　貨物運送契約之訂立，因件貨運送契約抑或傭船契約而異[4]；於件貨運送契約，本法無特別規定，應依民法之規定，僅託運人於運送人請求時，始應填給託運單，故為不要式行為。其在傭船契約，本法設有特別規定，即以船舶之全部或一部供運送為目的之運送契約，並應以書面為之且載明下列事項：

　　（一）當事人之姓名或名稱，及其住所、事務所或營業所。
　　（二）船名及對船舶之說明。
　　（三）貨物之種類及數量。
　　（四）契約期限或航程事項。
　　（五）運費。
　　又以船舶之全部或一部供運送之契約，不因船舶所有權之移轉而受影響，以保護傭船人之利益，與民法上買賣不破租賃原則之立法意旨相同。

同前註，第244頁。

四、貨物運送契約之解除

　　貨物運送契約之解除，依海商法之規定，可以分爲：（一）法定解除及（二）任意解除。說明如下[5]：

（一）法定解除

　　運送人所供給之船舶有瑕疵，不能達運送契約之目的時，託運人得解除契約。

（二）任意解除

　　因其爲全部傭船或一部傭船契約而異：

1. 全部傭船契約之解除

　　以船舶之全部供運送時，託運人於發航前得解除契約，但應支付運費三分之一，其已裝載貨物之全部或一部者，並應負擔因裝卸所增加之費用。但如爲往返航程之約定者，託運人於返程發航前要求終止契約時，應支付運費三分之二。前述之規定，對於當事人之間，關於延滯費之約定則不受影響。

2. 一部傭船契約之解除：

　　又可分爲下列二種情形：

　　(1) 單獨解約

　　以船舶之一部供運送時，託運人於發航前，非支付其運費之全部，不得解除契約。如託運人已裝載貨物之全部或一部者，並應負擔因裝卸所增加之費用及賠償加於其他貨載之損害。

---

[5]　同前註，第245頁。

(2) 全體解約

以船舶之一部供運送時，全體託運人於發航前皆爲契約之解除者，各託運人僅負與全部傭船契約解除相同責任，蓋運送人仍可將船舶另供他用也。

(3) 任意解除之例外

本法第43條及第44條（任意解除）之規定，對船舶於一定時期內供運送或爲數次繼續航行所訂立之契約，不適用之。所謂對船舶於一定時期內供運送所訂立之運送契約，係指按時計算運費之傭船契約。所謂爲數次繼續航行所訂立之契約，係指連續數次之傭船契約。上項契約，均爲繼續性之契約，僅有法定解除而不得任意解除。

五、貨物運送契約之效力 [6]

（一）貨物之運送

1.關於託運人者

(1) 以船舶之全部於一定時期內供運送者，託運人僅得以約定或以船舶之性質而定之方法，使爲運送。本條只適用於全部傭船契約之定期傭船，其他運送契約，託運人對於運送之方法，無須過問。

(2) 託運人對於交運貨物之名稱、數量，或其包裝之種類、個數及標誌之通知，應向運送人保證其正確無訛，其因通知不正確所發生或所致之一切毀損、滅失及費用，由託運人負賠償責任。運送人不得以託運人應負賠償責任之事由，而對抗託運人以

---

[6] 同前註，第246至250頁。

外之載貨證券持有人。蓋以運送人依載貨證券之文義性質，對載貨證券之持有人負文義責任之故。

(3) 運送人或船舶所有人所受之損害，非由於託運人或其代理人受僱人之過失所致者，託運人不負賠償責任。

2.關於運送人者

(1) 運送人或船舶所有人於發航前及發航時，對於下列事項，應為必要之注意及措置：①使船舶有安全航行之能力。②配置船舶相當船員、設備及供應。③使貨艙、冷藏室及其他供載貨物部分適合於受載、運送與保存。船舶於發航後因突失航行能力所致之毀損或滅失，運送人不負賠償責任。運送人或船舶所有人如為免除責任之主張，應負舉證之責。

(2) 運送人對於承運貨物之裝載、卸載、搬移、堆存、保管、運送及看守，應為必要之注意及處置。

(3) 運送人知悉貨物為違禁物或不實申報物者，應拒絕載運。其貨物之性質足以毀損船舶或危害船舶上人員健康者亦同。但為航運或商業習慣所許者，不在此限。運送人知悉貨物之性質具易燃性、易爆性或危險性並同意裝運後，若此貨物對於船舶或貨載有危險之虞時，運送人得隨時將其起岸、毀棄或使之無害，運送人除共同海損者外，不負賠償責任。

(4) 運送人或船長發見未經報明之貨物，得在裝載港將其起岸，或使支付同一航程同種貨物應付最高額之運費，如有損害並得請求賠償。另外，貨物在航行中發件時，如係違禁物或其性質足以發生損害者，船長得投棄之。

（二）貨物之裝卸

1. 貨物之卸載

貨物運達後，運送人或船長應即通知託運人指定之應受通知人或受貨人。

2. 裝卸期間

以船舶之全部或一部供運送者，運送人非於船舶完成裝貨或卸貨準備時，不得簽發裝貨或卸貨準備完成通知書。裝卸期間自通知送達之翌日起算，期間內不工作休假日及裝卸不可能之日不算入。但超過合理裝卸期間者，船舶所有人得按超過之日期，請求合理之補償。但超過裝卸期間，休假日及裝卸不可能之日亦算入之。

3. 受領延遲

受貨人怠於受領貨物時，運送人或船長得以受貨人之費用，將貨物寄存於港埠管理機關或合法經營之倉庫，並通知受貨人。受貨人不明或受貨人拒絕受領貨物時，運送人或船長得依前述之規定辦理，並通知託運人及受貨人。運送人對於貨物有下列情形之一者，得聲請法院裁定准予拍賣，於扣除運費或其他相關之必要費用後提存其價金之餘額：(1)不能寄存於倉庫；(2)有腐壞之虞；(3)顯見其價值不足抵償運費及其他相關之必要費用。

4. 受領之效力

(1) 貨物一經有受領權利人受領，推定運送人已依照載貨證券之記載，交清貨物。但有下列情事之一者，不在此限：①提貨前或當時，受領權利人已將毀損滅失情形，以書面通知運送人

者。②提貨前或當時，毀損滅失經共同檢定，作成公證報告書者。③毀損滅失不顯著而於提貨後三日內，以書面通知運送人者。④在收貨證件上註明毀損或滅失者。

(2) 貨物之全部或一部毀損、滅失者，自貨物受領之日或自應受領之日起，一年內未起訴者，運送人或船舶所有人解除其責任。

（三）運費之負擔

1.以船舶之全部或一部供運送者，託運人所裝載貨物，不及約定之數量時，仍應負擔全部之運費，但應扣除船舶因此所減省費用之全部，及因另裝貨物所取得運費四分之三。

2.託運人因解除契約，應付全部運費時，得扣除運送人因此減省費用之全部，及另裝貨物所得運費四分之三。

3.以船舶之全部於一定時期內供運送者，其託運人僅就船舶可使用之期間，負擔運費。但因航行事變所生之停止，仍應繼續負擔運費。而船舶之停止，係因運送人或其代理人之行為或因船舶之狀態所致者，託運人不負擔運費，如有損害，並得請求賠償。船舶行蹤不明時，託運人以得最後消息之日為止，負擔運費之全部，並自最後消息後，以迄於該次航行通常所需之期間應完成之日，負擔運費之半數。

4.船舶發航後，因不可抗力不能到達目的港而將原裝貨物運回時，縱其船舶約定為去航及歸航之運送，託運人僅負擔去航運費。

5.船舶在航行中，因海上事故而須修繕時，如託運人於到達目的港前提取貨物者，應付全部運費。

6.船舶在航行中遭難或不能航行，而貨物仍由船長設法運到

目的港時，如其運費較低於約定之運費者，託運人減支兩運費差額之半數。如新運費等於約定之運費，託運人不負擔任何費用，如新運費較高於約定之運費，其增高額由託運人負擔之。

（四）免責之事由

1.因下列事由所發生之毀損或滅失，運送人或船舶所有人不負賠償責任：

(1) 船長、海員、引水人或運送人之受僱人，於航行或管理船舶之行為而有過失。

(2) 海上或航路上之危險、災難或意外事故。

(3) 非由於運送人本人之故意或過失所生之火災。

(4) 天災。

(5) 戰爭行為。

(6) 暴動。

(7) 公共敵人之行為。

(8) 有權力者之拘捕、限制或依司法程序之扣押。

(9) 檢疫限制。

(10) 罷工或其他勞動事故。

(11) 救助或意圖救助海上人命或財產。

(12) 包裝不固。

(13) 標誌不足或不符。

(14) 因貨物之固有瑕疵、品質或特性所致之耗損或其他毀損滅失。

(15) 貨物所有人、託運人或其代理人、代表人之行為或不行為。

(16) 船舶雖經注意仍不能發現之隱有瑕疵。

(17) 其他非因運送人或船舶所有人本人之故意或過失及非因其代理人、受僱人之過失所致者。

2.託運人於託運時故意虛報貨物之性質或價值，運送人或船舶所有人對於其貨物之毀損或滅失，不負賠償責任。除貨物之性質及價值於裝載前，已經託運人聲明並註明於載貨證券者外，運送人或船舶所有人對於貨物之毀損滅失，其賠償責任，以每件特別提款權六六六‧六七單位或每公斤特別提款權二單位計算所得之金額，兩者較高者爲限。所稱件數，係指貨物託運之包裝單位。其以貨櫃、墊板或其他方式併裝運送者，應以載貨證券所載其內之包裝單位爲件數。但載貨證券未經載明者，以併裝單位爲件數。其使用之貨櫃係由託運人提供者，貨櫃本身得作爲一件計算。由於運送人或船舶所有人之故意或重大過失所發生之毀損或滅失，運送人或船舶所有人不得主張前開單位限制責任之利益。

3.爲救助或意圖救助海上人命、財產，或因其他正當理由偏航者，不得認爲違反運送契約，其因而發生毀損或滅失時，船舶所有人或運送人不負賠償責任。

4.貨物未經船長或運送人之同意而裝載者，運送人或船舶所有人，對於其貨物之毀損或滅失，不負責任。

5.運送人或船長如將貨物裝載於甲板上，致生毀損或滅失時，應負賠償責任。但經託運人之同意並載明於運送契約或航運種類或商業習慣所許者，不在此限。

又運送人之履行輔助人其責任不應大於運送人，故本節有關運送人因貨物滅失、毀損或遲到對託運人或其他第三人所得主張之抗辯及責任限制之規定，對運送人之代理人或受僱人亦得主張之。但經證明貨物之滅失、毀損或遲到，係因代理人或受僱人故意或重大過失所致者，不在此限。此規定對從事商港區域內之

裝卸、搬運、保管、看守、儲存、理貨、穩固、墊艙者，亦適用
之。

第三節　載貨證券

一、載貨證券之意義[7]

　　載貨證券者，乃運送人或船長於貨物裝載後，因託運人之請
求，所發給之貨物受取證券也。載貨證券，民法上稱爲提單，屬
於有價證券之一種，其發給須記載法定事項，故有要式性；載
貨證券縱爲記名式，除有禁止背書之記載外，仍得以背書移轉於
他人，故有流通性；載貨證券填發後，運送人於載貨證券持有人
間，關於運送事項，依其載貨證券之記載，故有文義性；受貨人
請求交付運送貨物時，應將載貨證券交還，故有繳回性；又交付
載貨證券於有受領貨物權利主人時，其交付就貨物所有權移轉之
關係，與貨物之交付，有同一之效力，故有物權性；惟載貨證券
所記載者，爲運送契約上之權利，與其原因關係之運送契約，不
可分離，故有要因性，與票據之無因證券者不同。載貨證券可證
明貨物之收受，有收據之性質，爲免證券內所載貨物數量與實際
裝載者不符，致生糾紛，故應於貨物裝載後，因託運人之請求，
始行發給。

二、載貨證券之功能

　　載貨證券者原爲[8]：（一）裝載貨物之收據，用以證明運送
人或船長已收受託運人之貨物，並將之裝於特定船舶，運送特定

見前揭註2，第251頁。
邱錦添，海商法新論，台北，元照出版有限公司，2008年，第265頁。

之目的港。（二）然當事人間常以載貨證券爲書面證據，用以證明運送契約之存在。又載貨證券持有人係憑持有載貨證券之事實，於受貨地領取貨物，或以交付、背書載貨證券之方式，轉讓其貨物之所有權予第三人，故載貨證券爲表彰貨物所有權之有價證券。其次，不論在傭船運送或件貨運送之場合，載貨證券係運送人、船長或運送人之代理人請求所簽發之證券，故託運人未請求時，運送人或船長即可不簽發。

海牙規則第3條第7項規定：「貨物裝載後，運送人、船長或運送人之代理人應託運人之請求，發給託運人之載貨證券，應爲一裝船載貨證券。但如託運人已事前取得是項貨物之類似權利證券者，託運人應將此文件繳回以換取裝船載貨證券。此時，依運送人之選擇，上項類似權利證券得於裝載港由運送人、船長或運送人之代理人，將業經裝載該貨物之船名、裝載日期加以註明。如上項類似權利證券經如此註明，並載明第三條第三項所列之事項者，應就本條之目的，視爲已構成一裝船載貨證券。」我國海商法第53條規定：「運送人或船長於貨物裝載後，因託運人之請求，應發給載貨證券。」航業法第21條規定：「船舶運送業因託運人之請求簽發裝船載貨證券，應於貨物裝船後爲之，不得於載貨證券上虛列裝船日期。」可知載貨證券之發給，應於貨物裝船後，經託運人請求時爲之。上述各條「載貨證券於貨物裝船後始簽發」之注意，乃爲避免貨物實際裝載之數量與在證券內之記載不符時，所生之糾紛[9]。

如前所述，在國際貿易上，載貨證券除具有爲承運貨載之收據及運送契約證據之功能外，且因其爲表彰貨物所有權之有價證

---

[9] 同前註，第266頁。

夯，故其上能滿足當事人融通資金之需要。貨物在運送途中，貨
載所有人雖無直接占有貨載，仍能迅速處分貨物，使貨物之價值
得以充分利用。而藉由此一流通性證券，銀行將可完成買賣所需
之資金先與融通，俾使整個貿易得以成就。此一功能，使載貨證
券享有「對外貿易的基礎」之美譽，實不爲過[10]。

　　由於載貨證券具有債權及物權之效力，一方面能爲運送關係
中權義之準則；一方面又係處分貨物不可缺少之證券，在此雙重
功能下，載貨證券成爲國際貿易上最重要的文件。雖然現今電
子資料處理程序抬頭，漢堡規則亦有看輕載貨證券未來發展之情
形，但可預測，相當長一段時間內，仍然是載貨證券之天下[11]。

三、載貨證券之性質

　　海商法第60條第1項規定：「民法第六百二十七條至第
六百三十條關於提單之規定，於載貨證券準用之。」故載貨證
券之性質與陸上運送之提單相同。茲就載貨證券之性質，分述如
下[12]：

（一）文義性

　　所謂文義性者，係指載貨證券發行後，運送人與善意載貨證
券持有人間，關於運送事項，依其載貨證券之記載。換言之，運
送人與善意載貨證券持有人間之權利義務關係，係依載貨證券
記載之文義定之，不得以文義以外之事項，證明證券上之權利
義務關係。蓋載貨證券創設之本旨，在使其得自由轉與，輾轉

　同前註。
　同前註。
　同前註，第267至268頁。

流通，因之爲保障善意持有人及獎勵證券流通，乃賦予載貨證券文義性。一九六八年布魯塞爾議定書（第1條第1項），以及一九七八年聯合國海上貨物運送公約（漢堡規則第16條第3項）均採此制。

（二）要式性

所謂要式性者，係指載貨證券，依海商法第54條第1項規定，應載明：1.船舶名稱。2.託運人之姓名或名稱。3.依照託運人書面通知之貨物名稱、件數或重量，或其包裝之種類、個數及標誌。4.裝載港及卸貨港。5.運費交付。6.載貨證券之份數。7.填發之年月日等七項條款，並由運送人或船長簽名而言。因此載貨證券具有要式性。惟海商法第54條第1項規定，僅爲一注意規定，非爲要件規定，故上列事項，部分未載明者，載貨證券並不因之而無效。苟由載貨證券之記載爲觀察，已可得知運送人爲誰，並能辨識運送物之同一性者，即可認其業已具備法定要件。

（三）流通性

所謂流通性者，係指載貨證券所表徵之權利，得依背書或交付之方式自由轉讓。

若爲無記名載貨證券，以交付方式即可移轉其上之權利；若爲記名式或指示式載貨證券，除有禁止轉讓之記載外，須經背書後始得以交付方式讓與其權利。載貨證券經背書者，僅生「所有權移轉」和「資格授與」之效力，並不生「擔保效力」，故載貨證券持有人不得向背書人行使追索權。

（四）證權性

載貨證券所表彰之權利，係因運送契約之存在而發生。換言

之，必須有原因行爲存在，方能作成載貨證券以表彰權利，其持有人始有權請求運送人交付貨物。因載貨證券僅能證明權利之存在，故其非屬設權證券，而爲證權證券，具有證權性。

（五）要因性

載貨證券所表彰之權利，則爲先前成立之運送契約所產生之權利，故此等權利非因載貨證券之發行行爲而發生，而係因運送契約之存在而發生。因此載貨證券權利之有效存在，係以運送契約之有效存在爲前提。換言之，載貨證券所表彰之權利，係後於運送契約之成立而發生，且其效力係受運送契約之效力而左右。如運送人未收受運送物而發行載貨證券（即空券）時，此時既無運送契約存在，亦欠缺運送物，載貨證券自屬無效，運送人除須付債務不履行之損害賠償責任外，對載貨證券不負任何義務。惟運送契約有效存在，僅運送人實際上收受之運送物或載貨證券記載之運送物相異（即物品不符時），則基於載貨證券之文義性，運送人仍應依載貨證券負責。

（六）物權性

載貨證券係「受領」運送物及處分運送物時所需之文件。故交付載貨證券於有受領運送物權利之人，就運送物所有權移轉之關係，與運送物之交付，有同一效力，故具有物權性。

（七）提示性

載貨證券持有人行使載貨證券上權利時，應將載貨證券交還，運送人或船長始負有交付貨物之義務，故載貨證券具有繳回性。最高法院67年度台上字第1229號判例謂：「載貨證券具有換取或繳還證券之性質，運送物經發給載貨證券券者，貨物之交

付，憑載貨證券爲之，即使爲實際之受貨人，苟不將載貨證券提出及交還，依海商法第六十條準用民法第六百三十條之規定，仍不得請求交付運送物。」足以說明載貨證券之繳回性。

四、載貨證券之方式

載貨證券具有要式性，依海商法第54條應載明下列各款事項，由運送人或船長簽名：

（一）船舶名稱。

（二）託運人姓名或名稱。

（三）依照託運人書面通知之貨物名稱、件數或重量，或其包裝之種類、個數及標誌。

（四）裝載港及卸貨港。

（五）運費交付。

（六）載貨證券之份數。

（七）塡發之年月日。

前項之通知事項，如與所收貨物之實際情況有顯著跡象，疑其不相符合，或無法核對時，運送人或船長得在載貨證券內載明其事由或不予載明。載貨證券依第1項第3款爲記載者，推定運送人依其記載爲運送。

五、載貨證券之效力

載貨證券之效力，大致上可分爲：（一）物權效力及（二）債權效力，分別說明如下[13]：

---

[13] 見前揭註2，第252至253頁。

（一）物權效力

交付載貨證券於有受領貨物權利之人時，其交付就貨物所有權移轉之關係，與貨物之交付，有同一之效力，此種效力，學者稱之為物權之效力。無記名式載貨證券，固得以交付方式而為移轉，如為記名式者，則得以背書移轉於他人，但載貨證券有禁止背書之記載者，不在此限。又受貨人請求交付貨物時，應將載貨證券交還，亦即憑載貨證券即可受領貨物。惟載貨證券，得發給數份，以便利託運人行使權利，關於載貨證券有數份時之效力，本法規定如下：

1.載貨證券有數份者，在貨物目的港請求交付貨物之人，縱僅持有載貨證券一份，運送人或船長不得拒絕交付。不在貨物目的港時，運送人或船長非接受載貨證券之全數，不得為貨物之交付。

2.二人以上之載貨證券持有人請求交付貨物時，運送人或船長應即將貨物按照第51條之規定寄存，並通知曾為請求之各持有人，運送人或船長，已依規定，交付貨物之一部後，他持有人請求交付貨物者，對於其贖餘之部分亦同。

3.載貨證券之持有人有二人以上者，其中一人先於他持有人受貨物之交付時，他持有人之載貨證券對運送人失其效力。

4.載貨證券之持有人有二人以上，而運送人或船長尚未交付貨物者，其持有先受發送或交付之證券者，得先於他持有人行使其權利。例如於載貨證券上編有號碼者，前號碼得優先於後號碼持有人行使其權利。

（二）債權效力

載貨證券填發後，運送人與載貨證券持有人間，關於運送事

項，依其載貨證券之記載，此種效力，學者稱之爲債權之效力。本法規定以船舶之全部或一部供運送爲目的之運送契約另行簽發載貨證券者，運送人與託運人以外載貨證券持有人間之關係，依載貨證券之記載。蓋運送契約效力僅及於運送人及託運人，非託運人之載貨證券持有人並不受拘束，此乃載貨證券之文義性也。

　　載貨證券之發給人，對於依載貨證券所記載應爲之行爲，均應負責。且發給人，對於貨物之各連續運送人之行爲，應負保證之責。但各連續運送人，僅對於自己航程中所生之毀損滅失及遲到負其責任。連續運送同時涉及海上運送及其他方法之運送者，其海上運送部分適用本法之規定。貨物毀損滅失發生時間不明者，推定其發生於海上運送階段。

　　又以件貨運送爲目的之運送契約或載貨證券記載條款、條件或約定，以減輕或免除運送人或船舶所有人，對於因過失或本章規定應履行之義務而不履行，致有貨物毀損、滅失或遲到之責任者，其條款、條件或約定不生效力。

六、涉外事件之法律適用及管轄[14]

　　（一）載貨證券所載之裝載港或卸貨港爲中華民國港口者，其載貨證券所生之法律關係依涉外民事法律適用法所定應適用法律。但依本法中華民國受貨人或託運人保護較優者，應適用本法之規定。

　　（二）裝貨港或卸貨港爲中華民國港口者之載貨證券所生之爭議，得由我國裝貨港或卸貨港或其他依法有管轄權之法院管轄。於載貨證券訂有仲裁條款者，經契約當事人同意後，得於我

---

[14] 同前註，第253頁。

國進行仲裁，不受載貨證券內仲裁地或仲裁規則記載之拘束。此規定視爲當事人仲裁契約之一部。但當事人於爭議發生後另有書面合意者，不在此限。

七、喜馬拉雅條款

（一）立法源起[15]

在Adler v. Dickson（The Himalaya）一案中，英國輪船公司Peninsular and Oriental Steam Navigation Company所屬之客輪「喜馬拉雅號」（The Himalaya），係以環遊地中海爲航線，其所發給之傳票中插有「免責約款」，依該免責約款，運送人對於其使用人加諸旅客之損害不負責任。「喜馬拉雅號」一等艙旅客Rose M. Adler夫人，在該船停泊期間，欲上岸換成他輪，當他走上連結輪船與碼頭之舷梯時，該舷梯突然傾斜，使Rose M. Adler夫人掉落至十六英呎下之碼頭，而致重傷。Rose M. Adler夫人因礙於船票上插有「免責約款」，不向運送人請求賠償，而改依民法侵權行爲之規定，以「喜馬拉雅號」之船長Dickson（即甲板長）爲被告，請求損害賠償。英國之第一審法院、上訴審法院、法議院（英國最高法院The House of Lords）均判令Dickson應向Alder給付全額損害之賠償。其中英國上議院駁回Dickson上訴理由即謂：旅客運送與貨物運送相同，法律不但允許運送人訂立營業規則（約款）免除運送人本身責任，亦可以此項規則（約款）免除其履行輔助人之責任，只要該免責約款曾經當事人同意，無論明示、默示均可。惟於本案當中，該運送人之免責約款僅對運送人本身有效，對其受僱人（船長、甲板長

見前揭註8，第305頁。

等），因免責約款之內容並未明示、默示包括受僱人，故船長應對原告Alder夫人負侵權行為之損害賠償責任。自此判決公布後，海運公司紛紛於載貨證券中插入免責約款，載明運送人之履行輔助人，包括獨立旅行輔助人在內，均得援引運送人之免責利益（包括法定免責、單位責任限制及短期時效）。因此等免責約款係由「喜馬拉雅號」客輪海事案件之判決而產生，世人多將之稱為喜馬拉雅條款（Himalaya Clause），亦有人將之稱為Adler v. Dickson條款。

（二）喜馬拉雅條款之意義[16]

喜馬拉雅條款為載貨證券常見之印刷條款之一，主要係規定運送入之免責或限制責任規定，亦可適用於運送人之履行輔助人。運送人之履行輔助人包括獨立履行輔助人及從屬履行輔助人，二者均係為運送人完成特定工作，惟獨立履行輔助人不受運送人之指揮或監督而提供勞務，譬如修造船廠之工人、裝卸公司之裝卸工人；從屬履行輔助人則接受運送人之指揮或監督而提供勞務，譬如船長、海員。

喜馬拉雅條款可溯自1954年喜馬拉雅客輪案件，嗣後1962年Scruttons Ltd. v. Midland Silicones Ltd.案亦採相同見解，使船舶所有人最終仍須負擔賠償責任，對船舶所有人及其履行輔助人造成極大困擾。英法院遂於1975年N. E. Shipping Co. Ltd. v. A. M. Satterthwaite Co. Ltd.案改變見解，認為如能符合下列四要件，履行輔助人可依代理之法理援用運送契約上之免責條款：
1.運送契約載明運送人係為其自己並代理履行輔助人簽訂運送契

---

[16] 同前註，第306頁。

約。2.上述之代理，業經履行輔助人之授權。3.運送契約載明履行輔助人亦受免責條款之保護。4.履行輔助人提供約因（Consideration）。由於履行輔助人可援用免責規定之條款，係受喜馬拉雅客輪案件之影響而肇始，因而以「喜馬拉雅條款」稱之。

（三）喜馬拉雅之立法理由

喜馬拉雅條款係在解決履行輔助人之海上運送責任問題，其立法理由為使海上運送人之代理人或受僱人發生侵權行為責任之時，亦得享有「法定免責」、「責任限制」、短期時效」等利益。故其主要係基於下列三項理由[17]：

1. 衡平之考慮

運送人之履行輔助人的財力、地位雖不足以與運送人抗衡，然其為運送人實際提供勞務、旅行海運之各項任務，堪稱幕後英雄。惟一旦發生事故，運送人有海商法各項免責、限制責任規定之適用，履行輔助人因非運送契約之運送人，則無法援引是項規定，遂造成有資力負擔者得到保護，無資力負擔者卻無法倖免之特殊現象。因此，基於衡平之考慮，運送人之履行輔助人實亦應享有運送人之免責、限制責任之利益。

2. 航運政策之貫徹

如上所述，運送人之履行輔助者既須對事故之發生負起無限責任，運送人基於衡平，多對於其予補償，此舉卻不啻使運送人效棄法律對其所設之免責或限制責任保護，使得「減輕運送人責任俾發展航運」之目的難以貫徹。且一旦因履行輔助人負全責致

須承擔較重責任時，運送人自會以調高運費方式來平衡其間之出入，因此縱使運送人之履行輔助者負完全責任，貨方亦未必完全有益無損。因此基於航運政策之考慮，亦應使運送人之履行輔助人得援用運送人得享之保護。

3. 航運競爭力之維護

運送人倘因履行輔助人負全責致須承擔較重之責任，勢必降低其在國際航運市場之競爭力，對該國航運發展殊爲不利，是以一旦喜馬拉雅條款出現於某國之航運公司載貨證券上，其他國家之航運公司鮮有不跟進者。

（四）喜馬拉雅條款之規定及適用範圍[18]

1. 海商法對於喜馬拉雅條款之規定

海商法第76條第1項規定：「本節有關運送人因貨物滅失、毀損或遲到對託運人或其他第三人所得主張之抗辯及責任限制之規定，對運送人之代理人或受僱人亦得主張之。但經證明貨物之滅失、毀損或遲到，係因代理人或受僱人故意或重大過失所致者，不在此限。」此即海商法關於「喜馬拉雅條款」之規定。

2. 海商法對於喜馬拉雅條款規定之適用

海南法第76條第2項規定：「前項之規定，對從事商港區域內之裝卸、搬運、保管、看守、儲存、理貨、穩固、墊艙者，亦適用之。」

此即我國現行海商法有關「喜馬拉雅條款」之擴大規定。因

---

[18] 同前註，第310至311頁。

依照本項之規定，就其區域而言，凡在商港區域內之履行輔助人，包括裝船前及卸載後陸上階段之履行輔助人，均得享受「對託運人或其他第三人所得主張之抗辯及責任限制」，不再僅限於海上履行輔助人。就對象而言，而且不限於運送人之代理人或受僱人，縱為獨立契約承攬人，亦得主張之。亦即，包括獨立契約承攬人，不再僅限於運送人之代理人或受僱人。其範圍大於第1項規定，顯然海商法第76條第2項之規定係將「喜馬拉雅條款」之內容，加以擴大，使其範圍擴及陸上之履行輔助人及獨立契約承攬人，較「喜馬拉雅條款」更具現代化之精神，應為「喜馬拉雅條款」之擴大規定。

第四節　旅客運送

一、旅客運送契約之意義

海商法第79條，對於旅客運送契約，有明確之說明如後[19]：

旅客運送契約者，謂當事人約定，一方支付運費於他方，他方以船舶由甲地將旅客運送至乙地之契約也。旅客運送契約，可分為搭客契約與傭船契約二種。前者為個別售票，後者為包船運送。又傭船契約，亦可分為全部傭船契約與一部傭船契約。通常之旅客運送多為搭客契約，傭船契約則於團體運送時見之。船舶所有人與旅客之關係，與貨物運送之件貨運送契約相同；船舶所有人與傭船人之關係，與貨物運送之傭船契約相同。故旅客運送，除另有規定外，均準用貨物運送之規定。

同前註，第311頁。

二、旅客運送契約之訂立[20]

旅客運送與貨物運送，雖同屬於承攬契約，為貨物運送之傭船契約為要式契約，而旅客運送無論其為搭客貨傭船契約，均為諾成契約，其訂立無須具備任何方式。通常交易習慣上大都發行船票，憑票乘船，然對於其記載事項，法律未加限定，其為無記名式者，並得自由轉讓。

三、旅客運送契約之解除

旅客運送契約之解除，亦可分法定解除與任意解除，說明如下[21]：

（一）法定解除

其事由有三：

1.運送人或船長未依船票所載運送旅客至目的港時，旅客得解除契約，如有損害，並得請求賠償。

2.船舶不於預定之日發航者，旅客得解除契約。

3.旅客於發航前、疾病或其他基於本身不得已之事由，不能或拒絕乘船者，得解除契約，但運送人得請求票價十分之一。

（二）任意解除

旅客於發行二十四小時前，得給付票價十分之二，解除契約。

---

[20] 見前揭註2，第254頁。
[21] 同前註，第254至255頁。

四、旅客運送契約之效力 [22]

（一）對於運送人之效力

1. 供給膳宿

　　對於旅客供膳宿者，其膳費應包括於票價之內。運送人或船長在航行中爲船舶修繕時，應以同等級船舶完成其航程，旅客在候船期間並應無償供給膳宿。

2. 運送目的港

　　(1) 運送人或船長應依船票所載，運送旅客至目的港。

　　(2) 船舶因不可抗力不能繼續航行時，運送人或船長應設法將旅客運送至目的港。

　　(3) 旅客之目的港如發生天災、戰亂、瘟疫，或其他特殊事故致船舶不能進港卸客者，運送人或船長得依旅客之意願，將其送至最近之港口或送返乘船港。

（二）對於旅客之效力

1. 投保意外險

　　(1) 強制保險：旅客於實施意外保險之特定航線及地區，均應投保意外險，保險金額載入客票，視同契約，其保險費包括於票價內，並以保險金額爲損害賠償之最高額。而特定航線地區及保險金額，由交通部定之。

　　(2) 任意保險：旅客除前條保險外，自行另加保意外險者，其損害賠償依其約定，但應以書面爲之。

---

[2] 同前註，第255至256頁。

2. 給付票價

(1) 旅客在船舶發航或航程中不依時登船，或船長依職權實行緊急處分迫令其離船者，仍應給付全部票價。

(2) 旅客在航程中自願上陸時，仍負擔全部票價，其因疾病上陸或死亡時，僅按其已運送之航程負擔票價。

(3) 依指示離船：旅客於船舶抵達目的港時，應依船長之指示即行離船。

第七章　船舶碰撞

第一節　船舶碰撞之意義

　　所謂船舶碰撞，係指二艘或二艘以上之船舶，在海上或水面或水中互相接觸，致一方或雙方發生損害而言。關於船舶碰撞，我國海商法僅於第94條至第101條（即第四章）設有規定，至於其他單獨海損，則付之闕如，故於其他單獨海損之場合，其效果應依一般原理解決之。換言之，單獨海損，如係因他人侵權行為而生者，被害人得依民法上關於侵權行為之規定，向加害人請求損害賠償權；如係因天災或其他不可抗力之事故而生者，依「天災由所有人負擔」之原則，應由船舶所有人或貨物所有人負擔之。即本此原則而為規定。至於共同海損，依海商法第110條規定，謂在船舶航程期間為求共同危險中全體財產之安全所為故意及合理處分，而直接造成之犧牲及發生之費用[1]。

　　一九一〇年船舶碰撞統一規定公約、一九五二年關於船舶碰撞之民事管轄公約，皆係為因應航業實際需要而制定，我國海商法亦然。

　　我國海商法之規定，原則上與一九一〇年船舶碰撞統一規定公約所採之原則相同。依該公約第4條規定，船舶碰撞係因各船舶之共同過失者，原則上採「比例過失責任原則」，各船舶按過失程度負責；僅於過失輕重無法判定時，始例外採「平均分擔原則」。又依公約同條規定，對第三人的損害乃依「物之損害」及「人身之死傷」來定其是否應負連帶責任，亦即若為「物之損

邱錦添，海商法新論，台北，元照出版有限公司，2008年，第325頁。

害」仍應依過失比例負擔賠償責任；若爲「人身之死傷」所生之損害，則採「連帶賠償責任原則」，惟一方履行連帶責任後，仍可向共同過失之他船請求其依過失比例所應分擔之金額[2]。

第二節　船舶碰撞之要件

船舶碰撞者，係指二艘或二艘以上船舶，在海上或在水面或水中互相接觸，致一方或雙方發生損害而言。則依此意義解釋，可得船舶碰撞之要件如下[3]：

一、須有二艘以上之船舶

由海商法第3條規定「下列船舶除因碰撞外，不適用本法之規定」觀之，可知不論海商法上之船舶，或軍事建制之艦艇、公務船舶、小船、河船，均得爲船舶碰撞之主、客體。再者，船舶碰撞，不論船舶於航行中或停泊中，均能發生，故船舶是否在航行中，或其一方或雙方是否在停泊中，要非所問。即使拖船與被拖船隻碰撞，亦屬船舶碰撞。

二、須爲船舶間之接觸

所謂船舶間之接觸，不限於船舶間之直接接觸，即使一船觸碰他船之錨，以致發生碰撞亦屬之。又大船於航行之際，引起巨浪，致使在旁之小船爲浪潮所吞沒者，屬於運用船舶所爲之加害行爲，雖二船未直接接觸，仍屬船舶碰撞，稱爲準船舶碰撞（間接碰撞）。

---

[2] 同前註。

[3] 同前註，第326頁。

三、須在海上或水面或水中接觸

　　船舶碰撞之地點不限於海上，或與海相通之水面或水中，即使在未與海相通之河內，船舶發生碰撞者，亦屬本法所稱之船舶碰撞。例如河船於內陸江洋中發生碰撞者，亦適用本法有關船舶碰撞之規定。

四、須發生一方或雙方損害之結果

　　船舶碰撞之本質為侵權行為，故如船舶碰撞而未發生一方或雙方之損害者，即無海商法適用之餘地。

第三節　船舶碰撞之責任

　　船舶碰撞之責任，有公法與私法方面，前者屬國際公法、行政法及刑法之問題，後者為海商私法責任，涉及損害賠償之問題，可分為實體法與程序法兩方面，本節即先從船舶碰撞實體責任方面加以探討，船舶碰撞之責任定性上，自來以侵權行為理念為解決，可分：雙方無責任之船舶碰撞，一方過失責任之船舶碰撞，及雙方共同過失責任之船舶碰撞。茲分述如下[4]：

一、雙方無責任之船舶碰撞

　　船舶碰撞既導因於不可歸咎於任何一方，不論係由於不可抗力之原因或何事故而發生，自不得要求任何一方負責，則當然由船舶所有人個別自行負責。我國海商法第95條規定：「碰撞係因不可抗力而發生者，被害人不得請求損害賠償。」不可抗力，

柯澤東，海商法：新世紀幾何觀海商法學，台北，元照出版有限公司，2010年，第280至281頁。

係指天災或其他人力無法控制與避免之事由，雙方碰撞之發生，經鑑定均無過失，則責任之負擔自不得加諸於任何一方。若為明顯之天災自為不可抗力，但衡諸其他非人力所能預測、控制及避免者，尚有以下諸種情況，均屬之：

（一）不明過失之船舶碰撞

指過失與損害無因果關係，故無須承擔碰撞責任。亦即雖有過失，但無法從可掌握之過失證據中，推斷出會導致或足以導致如此之損害。不明過失，亦即不明原因，或不可思議之過失。

（二）不可避免之意外事故之船舶碰撞

指雙方已盡相當之注意，亦未違背航行應遵守之規則，但仍無法避免事故之發生。當事人於以此無法避免理由為責任之抗辯時，除應證明已盡合理之注意義務外，並應證明無法預知該事故之發生，始可免責。

（三）不可抗力所造成船舶碰撞

不可抗力，於解釋上為雙方均不負責之事由，並不以天災為限，凡天災或其人力無法避免之事由，雙方說船舶碰撞之發生，均無過失。實則上述之不明原因，不可避免等等，均可包括於不可抗力之情狀中。

二、因一方船舶過失之船舶碰撞

海商法第96條規定：「碰撞係因一船舶之過失所致者，由該船舶負損害賠償責任。」所謂一船舶之過失所致，係指由於該船舶之船長或海員應注意並能注意而不注意之行為，導致碰撞事件。而碰撞若由引水人之過失所致，仍不得免除其責任，蓋引水

人雖非海員，但在執行領航時，仍應聽命於船長，今引水人不能
勝任其工作，應就其疏忽之行為負責外，船長亦得拒絕其領航。
關於如何認定一方船舶之有無過失，有下述四個原則：

（一）是否為相當之注意義務及具備優良船藝。

（二）是否違背航行習慣，以個案決定之。

（三）是否違背航行之強行規定。

（四）是否違反航行規則。

上述四項標準，可參考一九一〇年碰撞公約及一九七二年海
上避碰規則相關規定以認定船舶碰撞有無過失。

三、因雙方共同過失之船舶碰撞

海商法第97條第1項規定：「碰撞之各船舶有共同過失時，
各依其過失程度之比例負其責任。」即將各船舶損害之總額，依
各船舶過失責任之比例分配之。「不能判定其過失之輕重時，各
方平均負其責任。」

另外，海商法第97條第2項規定：「有過失之各船舶，對於
因死亡或傷害所生之損害，應負連帶責任。」此一特別規定，旨
在對被害人之損害賠償之強化，以保護被害人之利益。

第四節　船舶碰撞適用上之特色

廣義之船舶碰撞係指船舶與其他船舶、運輸工具或除水以外
之任何物體碰撞者，譬如船舶與漂流物、防波堤、碼頭、冰山等
碰撞。惟本法第四章因參考一九一〇年碰撞公約第1條之規定，
系採狹義之船舶碰撞，故船舶碰撞限於二艘以上船舶間之碰撞。

海商法雖採狹義之船舶碰撞，亦即限於二艘以上船舶間之碰

撞，但在適用上有如下三特色[5]：

一、擴大適用於非實際碰撞之情形

參酌一九一〇年碰撞公約第13條之規定，本法在解釋上應擴大適用於船舶因過失或不遵守規則，雖未實際發生碰撞，但造成致他船或任一船舶上的貨物或人員受有損害者。因此，甲船航行過速或違反航行規則致生與乙船碰撞之危險，乙船急避沙洲致生損害者，或因大船掀起巨浪致小船因而毀損者，雖未造成實際碰撞，均應適用本法第四章船舶碰撞之相關規定。

二、擴大適用於非本法船舶

本法船舶限於在海上航行，或在與海相通之水面或水中航行之船舶。惟船舶碰撞時，船舶適用範圍擴大，不僅包括第1條規定以外之其他船舶，縱屬船舶法所稱之小船、軍事建制之艦艇、專用於公務之船舶，亦均包括在內。此點與一九一〇年碰撞公約排除軍艦與專用於公務之政府船舶之規定，迴不相同。

船舶不以航行中為限，縱在停泊或定著狀態中，亦應有本法第四章之適用。

三、擴大適用於各種水域之碰撞

本法第94條參考一九一〇年碰撞公約第1條之規定，更進而明確規定「船舶之碰撞，不論發生於何地，皆依本章之規定處理之。」故船舶碰撞無論發生於公海、領海、內河、港灣或湖泊，均應適用本法第四章船舶碰撞之規定。

---

[5] 張新平，海商法，台北，五南圖書出版股份有限公司，2010年，第320至321頁。

第五節　船舶碰撞之救濟

海商法就船舶碰撞損害賠償之救濟，應如何體現，亦於程序問題規定若干原則。以下分法律適用、賠償請求權時效、船舶碰撞對加害船舶之扣押及碰撞訴訟管轄說明之[6]：

一、法規適用問題

海商法第94條規定：「船舶之碰撞，不論發生於何地，皆依本章之規定處理之。」故就本條之規定而言，應屬強制性，則不論船舶碰撞發生之地點為公海、領海、內水（只要與海相通之水面或水中），只要在我國法院起訴，或由我國法院管轄者，皆應依船舶碰撞章規定加以處理。船舶碰撞，因海商法有所規定，但八個條文自不足因應。船舶碰撞法規為相當國際同化之問題，故法院就案件之解決，自須參考國際公約及相關之規定。其雖非強制拘束我國法院，但法官得依法理適用之。

惟有關涉外案件之船舶碰撞，逾損害賠償請求上，得依侵權行為衝突法則，決定準據法。但如當事人未主張準據法或不願主張者，我國法院得適用法院地法（我國法），而不一定要適用侵權行為地法。

二、賠償請求權之時效

因船舶碰撞所生損害之賠償請求權，自碰撞日起算，經過二年不行使而消滅。此與民法第197條第1項侵權行為二年短期時效相同。上述期間除船舶碰撞相互間當事人之請求外，對被害第

同前揭註4，第282至283頁。

三人亦有其適用。

三、加害船舶之扣押

　　海商法第100條第1項規定：「船舶在中華民國領海內水港口河道內碰撞者，法院對於加害之船舶，得扣押之。」同條第2項規定：「碰撞不在中華民國領海內水港口河道內，而被害者為中華民國船舶或國民，法院於加害之船舶進入中華民國領海後，得扣押之。」此等規定所以在保護受害之船舶，以免加害船舶肇事後遠航他去，不速為扣押，無以供求償執行。但實行扣押對船舶之旅客、貨載不利，並妨礙國際貿易之相關當事人利益，影響甚鉅，故同條第3項續規定：「前兩項被扣押船舶得提供擔保，請求放行。」以緩和困境。且既有擔保，不虞執行之落空，故應予放行船舶，供繼續航行，滿足另一秩序安定之兼顧。第4項規定：「前項擔保，得由適當之銀行或保險人出具書面保證代之。」以明揭法院可接受之擔保方法。

四、船舶碰撞訴訟之管轄

　　海商法第101條及民事訴訟法第15條第2項有同一之規定，就船舶訴訟之管轄規定得向下列法院提起：
　　（一）被告之住所或營業所所在地之法院。
　　（二）碰撞發生地之法院。
　　（三）被告船舶船籍港之法院。
　　（四）船舶扣押地之法院。
　　（五）當事人合意地之法院。
　　依民事訴訟法第22條規定，有數法院有管轄權者，原告有權任擇其中依法院起訴之。

第八章　海難救助

第一節　海難救助之意義

　　海難救助於法制上分爲救助與撈救兩種[1]。是一船舶救助另一正在海上緊急遭受危難之船舶、貨載或人命，使其脫險，故救助爲對正遭逢危難船舶之施救；而撈救爲對已沈沒船舶之打撈。過去法律對其區別之複雜性，於現今已無此必要，蓋其僅在程度上之區別而已，不論遭危難之船舶，有沈船之可能，或面臨下沈邊緣，或即將沈沒或已沈沒，皆爲各種不同程度船舶遭遇危難之救助或撈救，故均以海難救助稱之。

　　再者[2]，通常大陸法，救助指遭難之船舶、貨載、人命尚在船長、海員占有或控制之下，而由第三人加以協助施救。而撈救爲船舶、貨載或人命已經脫離船長、海員之占有或控制，而由第三人加以協助、救援，二者區別重點在於救助成功，報酬多寡決定之參考，其餘無實益，故以下討論，即以「海難救助」作爲代替「救助與撈救」之用語。

　　海難救助係指對在海上或與海相通之水面或水中處於危險之船舶、船舶上財物、貨物與旅客之運費及其他海上財物或人命施以救助之行爲。凡於上述客體處於危險時，予以有效之助力，期使脫險者，均爲救助行爲。因此處理船舶上危險物品使之無害、施救、打撈等，固屬海難救助；幫忙下錨、代爲呼救、供給糧

柯澤東，海商法：新世紀幾何觀海商法學，台北，元照出版有限公司，2010年，第284頁。
同前註。

食、鎮壓叛變、奪回被擄之船舶等，亦均屬海難救助[3]。

　　海難救助以其救助對象不同，可分爲對人救助與對物（船舶或船舶上財物）救助兩種[4]，後者可能爲船舶、屬具、貨物、殘餘物；人命之救助可能在船上、在海上、在岸旁、在海浪水中，原則上對生命之救助爲道德行爲，不可請求報酬，但特殊情形卻可請求。對財產以救助有效可請求報酬，救助無效不可請求報酬（no cure, no pay）爲原則。但此原則因海洋環境保護，使海商法之救助報酬原則，受到國際公約之衝擊，而有相當之修正，形成「no cure, still pay」、「no cure, little pay」或「no cure some pay」，即無效果亦予若干報酬。

第二節　海難救助之類別[5]

一、對人之救助

　　所謂對人之救助，乃對溺水或面臨其他危難之人所施之援助謂之。此種救助，係基於人道與人類互助之精神，因此原則上施救者無報酬請求權。對人之救助可分爲：

（一）船長之救助義務

　　船長之救助義務，爲公法上之義務，故其性質非爲無因管理。船長負救助義務之情形如下：

　　1.依海商法第102條規定，船長於不甚危害其船舶、海員、旅客之範圍內，對於淹沒或其他危難之人，應盡力救助。

---

[3] 同前註。
[4] 同前註，第285頁。
[5] 邱錦添，海商法新論，台北，元照出版有限公司，2008年，第334至336頁。

2.船舶碰撞之救助

依海商法第109條之規定，船舶碰撞後，各碰撞船舶之船長於不甚危害其船舶、海員或旅客之範圍內，對於他船舶船長、海員及旅客，應盡力救助。

各該船舶，除有不可抗力之情形外，在未確知繼續救助為無益前，應停留於發生災難之處所。此外，各該船長，應於可能範圍內，將其船舶名稱及船籍港並開來及開往之處所，通知於他船舶。

（二）一般人之救助行為

一般人之救助行為，除係基於救助契約而為者外，乃係基於人道及人類互助之精神，屬道德義務之範疇，故本法原則上不承認對人救助有報酬請求權。惟如堅持救人無報酬之原則，則同一海難中，恐施救者只爭先搶救財物，而致人命於不顧。為獎勵救助人命之崇高德行，俾保受難者之生命安全，本法乃於第107條規定，於實行施救中救人者，對於船舶及財物之救助報酬金，有參予分配之權。

二、對物之救助

（一）有海難存在

所謂海難者，係指海上或與海相通之水面或水中發生危險，而將或業已危害船舶及貨載而言。海難，或由於人為，或由於自然之力所造成，均所不問。

（二）救助之對象為船舶或貨載

救助之對象須為船舶或貨載，然不以船舶或貨載之全部為必

要，僅救助一部者，亦屬本法所謂之救助。

（三）施救者無救助義務

施救者所謂之救助行為，須非屬執行任務或負過失義務之行為，否則，無報酬請求權可言。例如在船舶碰撞情形，有過失船舶所為之施救者。再者，對於自己船舶遭遇海難而為之救助，亦非此之所謂救助。

（四）有救助行為

我國海商法規定，救助行為分為救助與撈救。所謂救助，係指對於尚未脫離原占有人支配控制之船貨，加以援救而言。所謂撈救，係指對於原占有人喪失之船貨，加以援救，使之重回原占有人之支配控制下而言。例如貨物業已沈溺，而由第三人撈救是。海難救助，性質屬無因管理之一種。惟民法上無因管理，僅生費用償還之問題，管理人縱屬善意，亦不生報酬給付之問題。故本法救助與民法上之無因管理，仍有不同。

（五）未經被救助人以正當理由拒絕施救

依海商法第108條規定，被救助人有正當理由拒絕施救，而仍強為施救者，不得請求報酬。所謂正當理由，例如船舶遭遇颱風擱淺，然尚有力量足以自救者屬之。反之，如無正當理由拒絕救助者，例如船舶將沈，然因不願付救助報酬而拒絕救助者，則有違公序。此時施救者雖經拒絕，然施救後，仍得請求報酬。

第三節　海難救助之報酬

一、一般原則

　　海難救助報酬之請求，以船舶或貨物因救助而獲得保全爲前提條件。海難救助，不僅限於對海上遇難船舶和其他財產所進行之救助，且包括對在與海相通之可航行水域遇險船舶和其他財產所進行之救助。請求海難救助報酬者，爲實施救助之人。依現行海商法第104條規定，即使兩船舶屬於同一所有人，其救助仍得請求報酬。至於債務人，則係指被救助船舶之所有人及貨物所有人。至救助之報酬，可分爲對人救助之報酬及對物救助之報酬。

二、對人救助之報酬[6]

　　救助人命，爲基於履行道德義務之行爲，故各國立法例，皆對人命救助者，不給予報酬。我國海商法亦未例外，故原則上，在救助人命之場合，施救人無報酬請求權可言。惟於實行施救中救人者，對於船舶及財物之救助報酬金，有參加分配之權。

三、對物救助之報酬[7]

　　對於船舶或船舶上財物施以救助而有效果者，得按其效果請求相當之報酬。報酬金額，由當事人協議定之，協議不成時，得是付仲裁，或請求法院裁判之。不論仲裁機關之仲裁或法院之裁判，均應以客觀公正之標準決定報酬金額。所謂客觀公正之標準，係指報酬金額之決定，應斟酌海難所加於船舶、貨物之危險呈度、施救者救助行爲之難易及費用之多寡，以及救助之效果等

同前註，第336頁。
同前註，第337頁。

情事。因船舶所有人僅負「人的有限責任」，故仲裁機關之仲裁及法院之裁判所決定之報酬數額，不能超過被救助船舶或貨物之價值。再者，施救者，就其所得請求之報酬額，除得依海商法第24條第1項第3款規定，主張優先權外，並得依民法一般之規定，行使留置權。

四、海難救助報酬之分配[8]

（一）多數人共同施救者

多數人共同施救者，例如兩艘以上之船舶或兩組以上之人員施行救助屬之。多數人共同施救者，不論同時或先後為救助行為，凡救助有效果時，各得按當事人間之協議，協議不成時，可由仲裁機關之仲裁或法院之裁判所決定之報酬標準，比例分配。

（二）同一單位人員報酬之分配

同一單位人員報酬之分配，係指施救者與船舶間，以及施救人間之報酬比例分配。

1. 施救人與船舶間之分配

所謂施救人，係指船長、船員及參加救助之旅客。所謂船舶，係指施救人所搭載之船舶。施救人與船舶間各自獨立構成一個救助單位。此救助單位，在前述多人共同救助之場合，係與其他共同救助單位，比例分配救助報酬金額。此救助單位所得之報酬額，由其構成救援之施救人與船舶分配之。其分配方法，原則上由當事人協議定之，協議不成時，得提付仲裁請求法院裁判。

---

[8] 同前註，第338頁。

2. 施救人彼此間之分配

　　施救人與船舶間之分配額確定後，如其施救人不只一人時，則仍應依本法之規定，原則上由當事人協議定之，協議不成時，得提付仲裁或請求法院裁判之。

　　為因應實務上交付仲裁之需要，海商法將第105條定為：「救助報酬由當事人協議定之，協議不成時，得提付仲裁或請求法院裁判之。」與舊法第145條對照，增列「交付仲裁」並刪除「請求航政機關調處」之規定。

五、海難救助報酬請求權之例外[9]

　　有下列情形之一者，海難施救者無報酬請求權：

（一）海員之自行救助

　　船長、海員，對於自己所服務之船舶遭遇海難時，本有救助之義務，故不得請求報酬。惟如船長、海員係參與他船之救助者，則得請求參與報酬之分配。至於引水人，並非海員，若對其所服務之船舶為救助者，仍得請求報酬之分配。

（二）基於拖帶契約之救助

　　船舶拖帶之繩索折斷，致被拖船舶陷於危險者，拖船所為之救助行為，屬其拖帶契約內拖帶任務範圍所應求助行為，不得請求報酬。惟如船舶失火，由拖船施予求助者，因此等救助行為非屬其拖帶任務範圍內之行為，故得請求報酬。海商法第104條第2項即謂：「拖船對於被拖船施以救助者，得請求報酬。但以非為履行該拖船契約者為限。」

同前註。

（三）基於救助契約之救助

施救者與被施救者間，原訂有施救契約者，則施救者所為之行為，僅屬其契約上之義務行為，已得依契約請求約定之對價，故不得請求救助報酬。

（四）過失者之救助

海難之發生，係因人為所致者，有過失之一方，對無過失者，依法有救助之義務，不得請求報酬。反之，無過失之一方，對有過失一方為救助行為者，仍得請求報酬。

（五）有正當理由拒絕救助而仍強行之救助

經以信號聯絡有正當理由拒絕施救，而仍強為施救者，不得請求報酬。所謂正當理由者，例如貨輪遭難，而其海員仍有能力自救而無須外力救助者而言。

第九章　共同海損

第一節　共同海損之意義

　　共同海損者，依海商法第110條規定：「稱共同海損者，謂在船舶航程期間，為求共同危險中全體財產之安全所為故意及合理處分，而直接造成之犧牲及發生之費用。」依此規定，共同海損者，乃指在船舶航程期間，為求共同危險中全體財產之安全所為之故意及合理處分，而直接造成之犧牲及發生之費用，自為「法律所許可之行為」，而為合法、適法行為之一種，並不構成侵權行為。

第二節　共同海損之要件

　　稱共同海損者，謂在船舶航程期間，為求共同危險中全體財產之安全所為故意及合理處分，而直接造成之犧牲及發生之費用。依此定義，析其要件如下[1]：

一、須為現實之危險

　　若係預想之不確定之危險，非現實危險，不成立共同海損。至於現實危險之發生原因如何，則非所問。即因利害關係人之過失所致之共同海損，各關係人仍應分擔之。但不影響其他關係人對過失之負責人之賠償請求權。

王立中，商事法新論，台北，三民書局，2003年，第261頁。

二、須爲求共同危險中全體財產之安全

若僅爲船舶危險或僅爲貨載危險，則未受危險者，及無分擔犧牲及費用之理由，故非共同海損。

三、須爲故意及合理處分

共同海損所犧牲之利益，須基於故意處分所生，如因不可抗力而生者，即不成立，惟不以船長之處分爲限。例如船舶於海上發生火災，必須將部分易燃貨物投海，而經船長命令投海者，故屬共同海損。其因火災燒燬貨物，並非故意處分，不屬共同海損。

四、須有犧牲之造成或費用之發生

共同海損已造成犧牲或發生費用爲必要，如貨物被投棄海中所造成之犧牲，或爲救助而支付之報酬金是。若無犧牲，又無費用，則無共同海損之問題。

五、須有所保存

共同海損須由被保存之貨載等分擔，因而必須有所保存始可。若處分之結果無濟於事，仍未能避免共同危險，而無所保存，亦即同歸於盡者，則亦無共同海損之可言。

第三節　共同海損債務之分擔

共同海損行爲之結果，雖有所犧牲，但亦必有所保存。故在計算共同海損時，除應計算其損失額外，亦應計算其分擔額，由

分擔人分擔之[2]；所謂分擔人，即分擔共同海損之債務人。何者為分擔人？由海商法第111條後段「由各利害關係人分擔之」觀之，係指共同海損之利害關係人。而共同海損之利害關係人，應係指船舶所有人、貨物所有人（託運人或受貨人），即運費取得人（即運送人）。故共同海損之分擔額，應由該等人分擔之。

其次，所謂損失額者，即為共同海損之債權；分擔額者，即為共同海損之債務、共同海損之財團。海商法第111條規定，共同海損，以各被保存財產價值與共同海損總額之比例，由各利害關係人分擔之。因共同海損行為所犧牲而獲共同海損補償之財產，亦應參與分擔。

故分擔人應分擔者包括：

一、因共同海損所存留之船舶、貨物、運費及其他財產。

二、因共同海損行為所犧牲而獲共同海損補償之財產。

而共同海損因利害關係人之過失所致者，各關係人仍應分擔之。但不影響其他關係人對過失之負責人之賠償請求權。

共同海損分擔額之計算，依前述算定後，應由全體關係人協議定之，協議不成時，得提付仲裁，或聲請法院裁判。

第四節　共同海損債務分擔之例外

共同海損行為時，雖受利益，惟基於特殊理由，而免除其分擔之義務。茲一一分述之[3]：

邱錦添，海商法新論，台北，元照出版有限公司，2008年，第358頁。
同前註，第361至362頁。

一、船上所備糧食、武器、船員之衣物、薪津、郵件及無載貨證券之旅客行李、私人物品

船上所備之糧食、武器、船員之衣物、薪津及無載貨證券之旅客行李、私人物品皆不分擔共同海損。蓋以上物品為全體之公益而設置，或為個人生活所必需，且其數額往往輕微，若強令分擔，對旅客行程必有不便。前述物品，如投棄受損，其損害由各關係人分擔。

二、郵件

對於郵件，一般國家均未予列入法律條文，故通常認為分擔海損，其理由有二：

（一）以郵件並無確定之財產價值，而主張不分擔海損。

（二）以郵件應保持其秘密，且難以施行留置權，而認為不分擔海損。

但我國學者亦有主張應分擔海損者，其理由認為今日巨輪航行時代，郵件價值極大，不應忽視。然則，因我國郵政法規定，郵件在航運中發生海難時，不分擔共同海損，郵件為共同海損分擔之例外。

三、船舶所裝載之武器、彈藥

船舶所裝載之武器彈藥，因其本身具有共同之目的，故一般均主張免予分擔損失。惟裝載於船舶之大砲，因其具有永續性，應認為船舶之屬具，故仍應分擔損失。

四、航海需用品

油料、糧食、給養、飲水等，均屬航需用品，為供航海消耗

之物品，故不生分擔事宜。但此物品若於航海開始之時，即已為超額之裝載，則其於航海終了時尚有殘存，其殘存之價額，仍應分擔共同海損。

以上所述，雖因特殊理由而不分擔海損，但因海損處分之結果而有所犧牲時，仍得作為共同海損之損失額，由全體共同航海利益團體分擔之。惟此等物品在其認為共同海損損失之範圍以內時，仍須分擔海損損失。

第五節　共同海損分擔額之返還 [4]

共同海損於分擔完成後，如投棄之物被撈回時，應如何處理？我國海商法第123條規定：「利害關係人於受分擔額後，復得其船舶或貨物之全部或一部者，應將其所受之分擔額返還於關係人。但得將其所受損害及復得之費用扣除之。」是為共同海損之回復。此乃基於平衡原則，調整當事人間因共同海損分擔後，復有所得之相互關係。蓋利害關係人於受分擔額後，如再復得其船舶或貨物之全部或一部，則從其損失額言，其損失已因復得而減少，而其所受分擔額部分顯然已屬增多，故此時，受分擔之利害關係人享有不當得利，自歸還之。但船貨復得時，往往須支付費用或船已因共同海損行為受有損害，其如參與計算時，既可列入共同海損，則在返還得利部分，應將所受損害及支出費扣除，以符衡平法則。就實際情形而言，船貨復得人於扣除所受損害及復得之費用後之分擔額返還後，實際上即均不分擔共同海損，仍然較其他分擔人或有利益。

同前註，第364頁。

　　關於共同海損債務人，對於船貨復得人，得請求返還所受分
擔額之請求權時效如何？受分擔之利害關係人，於受分擔額後，
其船舶或貨物全部或一部復得者，就其原享有之分擔額，即有不
當得利之情事存在，故海商法第123條規定之所受分擔額之返還
請求權，性質上應為不當得利返還請求權。因此應依民法第12
條、第128條之規定，自請求權可行使時起算，因十五年不行使
而消滅。

附錄一：公司法

民國18年12月26日國民政府制定公布全文233條；並自20年7月1日起施行。

民國35年4月12日國民政府修正公布全文361條。

民國55年7月19日總統令修正公布全文449條。

民國57年3月25日總統令修正公布第108、218條條文。

民國58年9月11日總統令修正公布第13、14、239、241條條文。

民國59年9月4日總統令修正公布第5、9、29、41、45、56、66、84、98、101、103、108、111、119、135、136、138、154、165、169、185、186、248、253、255、258、260、268、271、273、276、282、283、285～288、299、306～308、311、317、334、359、385、386、399、402、419、420、431、435條條文。

民國69年5月9日總統令修正公布第2、8、10、13、17、18、20、24、29、37、77、87、98、100～102、105～113、119、128、156、157、161、162、168、169、172、173、179、181、183、195、198、203、208、210、211、217、222、235、240、241、248、250、251、257、267、268、271、278、294、314、第五章第十一節名稱、315、319、331、334、335、371、373、386、387、396、397、399、401、402、404、406、408、411、413、415～417、419、420、422、423、435、438、447條條文；並增訂第28-1、161-1、218-1、218-2、317-1、402-1條條文；刪除第320、321、第六章名稱、357～369、430～433、439～446條條文。

民國72年12月7日總統令修正公布第5、7、9、13～16、19、20、22、41、63、73、74、83、87、89、90、93、101、103、112、118、133、135、138、145、146、151、156、159、161、161-1、167～170、172、183～187、195、198、200、209～211、214、217～219、228、230、232、235、237、240、241、245、248、251、252、257～259、267、268、271、273、277、279、284、285、293、300、307、313、316、326、331、374、396、398～400、402、403、405、411、412、419、422、424、428、436條條文；並刪除第447條條文。

民國79年11月10日總統令修正公布第10、13、15、18～22、130、156、228、230、235、248、267、268、278條條文；並增訂第17-1條條文。

民國86年6月25日總統令修正公布第4、9、10、13～16、19～22、41、63、73、74、83、87、89、90、93、101、103、112、118、135、138、145、146、161、161-1、167～170、172、183、184、195、210、211、217～219、230、232、237、245、248、252、

259、267、268、273、279、285、293、300、313、326、331、371～376、378、380～382、386、396、398～400、402、403、405、412、419、424、435～437、449條條文；增訂第六章之一章名、第369-1～369-12條條文；並刪除第383條條文。

民國90年12月11日行政院令發布第383條修正條文自91年1月1日施行。

11. 民國89年11月15日總統令修正公布第5、7條條文。

12. 民國90年11月12日總統令修正公布第2、5～7、9～11、13、15～24、27～33、40、41、65、70、73、74、87、89、98、100、101、103、105、106、108、110、118、128～130、135、138、140、143、145、146、156、161～165、167～170、172、173、177、179、183、184、189、192、194、195、197～205、208、210～212、214、216～218、218-2～220、223～225、227、228、230、232、234、235、239～241、245、248、252、253、257、258、262、267、268、270、273、274、278、282～285、287、289～291、304、305、307、309、310、313、第五章第十一節節名、315～317、318、319、326、331、369-4、369-12、371、373、374、378～380、386～388、392、393、397、438、448條條文；並增訂第26-1、128-1、162-1、162-2、167-1、167-2、168-1、182-1、189-1、197-1、199-1、208-1、217-1、246-1、257-1、257-2、268-1、283-1、285-1、316-1、316-2、317-2、317-3、319-1條條文；並刪除第14、35、37～39、236、238、242～244、275、288、376、389、390、394～396、398～429、434～437條條文。

民國90年12月11日行政院令發布第373條定自91年1月1日施行。

13. 民國94年6月22日總統令修正公布第18、128、156、172、177、179、183、278條條文、增訂第172-1、177-1～177-3、192-1、216-1條條文；並刪除第317-3條條文。

14. 民國95年2月3日總統令修正公布第267、289、290、292、302、306條條文。

15. 民國98年1月21日總統令修正公布第29、156、196條條文。

16. 民國98年4月29日總統令修正公布第100、156條條文。

17. 民國98年5月27日總統令修正公布第66、123、449條條文；並自98年11月23日施行。

18. 民國100年6月29日總統令修正公布10、156、158、168、177、177-2、183、204、230、267條條文；增訂第167-3條條文。

19. 民國100年11月9日總統令修正公布第197-1條條文。

20. 民國100年12月28日總統令修正公布第198條條文。

21. 民國101年1月4日總統令修正公布第7、8、10、23、27、177-1、181、199-1、206、232、241、249條條文；增訂第26-2條條文。

22. 民國101年8月8日總統令修正公布第248條條文。

23. 民國102年1月16日總統令修正公布第197條條文。

24. 民國102年1月30日總統令修正公布第154條條文。

5. 民國104年5月20日總統令修正公布第235、240條條文；並增訂第235-1條條文。

6. 民國104年7月1日總統令修正公布第449條條文；增訂第356-1～356-14條條文及第五章第十三節節名；施行日期由行政院定之。

　民國104年9月3日行政院令發布定自104年9月4日施行。

7. 民國107年8月1日總統令修正公布第1、4、8、9、13、18、20、28～30、43、71、77、78、99、101、103、106～113、117、126、128～131、137、140、144、145、156、157、161-1、162、163、164、167～167-2、169、172、172-1、175、177、177-1、179、185、192、192-1、199-1、203、204～206、210、211、214、216、216-1、218、230、235、235-1、237、240、241、245、247、248、257、257-2、263、266～268、273、279、282、283、291、297、309、311、316、343、356-3、356-5、356-7、356-9、356-11、356-13、369-12、370～374、377～380、382、386、387、388、391、392、393、438、449條條文及第八章章名；增訂第22-1、76-1、99-1、156-1～156-4、161-2、172-2、173-1、175-1、193-1、203-1、210-1、228-1、248-1、392-1、447-1條條文；刪除第104、105、162-1、162-2、166、176、257-1、278、356-6、356-10、375、384、385條條文；施行日期由行政院定之。

　民國107年10月26日行政院令發布定自107年11月1日施行。

第一章　總則

第　1　條　本法所稱公司，謂以營利爲目的，依照本法組織、登記、成立之社團法人。

　　　　　公司經營業務，應遵守法令及商業倫理規範，得採行增進公共利益之行爲，以善盡其社會責任。

第　2　條　公司分爲左列四種：

　　　　　一、無限公司：指二人以上股東所組織，對公司債務負連帶無限清償責任之公司。

　　　　　二、有限公司：由一人以上股東所組織，就其出資額爲限，對公司負其責任之公司。

　　　　　三、兩合公司：指一人以上無限責任股東，與一人以上有限責任股東所組織，其無限責任股東對公司債務負連帶無限清償責任；有限責任股東就其出資額爲限，對公司負其責任之公司。

　　　　　四、股份有限公司：指二人以上股東或政府、法人股東一人所組織，全部資本分爲股份；股東就其所認股份，對公司負其責任之公司。

　　　　　公司名稱，應標明公司之種類。

第　3　條　公司以其本公司所在地爲住所。

　　　　　本法所稱本公司，爲公司依法首先設立，以管轄全部組織之總機構；所稱分公

司，為受本公司管轄之分支機構。

第　4　條　　本法所稱外國公司，謂以營利為目的，依照外國法律組織登記之公司。

外國公司，於法令限制內，與中華民國公司有同一之權利能力。

第　5　條　　本法所稱主管機關：在中央為經濟部；在直轄市為直轄市政府。

中央主管機關得委任所屬機關、委託或委辦其他機關辦理本法所規定之事項。

第　6　條　　公司非在中央主管機關登記後，不得成立。

第　7　條　　公司申請設立登記之資本額，應經會計師查核簽證；公司應於申請設立登記時或設立登記後三十日內，檢送經會計師查核簽證之文件。

公司申請變更登記之資本額，應先經會計師查核簽證。

前二項查核簽證之辦法，由中央主管機關定之。

第　8　條　　本法所稱公司負責人：在無限公司、兩合公司為執行業務或代表公司之股東；在有限公司、股份有限公司為董事。

公司之經理人、清算人或臨時管理人，股份有限公司之發起人、監察人、檢查人、重整人或重整監督人，在執行職務範圍內，亦為公司負責人。

公司之非董事，而實質上執行董事業務或實質控制公司之人事、財務或業務經營而實質指揮董事執行業務者，與本法董事同負民事、刑事及行政罰之責任。但政府為發展經濟、促進社會安定或其他增進公共利益等情形，對政府指派之董事所為之指揮，不適用之。

第　9　條　　公司應收之股款，股東並未實際繳納，而以申請文件表明收足，或股東雖已繳納而於登記後將股款發還股東，或任由股東收回者，公司負責人各處五年以下有期徒刑、拘役或科或併科新臺幣五十萬元以上二百五十萬元以下罰金。

有前項情事時，公司負責人應與各該股東連帶賠償公司或第三人因此所受之損害。

第一項經法院判決有罪確定後，由中央主管機關撤銷或廢止其登記。但判決確定前，已為補正者，不在此限。

公司之負責人、代理人、受僱人或其他從業人員以犯刑法偽造文書印文罪章之罪辦理設立或其他登記，經法院判決有罪確定後，由中央主管機關依職權或依利害關係人之申請撤銷或廢止其登記。

第　10　條　　公司有下列情事之一者，主管機關得依職權或利害關係人之申請，命令解散之：

一、公司設立登記後六個月尚未開始營業。但已辦妥延展登記者，不在此限。

二、開始營業後自行停止營業六個月以上。但已辦妥停業登記者，不在此限。

三、公司名稱經法院判決確定不得使用，公司於判決確定後六個月內尚未辦妥名稱變更登記，並經主管機關令其限期辦理仍未辦妥。

四、未於第七條第一項所定期限內，檢送經會計師查核簽證之文件者。但於主管

機關命令解散前已檢送者，不在此限。

第　11　條　公司之經營，有顯著困難或重大損害時，法院得據股東之聲請，於徵詢主管機關及目的事業中央主管機關意見，並通知公司提出答辯後，裁定解散。

前項聲請，在股份有限公司，應有繼續六個月以上持有已發行股份總數百分之十以上股份之股東提出之。

第　12　條　公司設立登記後，有應登記之事項而不登記，或已登記之事項有變更而不爲變更之登記者，不得以其事項對抗第三人。

第　13　條　公司不得爲他公司無限責任股東或合夥事業之合夥人。

公開發行股票之公司爲他公司有限責任股東時，其所有投資總額，除以投資爲專業或公司章程另有規定或經代表已發行股份總數三分之二以上股東出席，以出席股東表決權過半數同意之股東會決議者外，不得超過本公司實收股本百分之四十。

出席股東之股份總數不足前項定額者，得以有代表已發行股份總數過半數股東之出席，出席股東表決權三分之二以上之同意行之。

前二項出席股東股份總數及表決權數，章程有較高之規定者，從其規定。

公司因接受被投資公司以盈餘或公積增資配股所得之股份，不計入第二項投資總額。

公司負責人違反第一項或第二項規定時，應賠償公司因此所受之損害。

第　14　條　（刪除）

第　15　條　公司之資金，除有左列各款情形外，不得貸與股東或任何他人：

一、公司間或與行號間有業務往來者。

二、公司間或與行號間有短期融通資金之必要者。融資金額不得超過貸與企業淨值的百分之四十。

公司負責人違反前項規定時，應與借用人連帶負返還責任；如公司受有損害者，亦應由其負損害賠償責任。

第　16　條　公司除依其他法律或公司章程規定得爲保證者外，不得爲任何保證人。

公司負責人違反前項規定時，應自負保證責任，如公司受有損害時，亦應負賠償責任。

第　17　條　公司業務，依法律或基於法律授權所定之命令，須經政府許可者，於領得許可文件後，方得申請公司登記。

前項業務之許可，經目的事業主管機關撤銷或廢止確定者，應由各該目的事業主管機關，通知中央主管機關，撤銷或廢止其公司登記或部分登記事項。

第　17-1　條　公司之經營有違反法令受勒令歇業處分確定者，應由處分機關通知中央主管機關，廢止其公司登記或部分登記事項。

第 18 條　公司名稱，應使用我國文字，且不得與他公司或有限合夥名稱相同。二公司或公
司與有限合夥名稱中標明不同業務種類或可資區別之文字者，視爲不相同。
公司所營事業除許可業務應載明於章程外，其餘不受限制。
公司所營事業應依中央主管機關所定營業項目代碼表登記。已設立登記之公司，
其所營事業爲文字敘述者，應於變更所營事業時，依代碼表規定辦理。
公司不得使用易於使人誤認其與政府機關、公益團體有關或妨害公共秩序或善良
風俗之名稱。
公司名稱及業務，於公司登記前應先申請核准，並保留一定期間；其審核準則，
由中央主管機關定之。

第 19 條　未經設立登記，不得以公司名義經營業務或爲其他法律行爲。
違反前項規定者，行爲人處一年以下有期徒刑、拘役或科或併科新臺幣十五萬元
以下罰金，並自負民事責任；行爲人有二人以上者，連帶負民事責任，並由主管
機關禁止其使用公司名稱。

第 20 條　公司每屆會計年度終了，應將營業報告書、財務報表及盈餘分派或虧損撥補之議
案，提請股東同意或股東常會承認。
公司資本額達一定數額以上或未達一定數額而達一定規模者，其財務報表，應先
經會計師查核簽證；其一定數額、規模及簽證之規則，由中央主管機關定之。但
公開發行股票之公司，證券主管機關另有規定者，不適用之。
前項會計師之委任、解任及報酬，準用第二十九條第一項規定。
第一項書表，主管機關得隨時派員查核或令其限期申報；其辦法，由中央主管機
關定之。
公司負責人違反第一項或第二項規定時，各處新臺幣一萬元以上五萬元以下罰
鍰。規避、妨礙或拒絕前項查核或屆期不申報時，各處新臺幣二萬元以上十萬元
以下罰鍰。

第 21 條　主管機關得會同目的事業主管機關，隨時派員檢查公司業務及財務狀況，公司負
責人不得妨礙、拒絕或規避。
公司負責人妨礙、拒絕或規避前項檢查者，各處新臺幣二萬元以上十萬元以下罰
鍰。連續妨礙、拒絕或規避者，並按次連續各處新臺幣四萬元以上二十萬元以下
罰鍰。
主管機關依第一項規定派員檢查時，得視需要選任會計師或律師或其他專業人員
協助辦理。

第 22 條　主管機關查核第二十條所定各項書表，或依前條檢查公司業務及財務狀況時，得
令公司提出證明文件、單據、表冊及有關資料，除法律另有規定外，應保守秘
密，並於收受後十五日內，查閱發還。

公司負責人違反前項規定，拒絕提出時，各處新臺幣二萬元以上十萬元以下罰鍰。連續拒絕者，並按次連續各處新臺幣四萬元以上二十萬元以下罰鍰。

第 22-1 條　公司應每年定期將董事、監察人、經理人及持有已發行股份總數或資本總額超過百分之十之股東之姓名或名稱、國籍、出生年月日或設立登記之年月日、身分證明文件號碼、持股數或出資額及其他中央主管機關指定之事項，以電子方式申報至中央主管機關建置或指定之資訊平臺；其有變動者，並應於變動後十五日內爲之。但符合一定條件之公司，不適用之。

前項資料，中央主管機關應定期查核。

第一項資訊平臺之建置或指定、資料之申報期間、格式、經理人之範圍、一定條件公司之範圍、資料之蒐集、處理、利用及其費用、指定事項之內容，前項之查核程序、方式及其他應遵行事項之辦法，由中央主管機關會同法務部定之。

未依第一項規定申報或申報之資料不實，經中央主管機關限期通知改正，屆期未改正者，處代表公司之董事新臺幣五萬元以上五十萬元以下罰鍰。經再限期通知改正仍未改正者，按次處新臺幣五十萬元以上五百萬元以下罰鍰，至改正爲止。其情節重大者，得廢止公司登記。

前項情形，應於第一項之資訊平臺依次註記裁處情形。

第 23 條　公司負責人應忠實執行業務並盡善良管理人之注意義務，如有違反致公司受有損害者，負損害賠償責任。

公司負責人對於公司業務之執行，如有違反法令致他人受有損害時，對他人應與公司負連帶賠償之責。

公司負責人對於違反第一項之規定，爲自己或他人爲該行爲時，股東會得以決議，將該行爲之所得視爲公司之所得。但自所得產生後逾一年者，不在此限。

第 24 條　解散之公司除因合併、分割或破產而解散外，應行清算。

第 25 條　解散之公司，於清算範圍內，視爲尚未解散。

第 26 條　前條解散之公司在清算時期中，得爲了結現務及便利清算之目的，暫時經營業務。

第 26-1 條　公司經中央主管機關撤銷或廢止登記者，準用前三條之規定。

第 26-2 條　經解散、撤銷或廢止登記之公司，自解散、撤銷或廢止登記之日起，逾十年未清算完結，或經宣告破產之公司，自破產登記之日起，逾十年未獲法院裁定破產終結者，其公司名稱得爲他人申請核准使用，不受第十八條第一項規定之限制。但有正當理由，於期限屆滿前六個月內，報中央主管機關核准者，仍受第十八條第一項規定之限制。

第 27 條　政府或法人爲股東時，得當選爲董事或監察人。但須指定自然人代表行使職務。

政府或法人爲股東時，亦得由其代表人當選爲董事或監察人。代表人有數人時，

得分別當選，但不得同時當選或擔任董事及監察人。

第一項及第二項之代表人，得依其職務關係，隨時改派補足原任期。

對於第一項、第二項代表權所加之限制，不得對抗善意第三人。

第　28　條　公司之公告應登載於新聞紙或新聞電子報。

前項情形，中央主管機關得建置或指定網站供公司公告。

前二項規定，公開發行股票之公司，證券主管機關另有規定者，從其規定。

第 28-1 條　主管機關依法應送達於公司之公文書，得以電子方式為之。

主管機關依法應送達於公司之公文書無從送達者，改向代表公司之負責人送達之；仍無從送達者，得以公告代之。

電子方式送達之實施辦法，由中央主管機關定之。

第　29　條　公司得依章程規定置經理人，其委任、解任及報酬，依下列規定定之。但公司章程有較高規定者，從其規定：

一、無限公司、兩合公司須有全體無限責任股東過半數同意。

二、有限公司須有全體股東表決權過半數同意。

三、股份有限公司應由董事會以董事過半數之出席，及出席董事過半數同意之決議行之。

公司有第一百五十六條之四之情形者，專案核定之主管機關應要求參與政府專案紓困方案之公司提具自救計畫，並得限制其發給經理人報酬或為其他必要之處置或限制；其辦法，由中央主管機關定之。

第　30　條　有下列情事之一者，不得充經理人，其已充任者，當然解任：

一、曾犯組織犯罪防制條例規定之罪，經有罪判決確定，尚未執行、尚未執行完畢，或執行完畢、緩刑期滿或赦免後未逾五年。

二、曾犯詐欺、背信、侵占罪經宣告有期徒刑一年以上之刑確定，尚未執行、尚未執行完畢，或執行完畢、緩刑期滿或赦免後未逾二年。

三、曾犯貪污治罪條例之罪，經判決有罪確定，尚未執行、尚未執行完畢，或執行完畢、緩刑期滿或赦免後未逾二年。

四、受破產之宣告或經法院裁定開始清算程序，尚未復權。

五、使用票據經拒絕往來尚未期滿。

六、無行為能力或限制行為能力。

七、受輔助宣告尚未撤銷。

第　31　條　經理人之職權，除章程規定外，並得依契約之訂定。

經理人在公司章程或契約規定授權範圍內，有為公司管理事務及簽名之權。

第　32　條　經理人不得兼任其他營利事業之經理人，並不得自營或為他人經營同類之業務。但經依第二十九條第一項規定之方式同意者，不在此限。

第 33 條　經理人不得變更董事或執行業務股東之決定，或股東會或董事會之決議，或逾越其規定之權限。

第 34 條　經理人因違反法令、章程或前條之規定，致公司受損害時，對於公司負賠償之責。

第 35 條　（刪除）

第 36 條　公司不得以其所加於經理人職權之限制，對抗善意第三人。

第37條至第39條（刪除）

第二章　無限公司

第一節　設立

第 40 條　無限公司之股東，應有二人以上，其中半數，應在國內有住所。

股東應以全體之同意，訂立章程，簽名或蓋章，置於本公司，並每人各執一份。

第 41 條　無限公司章程應載明左列事項：

一、公司名稱。

二、所營事業。

三、股東姓名、住所或居所。

四、資本總額及各股東出資額。

五、各股東有以現金以外財產爲出資者，其種類、數量、價格或估價之標準。

六、盈餘及虧損分派比例或標準。

七、本公司所在地；設有分公司者，其所在地。

八、定有代表公司之股東者，其姓名。

九、定有執行業務之股東者，其姓名。

十、定有解散事由者，其事由。

十一、訂立章程之年、月、日。

代表公司之股東，不備置前項章程於本公司者，處新臺幣一萬元以上五萬元以下罰鍰。連續拒不備置者，並按次連續處新臺幣二萬元以上十萬元以下罰鍰。

第二節　公司之內部關係

第 42 條　公司之內部關係，除法律有規定者外，得以章程定之。

第 43 條　股東得以勞務或其他權利爲出資，並須依照第四十一條第一項第五款之規定辦理。

第 44 條　股東以債權抵作股本，而其債權到期不得受清償者，應由該股東補繳；如公司因之受有損害，並應負賠償之責。

第 45 條　各股東均有執行業務之權利，而負其義務。但章程中訂定由股東之一人或數人執行業務者，從其訂定。

前項執行業務之股東須半數以上在國內有住所。

第 46 條　股東之數人或全體執行業務時，關於業務之執行，取決於過半數之同意。

執行業務之股東，關於通常事務，各得單獨執行。但其餘執行業務之股東，有一人提出異議時，應即停止執行。

第 47 條　公司變更章程，應得全體股東之同意。

第 48 條　不執行業務之股東，得隨時向執行業務之股東質詢公司營業情形，查閱財產文件、帳簿、表冊。

第 49 條　執行業務之股東，非有特約，不得向公司請求報酬。

第 50 條　股東因執行業務所代墊之款項，得向公司請求償還，並支付墊款之利息；如係負擔債務，而其債務尚未到期者，得請求提供相當之擔保。

股東因執行業務，受有損害，而自己無過失者，得向公司請求賠償。

第 51 條　公司章程訂明專由股東中之一人或數人執行業務時，該股東不得無故辭職，他股東亦不得無故使其退職。

第 52 條　股東執行業務，應依照法令、章程及股東之決定。

違反前項規定，致公司受有損害者，對於公司應負賠償之責。

第 53 條　股東代收公司款項，不於相當期間照繳，或挪用公司款項者，應加算利息，一併償還；如公司受有損害，並應賠償。

第 54 條　股東非經其他股東全體之同意，不得為他公司之無限責任股東，或合夥事業之合夥人。

執行業務之股東，不得為自己或他人為與公司同類營業之行為。

執行業務之股東違反前項規定時，其他股東得以過半數之決議，將其為自己或他人所為行為之所得，作為公司之所得。但自所得產生後逾一年者，不在此限。

第 55 條　股東非經其他股東全體之同意，不得以自己出資之全部或一部，轉讓於他人。

第三節　公司之對外關係

第 56 條　公司得以章程特定代表公司之股東；其未經特定者，各股東均得代表公司。

第四十五條第二項之規定，於代表公司之股東準用之。

第 57 條　代表公司之股東，關於公司營業上一切事務，有辦理之權。

第 58 條　公司對於股東代表權所加之限制，不得對抗善意第三人。

第 59 條　代表公司之股東，如為自己或他人與公司為買賣、借貸或其他法律行為時，不得同時為公司之代表；但向公司清償債務時，不在此限。

第 60 條　公司資產不足清償債務時，由股東負連帶清償之責。

第 61 條　加入公司為股東者，對於未加入前公司已發生之債務，亦應負責。

第 62 條　非股東而有可以令人信其為股東之行為者，對於善意第三人，應負與股東同一之責任。

第　63　條　公司非彌補虧損後，不得分派盈餘。

　　　　　　公司負責人違反前項規定時，各處一年以下有期徒刑、拘役或科或併科新臺幣六萬元以下罰金。

第　64　條　公司之債務人，不得以其債務與其對於股東之債權抵銷。

第四節　退股

第　65　條　章程未定公司存續期限者，除關於退股另有訂定外，股東得於每會計年度終了退股。但應於六個月前，以書面向公司聲明。

　　　　　　股東有非可歸責於自己之重大事由時，不問公司定有存續期限與否，均得隨時退股。

第　66　條　除前條規定外，股東有下列各款情事之一者退股：

　　　　　　一、章程所定退股事由。

　　　　　　二、死亡。

　　　　　　三、破產。

　　　　　　四、受監護或輔助宣告。

　　　　　　五、除名。

　　　　　　六、股東之出資，經法院強制執行者。

　　　　　　依前項第六款規定退股時，執行法院應於二個月前通知公司及其他股東。

第　67　條　股東有左列各款情事之一者，得經其他股東全體之同意議決除名。但非通知後不得對抗該股東：

　　　　　　一、應出之資本不能照繳或屢催不繳者。

　　　　　　二、違反第五十四條第一項規定者。

　　　　　　三、有不正當行為妨害公司之利益者。

　　　　　　四、對於公司不盡重要之義務者。

第　68　條　公司名稱中列有股東之姓或姓名者，該股東退股時，得請求停止使用。

第　69　條　退股之股東與公司之結算，應以退股時公司財產之狀況為準。

　　　　　　退股股東之出資，不問其種類，均得以現金抵還。

　　　　　　股東退股時，公司事務有未了結者，於了結後計算其損益，分派其盈虧。

第　70　條　退股股東應向主管機關申請登記，對於登記前公司之債務，於登記後二年內，仍負連帶無限責任。

　　　　　　股東轉讓其出資者，準用前項之規定。

第五節　解散、合併及變更組織

第　71　條　公司有下列各款情事之一者解散：

　　　　　　一、章程所定解散事由。

二、公司所營事業已成就或不能成就。

三、股東三分之二以上之同意。

四、股東經變動而不足本法所定之最低人數。

五、與他公司合併。

六、破產。

七、解散之命令或裁判。

前項第一款、第二款得經全體或一部股東之同意繼續經營，其不同意者視為退股。

第一項第四款得加入新股東繼續經營。

因前二項情形而繼續經營者，應變更章程。

第　72　條　公司得以全體股東之同意，與他公司合併。

第　73　條　公司決議合併時，應即編造資產負債表及財產目錄。

公司為合併之決議後，應即向各債權人分別通知及公告，並指定三十日以上期限，聲明債權人得於期限內提出異議。

第　74　條　公司不為前條之通知及公告，或對於在指定期限內提出異議之債權人不為清償，或不提供相當擔保者，不得以其合併對抗債權人。

第　75　條　因合併而消滅之公司，其權利義務，應由合併後存續或另立之公司承受。

第　76　條　公司得經全體股東之同意，以一部股東改為有限責任或另加入有限責任股東，變更其組織為兩合公司。

前項規定，於第七十一條第三項所規定繼續經營之公司準用之。

第 76-1 條　公司得經股東三分之二以上之同意變更章程，將其組織變更為有限公司或股份有限公司。

前項情形，不同意之股東得以書面向公司聲明退股。

第　77　條　公司依前二條變更組織時，準用第七十三條至第七十五條之規定。

第　78　條　股東依第七十六條第一項或第七十六條之一第一項之規定，改為有限責任時，其在公司變更組織前，公司之債務，於公司變更登記後二年內，仍負連帶無限責任。

第六節　清算

第　79　條　公司之清算，以全體股東為清算人。但本法或章程另有規定或經股東決議，另選清算人者，不在此限。

第　80　條　由股東全體清算時，股東中有死亡者，清算事務由其繼承人行之；繼承人有數人時，應由繼承人互推一人行之。

第　81　條　不能依第七十九條規定定其清算人時，法院得因利害關係人之聲請，選派清算人。

第 82 條　法院因利害關係人之聲請，認爲必要時，得將清算人解任。但股東選任之清算人，亦得由股東過半數之同意，將其解任。

第 83 條　清算人應於就任後十五日內，將其姓名、住所或居所及就任日期，向法院聲報。

清算人之解任，應由股東於十五日內，向法院聲報。

清算人由法院選派時，應公告之；解任時亦同。

違反第一項或第二項聲報期限之規定者，各處新臺幣三千元以上一萬五千元以下罰鍰。

第 84 條　清算人之職務如左：

一、了結現務。

二、收取債權、清償債務。

三、分派盈餘或虧損。

四、分派賸餘財產。

清算人執行前項職務，有代表公司爲訴訟上或訴訟外一切行爲之權。但將公司營業包括資產負債轉讓於他人時，應得全體股東之同意。

第 85 條　清算人有數人時，得推定一人或數人代表公司，如未推定時，各有對於第三人代表公司之權。關於清算事務之執行，取決於過半數之同意。

推定代表公司之清算人，應準用第八十三條第一項之規定向法院聲報。

第 86 條　對於清算人代表權所加之限制，不得對抗善意第三人。

第 87 條　清算人就任後，應即檢查公司財產情形，造具資產負債表及財產目錄，送交各股東查閱。

對前項所爲檢查有妨礙、拒絕或規避行爲者，各處新臺幣二萬元以上十萬元以下罰鍰。

清算人應於六個月內完結清算；不能於六個月內完結清算時，清算人得申敘理由，向法院聲請展期。

清算人不於前項規定期限內清算完結者，各處新臺幣一萬元以上五萬元以下罰鍰。

清算人遇有股東詢問時，應將清算情形隨時答覆。

清算人違反前項規定者，各處新臺幣一萬元以上五萬元以下罰鍰。

第 88 條　清算人就任後，應以公告方法，催告債權人報明債權，對於明知之債權人，並應分別通知。

第 89 條　公司財產不足清償其債務時，清算人應即聲請宣告破產。

清算人移交其事務於破產管理人時，職務即爲終了。

清算人違反第一項規定，不即聲請宣告破產者，各處新臺幣二萬元以上十萬元以下罰鍰。

第 90 條　清算人非清償公司債務後,不得將公司財產分派於各股東。

　　　　　清算人違反前項規定,分派公司財產時,各處一年以下有期徒刑、拘役或科或併科新臺幣六萬元以下罰金。

第 91 條　賸餘財產之分派,除章程另有訂定外,依各股東分派盈餘或虧損後淨餘出資之比例定之。

第 92 條　清算人應於清算完結後十五日內,造具結算表冊,送交各股東,請求其承認,如股東不於一個月內提出異議,即視為承認。但清算人有不法行為時,不在此限。

第 93 條　清算人應於清算完結,經送請股東承認後十五日內,向法院聲報。

　　　　　清算人違反前項聲報期限之規定時,各處新臺幣三千元以上一萬五千元以下罰鍰。

第 94 條　公司之帳簿、表冊及關於營業與清算事務之文件,應自清算完結向法院聲報之日起,保存十年,其保存人,以股東過半數之同意定之。

第 95 條　清算人應以善良管理人之注意處理職務,倘有怠忽而致公司發生損害時,應對公司負連帶賠償之責任;其有故意或重大過失時,並應對第三人負連帶賠償責任。

第 96 條　股東之連帶無限責任,自解散登記後滿五年而消滅。

第 97 條　清算人與公司之關係,除本法規定外,依民法關於委任之規定。

第三章　有限公司

第 98 條　有限公司由一人以上股東所組成。

　　　　　股東應以全體之同意訂立章程,簽名或蓋章,置於本公司,每人各執一份。

第 99 條　各股東對於公司之責任,除第二項規定外,以其出資額為限。

　　　　　股東濫用公司之法人地位,致公司負擔特定債務且清償顯有困難,其情節重大而有必要者,該股東應負清償之責。

第 99-1 條　股東之出資除現金外,得以對公司所有之貨幣債權、公司事業所需之財產或技術抵充之。

第 100 條　公司資本總額,應由各股東全部繳足,不得分期繳款或向外招募。

第 101 條　公司章程應載明下列事項:

　　　　　一、公司名稱。

　　　　　二、所營事業。

　　　　　三、股東姓名或名稱。

　　　　　四、資本總額及各股東出資額。

　　　　　五、盈餘及虧損分派比例或標準。

　　　　　六、本公司所在地。

　　　　　七、董事人數。

八、定有解散事由者，其事由。

九、訂立章程之年、月、日。

代表公司之董事不備置前項章程於本公司者，處新臺幣一萬元以上五萬元以下罰鍰。再次拒不備置者，並按次處新臺幣二萬元以上十萬元以下罰鍰。

第 102 條　每一股東不問出資多寡，均有一表決權。但得以章程訂定按出資多寡比例分配表決權。

政府或法人為股東時，準用第一百八十一條規定。

第 103 條　公司應在本公司備置股東名簿，記載下列事項：

一、各股東出資額。

二、各股東姓名或名稱、住所或居所。

三、繳納股款之年、月、日。

代表公司之董事不備置前項股東名簿於本公司者，處新臺幣一萬元以上五萬元以下罰鍰。再次拒不備置者，並按次處新臺幣二萬元以上十萬元以下罰鍰。

第 104 條　（刪除）

第 105 條　（刪除）

第 106 條　公司增資，應經股東表決權過半數之同意。但股東雖同意增資，仍無按原出資數比例出資之義務。

有前項但書情形時，得經股東表決權過半數之同意，由新股東參加。

公司得經股東表決權過半數之同意減資或變更其組織為股份有限公司。

前三項不同意之股東，對章程修正部分，視為同意。

第 107 條　公司為變更組織之決議後，應即向各債權人分別通知及公告。

變更組織後之公司，應承擔變更組織前公司之債務。

第七十三條及第七十四條之規定，於減少資本準用之。

第 108 條　公司應至少置董事一人執行業務並代表公司，最多置董事三人，應經股東表決權三分之二以上之同意，就有行為能力之股東中選任之。董事有數人時，得以章程置董事長一人，對外代表公司；董事長應經董事過半數之同意互選之。

董事請假或因故不能行使職權時，指定股東一人代理之；未指定代理人者，由股東間互推一人代理之。

董事為自己或他人為與公司同類業務之行為，應對全體股東說明其行為之重要內容，並經股東表決權三分之二以上之同意。

第三十條、第四十六條、第四十九條至第五十三條、第五十四條第三項、第五十七條至第五十九條、第二百零八條第三項、第二百零八條之一及第二百十一條第一項及第二項之規定，於董事準用之。

代表公司之董事違反前項準用第二百十一條第一項或第二項規定者，處新臺幣二

萬元以上十萬元以下罰鍰。

第 109 條　不執行業務之股東，均得行使監察權；其監察權之行使，準用第四十八條之規定。

前項表冊，至遲應於每會計年度終了後六個月內分送。分送後逾一個月未提出異議者，視為承認。

不執行業務之股東辦理前項事務，得代表公司委託律師、會計師審核之。

規避、妨礙或拒絕不執行業務股東行使監察權者，代表公司之董事各處新臺幣二萬元以上十萬元以下罰鍰。

第 110 條　每屆會計年度終了，董事應依第二百二十八條之規定，造具各項表冊，分送各股東，請其承認；其承認應經股東表決權過半數之同意。

前項表冊，至遲應於每會計年度終了後六個月內分送。分送後逾一個月未提出異議者，視為承認。

第二百二十八條之一、第二百三十一條至第二百三十三條、第二百三十五條、第二百三十五條之一、第二百四十條第一項及第二百四十五條第一項之規定，於有限公司準用之。

對於依前項準用第二百四十五條第一項規定，聲請法院選派檢查人之檢查，有規避、妨礙或拒絕行為者，處新臺幣二萬元以上十萬元以下罰鍰。

第 111 條　股東非得其他股東表決權過半數之同意，不得以其出資之全部或一部，轉讓於他人。

董事非得其他股東表決權三分之二以上之同意，不得以其出資之全部或一部，轉讓於他人。

前二項轉讓，不同意之股東有優先受讓權；如不承受，視為同意轉讓，並同意修改章程有關股東及其出資額事項。

法院依強制執行程序，將股東之出資轉讓於他人時，應通知公司及其他股東，於二十日內，依第一項或第二項之方式，指定受讓人；逾期未指定或指定之受讓人不依同一條件受讓時，視為同意轉讓，並同意修改章程有關股東及其出資額事項。

第 112 條　公司於彌補虧損完納一切稅捐後，分派盈餘時，應先提出百分之十為法定盈餘公積。但法定盈餘公積已達資本總額時，不在此限。

除前項法定盈餘公積外，公司得以章程訂定，或經股東表決權三分之二以上之同意，另提特別盈餘公積。

第二百三十九條、第二百四十一條第一項第二款及第三項之規定，於有限公司準用之。

公司負責人違反第一項規定，不提法定盈餘公積時，各處新臺幣二萬元以上十萬元以下罰鍰。

第 113 條　公司變更章程、合併及解散，應經股東表決權三分之二以上之同意。

除前項規定外，公司變更章程、合併、解散及清算，準用無限公司有關之規定。

第四章　兩合公司

第 114 條　兩合公司以無限責任股東與有限責任股東組織之。

無限責任股東，對公司債務負連帶無限清償責任；有限責任股東，以出資額爲限，對於公司負其責任。

第 115 條　兩合公司除本章規定外，準用第二章之規定。

第 116 條　兩合公司之章程，除記載第四十一條所列各款事項外，並應記明各股東之責任爲無限或有限。

第 117 條　有限責任股東，不得以勞務爲出資。

第 118 條　有限責任股東，得於每會計年度終了時，查閱公司帳目、業務及財產情形；必要時，法院得因有限責任股東之聲請，許其隨時檢查公司帳目、業務及財產之情形。

對於前項之檢查，有妨礙、拒絕或規避行爲者，各處新臺幣二萬元以上十萬元以下罰鍰。連續妨礙、拒絕或規避者，並按次連續各處新臺幣四萬元以上二十萬元以下罰鍰。

第 119 條　有限責任股東，非得無限責任股東過半數之同意，不得以其出資全部或一部，轉讓於他人。

第一百十一條第二項及第四項之規定，於前項準用之。

第 120 條　有限責任股東，得爲自己或他人，爲與本公司同類營業之行爲；亦得爲他公司之無限責任股東，或合夥事業之合夥人。

第 121 條　有限責任股東，如有可以令人信其爲無限責任股東之行爲者，對於善意第三人，負無限責任股東之責任。

第 122 條　有限責任股東，不得執行公司業務及對外代表公司。

第 123 條　有限責任股東，不因受監護或輔助宣告而退股。

有限責任股東死亡時，其出資歸其繼承人。

第 124 條　有限責任股東遇有非可歸責於自己之重大事由時，得經無限責任股東過半數之同意退股，或聲請法院准其退股。

第 125 條　有限責任股東有左列各款情事之一者，得經全體無限責任股東之同意，將其除名：

一、不履行出資義務者。

二、有不正當行爲，妨害公司利益者。

前項除名，非通知該股東後，不得對抗之。

第 126 條　公司因無限責任或有限責任股東全體之退股而解散。但其餘股東得以一致之同

意，加入無限責任股東或有限責任股東，繼續經營。

前項有限責任股東全體退股時，無限責任股東在二人以上者，得以一致之同意變更其組織為無限公司。

無限責任股東與有限責任股東，以全體之同意，變更其組織為無限公司時，依前項規定行之。

公司得經股東三分之二以上之同意變更章程，將其組織變更為有限公司或股份有限公司。

前項情形，不同意之股東得以書面向公司聲明退股。

第 127 條　清算由全體無限責任股東任之。但無限責任股東得以過半數之同意另行選任清算人；其解任時亦同。

第五章　股份有限公司

第一節　設立

第 128 條　股份有限公司應有二人以上為發起人。

無行為能力人、限制行為能力人或受輔助宣告尚未撤銷之人，不得為發起人。

政府或法人均得為發起人。但法人為發起人者，以下列情形為限：

一、公司或有限合夥。

二、以其自行研發之專門技術或智慧財產權作價投資之法人。

三、經目的事業主管機關認屬與其創設目的相關而予核准之法人。

第 128-1 條　政府或法人股東一人所組織之股份有限公司，不受前條第一項之限制。該公司之股東會職權由董事會行使，不適用本法有關股東會之規定。

前項公司，得依章程規定不設董事會，置董事一人或二人；置董事一人者，以其為董事長，董事會之職權由該董事行使，不適用本法有關董事會之規定；置董事二人者，準用本法有關董事會之規定。

第一項公司，得依章程規定不置監察人；未置監察人者，不適用本法有關監察人之規定。

第一項公司之董事、監察人，由政府或法人股東指派。

第 129 條　發起人應以全體之同意訂立章程，載明下列各款事項，並簽名或蓋章：

一、公司名稱。

二、所營事業。

三、採行票面金額股者，股份總數及每股金額；採行無票面金額股者，股份總數。

四、本公司所在地。

五、董事及監察人之人數及任期。

六、訂立章程之年、月、日。

第 130 條　下列各款事項，非經載明於章程者，不生效力：

一、分公司之設立。

二、解散之事由。

三、特別股之種類及其權利義務。

四、發起人所得受之特別利益及受益者之姓名。

前項第四款發起人所得受之特別利益，股東會得修改或撤銷之。但不得侵及發起人既得之利益。

第 131 條　發起人認足第一次應發行之股份時，應即按股繳足股款並選任董事及監察人。

前項選任方法，準用第一百九十八條之規定。

發起人之出資，除現金外，得以公司事業所需之財產、技術抵充之。

第 132 條　發起人不認足第一次發行之股份時，應募足之。

前項股份招募時，得依第一百五十七條之規定發行特別股。

第 133 條　發起人公開招募股份時，應先具備左列事項，申請證券管理機關審核：

一、營業計畫書。

二、發起人姓名、經歷、認股數目及出資種類。

三、招股章程。

四、代收股款之銀行或郵局名稱及地址。

五、有承銷或代銷機構者，其名稱及約定事項。

六、證券管理機關規定之其他事項。

前項發起人所認股份，不得少於第一次發行股份四分之一。

第一項各款，應於證券管理機關通知到達之日起三十日內，加記核准文號及年、月、日公告招募之。但第五款約定事項，得免予公告。

第 134 條　代收股款之銀行或郵局，對於代收之股款，有證明其已收金額之義務，其證明之已收金額，即認為已收股款之金額。

第 135 條　申請公開招募股份有左列情形之一者，證券管理機關得不予核准或撤銷核准：

一、申請事項有違反法令或虛偽者。

二、申請事項有變更，經限期補正而未補正者。

發起人有前項第二款情事時，由證券管理機關各處新臺幣二萬元以上十萬元以下罰鍰。

第 136 條　前條撤銷核准，未招募者，停止招募，已招募者，應募人得依股份原發行金額，加算法定利息，請求返還。

第 137 條　招股章程應載明下列各款事項：

一、第一百二十九條及第一百三十條所列各款事項。

二、各發起人所認之股數。

三、股票超過票面金額發行者,其金額。

四、招募股份總數募足之期限,及逾期未募足時,得由認股人撤回所認股份之聲明。

五、發行特別股者,其總額及第一百五十七條第一項各款之規定。

第 138 條　發起人應備認股書,載明第一百三十三條第一項各款事項,並加記證券管理機關核准文號及年、月、日,由認股人填寫所認股數、金額及其住所或居所,簽名或蓋章。

以超過票面金額發行股票者,認股人應於認股書註明認繳之金額。

發起人違反第一項規定,不備認股書者,由證券管理機關各處新臺幣一萬元以上五萬元以下罰鍰。

第 139 條　認股人有照所填認股書,繳納股款之義務。

第 140 條　採行票面金額股之公司,其股票之發行價格,不得低於票面金額。但公開發行股票之公司,證券主管機關另有規定者,不在此限。

採行無票面金額股之公司,其股票之發行價格不受限制。

第 141 條　第一次發行股份總數募足時,發起人應即向各認股人催繳股款,以超過票面金額發行股票時,其溢額應與股款同時繳納。

第 142 條　認股人延欠前條應繳之股款時,發起人應定一個月以上之期限催告該認股人照繳,並聲明逾期不繳失其權利。

發起人已為前項之催告,認股人不照繳者,即失其權利,所認股份另行募集。

前項情形,如有損害,仍得向認股人請求賠償。

第 143 條　前條股款繳足後,發起人應於二個月內召開創立會。

第 144 條　創立會之程序及決議,準用第一百七十二條第一項、第四項、第五項、第一百七十四條、第一百七十五條、第一百七十七條、第一百七十八條、第一百七十九條、第一百八十一條、第一百八十三條第一項、第二項、第四項、第五項及第一百八十九條至第一百九十一條之規定。但關於董事及監察人之選任,準用第一百九十八條之規定。

發起人違反前項準用第一百七十二條第一項、第五項規定,或違反前項準用第一百八十三條第一項、第四項、第五項規定者,處新臺幣一萬元以上五萬元以下罰鍰。

第 145 條　發起人應就下列各款事項報告於創立會:

一、公司章程。

二、股東名簿。

三、已發行之股份總數。

四、以現金以外之財產、技術抵繳股款者，其姓名及其財產、技術之種類、數量、價格或估價之標準及公司核給之股數。

五、應歸公司負擔之設立費用，及發起人得受報酬。

六、發行特別股者，其股份總數。

七、董事、監察人名單，並註明其住所或居所、國民身分證統一編號或其他經政府核發之身分證明文件字號。

發起人對於前項報告有虛偽情事時，各科新臺幣六萬元以下罰金。

第 146 條　創立會應選任董事、監察人。董事、監察人經選任後，應即就前條所列事項，為確實之調查並向創立會報告。

董事、監察人如有由發起人當選，且與自身有利害關係者，前項調查，創立會得另選檢查人為之。

前二項所定調查，如有冒濫或虛偽者，由創立會裁減之。

發起人如有妨礙調查之行為或董事、監察人、檢查人報告有虛偽者，各科新臺幣六萬元以下罰金。

第一項、第二項之調查報告，經董事、監察人或檢查人之請求延期提出時，創立會應準用第一百八十二條之規定，延期或續行集會。

第 147 條　發起人所得受之報酬或特別利益及公司所負擔之設立費用有冒濫者，創立會均得裁減之，用以抵作股款之財產，如估價過高者，創立會得減少其所給股數或責令補足。

第 148 條　未認足之第一次發行股份，及已認而未繳股款者，應由發起人連帶認繳；其已認而經撤回者亦同。

第 149 條　因第一百四十七條及第一百四十八條情形，公司受有損害時，得向發起人請求賠償。

第 150 條　公司不能成立時，發起人關於公司設立所為之行為，及設立所需之費用，均應負連帶責任，其因冒濫經裁減者亦同。

第 151 條　創立會得修改章程或為公司不設立之決議。

第二百七十七條第二項至第四項之規定，於前項修改章程準用之；第三百十六條之規定，於前項公司不設立之決議準用之。

第 152 條　第一次發行股份募足後，逾三個月而股款尚未繳足，或已繳納而發起人不於二個月內召集創立會者，認股人得撤回其所認之股。

第 153 條　創立會結束後，認股人不得將股份撤回。

第 154 條　股東對於公司之責任，除第二項規定外，以繳清其股份之金額為限。

股東濫用公司之法人地位，致公司負擔特定債務且清償顯有困難，其情節重大而有必要者，該股東應負清償之責。

第 155 條　　發起人對於公司設立事項，如有怠忽其任務致公司受損害時，應對公司負連帶賠償責任。

發起人對於公司在設立登記前所負債務，在登記後亦負連帶責任。

第二節　股份

第 156 條　　股份有限公司之資本，應分為股份，擇一採行票面金額股或無票面金額股。

公司採行票面金額股者，每股金額應歸一律；採行無票面金額股者，其所得之股款應全數撥充資本。

公司股份之一部分得為特別股；其種類，由章程定之。

公司章程所定股份總數，得分次發行；同次發行之股份，其發行條件相同者，價格應歸一律。但公開發行股票之公司，其股票發行價格之決定方法，得由證券主管機關另定之。

股東之出資，除現金外，得以對公司所有之貨幣債權、公司事業所需之財產或技術抵充之；其抵充之數額需經董事會決議。

第 156-1 條　　公司得經有代表已發行股份總數三分之二以上股東出席之股東會，以出席股東表決權過半數之同意，將已發行之票面金額股全數轉換為無票面金額股；其於轉換前依第二百四十一條第一項第一款提列之資本公積，應全數轉為資本。

前項出席股東股份總數及表決權數，章程有較高之規定者，從其規定。

公司印製股票者，依第一項規定將已發行之票面金額股全數轉換為無票面金額股時，已發行之票面金額股之每股金額，自轉換基準日起，視為無記載。

前項情形，公司應通知各股東於轉換基準日起六個月內換取股票。

前四項規定，於公開發行股票之公司，不適用之。

公司採行無票面金額股者，不得轉換為票面金額股。

第 156-2 條　　公司得依董事會之決議，向證券主管機關申請辦理公開發行程序；申請停止公開發行者，應有代表已發行股份總數三分之二以上股東出席之股東會，以出席股東表決權過半數之同意行之。

出席股東之股份總數不足前項定額者，得以有代表已發行股份總數過半數股東之出席，出席股東表決權三分之二以上之同意行之。

前二項出席股東股份總數及表決權數，章程有較高之規定者，從其規定。

公開發行股票之公司已解散、他遷不明或因不可歸責於公司之事由，致無法履行證券交易法規定有關公開發行股票公司之義務時，證券主管機關得停止其公開發行。

公營事業之申請辦理公開發行及停止公開發行，應先經該公營事業之主管機關專案核定。

第 156-3 條　　公司設立後得發行新股作為受讓他公司股份之對價，需經董事會三分之二以上董

事出席，以出席董事過半數決議行之，不受第二百六十七條第一項至第三項之限制。

第 156-4 條　公司設立後，為改善財務結構或回復正常營運，而參與政府專案核定之紓困方案時，得發行新股轉讓於政府，作為接受政府財務上協助之對價；其發行程序不受本法有關發行新股規定之限制，其相關辦法由中央主管機關定之。

前項紓困方案達新臺幣十億元以上者，應由專案核定之主管機關會同受紓困之公司，向立法院報告其自救計畫。

第 157 條　公司發行特別股時，應就下列各款於章程中定之：
一、特別股分派股息及紅利之順序、定額或定率。
二、特別股分派公司賸餘財產之順序、定額或定率。
三、特別股之股東行使表決權之順序、限制或無表決權。
四、複數表決權特別股或對於特定事項具否決權特別股。
五、特別股股東被選舉為董事、監察人之禁止或限制，或當選一定名額董事之權利。
六、特別股轉換成普通股之轉換股數、方法或轉換公式。
七、特別股轉讓之限制。
八、特別股權利、義務之其他事項。
前項第四款複數表決權特別股股東，於監察人選舉，與普通股股東之表決權同。
下列特別股，於公開發行股票之公司，不適用之：
一、第一項第四款、第五款及第七款之特別股。
二、得轉換成複數普通股之特別股。

第 158 條　公司發行之特別股，得收回之。但不得損害特別股股東按照章程應有之權利。

第 159 條　公司已發行特別股者，其章程之變更如有損害特別股股東之權利時，除應有代表已發行股份總數三分之二以上股東出席之股東會，以出席股東表決權過半數之決議為之外，並應經特別股股東會之決議。

公開發行股票之公司，出席股東之股份總數不足前項定額者，得以有代表已發行股份總數過半數股東之出席，出席股東表決權三分之二以上之同意行之，並應經特別股股東會之決議。

前二項出席股東股份總數及表決權數，章程有較高之規定者，從其規定。

特別股股東會準用關於股東會之規定。

第 160 條　股份為數人共有者，其共有人應推定一人行使股東之權利。

股份共有人，對於公司負連帶繳納股款之義務。

第 161 條　公司非經設立登記或發行新股變更登記後，不得發行股票。但公開發行股票之公司，證券管理機關另有規定者，不在此限。

違反前項規定發行股票者，其股票無效。但持有人得向發行股票人請求損害賠償。

第 161-1 條　公開發行股票之公司，應於設立登記或發行新股變更登記後三個月內發行股票。
公司負責人違反前項規定，不發行股票者，除由證券主管機關令其限期發行外，各處新臺幣二十四萬元以上二百四十萬元以下罰鍰；屆期仍未發行者，得繼續令其限期發行，並按次處罰至發行股票為止。

第 161-2 條　發行股票之公司，其發行之股份得免印製股票。
依前項規定未印製股票之公司，應洽證券集中保管事業機構登錄其發行之股份，並依該機構之規定辦理。
經證券集中保管事業機構登錄之股份，其轉讓及設質，應向公司辦理或以帳簿劃撥方式為之，不適用第一百六十四條及民法第九百零八條之規定。
前項情形，於公司已印製之股票未繳回者，不適用之。

第 162 條　發行股票之公司印製股票者，股票應編號，載明下列事項，由代表公司之董事簽名或蓋章，並經依法得擔任股票發行簽證人之銀行簽證後發行之：
一、公司名稱。
二、設立登記或發行新股變更登記之年、月、日。
三、採行票面金額股者，股份總數及每股金額；採行無票面金額股者，股份總數。
四、本次發行股數。
五、發起人股票應標明發起人股票之字樣。
六、特別股票應標明其特別種類之字樣。
七、股票發行之年、月、日。
股票應用股東姓名，其為同一人所有者，應記載同一姓名；股票為政府或法人所有者，應記載政府或法人之名稱，不得另立戶名或僅載代表人姓名。
第一項股票之簽證規則，由中央主管機關定之。但公開發行股票之公司，證券主管機關另有規定者，不適用之。

第 162-1 條　（刪除）
第 162-2 條　（刪除）
第 163 條　公司股份之轉讓，除本法另有規定外，不得以章程禁止或限制之。但非於公司設立登記後，不得轉讓。
第 164 條　股票由股票持有人以背書轉讓之，並應將受讓人之姓名或名稱記載於股票。
第 165 條　股份之轉讓，非將受讓人之姓名或名稱及住所或居所，記載於公司股東名簿，不得以其轉讓對抗公司。
前項股東名簿記載之變更，於股東常會開會前三十日內，股東臨時會開會前十五日

日內，或公司決定分派股息及紅利或其他利益之基準日前五日內，不得爲之。

公開發行股票之公司辦理第一項股東名簿記載之變更，於股東常會開會前六十日內，股東臨時會開會前三十日內，不得爲之。

前二項期間，自開會日或基準日起算。

第 166 條　（刪除）

第 167 條　公司除依第一百五十八條、第一百六十七條之一、第一百八十六條、第二百三十五條之一及第三百十七條規定外，不得自將股份收回、收買或收爲質物。但於股東清算或受破產之宣告時，得按市價收回其股份，抵償其於清算或破產宣告前結欠公司之債務。

公司依前項但書、第一百八十六條規定，收回或收買之股份，應於六個月內，按市價將其出售，屆期未經出售者，視爲公司未發行股份，並爲變更登記。

被持有已發行有表決權之股份總數或資本總額超過半數之從屬公司，不得將控制公司之股份收買或收爲質物。

前項控制公司及其從屬公司直接或間接持有他公司已發行有表決權之股份總數或資本總額合計超過半數者，他公司亦不得將控制公司及其從屬公司之股份收買或收爲質物。

公司負責人違反前四項規定，將股份收回、收買或收爲質物，或抬高價格抵償債務或抑低價格出售時，應負賠償責任。

第 167-1 條　公司除法律另有規定者外，得經董事會以董事三分之二以上之出席及出席董事過半數同意之決議，於不超過該公司已發行股份總數百分之五之範圍內，收買其股份；收買股份之總金額，不得逾保留盈餘加已實現之資本公積之金額。

前項公司收買之股份，應於三年內轉讓於員工，屆期未轉讓者，視爲公司未發行股份，並爲變更登記。

公司依第一項規定收買之股份，不得享有股東權利。

章程得訂明第二項轉讓之對象包括符合一定條件之控制或從屬公司員工。

第 167-2 條　公司除法律或章程另有規定者外，得經董事會以董事三分之二以上之出席及出席董事過半數同意之決議，與員工簽訂認股權契約，約定於一定期間內，員工得依約定價格認購特定數量之公司股份，訂約後由公司發給員工認股權憑證。

員工取得認股權憑證，不得轉讓。但因繼承者，不在此限。

章程得訂明第一項員工認股權憑證發給對象包括符合一定條件之控制或從屬公司員工。

第 167-3 條　公司依第一百六十七條之一或其他法律規定收買自己之股份轉讓於員工者，得限制員工在一定期間內不得轉讓。但其期間最長不得超過二年。

第 168 條　公司非依股東會決議減少資本，不得銷除其股份；減少資本，應依股東所持股份

比例減少之。但本法或其他法律另有規定者，不在此限。

公司減少資本，得以現金以外財產退還股款；其退還之財產及抵充之數額，應經股東會決議，並經該收受財產股東之同意。

前項財產之價值及抵充之數額，董事會應於股東會前，送交會計師查核簽證。

公司負責人違反前三項規定者，各處新臺幣二萬元以上十萬元以下罰鍰。

第 168-1 條　公司為彌補虧損，於會計年度終了前，有減少資本及增加資本之必要者，董事會應將財務報表及虧損撥補之議案，於股東會開會三十日前交監察人查核後，提請股東會決議。

第二百二十九條至第二百三十一條之規定，於依前項規定提請股東臨時會決議時，準用之。

第 169 條　股東名簿應編號記載下列事項：

一、各股東之姓名或名稱、住所或居所。

二、各股東之股數；發行股票者，其股票號數。

三、發給股票之年、月、日。

四、發行特別股者，並應註明特別種類字樣。

採電腦作業或機器處理者，前項資料得以附表補充之。

第三節　股東會

第 170 條　股東會分左列二種：

一、股東常會，每年至少召集一次。

二、股東臨時會，於必要時召集之。

前項股東常會應於每會計年度終了後六個月內召開。但有正當事由經報請主管機關核准者，不在此限。

代表公司之董事違反前項召開期限之規定者，處新臺幣一萬元以上五萬元以下罰鍰。

第 171 條　股東會除本法另有規定外，由董事會召集之。

第 172 條　股東常會之召集，應於二十日前通知各股東。

股東臨時會之召集，應於十日前通知各股東。

公開發行股票之公司股東常會之召集，應於三十日前通知各股東；股東臨時會之召集，應於十五日前通知各股東。

通知應載明召集事由；其通知經相對人同意者，得以電子方式為之。

選任或解任董事、監察人、變更章程、減資、申請停止公開發行、董事競業許可、盈餘轉增資、公積轉增資、公司解散、合併、分割或第一百八十五條第一項各款之事項，應在召集事由中列舉並說明其主要內容，不得以臨時動議提出；其主要內容得置於證券主管機關或公司指定之網站，並應將其網址載明於通知。

代表公司之董事，違反第一項至第三項或前項規定者，處新臺幣一萬元以上五萬元以下罰鍰。但公開發行股票之公司，由證券主管機關處代表公司之董事新臺幣二十四萬元以上二百四十萬元以下罰鍰。

第 172-1 條　持有已發行股份總數百分之一以上股份之股東，得向公司提出股東常會議案。但以一項為限，提案超過一項者，均不列入議案。

公司應於股東常會召開前之停止股票過戶日前，公告受理股東之提案、書面或電子受理方式、受理處所及受理期間；其受理期間不得少於十日。

股東所提議案以三百字為限；提案股東應親自或委託他人出席股東常會，並參與該項議案討論。

除有下列情事之一者外，股東所提議案，董事會應列為議案：

一、該議案非股東會所得決議。

二、提案股東於公司依第一百六十五條第二項或第三項停止股票過戶時，持股未達百分之一。

三、該議案於公告受理期間外提出。

四、該議案超過三百字或有第一項但書提案超過一項之情事。

第一項股東提案係為敦促公司增進公共利益或善盡社會責任之建議，董事會仍得列入議案。

公司應於股東會召集通知日前，將處理結果通知提案股東，並將合於本條規定之議案列於開會通知。對於未列入議案之股東提案，董事會應於股東會說明未列入之理由。

公司負責人違反第二項、第四項或前項規定者，各處新臺幣一萬元以上五萬元以下罰鍰。但公開發行股票之公司，由證券主管機關各處公司負責人新臺幣二十四萬元以上二百四十萬元以下罰鍰。

第 172-2 條　公司章程得訂明股東會開會時，以視訊會議或其他經中央主管機關公告之方式為之。

股東會開會時，如以視訊會議為之，其股東以視訊參與會議者，視為親自出席。

前二項規定，於公開發行股票之公司，不適用之。

第 173 條　繼續一年以上，持有已發行股份總數百分之三以上股份之股東，得以書面記明提議事項及理由，請求董事會召集股東臨時會。

前項請求提出後十五日內，董事會不為召集之通知時，股東得報經主管機關許可，自行召集。

依前二項規定召集之股東臨時會，為調查公司業務及財產狀況，得選任檢查人。

董事因股份轉讓或其他理由，致董事會不為召集或不能召集股東會時，得由持有已發行股份總數百分之三以上股份之股東，報經主管機關許可，自行召集。

第 173-1 條　繼續三個月以上持有已發行股份總數過半數股份之股東,得自行召集股東臨時會。

前項股東持股期間及持股數之計算,以第一百六十五條第二項或第三項停止股票過戶時之持股為準。

第 174 條　股東會之決議,除本法另有規定外,應有代表已發行股份總數過半數股東之出席,以出席股東表決權過半數之同意行之。

第 175 條　出席股東不足前條定額,而有代表已發行股份總數三分之一以上股東出席時,得以出席股東表決權過半數之同意,為假決議,並將假決議通知各股東,於一個月內再行召集股東會。

前項股東會,對於假決議,如仍有已發行股份總數三分之一以上股東出席,並經出席股東表決權過半數之同意,視同前條之決議。

第 175-1 條　股東得以書面契約約定共同行使股東表決權之方式,亦得成立股東表決權信託,由受託人依書面信託契約之約定行使其股東表決權。

股東非將前項書面信託契約、股東姓名或名稱、事務所、住所或居所與移轉股東表決權信託之股份總數、種類及數量於股東常會開會三十日前,或股東臨時會開會十五日前送交公司辦理登記,不得以其成立股東表決權信託對抗公司。

前二項規定,於公開發行股票之公司,不適用之。

第 176 條　(刪除)

第 177 條　股東得於每次股東會,出具委託書,載明授權範圍,委託代理人,出席股東會。但公開發行股票之公司,證券主管機關另有規定者,從其規定。

除信託事業或經證券主管機關核准之股務代理機構外,一人同時受二人以上股東委託時,其代理之表決權不得超過已發行股份總數表決權之百分之三,超過時其超過之表決權,不予計算。

一股東以出具一委託書,並以委託一人為限,應於股東會開會五日前送達公司,委託書有重複時,以最先送達者為準。但聲明撤銷前委託者,不在此限。

委託書送達公司後,股東欲親自出席股東會或欲以書面或電子方式行使表決權者,應於股東會開會二日前,以書面向公司為撤銷委託之通知;逾期撤銷者,以委託代理人出席行使之表決權為準。

第 177-1 條　公司召開股東會時,採行書面或電子方式行使表決權者,其行使方法應載明於股東會召集通知。但公開發行股票之公司,符合證券主管機關依公司規模、股東人數與結構及其他必要情況所定之條件者,應將電子方式列為表決權行使方式之一。

前項以書面或電子方式行使表決權之股東,視為親自出席股東會。但就該次股東會之臨時動議及原議案之修正,視為棄權。

第 177-2 條　股東以書面或電子方式行使表決權者，其意思表示應於股東會開會二日前送達公司，意思表示有重複時，以最先送達者爲準。但聲明撤銷前意思表示者，不在此限。

股東以書面或電子方式行使表決權後，欲親自出席股東會者，應於股東會開會二日前，以與行使表決權相同之方式撤銷前項行使表決權之意思表示；逾期撤銷者，以書面或電子方式行使之表決權爲準。

股東以書面或電子方式行使表決權，並以委託書委託代理人出席股東會者，以委託代理人出席行使之表決權爲準。

第 177-3 條　公開發行股票之公司召開股東會，應編製股東會議事手冊，並應於股東會開會前，將議事手冊及其他會議相關資料公告。

前項公告之時間、方式、議事手冊應記載之主要事項及其他應遵行事項之辦法，由證券管理機關定之。

第 178 條　股東對於會議之事項，有自身利害關係致有害於公司利益之虞時，不得加入表決，並不得代理他股東行使其表決權。

第 179 條　公司各股東，除本法另有規定外，每股有一表決權。

有下列情形之一者，其股份無表決權：

一、公司依法持有自己之股份。

二、被持有已發行有表決權之股份總數或資本總額超過半數之從屬公司，所持有控制公司之股份。

三、控制公司及其從屬公司直接或間接持有他公司已發行有表決權之股份總數或資本總額合計超過半數之他公司，所持有控制公司及其從屬公司之股份。

第 180 條　股東會之決議，對無表決權股東之股份數，不算入已發行股份之總數。

股東會之決議，對依第一百七十八條規定不得行使表決權之股份數，不算入已出席股東之表決權數。

第 181 條　政府或法人爲股東時，其代表人不限於一人。但其表決權之行使，仍以其所持有之股份綜合計算。

前項之代表人有二人以上時，其代表人行使表決權應共同爲之。

公開發行公司之股東係爲他人持有股份時，股東得主張分別行使表決權。

前項分別行使表決權之資格條件、適用範圍、行使方式、作業程序及其他應遵行事項之辦法，由證券主管機關定之。

第 182 條　股東會決議在五日內延期或續行集會，不適用第一百七十二條之規定。

第 182-1 條　股東會由董事會召集者，其主席依第二百零八條第三項規定辦理；由董事會以外之其他召集權人召集者，主席由該召集權人擔任之，召集權人有二人以上時，應互推一人擔任之。

公司應訂定議事規則。股東會開會時，主席違反議事規則，宣布散會者，得以出席股東表決權過半數之同意推選一人擔任主席，繼續開會。

第 183 條　股東會之議決事項，應作成議事錄，由主席簽名或蓋章，並於會後二十日內，將議事錄分發各股東。

前項議事錄之製作及分發，得以電子方式爲之。

第一項議事錄之分發，公開發行股票之公司，得以公告方式爲之。

議事錄應記載會議之年、月、日、場所、主席姓名、決議方法、議事經過之要領及其結果，在公司存續期間，應永久保存。

出席股東之簽名簿及代理出席之委託書，其保存期限至少爲一年。但經股東依第一百八十九條提起訴訟者，應保存至訴訟終結爲止。

代表公司之董事，違反第一項、第四項或前項規定者，處新臺幣一萬元以上五萬元以下罰鍰。

第 184 條　股東會得查核董事會造具之表冊、監察人之報告，並決議盈餘分派或虧損撥補。

執行前項查核時，股東會得選任檢查人。

對於前二項查核有妨礙、拒絕或規避之行爲者，各處新臺幣二萬元以上十萬元以下罰鍰。

第 185 條　公司爲下列行爲，應有代表已發行股份總數三分之二以上股東出席之股東會，以出席股東表決權過半數之同意行之：

一、締結、變更或終止關於出租全部營業，委託經營或與他人經常共同經營之契約。

二、讓與全部或主要部分之營業或財產。

三、受讓他人全部營業或財產，對公司營運有重大影響。

公開發行股票之公司，出席股東之股份總數不足前項定額者，得以有代表已發行股份總數過半數股東之出席，出席股東表決權三分之二以上之同意行之。

前二項出席股東股份總數及表決權數，章程有較高之規定者，從其規定。

第一項之議案，應由有三分之二以上董事出席之董事會，以出席董事過半數之決議提出之。

第 186 條　股東於股東會爲前條決議前，已以書面通知公司反對該項行爲之意思表示，並於股東會已爲反對者，得請求公司以當時公平價格，收買其所有之股份。但股東會爲前條第一項第二款之決議，同時決議解散時，不在此限。

第 187 條　前條之請求，應自第一百八十五條決議日起二十日內，提出記載股份種類及數額之書面爲之。

股東與公司間協議決定股份價格者，公司應自決議日起九十日內支付價款，自第一百八十五條決議日起六十日內未達協議者，股東應於此期間經過後三十日內

聲請法院為價格之裁定。

公司對法院裁定之價格，自第二項之期間屆滿日起，應支付法定利息，股份價款之支付，應與股票之交付同時為之，股份之移轉於價款支付時生效。

第 188 條　第一百八十六條股東之請求，於公司取銷第一百八十五條第一項所列之行為時，失其效力。

股東於前條第一項及第二項之期間內，不為同項之請求時亦同。

第 189 條　股東會之召集程序或其決議方法，違反法令或章程時，股東得自決議之日起三十日內，訴請法院撤銷其決議。

第 189-1 條　法院對於前條撤銷決議之訴，認為其違反之事實非屬重大且於決議無影響者，得駁回其請求。

第 190 條　決議事項已為登記者，經法院為撤銷決議之判決確定後，主管機關經法院之通知或利害關係人之申請時，應撤銷其登記。

第 191 條　股東會決議之內容，違反法令或章程者無效。

第四節　董事及董事會

第 192 條　公司董事會，設置董事不得少於三人，由股東會就有行為能力之人選任之。

公司得依章程規定不設董事會，置董事一人或二人。置董事一人者，以其為董事長，董事會之職權並由該董事行使，不適用本法有關董事會之規定；置董事二人者，準用本法有關董事會之規定。

公開發行股票之公司依第一項選任之董事，其全體董事合計持股比例，證券主管機關另有規定者，從其規定。

民法第十五條之二及第八十五條之規定，對於第一項行為能力，不適用之。

公司與董事間之關係，除本法另有規定外，依民法關於委任之規定。

第三十條之規定，對董事準用之。

第 192-1 條　公司董事選舉，採候選人提名制度者，應載明於章程，股東應就董事候選人名單中選任之。但公開發行股票之公司，符合證券主管機關依公司規模、股東人數與結構及其他必要情況所定之條件者，應於章程載明採董事候選人提名制度。

公司應於股東會召開前之停止股票過戶日前，公告受理董事候選人提名之期間、董事應選名額、其受理處所及其他必要事項，受理期間不得少於十日。

持有已發行股份總數百分之一以上股份之股東，得以書面向公司提出董事候選人名單，提名人數不得超過董事應選名額；董事會提名董事候選人之人數，亦同。

前項提名股東應敘明被提名人姓名、學歷及經歷。

董事會或其他召集權人召集股東會者，除有下列情事之一者外，應將其列入董事候選人名單：

一、提名股東於公告受理期間外提出。

二、提名股東於公司依第一百六十五條第二項或第三項停止股票過戶時，持股未
　　達百分之一。

三、提名人數超過董事應選名額。

四、提名股東未敘明被提名人姓名、學歷及經歷。

公司應於股東常會開會二十五日前或股東臨時會開會十五日前，將董事候選人名
單及其學歷、經歷公告。但公開發行股票之公司應於股東常會開會四十日前或股
東臨時會開會二十五日前為之。

公司負責人或其他召集權人違反第二項或前二項規定者，各處新臺幣一萬元以上
五萬元以下罰鍰。但公開發行股票之公司，由證券主管機關各處公司負責人或其
他召集權人新臺幣二十四萬元以上二百四十萬元以下罰鍰。

第 193 條　董事會執行業務，應依照法令章程及股東會之決議。

董事會之決議，違反前項規定，致公司受損害時，參與決議之董事，對於公司負
賠償之責；但經表示異議之董事，有紀錄或書面聲明可證者，免其責任。

第 193-1 條　公司得於董事任期內就其執行業務範圍依法應負之賠償責任投保責任保險。

公司為董事投保責任保險或續保後，應將其責任保險之投保金額、承保範圍及保
險費率等重要內容，提最近一次董事會報告。

第 194 條　董事會決議，為違反法令或章程之行為時，繼續一年以上持有股份之股東，得請
求董事會停止其行為。

第 195 條　董事任期不得逾三年。但得連選連任。

董事任期屆滿而不及改選時，延長其執行職務至改選董事就任時為止。但主管機
關得依職權限期令公司改選；屆期仍不改選者，自限期屆滿時，當然解任。

第 196 條　董事之報酬，未經章程訂明者，應由股東會議定，不得事後追認。

第二十九條第二項之規定，對董事準用之。

第 197 條　董事經選任後，應向主管機關申報，其選任當時所持有之公司股份數額；公開發
行股票之公司董事在任期中轉讓超過選任當時所持有之公司股份數額二分之一
時，其董事當然解任。

董事在任期中其股份有增減時，應向主管機關申報並公告之。

公開發行股票之公司董事當選後，於就任前轉讓超過選任當時所持有之公司股份
數額二分之一時，或於股東會召開前之停止股票過戶期間內，轉讓持股超過二分
之一時，其當選失其效力。

第 197-1 條　董事之股份設定或解除質權者，應即通知公司，公司應於質權設定或解除後十五
日內，將其質權變動情形，向主管機關申報並公告之。但公開發行股票之公司，
證券管理機關另有規定者，不在此限。

公開發行股票之公司董事以股份設定質權超過選任當時所持有之公司股份數額

分之一時，其超過之股份不得行使表決權，不算入已出席股東之表決權數。

第 198 條　股東會選任董事時，每一股份有與應選出董事人數相同之選舉權，得集中選舉一人，或分配選舉數人，由所得選票代表選舉權較多者，當選爲董事。

第一百七十八條之規定，對於前項選舉權，不適用之。

第 199 條　董事得由股東會之決議，隨時解任；如於任期中無正當理由將其解任時，董事得向公司請求賠償因此所受之損害。

股東會爲前項解任之決議，應有代表已發行股份總數三分之二以上股東之出席，以出席股東表決權過半數之同意行之。

公開發行股票之公司，出席股東之股份總數不足前項定額者，得以有代表已發行股份總數過半數股東之出席，出席股東表決權三分之二以上之同意行之。

前二項出席股東股份總數及表決權數，章程有較高之規定者，從其規定。

第 199-1 條　股東會於董事任期未屆滿前，改選全體董事者，如未決議董事於任期屆滿始爲解任，視爲提前解任。

前項改選，應有代表已發行股份總數過半數股東之出席。

第 200 條　董事執行業務，有重大損害公司之行爲或違反法令或章程之重大事項，股東會未爲決議將其解任時，得由持有已發行股份總數百分之三以上股份之股東，於股東會後三十日內，訴請法院裁判之。

第 201 條　董事缺額達三分之一時，董事會應於三十日內召開股東臨時會補選之。但公開發行股票之公司，董事會應於六十日內召開股東臨時會補選之。

第 202 條　公司業務之執行，除本法或章程規定應由股東會決議之事項外，均應由董事會決議行之。

第 203 條　每屆第一次董事會，由所得選票代表選舉權最多之董事於改選後十五日內召開之。但董事係於上屆董事任期前改選，並決議自任期屆滿時解任者，應於上屆董事任滿後十五日內召開之。

董事係於上屆董事任期屆滿前改選，並經決議自任期屆滿時解任者，其董事長、副董事長、常務董事之改選得於任期屆滿前爲之，不受前項之限制。

第一次董事會之召開，出席之董事未達選舉常務董事或董事長之最低出席人數時，原召集人應於十五日內繼續召開，並得適用第二百零六條之決議方法選舉之。

得選票代表選舉權最多之董事，未在第一項或前項期限內召開董事會時，得由過半數當選之董事，自行召集之。

第 203-1 條　董事會由董事長召集之。

過半數之董事得以書面記明提議事項及理由，請求董事長召集董事會。

前項請求提出後十五日內，董事長不爲召開時，過半數之董事得自行召集。

第 204 條　董事會之召集，應於三日前通知各董事及監察人。但章程有較高之規定者，從其規定。

公開發行股票之公司董事會之召集，其通知各董事及監察人之期間，由證券主管機關定之，不適用前項規定。

有緊急情事時，董事會之召集，得隨時爲之。

前三項召集之通知，經相對人同意者，得以電子方式爲之。

董事會之召集，應載明事由。

第 205 條　董事會開會時，董事應親自出席。但公司章程訂定得由其他董事代理者，不在此限。

董事會開會時，如以視訊會議爲之，其董事以視訊參與會議者，視爲親自出席。

董事委託其他董事代理出席董事會時，應於每次出具委託書，並列舉召集事由之授權範圍。

前項代理人，以受一人之委託爲限。

公司章程得訂明經全體董事同意，董事就當次董事會議案以書面方式行使其表決權，而不實際集會。

前項情形，視爲已召開董事會；以書面方式行使表決權之董事，視爲親自出席董事會。

前二項規定，於公開發行股票之公司，不適用之。

第 206 條　董事會之決議，除本法另有規定外，應有過半數董事之出席，出席董事過半數之同意行之。

董事對於會議之事項，有自身利害關係時，應於當次董事會說明其自身利害關係之重要內容。

董事之配偶、二親等內血親，或與董事具有控制從屬關係之公司，就前項會議之事項有利害關係者，視爲董事就該事項有自身利害關係。

第一百七十八條、第一百八十條第二項之規定，於第一項之決議準用之。

第 207 條　董事會之議事，應作成議事錄。

前項議事錄準用第一百八十三條之規定。

第 208 條　董事會未設常務董事者，應由三分之二以上董事之出席，及出席董事過半數之同意，互選一人爲董事長，並得依章程規定，以同一方式互選一人爲副董事長。

董事會設有常務董事者，其常務董事依前項選舉方式互選之，名額至少三人，最多不得超過董事人數三分之一。董事長或副董事長由常務董事依前項選舉方式互選之。

董事長對內爲股東會、董事會及常務董事會主席，對外代表公司。董事長請假或因故不能行使職權時，由副董事長代理之；無副董事長或副董事長亦請假或因故

　　不能行使職權時，由董事長指定常務董事一人代理之；其未設常務董事者，指定董事一人代理之；董事長未指定代理人者，由常務董事或董事互推一人代理之。

　　常務董事於董事會休會時，依法令、章程、股東會決議及董事會決議，以集會方式經常執行董事會職權，由董事長隨時召集，以半數以上常務董事之出席，及出席過半數之決議行之。

　　第五十七條及第五十八條對於代表公司之董事準用之。

第 208-1 條　董事會不為或不能行使職權，致公司有受損害之虞時，法院因利害關係人或檢察官之聲請，得選任一人以上之臨時管理人，代行董事長及董事會之職權。但不得為不利於公司之行為。

　　前項臨時管理人，法院應囑託主管機關為之登記。

　　臨時管理人解任時，法院應囑託主管機關註銷登記。

第 209 條　董事為自己或他人為屬於公司營業範圍內之行為，應對股東會說明其行為之重要內容，並取得其許可。

　　股東會為前項許可之決議，應有代表已發行股份總數三分之二以上股東之出席，以出席股東表決權過半數之同意行之。

　　公開發行股票之公司，出席股東之股份總數不足前項定額者，得以有代表已發行股份總數過半數股東之出席，出席股東表決權三分之二以上之同意行之。

　　前二項出席股東股份總數及表決權數，章程有較高之規定者，從其規定。

　　董事違反第一項之規定，為自己或他人為該行為時，股東會得以決議，將該行為之所得視為公司之所得。但自所得產生後逾一年者，不在此限。

第 210 條　除證券主管機關另有規定外，董事會應將章程及歷屆股東會議事錄、財務報表備置於本公司，並將股東名簿及公司債存根簿備置於本公司或股務代理機構。

　　前項章程及簿冊，股東及公司之債權人得檢具利害關係證明文件，指定範圍，隨時請求查閱、抄錄或複製；其備置於股務代理機構者，公司應令股務代理機構提供。

　　代表公司之董事，違反第一項規定，不備置章程、簿冊者，處新臺幣一萬元以上五萬元以下罰鍰。但公開發行股票之公司，由證券主管機關處代表公司之董事新臺幣二十四萬元以上二百四十萬元以下罰鍰。

　　代表公司之董事，違反第二項規定無正當理由而拒絕查閱、抄錄、複製或未令股務代理機構提供者，處新臺幣一萬元以上五萬元以下罰鍰。但公開發行股票之公司，由證券主管機關處代表公司之董事新臺幣二十四萬元以上二百四十萬元以下罰鍰。

　　前二項情形，主管機關或證券主管機關並應令其限期改正；屆期未改正者，繼續令其限期改正，並按次處罰至改正為止。

第 210-1 條　董事會或其他召集權人召集股東會者，得請求公司或股務代理機構提供股東名簿。

代表公司之董事拒絕提供股東名簿者，處新臺幣一萬元以上五萬元以下罰鍰。但公開發行股票之公司，由證券主管機關處代表公司之董事新臺幣二十四萬元以上二百四十萬元以下罰鍰。

股務代理機構拒絕提供股東名簿者，由證券主管機關處新臺幣二十四萬元以上二百四十萬元以下罰鍰。

前二項情形，主管機關或證券主管機關並應令其限期改正；屆期未改正者，繼續令其限期改正，並按次處罰至改正為止。

第 211 條　公司虧損達實收資本額二分之一時，董事會應於最近一次股東會報告。

公司資產顯有不足抵償其所負債務時，除得依第二百八十二條辦理者外，董事會應即聲請宣告破產。

代表公司之董事，違反前二項規定者，處新臺幣二萬元以上十萬元以下罰鍰。

第 212 條　股東會決議對於董事提起訴訟時，公司應自決議之日起三十日內提起之。

第 213 條　公司與董事間訴訟，除法律另有規定外，由監察人代表公司，股東會亦得另選代表公司為訴訟之人。

第 214 條　繼續六個月以上，持有已發行股份總數百分之一以上之股東，得以書面請求監察人為公司對董事提起訴訟。

監察人自有前項之請求日起，三十日內不提起訴訟時，前項之股東，得為公司提起訴訟；股東提起訴訟時，法院因被告之申請，得命起訴之股東，提供相當之擔保；如因敗訴，致公司受有損害，起訴之股東，對於公司負賠償之責。

股東提起前項訴訟，其裁判費超過新臺幣六十萬元部分暫免徵收。

第二項訴訟，法院得依聲請為原告選任律師為訴訟代理人。

第 215 條　提起前條第二項訴訟所依據之事實，顯屬虛構，經終局判決確定時，提起此項訴訟之股東，對於被訴之董事，因此訴訟所受之損害，負賠償責任。

提起前條第二項訴訟所依據之事實，顯屬實在，經終局判決確定時，被訴之董事，對於起訴之股東，因此訴訟所受之損害，負賠償責任。

第五節　監察人

第 216 條　公司監察人，由股東會選任之，監察人中至少須有一人在國內有住所。

公開發行股票之公司依前項選任之監察人須有二人以上，其全體監察人合計持股比例，證券主管機關另有規定者，從其規定。

公司與監察人間之關係，從民法關於委任之規定。

第三十條之規定及第一百九十二條第一項、第四項關於行為能力之規定，對監察人準用之。

第 216-1 條　公司監察人選舉，依章程規定採候選人提名制度者，準用第一百九十二條之一第一項至第六項規定。

　　　　　　公司負責人或其他召集權人違反前項準用第一百九十二條之一第二項、第五項或第六項規定者，各處新臺幣一萬元以上五萬元以下罰鍰。但公開發行股票之公司，由證券主管機關各處公司負責人或其他召集權人新臺幣二十四萬元以上二百四十萬元以下罰鍰。

第　217　條　監察人任期不得逾三年。但得連選連任。

　　　　　　監察人任期屆滿而不及改選時，延長其執行職務至改選監察人就任時為止。但主管機關得依職權，限期令公司改選；屆期仍不改選者，自限期屆滿時，當然解任。

第 217-1 條　監察人全體均解任時，董事會應於三十日內召開股東臨時會選任之。但公開發行股票之公司，董事會應於六十日內召開股東臨時會選任之。

第　218　條　監察人應監督公司業務之執行，並得隨時調查公司業務及財務狀況，查核、抄錄或複製簿冊文件，並得請求董事會或經理人提出報告。

　　　　　　監察人辦理前項事務，得代表公司委託律師、會計師審核之。

　　　　　　違反第一項規定，規避、妨礙或拒絕監察人檢查行為者，代表公司之董事處新臺幣二萬元以上十萬元以下罰鍰。但公開發行股票之公司，由證券主管機關處代表公司之董事新臺幣二十四萬元以上二百四十萬元以下罰鍰。

　　　　　　前項情形，主管機關或證券主管機關並應令其限期改正；屆期未改正者，繼續令其限期改正，並按次處罰至改正為止。

第 218-1 條　董事發現公司有受重大損害之虞時，應立即向監察人報告。

第 218-2 條　監察人得列席董事會陳述意見。

　　　　　　董事會或董事執行業務有違反法令、章程或股東會決議之行為者，監察人應即通知董事會或董事停止其行為。

第　219　條　監察人對於董事會編造提出股東會之各種表冊，應予查核，並報告意見於股東會。

　　　　　　監察人辦理前項事務，得委託會計師審核之。

　　　　　　監察人違反第一項規定而為虛偽之報告者，各科新臺幣六萬元以下罰金。

第　220　條　監察人除董事會不為召集或不能召集股東會外，得為公司利益，於必要時，召集股東會。

第　221　條　監察人各得單獨行使監察權。

第　222　條　監察人不得兼任公司董事、經理人或其他職員。

第　223　條　董事為自己或他人與公司為買賣、借貸或其他法律行為時，由監察人為公司之代表。

第　224　條　監察人執行職務違反法令、章程或怠忽職務，致公司受有損害者，對公司負賠償
　　　　　　　責任。

第　225　條　股東會決議，對於監察人提起訴訟時，公司應自決議之日起三十日內提起之。
　　　　　　　前項起訴之代表，股東會得於董事外另行選任。

第　226　條　監察人對公司或第三人負損害賠償責任，而董事亦負其責任時，該監察人及董事
　　　　　　　爲連帶債務人。

第　227　條　第一百九十六條至第二百條、第二百零八條之一、第二百十四條及第二百十五條
　　　　　　　之規定，於監察人準用之。但第二百十四條對監察人之請求，應向董事會爲之。

第六節　會計

第　228　條　每會計年度終了，董事會應編造左列表冊，於股東常會開會三十日前交監察人查
　　　　　　　核：
　　　　　　　一、營業報告書。
　　　　　　　二、財務報表。
　　　　　　　三、盈餘分派或虧損撥補之議案。
　　　　　　　前項表冊，應依中央主管機關規定之規章編造。
　　　　　　　第一項表冊，監察人得請求董事會提前交付查核。

第 228-1 條　公司章程得訂明盈餘分派或虧損撥補於每季或每半會計年度終了後爲之。
　　　　　　　公司前三季或前半會計年度盈餘分派或虧損撥補之議案，應連同營業報告書及財
　　　　　　　務報表交監察人查核後，提董事會決議之。
　　　　　　　公司依前項規定分派盈餘時，應先預估並保留應納稅捐、依法彌補虧損及提列法
　　　　　　　定盈餘公積。但法定盈餘公積，已達實收資本額時，不在此限。
　　　　　　　公司依第二項規定分派盈餘而以發行新股方式爲之時，應依第二百四十條規定辦
　　　　　　　理；發放現金者，應經董事會決議。
　　　　　　　公開發行股票之公司，依前四項規定分派盈餘或撥補虧損時，應依經會計師查核
　　　　　　　或核閱之財務報表爲之。

第　229　條　董事會所造具之各項表冊與監察人之報告書，應於股東常會開會十日前，備置於
　　　　　　　本公司，股東得隨時查閱，並得偕同其所委託之律師或會計師查閱。

第　230　條　董事會應將其所造具之各項表冊，提出於股東常會請求承認，經股東常會承認
　　　　　　　後，董事會應將財務報表及盈餘分派或虧損撥補之決議，分發各股東。
　　　　　　　前項財務報表及盈餘分派或虧損撥補決議之分發，公開發行股票之公司，得以公
　　　　　　　告方式爲之。
　　　　　　　第一項表冊及決議，公司債權人得要求給予、抄錄或複製。
　　　　　　　代表公司之董事，違反第一項規定不爲分發者，處新臺幣一萬元以上五萬元以下
　　　　　　　罰鍰。

第 231 條　各項表冊經股東會決議承認後，視為公司已解除董事及監察人之責任。但董事或
　　　　　監察人有不法行為者，不在此限。

第 232 條　公司非彌補虧損及依本法規定提出法定盈餘公積後，不得分派股息及紅利。
　　　　　公司無盈餘時，不得分派股息及紅利。
　　　　　公司負責人違反第一項或前項規定分派股息及紅利時，各處一年以下有期徒刑、
　　　　　拘役或科或併科新臺幣六萬元以下罰金。

第 233 條　公司違反前條規定分派股息及紅利時，公司之債權人，得請求退還，並得請求賠
　　　　　償因此所受之損害。

第 234 條　公司依其業務之性質，自設立登記後，如需二年以上之準備，始能開始營業者，
　　　　　經主管機關之許可，得依章程之規定，於開始營業前分派股息。
　　　　　前項分派股息之金額，應以預付股息列入資產負債表之股東權益項下，公司開始
　　　　　營業後，每屆分派股息及紅利超過實收資本額百分之六時，應以其超過之金額扣
　　　　　抵沖銷之。

第 235 條　股息及紅利之分派，除本法另有規定外，以各股東持有股份之比例為準。

第 235-1 條　公司應於章程訂明以當年度獲利狀況之定額或比率，分派員工酬勞。但公司尚有
　　　　　累積虧損時，應予彌補。
　　　　　公營事業除經該公營事業之主管機關專案核定於章程訂明分派員工酬勞之定額或
　　　　　比率外，不適用前項之規定。
　　　　　前二項員工酬勞以股票或現金為之，應由董事會以董事三分之二以上之出席及出
　　　　　席董事過半數同意之決議行之，並報告股東會。
　　　　　公司經前項董事會決議以股票之方式發給員工酬勞者，得同次決議以發行新股或
　　　　　收買自己之股份為之。
　　　　　章程得訂明依第一項至第三項發給股票或現金之對象包括符合一定條件之控制或
　　　　　從屬公司員工。

第 236 條　（刪除）

第 237 條　公司於完納一切稅捐後，分派盈餘時，應先提出百分之十為法定盈餘公積。但法
　　　　　定盈餘公積，已達實收資本額時，不在此限。
　　　　　除前項法定盈餘公積外，公司得以章程訂定或股東會議決，另提特別盈餘公積。
　　　　　公司負責人違反第一項規定，不提法定盈餘公積時，各處新臺幣二萬元以上十萬
　　　　　元以下罰鍰。

第 238 條　（刪除）

第 239 條　法定盈餘公積及資本公積，除填補公司虧損外，不得使用之。但第二百四十一條
　　　　　規定之情形，或法律另有規定者，不在此限。
　　　　　公司非於盈餘公積填補資本虧損，仍有不足時，不得以資本公積補充之。

第 240 條　公司得由有代表已發行股份總數三分之二以上股東出席之股東會，以出席股東表
　　　　　　決權過半數之決議，將應分派股息及紅利之全部或一部，以發行新股方式為之；
　　　　　　不滿一股之金額，以現金分派之。

　　　　　　公開發行股票之公司，出席股東之股份總數不足前項定額者，得以有代表已發行
　　　　　　股份總數過半數股東之出席，出席股東表決權三分之二以上之同意行之。

　　　　　　前二項出席股東股份總數及表決權數，章程有較高規定者，從其規定。

　　　　　　依本條發行新股，除公開發行股票之公司，應依證券主管機關之規定辦理者外，
　　　　　　於決議之股東會終結時，即生效力，董事會應即分別通知各股東，或記載於股東
　　　　　　名簿之質權人。

　　　　　　公開發行股票之公司，得以章程授權董事會以三分之二以上董事之出席，及出席
　　　　　　董事過半數之決議，將應分派股息及紅利之全部或一部，以發放現金之方式為
　　　　　　之，並報告股東會。

第 241 條　公司無虧損者，得依前條第一項至第三項所定股東會決議之方法，將法定盈餘公
　　　　　　積及下列資本公積之全部或一部，按股東原有股份之比例發給新股或現金：

　　　　　　一、超過票面金額發行股票所得之溢額。

　　　　　　二、受領贈與之所得。

　　　　　　前條第四項及第五項規定，於前項準用之。

　　　　　　以法定盈餘公積發給新股或現金者，以該項公積超過實收資本額百分之二十五之
　　　　　　部分為限。

第242條至第244條（刪除）

第 245 條　繼續六個月以上，持有已發行股份總數百分之一以上之股東，得檢附理由、事證
　　　　　　及說明其必要性，聲請法院選派檢查人，於必要範圍內，檢查公司業務帳目、財
　　　　　　產情形、特定事項、特定交易文件及紀錄。

　　　　　　法院對於檢查人之報告認為必要時，得命監察人召集股東會。

　　　　　　對於檢查人之檢查有規避、妨礙或拒絕行為者，或監察人不遵法院命令召集股東
　　　　　　會者，處新臺幣二萬元以上十萬元以下罰鍰。再次規避、妨礙、拒絕或不遵法院
　　　　　　命令召集股東會者，並按次處罰。

第七節　公司債

第 246 條　公司經董事會決議後，得募集公司債。但須將募集公司債之原因及有關事項報告
　　　　　　股東會。

　　　　　　前項決議，應由三分之二以上董事之出席，及出席董事過半數之同意行之。

第 246-1 條　公司於發行公司債時，得約定其受償順序次於公司其他債權。

第 247 條　公開發行股票公司之公司債總額，不得逾公司現有全部資產減去全部負債後之餘
　　　　　　額。

無擔保公司債之總額，不得逾前項餘額二分之一。

第 248 條　公司發行公司債時，應載明下列事項，向證券主管機關辦理之：

一、公司名稱。

二、公司債總額及債券每張之金額。

三、公司債之利率。

四、公司債償還方法及期限。

五、償還公司債款之籌集計畫及保管方法。

六、公司債募得價款之用途及運用計畫。

七、前已募集公司債者，其未償還之數額。

八、公司債發行價格或最低價格。

九、公司股份總數與已發行股份總數及其金額。

十、公司現有全部資產，減去全部負債後之餘額。

十一、證券主管機關規定之財務報表。

十二、公司債權人之受託人名稱及其約定事項。公司債之私募不在此限。

十三、代收款項之銀行或郵局名稱及地址。

十四、有承銷或代銷機構者，其名稱及約定事項。

十五、有發行擔保者，其種類、名稱及證明文件。

十六、有發行保證人者，其名稱及證明文件。

十七、對於前已發行之公司債或其他債務，曾有違約或遲延支付本息之事實或現況。

十八、可轉換股份者，其轉換辦法。

十九、附認股權者，其認購辦法。

二十、董事會之議事錄。

二十一、公司債其他發行事項，或證券主管機關規定之其他事項。

普通公司債、轉換公司債或附認股權公司債之私募不受第二百四十九條第二款及第二百五十條第二款之限制，並於發行後十五日內檢附發行相關資料，向證券主管機關報備；私募之發行公司不以上市、上櫃、公開發行股票之公司為限。

前項私募人數不得超過三十五人。但金融機構應募者，不在此限。

公司就第一項各款事項有變更時，應即向證券主管機關申請更正；公司負責人不為申請更正時，由證券主管機關各處新臺幣一萬元以上五萬元以下罰鍰。

第一項第七款、第九款至第十一款、第十七款，應由會計師查核簽證；第十二款至第十六款，應由律師查核簽證。

第一項第十二款之受託人，以金融或信託事業為限，由公司於申請發行時約定之，並負擔其報酬。

第一項第十八款之可轉換股份數額或第十九款之可認購股份數額加計已發行股份總數、已發行轉換公司債可轉換股份總數、已發行附認股權公司債可認購股份總數、已發行附認股權特別股可認購股份總數及已發行認股權憑證可認購股份總數，如超過公司章程所定股份總數時，應先完成變更章程增加資本額後，始得為之。

第 248-1 條　公司依前條第二項私募轉換公司債或附認股權公司債時，應經第二百四十六條董事會之決議，並經股東會決議。但公開發行股票之公司，證券主管機關另有規定者，從其規定。

第 249 條　公司有下列情形之一者，不得發行無擔保公司債：

一、對於前已發行之公司債或其他債務，曾有違約或遲延支付本息之事實已了結，自了結之日起三年內。

二、最近三年或開業不及三年之開業年度課稅後之平均淨利，未達原定發行之公司債，應負擔年息總額之百分之一百五十。

第 250 條　公司有左列情形之一者，不得發行公司債：

一、對於前已發行之公司債或其他債務有違約或遲延支付本息之事實，尚在繼續中者。

二、最近三年或開業不及三年之開業年度課稅後之平均淨利，未達原定發行之公司債應負擔年息總額之百分之一百者。但經銀行保證發行之公司債不受限制。

第 251 條　公司發行公司債經核准後，如發現其申請事項，有違反法令或虛偽情形時，證券管理機關得撤銷核准。

為前項撤銷核准時，未發行者，停止募集；已發行者，即時清償。其因此所發生之損害，公司負責人對公司及應募人負連帶賠償責任。

第一百三十五條第二項規定，於本條第一項準用之。

第 252 條　公司發行公司債之申請經核准後，董事會應於核准通知到達之日起三十日內，備就公司債應募書，附載第二百四十八條第一項各款事項，加記核准之證券管理機關與年、月、日、文號，並同時將其公告，開始募集。但第二百四十八條第一項第十一款之財務報表，第十二款及第十四款之約定事項，第十五款及第十六款之證明文件，第二十款之議事錄等事項，得免予公告。

超過前項期限未開始募集而仍須募集者，應重行申請。

代表公司之董事，違反第一項規定，不備應募書者，由證券管理機關處新臺幣一萬元以上五萬元以下罰鍰。

第 253 條　應募人應在應募書上填寫所認金額及其住所或居所，簽名或蓋章，並照所填應募書負繳款之義務。

　　　　　應募人以現金當場購買無記名公司債券者，免填前項應募書。

第 254 條　公司債經應募人認定後，董事會應向未交款之各應募人請求繳足其所認金額。

第 255 條　董事會在實行前條請求前，應將全體記名債券應募人之姓名、住所或居所暨其所認金額，及已發行之無記名債券張數、號碼暨金額，開列清冊，連同第二百四十八條第一項各款所定之文件，送交公司債債權人之受託人。

　　　　　前項受託人，為應募人之利益，有查核及監督公司履行公司債發行事項之權。

第 256 條　公司為發行公司債所設定之抵押權或質權，得由受託人為債權人取得，並得於公司債發行前先行設定。

　　　　　受託人對於前項之抵押權或質權或其擔保品，應負責實行或保管之。

第 257 條　公司債之債券應編號載明發行之年、月、日及第二百四十八條第一項第一款至第四款、第十八款及第十九款之事項，有擔保、轉換或可認購股份者，載明擔保、轉換或可認購字樣，由代表公司之董事簽名或蓋章，並經依法得擔任債券發行簽證人之銀行簽證後發行之。

　　　　　有擔保之公司債除前項應記載事項外，應於公司債正面列示保證人名稱，並由其簽名或蓋章。

第 257-1 條　（刪除）

第 257-2 條　公司發行之公司債，得免印製債票，並應洽證券集中保管事業機構登錄及依該機構之規定辦理。

　　　　　經證券集中保管事業機構登錄之公司債，其轉讓及設質應向公司辦理或以帳簿劃撥方式為之，不適用第二百六十條及民法第九百零八條之規定。

　　　　　前項情形，於公司已印製之債券未繳回者，不適用之。

第 258 條　公司債存根簿，應將所有債券依次編號，並載明左列事項：

　　　　一、公司債債權人之姓名或名稱及住所或居所。

　　　　二、第二百四十八條第一項第二款至第四款之事項，第十二款受託人之名稱，第十五款、第十六款之發行擔保及保證、第十八款之轉換及第十九款之可認購事項。

　　　　三、公司債發行之年、月、日。

　　　　四、各債券持有人取得債券之年、月、日。

　　　　　無記名債券，應以載明無記名字樣，替代前項第一款之記載。

第 259 條　公司募集公司債款後，未經申請核准變更，而用於規定事項以外者，處公司負責人一年以下有期徒刑、拘役或科或併科新臺幣六萬元以下罰金，如公司因此受有損害時，對於公司並負賠償責任。

第 260 條　記名式之公司債券，得由持有人以背書轉讓之。但非將受讓人之姓名或名稱，記載於債券，並將受讓人之姓名或名稱及住所或居所記載於公司債存根簿，不得以

其轉讓對抗公司。

第 261 條　債券為無記名式者，債權人得隨時請求改為記名式。

第 262 條　公司債約定得轉換股份者，公司有依其轉換辦法核給股份之義務。但公司債債權人有選擇權。

公司債附認股權者，公司有依其認購辦法核給股份之義務。但認股權憑證持有人有選擇權。

第 263 條　發行公司債之公司，公司債債權人之受託人，或有同次公司債總數百分之五以上之公司債債權人，得為公司債債權人之共同利害關係事項，召集同次公司債債權人會議。

前項會議之決議，應有代表公司債債權總額四分之三以上債權人之出席，以出席債權人表決權三分之二以上之同意行之，並按每一公司債券最低票面金額有一表決權。

無記名公司債債權人，出席第一項會議者，非於開會五日前，將其債券交存公司，不得出席。

第 264 條　前條債權人會議之決議，應製成議事錄，由主席簽名，經申報公司所在地之法院認可並公告後，對全體公司債債權人發生效力，由公司債債權人之受託人執行之。但債權人會議另有指定者，從其指定。

第 265 條　公司債債權人會議之決議，有左列情事之一者，法院不予認可：

一、召集公司債債權人會議之手續或其決議方法，違反法令或應募書之記載者。

二、決議不依正當方法達成者。

三、決議顯失公正者。

四、決議違反債權人一般利益者。

第八節　發行新股

第 266 條　公司依第一百五十六條第四項分次發行新股，依本節之規定。

公司發行新股時，應由董事會以董事三分之二以上之出席，及出席董事過半數同意之決議行之。

第一百四十一條、第一百四十二條之規定，於發行新股準用之。

第 267 條　公司發行新股時，除經目的事業中央主管機關專案核定者外，應保留發行新股總數百分之十至十五之股份由公司員工承購。

公營事業經該公營事業之主管機關專案核定者，得保留發行新股由員工承購；其保留股份，不得超過發行新股總數百分之十。

公司發行新股時，除依前二項保留者外，應公告及通知原有股東，按照原有股份比例儘先分認，並聲明逾期不認購者，喪失其權利；原有股東持有股份按比例不足分認一新股者，得合併共同認購或歸併一人認購；原有股東未認購者，得公開

發行或洽由特定人認購。

前三項新股認購權利，除保留由員工承購者外，得與原有股份分離而獨立轉讓。

第一項、第二項所定保留員工承購股份之規定，於以公積抵充，核發新股予原有股東者，不適用之。

公司對員工依第一項、第二項承購之股份，得限制在一定期間內不得轉讓。但其期間最長不得超過二年。

章程得訂明依第一項規定承購股份之員工，包括符合一定條件之控制或從屬公司員工。

本條規定，對因合併他公司、分割、公司重整或依第一百六十七條之二、第二百三十五條之一、第二百六十二條、第二百六十八條之一第一項而增發新股者，不適用之。

公司發行限制員工權利新股者，不適用第一項至第六項之規定，應有代表已發行股份總數三分之二以上股東出席之股東會，以出席股東表決權過半數之同意行之。

公開發行股票之公司出席股東之股份總數不足前項定額者，得以有代表已發行股份總數過半數股東之出席，出席股東表決權三分之二以上之同意行之。

章程得訂明依第九項規定發行限制員工權利新股之對象，包括符合一定條件之控制或從屬公司員工。

公開發行股票之公司依前三項規定發行新股者，其發行數量、發行價格、發行條件及其他應遵行事項，由證券主管機關定之。

公司負責人違反第一項規定者，各處新臺幣二萬元以上十萬元以下罰鍰。

第 268 條　公司發行新股時，除由原有股東及員工全部認足或由特定人協議認購而不公開發行者外，應將下列事項，申請證券主管機關核准，公開發行：

一、公司名稱。

二、原定股份總數、已發行數額及金額。

三、發行新股總數、每股金額及其他發行條件。

四、證券主管機關規定之財務報表。

五、增資計畫。

六、發行特別股者，其種類、股數、每股金額及第一百五十七條第一項第一款至第三款、第六款及第八款事項。

七、發行認股權憑證或附認股權特別股者，其可認購股份數額及其認股辦法。

八、代收股款之銀行或郵局名稱及地址。

九、有承銷或代銷機構者，其名稱及約定事項。

十、發行新股決議之議事錄。

十一、證券主管機關規定之其他事項。

公司就前項各款事項有變更時，應即向證券主管機關申請更正；公司負責人不為申請更正者，由證券主管機關各處新臺幣一萬元以上五萬元以下罰鍰。

第一項第二款至第四款及第六款，由會計師查核簽證；第八款、第九款，由律師查核簽證。

第一項、第二項規定，對於第二百六十七條第五項之發行新股，不適用之。

公司發行新股之股數、認股權憑證或附認股權特別股可認購股份數額加計已發行股份總數、已發行轉換公司債可轉換股份總數、已發行附認股權公司債可認購股份總數、已發行附認股權特別股可認購股份總數及已發行認股權憑證可認購股份總數，如超過公司章程所定股份總數時，應先完成變更章程增加資本額後，始得為之。

第 268-1 條　公司發行認股權憑證或附認股權特別股者，有依其認股辦法核給股份之義務，不受第二百六十九條及第二百七十條規定之限制。但認股權憑證持有人有選擇權。

第二百六十六條第二項、第二百七十一條第一項、第二項、第二百七十二條及第二百七十三條第二項、第三項之規定，於公司發行認股權憑證時，準用之。

第 269 條　公司有左列情形之一者，不得公開發行具有優先權利之特別股：

一、最近三年或開業不及三年之開業年度課稅後之平均淨利，不足支付已發行及擬發行之特別股股息者。

二、對於已發行之特別股約定股息，未能按期支付者。

第 270 條　公司有左列情形之一者，不得公開發行新股：

一、最近連續二年有虧損者。但依其事業性質，須有較長準備期間或具有健全之營業計畫，確能改善營利能力者，不在此限。

二、資產不足抵償債務者。

第 271 條　公司公開發行新股經核准後，如發現其申請事項，有違反法令或虛偽情形時，證券管理機關得撤銷其核准。

為前項撤銷核准時，未發行者，停止發行；已發行者，股份持有人，得於撤銷時起，向公司依股票原定發行金額加算法定利息，請求返還；因此所發生之損害，並得請求賠償。

第一百三十五條第二項之規定，於本條準用之。

第 272 條　公司公開發行新股時，應以現金為股款。但由原有股東認購或由特定人協議認購，而不公開發行者，得以公司事業所需之財產為出資。

第 273 條　公司公開發行新股時，董事會應備置認股書，載明下列事項，由認股人填寫所認股數、種類、金額及其住所或居所，簽名或蓋章：

一、第一百二十九條及第一百三十條第一項之事項。

二、原定股份總數，或增加資本後股份總數中已發行之數額及其金額。

三、第二百六十八條第一項第三款至第十一款之事項。

四、股款繳納日期。

公司公開發行新股時，除在前項認股書加記證券主管機關核准文號及年、月、日外，並應將前項各款事項，於證券主管機關核准通知到達後三十日內，加記核准文號及年、月、日，公告並發行之。但營業報告、財產目錄、議事錄、承銷或代銷機構約定事項，得免予公告。

超過前項期限仍須公開發行時，應重行申請。

代表公司之董事，違反第一項規定，不備置認股書者，由證券主管機關處新臺幣一萬元以上五萬元以下罰鍰。

第 274 條　公司發行新股，而依第二百七十二條但書不公開發行時，仍應依前條第一項之規定，備置認股書；如以現金以外之財產抵繳股款者，並於認股書加載其姓名或名稱及其財產之種類、數量、價格或估價之標準及公司核給之股數。

前項財產出資實行後，董事會應送請監察人查核加具意見，報請主管機關核定之。

第 275 條　（刪除）

第 276 條　發行新股超過股款繳納期限，而仍有未經認購或已認購而撤回或未繳股款者，其已認購的繳款之股東，得定一個月以上之期限，催告公司使認購足額並繳足股款；逾期不能完成時，得撤回認股，由公司返回其股款，並加給法定利息。

有行為之董事，對於因前項情事所致公司之損害，應負連帶賠償責任。

第九節　變更章程

第 277 條　公司非經股東會決議，不得變更章程。

前項股東會之決議，應有代表已發行股份總數三分之二以上之股東出席，以出席股東表決權過半數之同意行之。

公開發行股票之公司，出席股東之股份總數不足前項定額者，得以有代表已發行股份總數過半數股東之出席，出席股東表決權三分之二以上之同意行之。

前二項出席股東股份總數及表決權數，章程有較高之規定者，從其規定。

第 278 條　（刪除）

第 279 條　因減少資本換發新股票時，公司應於減資登記後，定六個月以上之期限，通知各股東換取，並聲明逾期不換取者，喪失其股東之權利。

股東於前項期限內不換取者，即喪失其股東之權利，公司得將其股份拍賣，以賣得之金額，給付該股東。

公司負責人違反第一項通知期限之規定時，各處新臺幣三千元以上一萬五千元以下罰鍰。

第　280　條　因減少資本而合併股份時，其不適於合併之股份之處理，準用前條第二項之規定。

第　281　條　第七十三條及第七十四條之規定，於減少資本準用之。

第十節　公司重整

第　282　條　公開發行股票或公司債之公司，因財務困難，暫停營業或有停業之虞，而有重建更生之可能者，得由公司或下列利害關係人之一向法院聲請重整：

一、繼續六個月以上持有已發行股份總數百分之十以上股份之股東。

二、相當於公司已發行股份總數金額百分之十以上之公司債權人。

三、工會。

四、公司三分之二以上之受僱員工。

公司為前項聲請，應經董事會以董事三分之二以上之出席及出席董事過半數同意之決議行之。

第一項第三款所稱之工會，指下列工會：

一、企業工會。

二、會員受僱於公司人數，逾其所僱用勞工人數二分之一之產業工會。

三、會員受僱於公司之人數，逾其所僱用具同類職業技能勞工人數二分之一之職業工會。

第一項第四款所稱之受僱員工，以聲請時公司勞工保險投保名冊人數為準。

第　283　條　公司重整之聲請，應由聲請人以書狀連同副本五份，載明下列事項，向法院為之：

一、聲請人之姓名及住所或居所；聲請人為法人、其他團體或機關者，其名稱及公務所、事務所或營業所。

二、有法定代理人、代理人者，其姓名、住所或居所，及法定代理人與聲請人之關係。

三、公司名稱、所在地、事務所或營業所及代表公司之負責人姓名、住所或居所。

四、聲請之原因及事實。

五、公司所營事業及業務狀況。

六、公司最近一年度依第二百二十八條規定所編造之表冊；聲請日期已逾年度開始六個月者，應另送上半年之資產負債表。

七、對於公司重整之具體意見。

前項第五款至第七款之事項，得以附件補充之。

公司為聲請時，應提出重整之具體方案。股東、債權人、工會或受僱員工為聲請時，應檢同釋明其資格之文件，對第一項第五款及第六款之事項，得免予記載。

第 283-1 條　重整之聲請，有左列情形之一者，法院應裁定駁回：

一、聲請程序不合者。但可以補正者，應限期命其補正。

二、公司未依本法公開發行股票或公司債者。

三、公司經宣告破產已確定者。

四、公司依破產法所為之和解決議已確定者。

五、公司已解散者。

六、公司被勒令停業限期清理者。

第 284 條　法院對於重整之聲請，除依前條之規定裁定駁回者外，應即將聲請書狀副本，檢送主管機關、目的事業中央主管機關、中央金融主管機關及證券管理機關，並徵詢其關於應否重整之具體意見。

法院對於重整之聲請，並得徵詢本公司所在地之稅捐稽徵機關及其他有關機關、團體之意見。

前二項被徵詢意見之機關，應於三十日內提出意見。

聲請人為股東或債權人時，法院應檢同聲請書狀副本，通知該公司。

第 285 條　法院除為前條徵詢外，並得就對公司業務具有專門學識、經營經驗而非利害關係人者，選任為檢查人，就左列事項於選任後三十日內調查完畢報告法院：

一、公司業務、財務狀況及資產估價。

二、依公司業務、財務、資產及生產設備之分析，是否尚有重建更生之可能。

三、公司以往業務經營之得失及公司負責人執行業務有無怠忽或不當情形。

四、聲請書狀所記載事項有無虛偽不實情形。

五、聲請人為公司者，其所提重整方案之可行性。

六、其他有關重整之方案。

檢查人對於公司業務或財務有關之一切簿冊、文件及財產，得加以檢查。公司之董事、監察人、經理人或其他職員，對於檢查人關於業務財務之詢問，有答覆之義務。

公司之董事、監察人、經理人或其他職員，拒絕前項檢查，或對前項詢問無正當理由不為答覆，或為虛偽陳述者，處新臺幣二萬元以上十萬元以下罰鍰。

第 285-1 條　法院依檢查人之報告，並參考目的事業中央主管機關、證券管理機關、中央金融主管機關及其他有關機關、團體之意見，應於收受重整聲請後一百二十日內，為准許或駁回重整之裁定，並通知各有關機關。

前項一百二十日之期間，法院得以裁定延長之，每次延長不得超過三十日。但以二次為限。

有左列情形之一者，法院應裁定駁回重整之聲請：

一、聲請書狀所記載事項有虛偽不實者。

　　　　　　　二、依公司業務及財務狀況無重建更生之可能者。

　　　　　　　法院依前項第二款於裁定駁回時，其合於破產規定者，法院得依職權宣告破產。

第 286 條　　法院於裁定重整前，得命公司負責人，於七日內就公司債權人及股東，依其權利之性質，分別造報名冊，並註明住所或居所及債權或股份總金額。

第 287 條　　法院為公司重整之裁定前，得因公司或利害關係人之聲請或依職權，以裁定為左列各款處分：

　　　　　　　一、公司財產之保全處分。

　　　　　　　二、公司業務之限制。

　　　　　　　三、公司履行債務及對公司行使債權之限制。

　　　　　　　四、公司破產、和解或強制執行等程序之停止。

　　　　　　　五、公司記名式股票轉讓之禁止。

　　　　　　　六、公司負責人，對於公司損害賠償責任之查定及其財產之保全處分。

　　　　　　　前項處分，除法院准予重整外，其期間不得超過九十日；必要時，法院得由公司或利害關係人之聲請或依職權以裁定延長之；其延長期間不得超過九十日。

　　　　　　　前項期間屆滿前，重整之聲請駁回確定者，第一項之裁定失其效力。

　　　　　　　法院為第一項之裁定時，應將裁定通知證券管理機關及相關之目的事業中央主管機關。

第 288 條　　（刪除）

第 289 條　　法院為重整裁定時，應就對公司業務，具有專門學識及經營經驗者或金融機構，選任為重整監督人，並決定下列事項：

　　　　　　　一、債權及股東權之申報期日及場所，其期間應在裁定之日起十日以上，三十日以下。

　　　　　　　二、所申報之債權及股東權之審查期日及場所，其期間應在前款申報期間屆滿後十日以內。

　　　　　　　三、第一次關係人會議期日及場所，其期日應在第一款申報期間屆滿後三十日以內。

　　　　　　　前項重整監督人，應受法院監督，並得由法院隨時改選。

　　　　　　　重整監督人有數人時，關於重整事務之監督執行，以其過半數之同意行之。

第 290 條　　公司重整人由法院就債權人、股東、董事、目的事業中央主管機關或證券管理機關推薦之專家中選派之。

　　　　　　　第三十條之規定，於前項公司重整人準用之。

　　　　　　　關係人會議，依第三百零二條分組行使表決權之結果，有二組以上主張另行選定重整人時，得提出候選人名單，聲請法院選派之。

　　　　　　　重整人有數人時，關於重整事務之執行，以其過半數之同意行之。

　　重整人執行職務應受重整監督人之監督，其有違法或不當情事者，重整監督人得聲請法院解除其職務，另行選派之。

　　重整人爲下列行爲時，應於事前徵得重整監督人之許可：

一、營業行爲以外之公司財產之處分。

二、公司業務或經營方法之變更。

三、借款。

四、重要或長期性契約之訂立或解除，其範圍由重整監督人定之。

五、訴訟或仲裁之進行。

六、公司權利之拋棄或讓與。

七、他人行使取回權、解除權或抵銷權事件之處理。

八、公司重要人事之任免。

九、其他經法院限制之行爲。

第 291 條　法院爲重整裁定後，應即公告下列事項：

一、重整裁定之主文及其年、月、日。

二、重整監督人、重整人之姓名或名稱、住址或處所。

三、第二百八十九條第一項所定期間、期日及場所。

四、公司債權人怠於申報權利時，其法律效果。

　　法院對於重整監督人、重整人、公司、已知之公司債權人及股東，仍應將前項裁定及所列各事項，以書面送達之。

　　法院於前項裁定送達公司時，應派書記官於公司帳簿，記明截止意旨，簽名或蓋章，並作成節略，載明帳簿狀況。

第 292 條　法院爲重整裁定後，應檢同裁定書，通知主管機關，爲重整開始之登記，並由公司將裁定書影本黏貼於該公司所在地公告處。

第 293 條　重整裁定送達公司後，公司業務之經營及財產之管理處分權移屬於重整人，由重整監督人監督交接，並聲報法院，公司股東會、董事及監察人之職權，應予停止。

　　前項交接時，公司董事及經理人，應將有關公司業務及財務之一切帳冊、文件與公司之一切財產，移交重整人。

　　公司之董事、監察人、經理人或其他職員，對於重整監督人或重整人所爲關於業務或財務狀況之詢問，有答覆之義務。

　　公司之董事、監察人、經理人或其他職員，有左列行爲之一者，各處一年以下有期徒刑、拘役或科或併科新臺幣六萬元以下罰金：

一、拒絕移交。

二、隱匿或毀損有關公司業務或財務狀況之帳冊文件。

三、隱匿或毀棄公司財產或爲其他不利於債權人之處分。

四、無故對前項詢問不爲答覆。

五、捏造債務或承認不眞實之債務。

第 294 條　裁定重整後，公司之破產、和解、強制執行及因財產關係所生之訴訟等程序，當然停止。

第 295 條　法院依第二百八十七條第一項第一、第二、第五及第六各款所爲之處分，不因裁定重整失其效力，其未爲各該款處分者，於裁定重整後，仍得依利害關係人或重整監督人之聲請，或依職權裁定之。

第 296 條　對公司之債權，在重整裁定前成立者，爲重整債權；其依法享有優先受償權者，爲優先重整債權；其有抵押權、質權或留置權爲擔保者，爲有擔保重整債權；無此項擔保者，爲無擔保重整債權；各該債權，非依重整程序，均不得行使權利。

破產法破產債權節之規定，於前項債權準用之。但其中有關別除權及優先權之規定，不在此限。

取回權、解除權或抵銷權之行使，應向重整人爲之。

第 297 條　重整債權人，應提出足資證明其權利存在之文件，向重整監督人申報，經申報者，其時效中斷；未經申報者，不得依重整程序受清償。

前項應爲申報之人，因不可歸責於自己之事由，致未依限申報者，得於事由終止後十五日內補報之。但重整計畫已經關係人會議可決時，不得補報。

股東之權利，依股東名簿之記載。

第 298 條　重整監督人，於權利申報期間屆滿後，應依其初步審查之結果，分別製作優先重整債權人、有擔保重整債權人、無擔保重整債權人及股東清冊，載明權利之性質、金額及表決權數額，於第二百八十九條第一項第二款期日之三日前，聲報法院及備置於適當處所，並公告其開始備置日期及處所，以供重整債權人、股東及其他利害關係人查閱。

重整債權人之表決權，以其債權之金額比例定之；股東表決權，依公司章程之規定。

第 299 條　法院審查重整債權及股東權之期日，重整監督人、重整人及公司負責人應到場備詢，重整債權人、股東及其他利害關係人，得到場陳述意見。

有異議之債權或股東權，由法院裁定之。

就債權或股東權有實體上之爭執者，應由爭執之利害關係人，於前項裁定送達後二十日內提起確認之訴，並應向法院爲起訴之證明；經起訴後在判決確定前，仍依前項裁定之內容及數額行使其權利。但依重整計畫受清償時，應予提存。

重整債權或股東權，在法院宣告審查終結前，未經異議者，視爲確定；對公司及全體股東、債權人有確定判決同一之效力。

第 300 條　重整債權人及股東，為公司重整之關係人，出席關係人會議，因故不能出席時，得委託他人代理出席。

關係人會議由重整監督人為主席，並召集除第一次以外之關係人會議。

重整監督人，依前項規定召集會議時，於五日前訂明會議事由，以通知及公告為之。一次集會未能結束，經重整監督人當場宣告連續或展期舉行者，得免為通知及公告。

關係人會議開會時，重整人及公司負責人應列席備詢。

公司負責人無正當理由對前項詢問不為答覆或為虛偽之答覆者，各處一年以下有期徒刑、拘役或科或併科新臺幣六萬元以下罰金。

第 301 條　關係人會議之任務如左：

一、聽取關於公司業務與財務狀況之報告及對於公司重整之意見。

二、審議及表決重整計劃。

三、決議其他有關重整之事項。

第 302 條　關係人會議，應分別按第二百九十八條第一項規定之權利人，分組行使其表決權，其決議以經各組表決權總額二分之一以上之同意行之。

公司無資本淨值時，股東組不得行使表決權。

第 303 條　重整人應擬訂重整計畫，連同公司業務及財務報表，提請第一次關係人會議審查。

重整人經依第二百九十條之規定另選者，重整計畫，應由新任重整人於一個月內提出之。

第 304 條　公司重整如有左列事項，應訂明於重整計畫：

一、全部或一部重整債權人或股東權利之變更。

二、全部或一部營業之變更。

三、財產之處分。

四、債務清償方法及其資金來源。

五、公司資產之估價標準及方法。

六、章程之變更。

七、員工之調整或裁減。

八、新股或公司債之發行。

九、其他必要事項。

前項重整計畫之執行，除債務清償期限外，自法院裁定認可確定之日起算不得超過一年；其有正當理由，不能於一年內完成時，得經重整監督人許可，聲請法院裁定延展期限；期限屆滿仍未完成者，法院得依職權或依關係人之聲請裁定終止重整。

第 305 條　重整計畫經關係人會議可決者，重整人應聲請法院裁定認可後執行之，並報主管機關備查。

前項法院認可之重整計畫，對於公司及關係人均有拘束力，其所載之給付義務，適於為強制執行之標的者，並得逕予強制執行。

第 306 條　重整計畫未得關係人會議有表決權各組之可決時，重整監督人應即報告法院，法院得依公正合理之原則，指示變更方針，命關係人會議在一個月內再予審查。

前項重整計畫，經指示變更再予審查，仍未獲關係人會議可決時，應裁定終止重整。但公司確有重整之價值者，法院就其不同意之組，得以下列方法之一，修正重整計畫裁定認可之：

一、有擔保重整債權人之擔保財產，隨同債權移轉於重整後之公司，其權利仍存續不變。

二、有擔保重整債權人，對於擔保之財產；無擔保重整債權人，對於可充清償其債權之財產；股東對於可充分派之賸餘財產；均得分別依公正交易價額，各按應得之份，處分清償或分派承受或提存之。

三、其他有利於公司業務維持及債權人權利保障之公正合理方法。

前條第一項或前項重整計畫，因情事變遷或有正當理由致不能或無須執行時，法院得因重整監督人、重整人或關係人之聲請，以裁定命關係人會議重行審查，其顯無重整之可能或必要者，得裁定終止重整。

前項重行審查可決之重整計畫，仍應聲請法院裁定認可。

關係人會議，未能於重整裁定送達公司後一年內可決重整計畫者，法院得依聲請或依職權裁定終止重整；其經法院依第三項裁定命重行審查，而未能於裁定送達後一年內可決重整計畫者，亦同。

第 307 條　法院為前二條處理時，應徵詢主管機關、目的事業中央主管機關及證券管理機關之意見。

法院為終止重整之裁定，應檢同裁定書通知主管機關；裁定確定時，主管機關應即為終止重整之登記；其合於破產規定者，法院得依職權宣告其破產。

第 308 條　法院裁定終止重整，除依職權宣告公司破產者，依破產法之規定外，有左列效力：

一、依第二百八十七條、第二百九十四條、第二百九十五條或第二百九十六條所為之處分或所生之效力，均失效力。

二、因怠於申報權利，而不能行使權利者，恢復其權利。

三、因裁定重整而停止之股東會、董事及監察人之職權，應即恢復。

第 309 條　公司重整中，下列各款規定，如與事實確有扞格時，經重整人聲請法院，得裁定另作適當之處理：

一、第二百七十七條變更章程之規定。

二、第二百七十九條及第二百八十一條減資之通知公告期間及限制之規定。

三、第二百六十八條至第二百七十條及第二百七十六條發行新股之規定。

四、第二百四十八條至第二百五十條，發行公司債之規定。

五、第一百二十八條、第一百三十三條、第一百四十八條至第一百五十條及第一百五十五條設立公司之規定。

六、第二百七十二條出資種類之規定。

第 310 條　公司重整人，應於重整計畫所定期限內完成重整工作；重整完成時，應聲請法院為重整完成之裁定，並於裁定確定後，召集重整後之股東會選任董事、監察人。

前項董事、監察人於就任後，應會同重整人向主管機關申請登記或變更登記。

第 311 條　公司重整完成後，有下列效力：

一、已申報之債權未受清償部分，除依重整計畫處理，移轉重整後之公司承受者外，其請求權消滅；未申報之債權亦同。

二、股東股權經重整而變更或減除之部分，其權利消滅。

三、重整裁定前，公司之破產、和解、強制執行及因財產關係所生之訴訟等程序，即行失其效力。

公司債權人對公司債務之保證人及其他共同債務人之權利，不因公司重整而受影響。

第 312 條　左列各款，為公司之重整債務，優先於重整債權而為清償：

一、維持公司業務繼續營運所發生之債務。

二、進行重整程序所發生之費用。

前項優先受償權之效力，不因裁定終止重整而受影響。

第 313 條　檢查人、重整監督人或重整人，應以善良管理人之注意，執行其職務，其報酬由法院依其職務之繁簡定之。

檢查人、重整監督人或重整人，執行職務違反法令，致公司受有損害時，對於公司應負賠償責任。

檢查人、重整監督人或重整人，對於職務上之行為，有虛偽陳述時，各處一年以下有期徒刑、拘役或科或併科新臺幣六萬元以下罰金。

第 314 條　關於本節之管轄及聲請通知送達公告裁定或抗告等，應履行之程序，準用民事訴訟法之規定。

第十一節　解散、合併及分割

第 315 條　股份有限公司，有左列情事之一者，應予解散：

一、章程所定解散事由。

二、公司所營事業已成就或不能成就。

三、股東會爲解散之決議。

四、有記名股票之股東不滿二人。但政府或法人股東一人者，不在此限。

五、與他公司合併。

六、分割。

七、破產。

八、解散之命令或裁判。

前項第一款得經股東會議變更章程後，繼續經營；第四款本文得增加有記名股東
繼續經營。

第 316 條　股東會對於公司解散、合併或分割之決議，應有代表已發行股份總數三分之二以
上股東之出席，以出席股東表決權過半數之同意行之。

公開發行股票之公司，出席股東之股份總數不足前項定額者，得以有代表已發行
股份總數過半數股東之出席，出席股東表決權三分之二以上之同意行之。

前二項出席股東股份總數及表決權數，章程有較高之規定者，從其規定。

公司解散時，除破產外，董事會應即將解散之要旨，通知各股東。

第 316-1 條　股份有限公司相互間合併，或股份有限公司與有限公司合併者，其存續或新設公
司以股份有限公司爲限。

股份有限公司分割者，其存續公司或新設公司以股份有限公司爲限。

第 316-2 條　控制公司持有從屬公司百分之九十以上已發行股份者，得經控制公司及從屬公司
之董事會以董事三分之二以上出席，及出席董事過半數之決議，與其從屬公司
合併。其合併之決議，不適用第三百十六條第一項至第三項有關股東會決議之規
定。

從屬公司董事會爲前項決議後，應即通知其股東，並指定三十日以上期限，聲明
其股東得於期限內提出書面異議，請求從屬公司按當時公平價格，收買其持有之
股份。

從屬公司股東與從屬公司間依前項規定協議決定股份價格者，公司應自董事會決
議日起九十日內支付價款；其自董事會決議日起六十日內未達協議者，股東應於
此期間經過後三十日內，聲請法院爲價格之裁定。

第二項從屬公司股東收買股份之請求，於公司取銷合併之決議時，失其效力。股
東於第二項及第三項規定期間內不爲請求或聲請時，亦同。

第三百十七條有關收買異議股東所持股份之規定，於控制公司不適用之。

控制公司因合併而修正其公司章程者，仍應依第二百七十七條規定辦理。

第 317 條　公司分割或與他公司合併時，董事會應就分割、合併有關事項，作成分割計畫或
合併契約，提出於股東會；股東在集會前或集會中，以書面表示異議，或以口頭
表示異議經紀錄者，得放棄表決權，而請求公司按當時公平價格，收買其持有之

股份。

他公司爲新設公司者，被分割公司之股東會視爲他公司之發起人會議，得同時選舉新設公司之董事及監察人。

第一百八十七條及第一百八十八條之規定，於前項準用之。

第 317-1 條　前條第一項所指之合併契約，應以書面爲之，並記載左列事項：

一、合併之公司名稱，合併後存續公司之名稱或新設公司之名稱。

二、存續公司或新設公司因合併發行股份之總數、種類及數量。

三、存續公司或新設公司因合併對於消滅公司股東配發新股之總數、種類及數量與配發之方法及其他有關事項。

四、對於合併後消滅之公司，其股東配發之股份不滿一股應支付現金者，其有關規定。

五、存續公司之章程需變更者或新設公司依第一百二十九條應訂立之章程。

前項之合併契約書，應於發送合併承認決議股東會之召集通知時，一併發送於股東。

第 317-2 條　第三百十七條第一項之分割計畫，應以書面爲之，並記載左列事項：

一、承受營業之既存公司章程需變更事項或新設公司章程。

二、被分割公司讓與既存公司或新設公司之營業價值、資產、負債、換股比例及計算依據。

三、承受營業之既存公司發行新股或新設公司發行股份之總數、種類及數量。

四、被分割公司或其股東所取得股份之總數、種類及數量。

五、對被分割公司或其股東配發之股份不滿一股應支付現金者，其有關規定。

六、既存公司或新設公司承受被分割公司權利義務及其相關事項。

七、被分割公司之資本減少時，其資本減少有關事項。

八、被分割公司之股份銷除所需辦理事項。

九、與他公司共同爲公司分割者，分割決議應記載其共同爲公司分割有關事項。

前項分割計畫書，應於發送分割承認決議股東會之召集通知時，一併發送於股東。

317-3 條　（刪除）

318 條　公司合併後，存續公司之董事會，或新設公司之發起人，於完成催告債權人程序後，其因合併而有股份合併者，應於股份合併生效後；其不適於合併者，應於該股份爲處分後，分別循左列程序行之：

一、存續公司，應即召集合併後之股東會，爲合併事項之報告，其有變更章程必要者，並爲變更章程。

二、新設公司，應即召開發起人會議，訂立章程。

前項章程，不得違反合併契約之規定。

第 319 條　第七十三條至第七十五條之規定，於股份有限公司之合併或分割準用之。

第 319-1 條　分割後受讓營業之既存公司或新設公司，應就分割前公司所負債務於其受讓營業之出資範圍負連帶清償責任。但債權人之連帶清償責任請求權，自分割基準日起二年內不行使而消滅。

第 320 條　（刪除）

第 321 條　（刪除）

第十二節　清算

第一目　普通清算

第 322 條　公司之清算，以董事為清算人。但本法或章程另有規定或股東會另選清算人時，不在此限。

　　　　　不能依前項之規定定清算人時，法院得因利害關係人之聲請，選派清算人。

第 323 條　清算人除由法院選派者外，得由股東會決議解任。

　　　　　法院因監察人或繼續一年以上持有已發行股份總數百分之三以上股份股東之聲請，得將清算人解任。

第 324 條　清算人於執行清算事務之範圍內，除本節有規定外，其權利義務與董事同。

第 325 條　清算人之報酬，非由法院選派者，由股東會議定；其由法院選派者，由法院決定之。

　　　　　清算費用及清算人之報酬，由公司現存財產中儘先給付。

第 326 條　清算人就任後，應即檢查公司財產情形，造具財務報表及財產目錄，送經監察人審查，提請股東會承認後，並即報法院。

　　　　　前項表冊送交監察人審查，應於股東會集會十日前為之。

　　　　　對於第一項之檢查有妨礙、拒絕或規避之行為者，各處新臺幣二萬元以上十萬元以下罰鍰。

第 327 條　清算人於就任後，應即以三次以上之公告，催告債權人於三個月內申報其債權，並應聲明逾期不申報者，不列入清算之內。但為清算人所明知者，不在此限，其債權人為清算人所明知者，並應分別通知之。

第 328 條　清算人不得於前條所定之申報期限內，對債權人為清償。但對於有擔保之債權，經法院許可者，不在此限。

　　　　　公司對前項未為清償之債權，仍應負遲延給付之損害賠償責任。

　　　　　公司之資產顯足抵償其負債者，對於足致前項損害賠償責任之債權，得經法院許可後先行清償。

第 329 條　不列入清算內之債權人，就公司未分派之賸餘財產，有清償請求權。但賸餘財產已依第三百三十條分派，且其中全部或一部已經領取者，不在此限。

第 330 條　清償債務後，賸餘之財產應按各股東股份比例分派。但公司發行特別股，而章程中另有訂定者，從其訂定。

第 331 條　清算完結時，清算人應於十五日內，造具清算期內收支表、損益表、連同各項簿冊，送經監察人審查，並提請股東會承認。

股東會得另選檢查人，檢查前項簿冊是否確當。

簿冊經股東會承認後，視為公司已解除清算人之責任。但清算人有不法行為者，不在此限。

第一項清算期內之收支表及損益表，應於股東會承認後十五日內，向法院聲報。

清算人違反前項聲報期限之規定時，各處新臺幣一萬元以上五萬元以下罰鍰。

對於第二項之檢查有妨礙、拒絕或規避行為者，各處新臺幣二萬元以上十萬元以下罰鍰。

第 332 條　公司應自清算完結聲報法院之日起，將各項簿冊及文件，保存十年，其保存人，由清算人及其利害關係人聲請法院指定之。

第 333 條　清算完結後，如有可以分派之財產，法院因利害關係人之聲請，得選派清算人重行分派。

第 334 條　第八十三條至第八十六條、第八十七條第三項、第四項、第八十九條及第九十條之規定，於股份有限公司之清算準用之。

第二目　特別清算

第 335 條　清算之實行發生顯著障礙時，法院依債權人或清算人或股東之聲請或依職權，得命令公司開始特別清算；公司負債超過資產有不實之嫌疑者亦同。但其聲請，以清算人為限。

第二百九十四條關於破產、和解及強制執行程序當然停止之規定，於特別清算準用之。

第 336 條　法院依前條聲請人之聲請，或依職權於命令開始特別清算前，得提前為第三百三十九條之處分。

第 337 條　有重要事由時，法院得解任清算人。

清算人缺額或有增加人數之必要時，由法院選派之。

第 338 條　法院得隨時命令清算人，為清算事務及財產狀況之報告，並得為其他清算監督上必要之調查。

第 339 條　法院認為對清算監督上有必要時，得為第三百五十四條第一項第一款、第二款或第六款之處分。

第 340 條　公司對於其債務之清償，應依其債權額比例為之；但依法得行使優先受償權或別除權之債權，不在此限。

第 341 條　清算人於清算中，認有必要時，得召集債權人會議。

占有公司明知之債權總額百分之十以上之債權人，得以書面載明事由，請求清算
人召集債權人會議。

第一百七十三條第二項於前項準用之。

前條但書所定之債權，不列入第二項之債權總額。

第 342 條　債權人會議之召集人，對前條第四項債權之債權人，得通知其列席債權人會議徵
詢意見，無表決權。

第 343 條　第一百七十二條第二項、第四項、第一百八十三條第一項至第五項、第
二百九十八條第二項及破產法第一百二十三條之規定，於特別清算準用之。

債權人會議之召集人違反前項準用第一百七十二條第二項規定，或違反前項準用
第一百八十三條第一項、第四項或第五項規定者，處新臺幣一萬元以上五萬元以
下罰鍰。

第 344 條　清算人應造具公司業務及財產狀況之調查書、資產負債表及財產目錄，提交債權
人會議，並就清算實行之方針與預定事項，陳述其意見。

第 345 條　債權人會議，得經決議選任監理人，並得隨時解任之。

前項決議應得法院之認可。

第 346 條　清算人為左列各款行為之一者，應得監理人之同意，不同意時，應召集債權人會
議決議之。但其標的在資產總值千分之一以下者，不在此限：

一、公司財產之處分。

二、借款。

三、訴之提起。

四、成立和解或仲裁契約。

五、權利之拋棄。

應由債權人會議決議之事項，如迫不及待時，清算人經法院之許可，得為前項所
列之行為。

清算人違反前兩項規定時，應與公司對於善意第三人連帶負其責任。

第八十四條第二項但書之規定，於特別清算不適用之。

第 347 條　清算人得徵詢監理人之意見，對於債權人會議提出協定之建議。

第 348 條　協定之條件，在各債權人間應屬平等。但第三百四十條但書所定之債權，不在此
限。

第 349 條　清算人認為作成協定有必要時，得請求第三百四十條但書所定之債權人參加。

第 350 條　協定之可決，應有得行使表決權之債權人過半數之出席，及得行使表決權之債權
總額四分之三以上之同意行之。

前項決議，應得法院之認可。

破產法第一百三十六條之規定，於第一項協定準用之。

第 351 條　協定在實行上遇有必要時，得變更其條件，其變更準用前四條之規定。

第 352 條　依公司財產之狀況有必要時，法院得據清算人或監理人，或繼續六個月以上持有已發行股份總數百分之三以上之股東，或曾為特別清算聲請之債權人，或占有公司明知之債權總額百分之十以上債權人之聲請，或依職權命令檢查公司之業務及財產。

　　　　　第二百八十五條之規定，於前項準用之。

第 353 條　檢查人應將左列檢查結果之事項，報告於法院：

　　　　　一、發起人、董事、監察人、經理人或清算人依第三十四條、第一百四十八條、第一百五十五條、第一百九十三條及第二百二十四條應負責任與否之事實。

　　　　　二、有無為公司財產保全處分之必要。

　　　　　三、為行使公司之損害賠償請求權，對於發起人、董事、監察人、經理人或清算人之財產，有無為保全處分之必要。

第 354 條　法院據前條之報告，認為必要時，得為左列之處分：

　　　　　一、公司財產之保全處分。

　　　　　二、記名式股份轉讓之禁止。

　　　　　三、發起人、董事、監察人、經理人或清算人責任解除之禁止。

　　　　　四、發起人、董事、監察人、經理人或清算人責任解除之撤銷。但於特別清算開始起一年前已為解除，而非出於不法之目的者，不在此限。

　　　　　五、基於發起人、董事、監察人、經理人或清算人責任所生之損害賠償請求權之查定。

　　　　　六、因前款之損害賠償請求權，對於發起人、董事、監察人、經理人或清算人之財產為保全處分。

第 355 條　法院之命令特別清算開始後，而協定不可能時，應依職權依破產法為破產之宣告；協定實行上不可能時亦同。

第 356 條　特別清算事項，本目未規定者，準用普通清算之規定。

第十三節　閉鎖性股份有限公司

第356-1 條　閉鎖性股份有限公司，指股東人數不超過五十人，並於章程定有股份轉讓限制之非公開發行股票公司。

　　　　　前項股東人數，中央主管機關得視社會經濟情況及實際需要增加之；其計算方式及認定範圍，由中央主管機關定之。

第356-2 條　公司應於章程載明閉鎖性之屬性，並由中央主管機關公開於其資訊網站。

第356-3 條　發起人得以全體之同意，設立閉鎖性股份有限公司，並應全數認足第一次應發行之股份。

　　　　　發起人之出資除現金外，得以公司事業所需之財產、技術或勞務抵充之。但以勞

務抵充之股數，不得超過公司發行股份總數之一定比例。

前項之一定比例，由中央主管機關定之。

以技術或勞務出資者，應經全體股東同意，並於章程載明其種類、抵充之金額及公司核給之股數；主管機關應依該章程所載明之事項辦理登記，並公開於中央主管機關之資訊網站。

發起人選任董事及監察人之方式，除章程另有規定者外，準用第一百九十八條規定。

公司之設立，不適用第一百三十二條至第一百四十九條及第一百五十一條至第一百五十三條規定。

股東會選任董事及監察人之方式，除章程另有規定者外，依第一百九十八條規定。

第 356-4 條　公司不得公開發行或募集有價證券。但經由證券主管機關許可之證券商經營股權群眾募資平臺募資者，不在此限。

前項但書情形，仍受第三百五十六條之一之股東人數及公司章程所定股份轉讓之限制。

第 356-5 條　公司股份轉讓之限制，應於章程載明。

前項股份轉讓之限制，公司印製股票者，應於股票以明顯文字註記；不發行股票者，讓與人應於交付受讓人之相關書面文件中載明。

前項股份轉讓之受讓人得請求公司給與章程影本。

第 356-6 條　（刪除）

第 356-7 條　公司發行特別股時，應就下列各款於章程中定之：

一、特別股分派股息及紅利之順序、定額或定率。

二、特別股分派公司賸餘財產之順序、定額或定率。

三、特別股之股東行使表決權之順序、限制、無表決權、複數表決權或對於特定事項之否決權。

四、特別股股東被選舉為董事、監察人之禁止或限制，或當選一定名額之權利。

五、特別股轉換成普通股之轉換股數、方法或轉換公式。

六、特別股轉讓之限制。

七、特別股權利、義務之其他事項。

第一百五十七條第二項規定，於前項第三款複數表決權特別股股東不適用之。

第 356-8 條　公司章程得訂明股東會開會時，以視訊會議或其他經中央主管機關公告之方式為之。

股東會開會時，如以視訊會議為之，其股東以視訊參與會議者，視為親自出席。

公司章程得訂明經全體股東同意，股東就當次股東會議案以書面方式行使其表決權

權，而不實際集會。

前項情形，視為已召開股東會；以書面方式行使表決權之股東，視為親自出席股東會。

第356-9條　股東得以書面契約約定共同行使股東表決權之方式，亦得成立股東表決權信託，由受託人依書面信託契約之約定行使其股東表決權。

前項受託人，除章程另有規定者外，以股東為限。

股東非將第一項書面信託契約、股東姓名或名稱、事務所、住所或居所與移轉股東表決權信託之股份總數、種類及數量於股東常會開會三十日前，或股東臨時會開會十五日前送交公司辦理登記，不得以其成立股東表決權信託對抗公司。

第356-10條　（刪除）

第356-11條　公司私募普通公司債，應由董事會以董事三分之二以上之出席，及出席董事過半數同意之決議行之。

公司私募轉換公司債或附認股權公司債，應經前項董事會之決議，並經股東會決議。但章程規定無須經股東會決議者，從其規定。

公司債債權人行使轉換權或認購權後，仍受第三百五十六條之一之股東人數及公司章程所定股份轉讓之限制。

第一項及第二項公司債之發行，不適用第二百四十六條、第二百四十七條、第二百四十八條第一項、第四項至第七項、第二百四十八條之一、第二百五十一條至第二百五十五條、第二百五十七條之二、第二百五十九條及第二百五十七條第一項有關簽證之規定。

第356-12條　公司發行新股，除章程另有規定者外，應由董事會以董事三分之二以上之出席，及出席董事過半數同意之決議行之。

新股認購人之出資方式，除準用第三百五十六條之三第二項至第四項規定外，並得以對公司所有之貨幣債權抵充之。

第一項新股之發行，不適用第二百六十七條規定。

第356-13條　公司得經有代表已發行股份總數三分之二以上股東出席之股東會，以出席股東表決權過半數之同意，變更為非閉鎖性股份有限公司。

前項出席股東股份總數及表決權數，章程有較高之規定者，從其規定。

公司不符合第三百五十六條之一規定時，應變更為非閉鎖性股份有限公司，並辦理變更登記。

公司未依前項規定辦理變更登記者，主管機關得依第三百八十七條第五項規定責令限期改正並按次處罰；其情節重大者，主管機關得依職權命令解散之。

第356-14條　非公開發行股票之股份有限公司得經全體股東同意，變更為閉鎖性股份有限公司。

全體股東爲前項同意後，公司應即向各債權人分別通知及公告。

第六章　（刪除）

第357條至第369條（刪除）

第六章之一　關係企業

第 369-1 條　本法所稱關係企業，指獨立存在而相互間具有下列關係之企業：

一、有控制與從屬關係之公司。

二、相互投資之公司。

第 369-2 條　公司持有他公司有表決權之股份或出資額，超過他公司已發行有表決權之股份總數或資本總額半數者爲控制公司，該他公司爲從屬公司。

除前項外，公司直接或間接控制他公司之人事、財務或業務經營者亦爲控制公司，該他公司爲從屬公司。

第 369-3 條　有左列情形之一者，推定爲有控制與從屬關係：

一、公司與他公司之執行業務股東或董事有半數以上相同者。

二、公司與他公司之已發行有表決權之股份總數或資本總額有半數以上爲相同之股東持有或出資者。

第 369-4 條　控制公司直接或間接使從屬公司爲不合營業常規或其他不利益之經營，而未於會計年度終了時爲適當補償，致從屬公司受有損害者，應負賠償責任。

控制公司負責人使從屬公司爲前項之經營者，應與控制公司就前項損害負連帶賠償責任。

控制公司未爲第一項之賠償，從屬公司之債權人或繼續一年以上持有從屬公司已發行有表決權股份總數或資本總額百分之一以上之股東，得以自己名義行使前項從屬公司之權利，請求對從屬公司爲給付。

前項權利之行使，不因從屬公司就該請求賠償權利所爲之和解或拋棄而受影響。

第 369-5 條　控制公司使從屬公司爲前條第一項之經營，致他從屬公司受有利益，受有利益之該他從屬公司於其所受利益限度內，就控制公司依前條規定應負之賠償，負連帶責任。

第 369-6 條　前二條所規定之損害賠償請求權，自請求權人知控制公司有賠償責任及知有賠償義務人時起，二年間不行使而消滅。自控制公司賠償責任發生時起，逾五年者亦同。

第 369-7 條　控制公司直接或間接使從屬公司爲不合營業常規或其他不利益之經營者，如控制公司對從屬公司有債權，在控制公司對從屬公司應負擔之損害賠償限度內，不得主張抵銷。

前項債權無論有無別除權或優先權，於從屬公司依破產法之規定為破產或和解，或依本法之規定為重整或特別清算時，應次於從屬公司之其他債權受清償。

第 369-8 條　公司持有他公司有表決權之股份或出資額，超過該他公司已發行有表決權之股份總數或資本總額三分之一者，應於事實發生之日起一個月內以書面通知該他公司。

公司為前項通知後，有左列變動之一者，應於事實發生之日起五日內以書面再為通知：

一、有表決權之股份或出資額低於他公司已發行有表決權之股份總數或資本總額三分之一時。

二、有表決權之股份或出資額超過他公司已發行有表決權之股份總數或資本總額二分之一時。

三、前款之有表決權之股份或出資額再低於他公司已發行有表決權之股份總數或資本總額二分之一時。

受通知之公司，應於收到前二項通知五日內公告之，公告中應載明通知公司名稱及其持有股份或出資額之額度。

公司負責人違反前三項通知或公告之規定者，各處新臺幣六千元以上三萬元以下罰鍰。主管機關並應責令限期辦理；期滿仍未辦理者，得責令限期辦理，並按次連續各處新臺幣九千元以上六萬元以下罰鍰至辦理為止。

第 369-9 條　公司與他公司相互投資各達對方有表決權之股份總數或資本總額三分之一以上者，為相互投資公司。

相互投資公司各持有對方已發行有表決權之股份總數或資本總額超過半數者，或互可直接或間接控制對方之人事、財務或業務經營者，互為控制公司與從屬公司。

第 369-10 條　相互投資公司知有相互投資之事實者，其得行使之表決權，不得超過被投資公司已發行有表決權股份總數或資本總額之三分之一。但以盈餘或公積增資配股所得之股份，仍得行使表決權。

公司依第三百六十九條之八規定通知他公司後，於未獲他公司相同之通知，亦未知有相互投資之事實者，其股權之行使不受前項限制。

369-11條　計算本章公司所持有他公司之股份或出資額，應連同左列各款之股份或出資額一併計入：

一、公司之從屬公司所持有他公司之股份或出資額。

二、第三人為該公司而持有之股份或出資額。

三、第三人為該公司之從屬公司而持有之股份或出資額。

369-12條　從屬公司為公開發行股票之公司者，應於每會計年度終了，造具其與控制公司間

之關係報告書，載明相互間之法律行為、資金往來及損益情形。

控制公司為公開發行股票之公司者，應於每會計年度終了，編製關係企業合併營業報告書及合併財務報表。

前二項書表之編製準則，由證券主管機關定之。

第七章　外國公司

第 370 條　外國公司在中華民國境內設立分公司者，其名稱，應譯成中文，並標明其種類及國籍。

第 371 條　外國公司非經辦理分公司登記，不得以外國公司名義在中華民國境內經營業務。

違反前項規定者，行為人處一年以下有期徒刑、拘役或科或併科新臺幣十五萬元以下罰金，並自負民事責任；行為人有二人以上者，連帶負民事責任，並由主管機關禁止其使用外國公司名稱。

第 372 條　外國公司在中華民國境內設立分公司者，應專撥其營業所用之資金，並指定代表為在中華民國境內之負責人。

外國公司在中華民國境內之負責人於登記後，將前項資金發還外國公司，或任由外國公司收回者，處五年以下有期徒刑、拘役或科或併科新臺幣五十萬元以上二百五十萬元以下罰金。

有前項情事時，外國公司在中華民國境內之負責人應與該外國公司連帶賠償第三人因此所受之損害。

第二項經法院判決有罪確定後，由中央主管機關撤銷或廢止其登記。但判決確定前，已為補正者，不在此限。

外國公司之分公司之負責人、代理人、受僱人或其他從業人員以犯刑法偽造文書印文罪章之罪辦理設立或其他登記，經法院判決有罪確定後，由中央主管機關依職權或依利害關係人之申請撤銷或廢止其登記。

第 373 條　外國公司有下列情事之一者，不予分公司登記：

一、其目的或業務，違反中華民國法律、公共秩序或善良風俗。

二、申請登記事項或文件，有虛偽情事。

第 374 條　外國公司在中華民國境內設立分公司者，應將章程備置於其分公司，如有無限責任股東者，並備置其名冊。

外國公司在中華民國境內之負責人違反前項規定者，處新臺幣一萬元以上五萬元以下罰鍰。再次拒不備置者，並按次處新臺幣二萬元以上十萬元以下罰鍰。

第 375 條　（刪除）

第 376 條　（刪除）

第 377 條　第七條、第十二條、第十三條第一項、第十五條至第十八條、第二十條第一項

至第四項、第二十一條第一項及第三項、第二十二條第一項、第二十三條至第二十六條之二，於外國公司在中華民國境內設立之分公司準用之。

外國公司在中華民國境內之負責人違反前項準用第二十條第一項或第二項規定者，處新臺幣一萬元以上五萬元以下罰鍰；違反前項準用第二十條第四項規定，規避、妨礙或拒絕查核或屆期不申報者，處新臺幣二萬元以上十萬元以下罰鍰。

外國公司在中華民國境內之負責人違反第一項準用第二十一條第一項規定，規避、妨礙或拒絕檢查者，處新臺幣二萬元以上十萬元以下罰鍰。再次規避、妨礙或拒絕者，並按次處新臺幣四萬元以上二十萬元以下罰鍰。

外國公司在中華民國境內之負責人違反第一項準用第二十二條第一項規定，拒絕提出證明文件、單據、表冊及有關資料者，處新臺幣二萬元以上十萬元以下罰鍰。再次拒絕者，並按次處新臺幣四萬元以上二十萬元以下罰鍰。

第 378 條　外國公司在中華民國境內設立分公司後，無意在中華民國境內繼續營業者，應向主管機關申請廢止分公司登記。但不得免除廢止登記以前所負之責任或債務。

第 379 條　有下列情事之一者，主管機關得依職權或利害關係人之申請，廢止外國公司在中華民國境內之分公司登記：
一、外國公司已解散。
二、外國公司已受破產之宣告。
三、外國公司在中華民國境內之分公司，有第十條各款情事之一。
前項廢止登記，不影響債權人之權利及外國公司之義務。

第 380 條　外國公司在中華民國境內設立之所有分公司，均經撤銷或廢止登記者，應就其在中華民國境內營業所生之債權債務清算了結，未了之債務，仍由該外國公司清償之。
前項清算，除外國公司另有指定清算人者外，以外國公司在中華民國境內之負責人或分公司經理人為清算人，並依外國公司性質，準用本法有關各種公司之清算程序。

第 381 條　外國公司在中華民國境內之財產，在清算時期中，不得移出中華民國國境，除清算人為執行清算外，並不得處分。

第 382 條　外國公司在中華民國境內之負責人、分公司經理人或指定清算人，違反前二條規定時，對於外國公司在中華民國境內營業，或分公司所生之債務，應與該外國公司負連帶責任。

第383條至第385條（刪除）

第 386 條　外國公司因無意在中華民國境內設立分公司營業，未經申請分公司登記而派其代表人在中華民國境內設置辦事處者，應申請主管機關登記。
外國公司設置辦事處後，無意繼續設置者，應向主管機關申請廢止登記。

辦事處代表人缺位或辦事處他遷不明時，主管機關得依職權限期令外國公司指派或辦理所在地變更；屆期仍不指派或辦理變更者，主管機關得廢止其辦事處之登記。

第八章　登記
第一節　申請

第 387 條　申請本法各項登記之期限、應檢附之文件與書表及其他相關事項之辦法，由中央主管機關定之。

前項登記之申請，得以電子方式為之；其實施辦法，由中央主管機關定之。

前二項之申請，得委任代理人，代理人以會計師、律師為限。

代表公司之負責人或外國公司在中華民國境內之負責人申請登記，違反依第一項所定辦法規定之申請期限者，處新臺幣一萬元以上五萬元以下罰鍰。

代表公司之負責人或外國公司在中華民國境內之負責人不依第一項所定辦法規定之申請期限辦理登記者，除由主管機關令其限期改正外，處新臺幣一萬元以上五萬元以下罰鍰；屆期未改正者，繼續令其限期改正，並按次處新臺幣二萬元以上十萬元以下罰鍰，至改正為止。

第 388 條　主管機關對於各項登記之申請，認為有違反本法或不合法定程式者，應令其改正，非俟改正合法後，不予登記。

第 389 條　（刪除）

第 390 條　（刪除）

第 391 條　申請人於登記後，確知其登記事項有錯誤或遺漏時，得申請更正。

第 392 條　各項登記事項，主管機關得核給證明書。

第 392-1 條　公司得向主管機關申請公司外文名稱登記，主管機關應依公司章程記載之外文名稱登記之。

前項公司外文名稱登記後，有下列情事之一者，主管機關得依申請令其限期辦理變更登記；屆期未辦妥變更登記者，撤銷或廢止該公司外文名稱登記：

一、公司外文名稱與依貿易法令登記在先或預查核准在先之他出進口廠商外文名稱相同。該出進口廠商經註銷、撤銷或廢止出進口廠商登記未滿二年者，亦同。

二、公司外文名稱經法院判決確定不得使用。

三、公司外文名稱與政府機關、公益團體之外文名稱相同。

第一項外文種類，由中央主管機關定之。

第 393 條　各項登記文件，公司負責人或利害關係人，得聲敘理由請求查閱、抄錄或複製。但主管機關認為必要時，得拒絕或限制其範圍。

下列事項，主管機關應予公開，任何人得向主管機關申請查閱、抄錄或複製：

一、公司名稱；章程訂有外文名稱者，該名稱。

二、所營事業。

三、公司所在地；設有分公司者，其所在地。

四、執行業務或代表公司之股東。

五、董事、監察人姓名及持股。

六、經理人姓名。

七、資本總額或實收資本額。

八、有無複數表決權特別股、對於特定事項具否決權特別股。

九、有無第一百五十七條第一項第五款、第三百五十六條之七第一項第四款之特別股。

十、公司章程。

前項第一款至第九款，任何人得至主管機關之資訊網站查閱；第十款，經公司同意者，亦同。

第394條至第396條（刪除）

第 397 條　公司之解散，不向主管機關申請解散登記者，主管機關得依職權或據利害關係人申請，廢止其登記。

主管機關對於前項之廢止，除命令解散或裁定解散外，應定三十日之期間，催告公司負責人聲明異議；逾期不為聲明或聲明理由不充分者，即廢止其登記。

第398條至第437條（刪除）

第二節　規費

第 438 條　依本法受理公司名稱及所營事業預查、登記、查閱、抄錄、複製及各種證明書等之各項申請，應收取費用；其費用之項目、費額及其他事項之準則，由中央主管機關定之。

第439條至第446條（刪除）

第九章　附則

第 447 條　（刪除）

第 447-1 條　本法中華民國一百零七年七月六日修正之條文施行前，公司已發行之無記名股票，繼續適用施行前之規定。

前項股票，於持有人行使股東權時，公司應將其變更為記名式。

第 448 條　本法所定之罰鍰，拒不繳納者，依法移送強制執行。

第 449 條　本法除中華民國八十六年六月二十五日修正公布之第三百七十三條及第三百八十三條、一百零四年七月一日修正公布之第五章第十三節條文、一百零七

年七月六日修正之條文之施行日期由行政院定之，及九十八年五月二十七日修正
公布之條文自九十八年十一月二十三日施行外，自公布日施行。

附錄二：證券交易法

1. 民國57年4月30日總統令制定公布全文183條。
2. 民國70年11月13日總統令修正公布第3、17、28、95、156條條文。
3. 民國72年5月11日總統令修正公布第37、157條條文；並增訂第18-1、18-2、25-1條條文。
4. 民國77年1月29日總統令修正公布第6、7、17、18、18-1、20、22、25、26、32、33、36、41、43~45、51、53、54、56、60~62、66、71、74、76、126、137、139、150、155、157、163、171~175、177、178條條文；增訂第22-1、22-2、26-1、26-2、28-1、43-1、157-1、177-1、182-1條條文；並刪除第9、52、101、176、182條條文。
5. 民國86年5月7日總統令修正公布第54、95、128、183條條文；並自90年1月15日起施行。
6. 民國89年7月19日總統令修正公布第3、6、8、15、18-2、28-1、41、43、53、54、56、66、75、89、126、128、138、155、157、171~175、177、177-1、178條條文；增訂第18-3、28-2~28-4、38-1條條文；並刪除第80、106、131條條文；並自90年1月15日起施行。
7. 民國90年11月14日總統令修正公布第25、27、43、113、126、177條條文。
8. 民國91年2月6日總統令修正公布第7、20、22、43-1、157-1、174、175、177、178條條文及第二章章名；並增訂第43-2~43-8條條文及第二章第一節至第三節節名。
9. 民國91年6月12日總統令修正公布第30、37、178條條文；並增訂第14-1、36-1條條文。
10. 民國93年4月28日總統令修正公布第171、174、178條條文；並增訂第180-1條條文。
11. 民國94年5月18日總統令增訂公布第174-1、174-2、181-1條條文。
12. 民國95年1月11日總統令修正公布第3、6、14、18、20、22、25-1、28-3、44、45、51、54、60、95、155、156、157-1、172、178、182-1、183條條文；增訂第14-2~14-5、20-1、21-1、26-3、181-2條條文；並刪除第17、18-2、18-3、28、73、76~78、180條條文；除第14-2~14-5、26-3條條文自96年1月1日施行外，自公布日施行。
13. 民國95年5月30日總統令修正公布第171、183條條文；並自95年7月1日施行。
14. 民國98年6月10日總統令修正公布第43-5、183條條文；並自98年11月23日施行。
15. 民國99年1月13日總統令修正公布第54條條文。
16. 民國99年6月2日總統令修正公布第21-1、36、157-1、171、177、178、183條條文；除第36條條文自101年1月1日施行外，其餘自公布日施行。

17. 民國99年11月24日總統令增訂公布第14-6條條文。
18. 民國101年1月4日總統令修正公布第4、14、22、36、38-1、141、142、144、145、147、166、169～171、174～175、177、178、179、183條條文；增訂第165-1～165-3條條文及第五章之一章名；刪除第146條條文；除第36條第1項第2款自102會計年度施行外，自公布日施行中華民國101年6月25日行政院院臺規字第1010134960號公告第3條所列屬「行政院金融監督管理委員會」之權責事項，自101年7月1日起改由「金融監督管理委員會」管轄。
19. 民國102年6月5日總統令修正公布第14-1條條文。
20. 民國104年2月4日總統令修正公布第3條條文。
21. 民國104年7月1日總統令修正公布第20-1、43-1、43-3、156、178條條文。民國104年7月1日總統令修正公布第155條條文。
22. 民國105年12月7日總統令修正公布第28-4、43-1條條文。
23. 民國107年1月31日總統令修正公布第171、172條條文；增訂第44-1條條文；並刪除第174-2條條文。
24. 民國107年4月25日總統令修正公布第14-2、178條條文。
25. 民國107年12月5日總統令修正公布第14條條文。
26. 民國108年4月17日總統令修正公布第14-5、28-2、39、43-1、65、66、165-1、177-1、178、179條條文；增訂第178-1條條文。
27. 民國108年6月21日總統令修正公布第14-5、36條條文。
28. 民國109年5月19日總統令修正公布第14條條文。

第一章　總則

第　1　條　為發展國民經濟，並保障投資，特制定本法。
第　2　條　有價證券之募集、發行、買賣，其管理、監督依本法之規定，本法未規定者，適用公司法及其他有關法律之規定。
第　3　條　本法所稱主管機關，為金融監督管理委員會。
第　4　條　本法所稱公司，謂依公司法組織之股份有限公司。
　　　　　　本法所稱外國公司，謂以營利為目的，依照外國法律組織登記之公司。
第　5　條　本法所稱發行人，謂募集及發行有價證券之公司，或募集有價證券之發起人。
第　6　條　本法所稱有價證券，指政府債券、公司股票、公司債券及經主管機關核定之其他有價證券。
　　　　　　新股認購權利證書、新股權利證書及前項各種有價證券之價款繳納憑證或表明其權利之證書，視為有價證券。
　　　　　　前二項規定之有價證券，未印製表示其權利之實體有價證券者，亦視為有價證券。

券。

第　7　條　本法所稱募集，謂發起人於公司成立前或發行公司於發行前，對非特定人公開招募有價證券之行為。

前項所稱私募，謂已依本法發行股票之公司依第四十三條之六第一項及第二項規定，對特定人招募有價證券之行為。

第　8　條　本法所稱發行，謂發行人於募集後製作並交付，或以帳簿劃撥方式交付有價證券之行為。

前項以帳簿劃撥方式交付有價證券之發行，得不印製實體有價證券。

第　9　條　（刪除）

第　10　條　本法所稱承銷，謂依約定包銷或代銷發行人發行有價證券之行為。

第　11　條　本法所稱證券交易所，謂依本法之規定，設置場所及設備，以供給有價證券集中交易市場為目的之法人。

第　12　條　本法所稱有價證券集中交易市場，謂證券交易所為供有價證券之競價買賣所開設之市場。

第　13　條　本法所稱公開說明書，謂發行人為有價證券之募集或出賣，依本法之規定，向公眾提出之說明文書。

第　14　條　本法所稱財務報告，指發行人及證券商、證券交易所依法令規定，應定期編送主管機關之財務報告。

前項財務報告之內容、適用範圍、作業程序、編製及其他應遵行事項之財務報告編製準則，由主管機關定之，不適用商業會計法第四章、第六章及第七章之規定。

第一項財務報告應經董事長、經理人及會計主管簽名或蓋章，並出具財務報告內容無虛偽或隱匿之聲明。

前項會計主管應具備一定之資格條件，並於任職期間內持續專業進修；其資格條件、持續專業進修之最低進修時數及辦理進修機構應具備條件等事項之辦法，由主管機關定之。

股票已在證券交易所上市或於證券櫃檯買賣中心上櫃買賣之公司，依第二項規定編製年度財務報告時，應另依主管機關規定揭露公司薪資報酬政策、全體員工平均薪資及調整情形、董事及監察人之酬金等相關資訊。

第 14-1 條　公開發行公司、證券交易所、證券商及第十八條所定之事業應建立財務、業務之內部控制制度。

主管機關得訂定前項公司或事業內部控制制度之準則。

第一項之公司或事業，除經主管機關核准者外，應於每會計年度終了後三個月內，向主管機關申報內部控制聲明書。

第 14-2 條　　已依本法發行股票之公司，得依章程規定設置獨立董事。但主管機關應視公司規模、股東結構、業務性質及其他必要情況，要求其設置獨立董事，人數不得少於二人，且不得少於董事席次五分之一。

獨立董事應具備專業知識，其持股及兼職應予限制，且於執行業務範圍內應保持獨立性，不得與公司有直接或間接之利害關係。獨立董事之專業資格、持股與兼職限制、獨立性之認定、提名方式及其他應遵行事項之辦法，由主管機關定之。

公司不得妨礙、拒絕或規避獨立董事執行業務。獨立董事執行業務認有必要時，得要求董事會指派相關人員或自行聘請專家協助辦理，相關必要費用，由公司負擔之。

有下列情事之一者，不得充任獨立董事，其已充任者，當然解任：

一、有公司法第三十條各款情事之一。

二、依公司法第二十七條規定以政府、法人或其代表人當選。

三、違反依第二項所定獨立董事之資格。

獨立董事持股轉讓，不適用公司法第一百九十七條第一項後段及第三項規定。

獨立董事因故解任，致人數不足第一項或章程規定者，應於最近一次股東會補選之。獨立董事均解任時，公司應自事實發生之日起六十日內，召開股東臨時會補選之。

第 14-3 條　　已依前條第一項規定選任獨立董事之公司，除經主管機關核准者外，下列事項應提董事會決議通過；獨立董事如有反對意見或保留意見，應於董事會議事錄載明：

一、依第十四條之一規定訂定或修正內部控制制度。

二、依第三十六條之一規定訂定或修正取得或處分資產、從事衍生性商品交易、資金貸與他人、為他人背書或提供保證之重大財務業務行為之處理程序。

三、涉及董事或監察人自身利害關係之事項。

四、重大之資產或衍生性商品交易。

五、重大之資金貸與、背書或提供保證。

六、募集、發行或私募具有股權性質之有價證券。

七、簽證會計師之委任、解任或報酬。

八、財務、會計或內部稽核主管之任免。

九、其他經主管機關規定之重大事項。

第 14-4 條　　已依本法發行股票之公司，應擇一設置審計委員會或監察人。但主管機關得視公司規模、業務性質及其他必要情況，命令設置審計委員會替代監察人；其辦法由主管機關定之。

審計委員會應由全體獨立董事組成，其人數不得少於三人，其中一人為召集人，

且至少一人應具備會計或財務專長。

公司設置審計委員會者，本法、公司法及其他法律對於監察人之規定，於審計委員會準用之。

公司法第二百條、第二百十三條至第二百十五條、第二百十六條第一項、第三項、第四項、第二百十八條第一項、第二項、第二百十八條之一、第二百十八條之二第二項、第二百二十條、第二百二十三條至第二百二十六條、第二百二十七條但書及第二百四十五條第二項規定，對審計委員會之獨立董事成員準用之。

審計委員會及其獨立董事成員對前二項所定職權之行使及相關事項之辦法，由主管機關定之。

審計委員會之決議，應有審計委員會全體成員二分之一以上之同意。

第 14-5 條　已依本法發行股票之公司設置審計委員會者，下列事項應經審計委員會全體成員二分之一以上同意，並提董事會決議，不適用第十四條之三規定：

一、依第十四條之一規定訂定或修正內部控制制度。

二、內部控制制度有效性之考核。

三、依第三十六條之一規定訂定或修正取得或處分資產、從事衍生性商品交易、資金貸與他人、為他人背書或提供保證之重大財務業務行為之處理程序。

四、涉及董事自身利害關係之事項。

五、重大之資產或衍生性商品交易。

六、重大之資金貸與、背書或提供保證。

七、募集、發行或私募具有股權性質之有價證券。

八、簽證會計師之委任、解任或報酬。

九、財務、會計或內部稽核主管之任免。

十、由董事長、經理人及會計主管簽名或蓋章之年度財務報告及須經會計師查核簽證之第二季財務報告。

十一、其他公司或主管機關規定之重大事項。

前項各款事項除第十款外，如未經審計委員會全體成員二分之一以上同意者，得由全體董事三分之二以上同意行之，不受前項規定之限制，並應於董事會議事錄載明審計委員會之決議。

公司設置審計委員會者，不適用第三十六條第一項財務報告應經監察人承認之規定。

第一項及前條第六項所稱審計委員會全體成員及第二項所稱全體董事，以實際在任者計算之。

第 14-6 條　股票已在證券交易所上市或於證券商營業處所買賣之公司應設置薪資報酬委員會；其成員專業資格、所定職權之行使及相關事項之辦法，由主管機關定之。

前項薪資報酬應包括董事、監察人及經理人之薪資、股票選擇權與其他具有實質獎勵之措施。

第　15　條　依本法經營之證券業務，其種類如左：
一、有價證券之承銷及其他經主管機關核准之相關業務。
二、有價證券之自行買賣及其他經主管機關核准之相關業務。
三、有價證券買賣之行紀、居間、代理及其他經主管機關核准之相關業務。

第　16　條　經營前條各款業務之一者為證券商，並依左列各款定其種類：
一、經營前條第一款規定之業務者，為證券承銷商。
二、經營前條第二款規定之業務者，為證券自營商。
三、經營前條第三款規定之業務者，為證券經紀商。

第　17　條　（刪除）

第　18　條　經營證券金融事業、證券集中保管事業或其他證券服務事業，應經主管機關之核准。
前項事業之設立條件、申請核准之程序、財務、業務與管理及其他應遵行事項之規則，由主管機關定之。

第 18-1 條　第三十八條、第三十九條及第六十六條之規定，於前條之事業準用之。
第五十三條、第五十四條及第五十六條之規定，於前條事業之人員準用之。

第 18-2 條　（刪除）

第 18-3 條　（刪除）

第　19　條　凡依本法所訂立之契約，均應以書面為之。

第　20　條　有價證券之募集、發行、私募或買賣，不得有虛偽、詐欺或其他足致他人誤信之行為。
發行人依本法規定申報或公告之財務報告及財務業務文件，其內容不得有虛偽或隱匿之情事。
違反第一項規定者，對於該有價證券之善意取得人或出賣人因而所受之損害，應負賠償責任。
委託證券經紀商以行紀名義買入或賣出之人，視為前項之取得人或出賣人。

第 20-1 條　前條第二項之財務報告及財務業務文件或依第三十六條第一項公告申報之財務報告，其主要內容有虛偽或隱匿之情事，下列各款之人，對於發行人所發行有價證券之善意取得人、出賣人或持有人因而所受之損害，應負賠償責任：
一、發行人及其負責人。
二、發行人之職員，曾在財務報告或財務業務文件上簽名或蓋章者。
前項各款之人，除發行人外，如能證明已盡相當注意，且有正當理由可合理確信其內容無虛偽或隱匿之情事者，免負賠償責任。

會計師辦理第一項財務報告或財務業務文件之簽證，有不正當行爲或違反或廢弛其業務上應盡之義務，致第一項之損害發生者，負賠償責任。

前項會計師之賠償責任，有價證券之善意取得人、出賣人或持有人得聲請法院調閱會計師工作底稿並請求閱覽或抄錄，會計師及會計師事務所不得拒絕。

第一項各款及第三項之人，除發行人外，因其過失致第一項損害之發生者，應依其責任比例，負賠償責任。

前條第四項規定，於第一項準用之。

第　21　條　本法規定之損害賠償請求權，自有請求權人知有得受賠償之原因時起二年間不行使而消滅；自募集、發行或買賣之日起逾五年者亦同。

第 21-1 條　爲促進我國與其他國家證券市場主管機關之國際合作，政府或其授權之機構依互惠原則，得與外國政府、機構或國際組織，就資訊交換、技術合作、協助調查等事項，簽訂合作條約或協定。

除有妨害國家利益或投資大眾權益者外，主管機關依前項簽訂之條約或協定，得洽請相關機關或要求有關之機構、法人、團體或自然人依該條約或協定提供必要資訊，並基於互惠及保密原則，提供予與我國簽訂條約或協定之外國政府、機構或國際組織。

爲促進證券市場國際合作，對於有違反外國金融管理法律之虞經外國政府調查、追訴或進行司法程序者，於外國政府依第一項簽訂之條約或協定請求協助調查時，主管機關得要求與證券交易有關之機構、法人、團體或自然人，提示相關之帳簿、文據或到達辦公處所說明；必要時，並得請該外國政府派員協助調查事宜。

前項被要求到達辦公處所說明者，得選任律師、會計師、其他代理人或經主管機關許可偕同輔佐人到場。

第二項及第三項規定之機構、法人、團體或自然人，對於主管機關要求提供必要資訊、提示相關帳簿、文據或到達辦公處所說明，不得規避、妨礙或拒絕。

第二章　有價證券之募集、發行、私募及買賣

第一節　有價證券之募集、發行及買賣

第　22　條　有價證券之募集及發行，除政府債券或經主管機關核定之其他有價證券外，非向主管機關申報生效後，不得爲之。

已依本法發行股票之公司，於依公司法之規定發行新股時，除依第四十三條之六第一項及第二項規定辦理者外，仍應依前項規定辦理。

出售所持有第六條第一項規定之有價證券或其價款繳納憑證、表明其權利之證書或新股認購權利證書、新股權利證書，而公開招募者，準用第一項規定。

依前三項規定申報生效應具備之條件、應檢附之書件、審核程序及其他應遵行事項之準則，由主管機關定之。

前項準則有關外匯事項之規定，主管機關於訂定或修正時，應洽商中央銀行同意。

第 22-1 條　已依本法發行股票之公司，於增資發行新股時，主管機關得規定其股權分散標準。

公開發行股票公司股務處理準則，由主管機關定之。

第 22-2 條　已依本法發行股票公司之董事、監察人、經理人或持有公司股份超過股份總額百分之十之股東，其股票之轉讓，應依左列方式之一為之：

一、經主管機關核准或自申報主管機關生效日後，向非特定人為之。

二、依主管機關所定持有期間及每一交易日得轉讓數量比例，於向主管機關申報之日起三日後，在集中交易市場或證券商營業處所為之。但每一交易日轉讓股數未超過一萬股者，免予申報。

三、於向主管機關申報之日起三日內，向符合主管機關所定條件之特定人為之。

經由前項第三款受讓之股票，受讓人在一年內欲轉讓其股票，仍須依前項各款所列方式之一為之。

第一項之人持有之股票，包括其配偶、未成年子女及利用他人名義持有者。

第 23 條　新股認購權利證書之轉讓，應於原股東認購新股限期前為之。

第 24 條　公司依本法發行新股者，其以前未依本法發行之股份，視為已依本法發行。

第 25 條　公開發行股票之公司於登記後，應即將其董事、監察人、經理人及持有股份超過股份總額百分之十之股東，所持有之本公司股票總類及股數，向主管機關申報並公告之。

前項股票持有人，應於每月五日以前將上月份持有股數變動之情形，向公司申報，公司應於每月十五日以前，彙總向主管機關申報。必要時，主管機關得命令其公告之。

第二十二條之二第三項之規定，於計算前二項持有股數準用之。

第一項之股票經設定質權者，出質人應即通知公司；公司應於其質權設定後五日內，將其出質情形，向主管機關申報並公告之。

第 25-1 條　公開發行股票公司出席股東會使用委託書，應予限制、取締或管理；其徵求人、受託代理人與代為處理徵求事務者之資格條件、委託書之格式、取得、徵求與委託方式、代理之股數、統計驗證、使用委託書代理表決權不予計算之情事、應申報與備置之文件、資料提供及其他應遵行事項之規則，由主管機關定之。

第 26 條　凡依本法公開募集及發行有價證券之公司，其全體董事及監察人二者所持有記名股票之股份總額，各不得少於公司已發行股份總額一定之成數。

前項董事、監察人股權成數及查核實施規則，由主管機關以命令定之。

第 26-1 條　已依本法發行有價證券之公司召集股東會時，關於公司法第二百零九條第一項、第二百四十條第一項及第二百四十一條第一項之決議事項，應在召集事由中列舉並說明其主要內容，不得以臨時動議提出。

第 26-2 條　已依本法發行股票之公司，對於持有記名股票未滿一千股股東，其股東常會之召集通知得於開會三十日前；股東臨時會之召集通知得於開會十五日前，以公告方式為之。

第 26-3 條　已依本法發行股票之公司董事會，設置董事不得少於五人。

政府或法人為公開發行公司之股東時，除經主管機關核准者外，不得由其代表人同時當選或擔任公司之董事及監察人，不適用公司法第二十七條第二項規定。

公司除經主管機關核准者外，董事間應有超過半數之席次，不得具有下列關係之一：

一、配偶。

二、二親等以內之親屬。

公司除經主管機關核准者外，監察人間或監察人與董事間，應至少一席以上，不得具有前項各款關係之一。

公司召開股東會選任董事及監察人，原當選人不符前二項規定時，應依下列規定決定當選之董事或監察人：

一、董事間不符規定者，不符規定之董事中所得選票代表選舉權較低者，其當選失其效力。

二、監察人間不符規定者，準用前款規定。

三、監察人與董事間不符規定者，不符規定之監察人中所得選票代表選舉權較低者，其當選失其效力。

已充任董事或監察人違反第三項或第四項規定者，準用前項規定當然解任。

董事因故解任，致不足五人者，公司應於最近一次股東會補選之。但董事缺額達章程所定席次三分之一者，公司應自事實發生之日起六十日內，召開股東臨時會補選之。

公司應訂定董事會議事規範；其主要議事內容、作業程序、議事錄應載明事項、公告及其他應遵行事項之辦法，由主管機關定之。

第 27 條　主管機關對於公開發行之股票，得規定其每股之最低或最高金額。但規定前已准發行者，得仍照原金額；其增資發行之新股，亦同。

公司更改其每股發行價格，應向主管機關申報。

第 28 條　（刪除）

第 28-1 條　股票未在證券交易所上市或未於證券商營業處所買賣之公開發行股票公司，其股

權分散未達主管機關依第二十二條之一第一項所定標準者，於現金發行新股時，除主管機關認爲無須或不適宜對外公開發行者外，應提撥發行新股總額之一定比率，對外公開發行，不受公司法第二百六十七條第三項關於原股東儘先分認規定之限制。

股票已在證券交易所上市或於證券商營業處所買賣之公開發行股票公司，於現金發行新股時，主管機關得規定提撥發行新股總額之一定比率，以時價向外公開發行，不受公司法第二百六十七條第三項關於原股東儘先分認規定之限制。

前二項提撥比率定爲發行新股總額之百分之十。但股東會另有較高比率之決議者，從其決議。

依第一項或第二項規定提撥向外公開發行時，同次發行由公司員工承購或原有股東認購之價格，應與向外公開發行之價格相同。

第 28-2 條　股票已在證券交易所上市或於證券商營業處所買賣之公司，有下列情事之一者，得經董事會三分之二以上董事之出席及出席董事超過二分之一同意，於有價證券集中交易市場或證券商營業處所或依第四十三條之一第二項規定買回其股份，不受公司法第一百六十七條第一項規定之限制：

一、轉讓股份予員工。

二、配合附認股權公司債、附認股權特別股、可轉換公司債、可轉換特別股或認股權憑證之發行，作爲股權轉換之用。

三、爲維護公司信用及股東權益所必要而買回，並辦理銷除股份。

前項公司買回股份之數量比例，不得超過該公司已發行股份總數百分之十；收買股份之總金額，不得逾保留盈餘加發行股份溢價及已實現之資本公積之金額。

公司依第一項規定買回其股份之程序、價格、數量、方式、轉讓方法及應申報公告事項之辦法，由主管機關定之。

公司依第一項規定買回之股份，除第三款部分應於買回之日起六個月內辦理變更登記外，應於買回之日起五年內將其轉讓；逾期未轉讓者，視爲公司未發行股份，並應辦理變更登記。

公司依第一項規定買回之股份，不得質押；於未轉讓前，不得享有股東權利。

公司於有價證券集中交易市場或證券商營業處所買回其股份者，該公司依公司法第三百六十九條之一規定之關係企業或董事、監察人、經理人、持有該公司股份超過股份總額百分之十之股東所持有之股份，於該公司買回之期間內不得賣出。

第一項董事會之決議及執行情形，應於最近一次之股東會報告；其因故未買回股份者，亦同。

第六項所定不得賣出之人所持有之股份，包括其配偶、未成年子女及利用他人名義持有者。

第 28-3 條　募集、發行認股權憑證、附認股權特別股或附認股權公司債之公開發行公司，於認股權人依公司所定認股辦法行使認股權時，有核給股份之義務，不受公司法第一百五十六條第七項價格應歸一律與第二百六十七條第一項、第二項及第三項員工、原股東儘先分認規定之限制。

前項依公司所定認股辦法之可認購股份數額，應先於公司章程中載明，不受公司法第二百七十八條第一項及第二項規定之限制。

第 28-4 條　已依本法發行股票之公司，募集與發行公司債，其發行總額，除經主管機關徵詢目的事業中央主管機關同意者外，依下列規定辦理，不受公司法第二百四十七條規定之限制：

一、有擔保公司債、轉換公司債或附認股權公司債，其發行總額，不得逾全部資產減去全部負債餘額之百分之二百。

二、前款以外之無擔保公司債，其發行總額，不得逾全部資產減去全部負債餘額之二分之一。

第 29 條　公司債之發行如由金融機構擔任保證人者，得視為有擔保之發行。

第 30 條　公司募集、發行有價證券，於申請審核時，除依公司法所規定記載事項外，應另行加具公開說明書。

前項公開說明書，其應記載之事項，由主管機關以命令定之。

公司申請其有價證券在證券交易所上市或於證券商營業處所買賣者，準用第一項之規定；其公開說明書應記載事項之準則，分別由證券交易所與證券櫃檯買賣中心擬訂，報請主管機關核定。

第 31 條　募集有價證券，應先向認股人或應募人交付公開說明書。

違反前項之規定者，對於善意之相對人因而所受之損害，應負賠償責任。

第 32 條　前條之公開說明書，其應記載之主要內容有虛偽或隱匿之情事者，左列各款之人，對於善意之相對人，因而所受之損害，應就其所應負責部分與公司負連帶賠償責任：

一、發行人及其負責人。

二、發行人之職員，曾在公開說明書上簽章，以證實其所載內容之全部或一部者。

三、該有價證券之證券承銷商。

四、會計師、律師、工程師或其他專門職業或技術人員，曾在公開說明書上簽章，以證實其所載內容之全部或一部，或陳述意見者。

前項第一款至第二款之人，除發行人外，對於未經前項第四款之人簽證部分，如能證明已盡相當之注意，並有正當理由確信其主要內容無虛偽、隱匿情事或對於簽證之意見有正當理由確信其為真實者，免負賠償責任；前項第四款之人，如能

證明已經合理調查，並有正當理由確信其簽證或意見為真實者，亦同。

第 33 條 認股人或應募人繳納股款或債款，應將款項連同認股書或應募書向代收款項之機構繳納之；代收機構收款後，應向各該繳款人交付經由發行人簽章之股款或債款之繳納憑證。

前項繳納憑證及其存根，應由代收機構簽章，並將存根交還發行人。

已依本法發行有價證券之公司發行新股時，如依公司法第二百七十三條公告之股款繳納期限在一個月以上者，認股人逾期不繳納股款，即喪失其權利，不適用公司法第二百六十六條第三項準用同法第一百四十二條之規定。

第 34 條 發行人應於依公司法得發行股票或公司債券之日起三十日內，對認股人或應募人憑前條之繳納憑證，交付股票或公司債券，並應於交付前公告之。

公司股款、債款繳納憑證之轉讓，應於前項規定之限期內為之。

第 35 條 公司發行股票或公司債券應經簽證，其簽證規則，由主管機關定之。

第 36 條 已依本法發行有價證券之公司，除情形特殊，經主管機關另予規定者外，應依下列規定公告並向主管機關申報：

一、於每會計年度終了後三個月內，公告並申報由董事長、經理人及會計主管簽名或蓋章，並經會計師查核簽證、董事會通過及監察人承認之年度財務報告。

二、於每會計年度第一季、第二季及第三季終了後四十五日內，公告並申報由董事長、經理人及會計主管簽名或蓋章，並經會計師核閱及提報董事會之財務報告。

三、於每月十日以前，公告並申報上月份營運情形。

前項所定情形特殊之適用範圍、公告、申報期限及其他應遵行事項之辦法，由主管機關定之。

第一項之公司有下列情事之一者，應於事實發生之日起二日內公告並向主管機關申報：

一、股東常會承認之年度財務報告與公告並向主管機關申報之年度財務報告不一致。

二、發生對股東權益或證券價格有重大影響之事項。

第一項之公司，應編製年報，於股東常會分送股東；其應記載事項、編製原則及其他應遵行事項之準則，由主管機關定之。

第一項至第三項公告、申報事項及前項年報，有價證券已在證券交易所上市買賣者，應以抄本送證券交易所；有價證券已在證券商營業處所買賣者，應以抄本送主管機關指定之機構供公眾閱覽。

公司在重整期間，第一項所定董事會及監察人之職權，由重整人及重整監督人行

使。

股票已在證券交易所上市或於證券商營業處所買賣之公司股東常會，應於每會計年度終了後六個月內召開；不適用公司法第一百七十條第二項但書規定。

股票已在證券交易所上市或於證券商營業處所買賣之公司董事及監察人任期屆滿之年，董事會未依前項規定召開股東常會改選董事、監察人者，主管機關得依職權限期召開；屆期仍不召開者，自限期屆滿時，全體董事及監察人當然解任。

第 36-1 條　公開發行公司取得或處分資產、從事衍生性商品交易、資金貸與他人、為他人背書或提供保證及揭露財務預測資訊等重大財務業務行為，其適用範圍、作業程序、應公告、申報及其他應遵行事項之處理準則，由主管機關定之。

第 37 條　會計師辦理第三十六條財務報告之查核簽證，應經主管機關之核准；其準則，由主管機關定之。

會計師辦理前項查核簽證，除會計師法及其他法律另有規定者外，應依主管機關所定之查核簽證規則辦理。

會計師辦理第一項簽證，發生錯誤或疏漏者，主管機關得視情節之輕重，為左列處分：

一、警告。

二、停止其二年以內辦理本法所定之簽證。

三、撤銷簽證之核准。

第三十六條第一項之財務報告，應備置於公司及其分支機構，以供股東及公司債權人之查閱或抄錄。

第 38 條　主管機關為有價證券募集或發行之核准，因保護公益或投資人利益，對發行人、證券承銷商或其他關係人，得命令其提出參考或報告資料，並得直接檢查其有關書表、帳冊。

有價證券發行後，主管機關得隨時命令發行人提出財務、業務報告或直接檢查財務、業務狀況。

第 38-1 條　主管機關認為必要時，得隨時指定會計師、律師、工程師或其他專門職業或技術人員，檢查發行人、證券承銷商或其他關係人之財務、業務狀況及有關書表、帳冊，並向主管機關提出報告或表示意見，其費用由被檢查人負擔。

繼續一年以上，持有股票已在證券交易所上市或於證券商營業處所買賣之公司已發行股份總數百分之三以上股份之股東，對特定事項認有重大損害公司股東權益時，得檢附理由、事證及說明其必要性，申請主管機關就發行人之特定事項或有關書表、帳冊進行檢查，主管機關認有必要時，依前項規定辦理。

第 39 條　主管機關於審查發行人所申報之財務報告、其他參考或報告資料時，或於檢查其財務、業務狀況時，發現發行人有不符合法令規定之事項，除得以命令糾正、限

期改善外，並得依本法處罰。

第 40 條　對於有價證券募集之核准，不得藉以作為證實申請事項或保證證券價值之宣傳。

第 41 條　主管機關認為有必要時，對於已依本法發行有價證券之公司，得以命令規定其於分派盈餘時，除依法提出法定盈餘公積外，並應另提一定比率之特別盈餘公積。

已依本法發行有價證券之公司，申請以法定盈餘公積或資本公積撥充資本時，應先填補虧損；其以資本公積撥充資本者，應以其一定比率為限。

第 42 條　公司對於未依本法發行之股票，擬在證券交易所上市或於證券商營業處所買賣者，應先向主管機關申請補辦本法規定之有關發行審核程序。

未依前項規定補辦發行審核程序之公司股票，不得為本法之買賣，或為買賣該種股票之公開徵求或居間。

第 43 條　在證券交易所上市或證券商營業處所買賣之有價證券之給付或交割應以現款、現貨為之。其交割期間及預繳買賣證據金數額，得由主管機關以命令定之。

證券集中保管事業保管之有價證券，其買賣之交割，得以帳簿劃撥方式為之；其作業辦法，由主管機關定之。

以證券集中保管事業保管之有價證券為設質標的者，其設質之交付，得以帳簿劃撥方式為之，並不適用民法第九百零八條之規定。

證券集中保管事業以混合保管方式保管之有價證券，由所有人按其送存之種類數量分別共有；領回時，並得以同種類、同數量之有價證券返還之。

證券集中保管事業為處理保管業務，得就保管之股票、公司債以該證券集中保管事業之名義登載於股票發行公司股東名簿或公司債存根簿。證券集中保管事業於股票、公司債發行公司召開股東會、債權人會議，或決定分派股息及紅利或其他利益，或還本付息前，將所保管股票及公司債所有人之本名或名稱、住所或居所及所持有數額通知該股票及公司債之發行公司時，視為已記載於公司股東名簿、公司債存根簿或已將股票、公司債交存公司，不適用公司法第一百六十五條第一項、第一百七十六條、第二百六十條及第二百六十三條第三項之規定。

前二項規定於政府債券及其他有價證券準用之。

第二節　有價證券之收購

第 43-1 條　任何人單獨或與他人共同取得任一公開發行公司已發行股份總額超過百分之十之股份者，應向主管機關申報及公告；申報事項如有變動時，亦同。有關申報取得股份之股數、目的、資金來源、變動事項、公告、期限及其他應遵行事項之辦法，由主管機關定之。

不經由有價證券集中交易市場或證券商營業處所，對非特定人為公開收購公開發行公司之有價證券者，除下列情形外，應提出具有履行支付收購對價能力之證明，向主管機關申報並公告特定事項後，始得為之：

一、公開收購人預定公開收購數量，加計公開收購人與其關係人已取得公開發行
　　公司有價證券總數，未超過該公開發行公司已發行有表決權股份總數百分之
　　五。

二、公開收購人公開收購其持有已發行有表決權股份總數超過百分之五十之公司
　　之有價證券。

三、其他符合主管機關所定事項。

任何人單獨或與他人共同預定取得公開發行公司已發行股份總額或不動產證券化
條例之不動產投資信託受益證券達一定比例者，除符合一定條件外，應採公開收
購方式為之。

依第二項規定收購有價證券之範圍、條件、期間、關係人及申報公告事項與前項
有關取得公開發行公司已發行股份總額達一定比例及條件之辦法，由主管機關定
之。

對非特定人為公開收購不動產證券化條例之不動產投資信託受益證券者，應先向
主管機關申報並公告後，始得為之；有關收購不動產證券化之受益證券之範圍、
條件、期間、關係人及申報公告事項、第三項有關取得不動產投資信託受益證券
達一定比例及條件之辦法，由主管機關定之。

第 43-2 條　公開收購人應以同一收購條件為公開收購，且不得為左列公開收購條件之變更：

一、調降公開收購價格。

二、降低預定公開收購有價證券數量。

三、縮短公開收購期間。

四、其他經主管機關規定之事項。

違反前項應以同一收購條件公開收購者，公開收購人應於最高收購價格與對應賣
人公開收購價格之差額乘以應募股數之限額內，對應賣人負損害賠償責任。

第 43-3 條　公開收購人及其關係人自申報並公告之日起至公開收購期間屆滿日止，不得於集
中交易市場、證券商營業處所、其他任何場所或以其他方式，購買同種類之公開
發行公司有價證券或不動產證券化條例之不動產投資信託受益證券。

違反前項規定者，公開收購人應就另行購買有價證券之價格與公開收購價格之差
額乘以應募股數之限額內，對應賣人負損害賠償責任。

第 43-4 條　公開收購人除依第二十八條之二規定買回本公司股份者外，應於應賣人請求時或
應賣人向受委任機構交存有價證券時，交付公開收購說明書。

前項公開收購說明書，其應記載之事項，由主管機關定之。

第三十一條第二項及第三十二條之規定，於第一項準用之。

第 43-5 條　公開收購人進行公開收購後，除有下列情事之一，並經主管機關核准者外，不得
停止公開收購之進行：

一、被收購有價證券之公開發行公司，發生財務、業務狀況之重大變化，經公開收購人提出證明者。

二、公開收購人破產、死亡、受監護或輔助宣告或經裁定重整者。

三、其他經主管機關所定之事項。

公開收購人所申報及公告之內容有違反法令規定之情事者，主管機關為保護公益之必要，得命令公開收購人變更公開收購申報事項，並重行申報及公告。

公開收購人未於收購期間完成預定收購數量或經主管機關核准停止公開收購之進行者，除有正當理由並經主管機關核准者外，公開收購人於一年內不得就同一被收購公司進行公開收購。

公開收購人與其關係人於公開收購後，所持有被收購公司已發行股份總數超過該公司已發行股份總數百分之五十者，得以書面記明提議事項及理由，請求董事會召集股東臨時會，不受公司法第一百七十三條第一項規定之限制。

第三節　有價證券之私募及買賣

第 43-6 條　公開發行股票之公司，得以有代表已發行股份總數過半數股東之出席，出席股東表決權三分之二以上之同意，對左列之人進行有價證券之私募，不受第二十八條之一、第一百三十九條第二項及公司法第二百六十七條第一項至第三項規定之限制：

一、銀行業、票券業、信託業、保險業、證券業或其他經主管機關核准之法人或機構。

二、符合主管機關所定條件之自然人、法人或基金。

三、該公司或其關係企業之董事、監察人及經理人。

前項第二款及第三款之應募人總數，不得超過三十五人。

普通公司債之私募，其發行總額，除經主管機關徵詢目的事業中央主管機關同意者外，不得逾全部資產減去全部負債餘額之百分之四百，不受公司法第二百四十七條規定之限制。並得於董事會決議之日起一年內分次辦理。

該公司應第一項第二款之人之合理請求，於私募完成前負有提供與本次有價證券私募有關之公司財務、業務或其他資訊之義務。

該公司應於股款或公司債等有價證券之價款繳納完成日起十五日內，檢附相關書件，報請主管機關備查。

依第一項規定進行有價證券之私募者，應在股東會召集事由中列舉並說明左列事項，不得以臨時動議提出：

一、價格訂定之依據及合理性。

二、特定人選擇之方式。其已洽定應募人者，並說明應募人與公司之關係。

三、辦理私募之必要理由。

依第一項規定進行有價證券私募，並依前項各款規定於該次股東會議案中列舉及說明分次私募相關事項者，得於該股東會決議之日起一年內，分次辦理。

第 43-7 條　有價證券之私募及再行賣出，不得為一般性廣告或公開勸誘之行為。

違反前項規定者，視為對非特定人公開招募之行為。

第 43-8 條　有價證券私募之應募人及購買人除有左列情形外，不得再行賣出：

一、第四十三條之六第一項第一款之人持有私募有價證券，該私募有價證券無同種類之有價證券於證券集中交易市場或證券商營業處所買賣，而轉讓予具相同資格者。

二、自該私募有價證券交付日起滿一年以上，且自交付日起第三年期間內，依主管機關所定持有期間及交易數量之限制，轉讓予符合第四十三條之六第一項第一款及第二款之人。

三、自該私募有價證券交付日起滿三年。

四、基於法律規定所生效力之移轉。

五、私人間之直接讓受，其數量不超過該證券一個交易單位，前後二次之讓受行為，相隔不少於三個月。

六、其他經主管機關核准者。

前項有關私募有價證券轉讓之限制，應於公司股票以明顯文字註記，並於交付應募人或購買人之相關書面文件中載明。

第三章　證券商

第一節　通則

第 44 條　證券商須經主管機關之許可及發給許可證照，方得營業；非證券商不得經營證券業務。

證券商分支機構之設立，應經主管機關許可。

外國證券商在中華民國境內設立分支機構，應經主管機關許可及發給許可證照。

證券商及其分支機構之設立條件、經營業務種類、申請程序、應檢附書件等事項之設置標準與其財務、業務及其他應遵行事項之規則，由主管機關定之。

前項規則有關外匯業務經營之規定，主管機關於訂定或修正時，應洽商中央銀行意見。

第 44-1 條　為促進普惠金融及金融科技發展，不限於證券商及證券金融事業，得依金融科技發展與創新實驗條例申請辦理證券業務創新實驗。

前項之創新實驗，於主管機關核准辦理之期間及範圍內，得不適用本法之規定。

主管機關應參酌第一項創新實驗之辦理情形，檢討本法及相關金融法規之妥適性。

第　45　條　證券商應依第十六條規定，分別依其種類經營證券業務，不得經營其本身以外之
　　　　　　　業務。但經主管機關核准者，不在此限。
　　　　　　　證券商不得由他業兼營。但金融機構得經主管機關之許可，兼營證券業務。
　　　　　　　證券商非經主管機關核准，不得投資於其他證券商。

第　46　條　證券商依前條第一項但書之規定，兼營證券自營商及證券經紀商者，應於每次買
　　　　　　　賣時，以書面文件區別其為自行買賣或代客買賣。

第　47　條　證券商須為依法設立、登記之公司。但依第四十五條第二項但書規定兼營者，不
　　　　　　　在此限。

第　48　條　證券商應有最低之資本額，由主管機關依其種類以命令分別定之。
　　　　　　　前項所稱之資本，為已發行股份總額之金額。

第　49　條　證券商之對外負債總額，不得超過其資本淨值之規定倍數；其流動負債總額，不
　　　　　　　得超過其流動資產總額之規定成數。
　　　　　　　前項倍數及成數，由主管機關以命令分別定之。

第　50　條　證券商之公司名稱，應標明證券之字樣。但依第四十五條第二項但書之規定為證
　　　　　　　券商者，不在此限。
　　　　　　　非證券商不得使用類似證券商之名稱。

第　51　條　證券商之董事、監察人及經理人，不得兼任其他證券商之任何職務。但因投資關
　　　　　　　係，並經主管機關核准者，得兼任被投資證券商之董事或監察人。

第　52　條　（刪除）

第　53　條　有左列情事之一者，不得充任證券商之董事、監察人或經理人，其已充任者，解
　　　　　　　任之，並由主管機關函請經濟部撤銷其董事、監察人或經理人登記：
　　　　　　　一、有公司法第三十條各款情事之一者。
　　　　　　　二、曾任法人宣告破產時之董事、監察人、經理人或其他地位相等之人，其破產
　　　　　　　　　終結未滿三年或調協未履行者。
　　　　　　　三、最近三年內在金融機構有拒絕往來或喪失債信之紀錄者。
　　　　　　　四、依本法之規定，受罰金以上刑之宣告，執行完畢，緩刑期滿或赦免後未滿
　　　　　　　　　年者。
　　　　　　　五、違反第五十一條之規定者。
　　　　　　　六、受第五十六條及第六十六條第二款解除職務之處分，未滿三年者。

第　54　條　證券商僱用對於有價證券營業行為直接有關之業務人員，應年滿二十歲，並具
　　　　　　　有關法令所規定之資格條件，且無下列各款情事之一：
　　　　　　　一、受破產之宣告尚未復權、受監護宣告或受輔助宣告尚未撤銷。
　　　　　　　二、兼任其他證券商之職務。但因投資關係，並經主管機關核准兼任被投資證券
　　　　　　　　　商之董事或監察人者，不在此限。

　　三、（刪除）

　　四、曾犯詐欺、背信罪或違反工商管理法律，受有期徒刑以上刑之宣告，執行完畢、緩刑期滿或赦免後未滿三年。

　　五、有前條第二款至第四款或第六款情事之一。

　　六、違反主管機關依本法所發布之命令。

　　前項業務人員之職稱，由主管機關定之。

第 55 條　證券商於辦理公司設立登記後，應依主管機關規定，提存營業保證金。

　　因證券商特許業務所生債務之債權人，對於前項營業保證金，有優先受清償之權。

第 56 條　主管機關發現證券商之董事、監察人及受僱人有違背本法或其他有關法令之行為，足以影響證券業務之正常執行者，除得隨時命令該證券商停止其一年以下業務之執行或解除其職務外，並得視其情節之輕重，對證券商處以第六十六條所定之處分。

第 57 條　證券商取得經營證券業務之特許，或設立分支機構之許可後，經主管機關發覺有違反法令或虛偽情事者，得撤銷其特許或許可。

第 58 條　證券商或其分支機構於開始或停止營業時，應向主管機關申請備查。

第 59 條　證券商自受領證券業務特許證照，或其分支機構經許可並登記後，於三個月內未開始營業，或雖已開業而自行停止營業連續三個月以上時，主管機關得撤銷其特許或許可。

　　前項所定期限，如有正當事由，證券商得申請主管機關核准延展之。

第 60 條　證券商非經主管機關核准，不得為下列之業務：

　　一、有價證券買賣之融資或融券。

　　二、有價證券買賣融資融券之代理。

　　三、有價證券之借貸或為有價證券借貸之代理或居間。

　　四、因證券業務借貸款項或為借貸款項之代理或居間。

　　五、因證券業務受客戶委託保管及運用其款項。

　　證券商依前項規定申請核准辦理有關業務應具備之資格條件、人員、業務及風險管理等事項之辦法，由主管機關定之。

61 條　有價證券買賣融資融券之額度、期限及融資比率、融券保證金成數，由主管機關商經中央銀行同意後定之；有價證券得為融資融券標準，由主管機關定之。

62 條　證券經紀商或證券自營商，在其營業處所受託或自行買賣有價證券者，非經主管機關核准不得為之。

　　前項買賣之管理辦法，由主管機關定之。

　　第一百五十六條及第一百五十七條之規定，於第一項之買賣準用之。

第 63 條　第三十六條關於編製、申報及公告財務報告之規定，於證券商準用之。

第 64 條　主管機關為保護公益或投資人利益，得隨時命令證券商提出財務或業務之報告資料，或檢查其營業、財產、帳簿、書類或其他有關物件；如發現有違反法令之重大嫌疑者，並得封存或調取其有關證件。

第 65 條　主管機關於調查證券商之業務、財務狀況時，發現該證券商有不符合規定之事項，得隨時以命令糾正、限期改善。

第 66 條　證券商違反本法或依本法所發布之命令者，除依本法處罰外，主管機關得視情節之輕重，為下列處分，並得命其限期改善：

一、警告。

二、命令該證券商解除其董事、監察人或經理人職務。

三、對公司或分支機構就其所營業務之全部或一部為六個月以內之停業。

四、對公司或分支機構營業許可之撤銷或廢止。

五、其他必要之處置。

第 67 條　證券商經主管機關依本法之規定撤銷其特許或命令停業者，該證券商應了結其被撤銷前或停業前所為有價證券之買賣或受託之事務。

第 68 條　經撤銷證券業務特許之證券商，於了結前條之買賣或受託之事務時，就其了結目的之範圍內，仍視為證券商；因命令停業之證券商，於其了結停業前所為有價證券之買賣或受託事務之範圍內，視為尚未停業。

第 69 條　證券商於解散或部分業務歇業時，應由董事會陳明事由，向主管機關申報之。

第六十七條及第六十八條之規定，於前項情事準用之。

第 70 條　證券商負責人與業務人員之管理事項，由主管機關以命令定之。

第二節　證券承銷商

第 71 條　證券承銷商包銷有價證券，於承銷契約所訂定之承銷期間屆滿後，對於約定包銷之有價證券，未能全數銷售者，其賸餘數額之有價證券，應自行認購之。

證券承銷商包銷有價證券，得先行認購後再行銷售或於承銷契約訂明保留一部分自行認購。

證券承銷商辦理前項之包銷，其應具備之條件，由主管機關定之。

第 72 條　證券承銷商代銷有價證券，於承銷契約所訂定之承銷期間屆滿後，對於約定代銷之有價證券，未能全數銷售者，其賸餘數額之有價證券，得退還發行人。

第 73 條　（刪除）

第 74 條　證券承銷商除依第七十一條規定外，於承銷期間內，不得為自己取得所包銷或代銷之有價證券。

第 75 條　證券承銷商出售依第七十一條規定所取得之有價證券，其辦法由主管機關定之。

第76條至第78條（刪除）

第　79　條　　證券承銷商出售其所承銷之有價證券，應依第三十一條第一項之規定，代理發行人交付公開說明書。

第　80　條　　（刪除）

第　81　條　　證券承銷商包銷有價證券者，其包銷之總金額，不得超過其流動資產減流動負債後餘額之一定倍數；其標準由主管機關以命令定之。

　　　　　　　共同承銷者，每一證券承銷商包銷總金額之計算，依前項之規定。

第　82　條　　證券承銷商包銷之報酬或代銷之手續費，其最高標準，由主管機關以命令定之。

第三節　證券自營商

第　83　條　　證券自營商得為公司股份之認股人或公司債之應募人。

第　84　條　　證券自營商由證券承銷商兼營者，應受第七十四條規定之限制。

第四節　證券經紀商

第　85　條　　證券經紀商受託於證券集中交易市場，買賣有價證券，其向委託人收取手續費之費率，由證券交易所申報主管機關核定之。

　　　　　　　證券經紀商非於證券集中交易市場，受託買賣有價證券者，其手續費費率，由證券商同業公會申報主管機關核定之。

第　86　條　　證券經紀商受託買賣有價證券，應於成交時作成買賣報告書交付委託人，並應於每月底編製對帳單分送各委託人。

　　　　　　　前項報告書及對帳單之記載事項，由主管機關以命令定之。

第　87　條　　證券經紀商應備置有價證券購買及出售之委託書，以供委託人使用。

　　　　　　　前項委託書之記載事項，由主管機關以命令定之。

第　88　條　　第八十六條第一項及第八十七條第一項之書件，應保存於證券經紀商之營業處所。

第四章　證券商同業公會

第　89　條　　證券商非加入同業公會，不得開業。

第　90　條　　證券商同業公會章程之主要內容，及其業務之指導與監督，由主管機關以命令定之。

第　91　條　　主管機關為保障有價證券買賣之公正，或保護投資人，必要時得命令證券商同業公會變更其章程、規則、決議或提供參考、報告之資料，或為其他一定之行為。

第　92　條　　證券商同業公會之理事、監事有違反法令怠於實施該會章程、規則，濫用職權，或違背誠實信用原則之行為者，主管機關得予糾正，或命令證券商同業公會予以解任。

第五章　證券交易所

第一節　通則

第 93 條　證券交易所之設立，應於登記前先經主管機關之特許或許可，其申請程序及必要事項，由主管機關以命令定之。

第 94 條　證券交易所之組織，分會員制及公司制。

第 95 條　證券交易所之設置標準，由主管機關定之。

　　　　　每一證券交易所，以開設一個有價證券集中交易市場爲限。

第 96 條　非依本法不得經營類似有價證券集中交易市場之業務；其以場所或設備供給經營者亦同。

第 97 條　證券交易所名稱，應標明證券交易所字樣；非證券交易所，不得使用類似證券交易所之名稱。

第 98 條　證券交易所以經營供給有價證券集中交易市場爲其業務，非經主管機關核准，不得經營其他業務或對其他事業投資。

第 99 條　證券交易所應向國庫繳存營業保證金，其金額由主管機關以命令定之。

第 100 條　主管機關於特許或許可證券交易所設立後，發現其申請書或加具之文件有虛僞之記載，或有其他違反法令之行爲者，得撤銷其特許或許可。

第 101 條　（刪除）

第 102 條　證券交易所業務之指導、監督及其負責人與業務人員管理事項，由主管機關以命令定之。

第二節　會員制證券交易所

第 103 條　會員制證券交易所，爲非以營利爲目的之社團法人，除依本法規定外，適用民法之規定。

　　　　　前項證券交易所之會員，以證券自營商及證券經紀商爲限。

第 104 條　會員制證券交易所之會員，不得少於七人。

第 105 條　會員制證券交易所之章程，應記載左列事項：

　　　　　一、目的。

　　　　　二、名稱。

　　　　　三、主事務所所在地，及其開設有價證券集中交易市場之場所。

　　　　　四、關於會員資格之事項。

　　　　　五、關於會員名額之事項。

　　　　　六、關於會員紀律之事項。

　　　　　七、關於會員出資之事項。

　　　　　八、關於會員請求退會之事項。

　　　　　九、關於董事、監事之事項。

十、關於會議之事項。

十一、關於會員存置、交割清算基金之事項。

十二、關於會員經費之分擔事項。

十三、關於業務之執行事項。

十四、關於解散時賸餘財產之處分事項。

十五、關於會計事項。

十六、公告之方法。

十七、關於主管機關規定之其他事項。

第 106 條　（刪除）

第 107 條　會員得依章程之規定請求退會，亦得因左列事由之一而退會：

一、會員資格之喪失。

二、會員公司之解散或撤銷。

三、會員之除名。

第 108 條　會員應依章程之規定，向證券交易所繳存交割結算基金，及繳付證券交易經手費。

第 109 條　會員應依章程之規定出資，其對證券交易所之責任，除依章程規定分擔經費外，以其出資額為限。

第 110 條　會員制證券交易所對會員有左列行為之一者，應課以違約金，並得警告或停止或限制其於有價證券集中交易市場為買賣或予以除名：

一、違反法令或本於法令之行政處分者。

二、違反證券交易所章程、業務規則、受託契約準則或其他章則者。

三、交易行為違背誠實信用，足致他人受損害者。

前項規定，應於章程中訂定之。

第 111 條　會員制證券交易所依前條之規定，對會員予以除名者，應報經主管機關核准；其經核准者，主管機關並得撤銷其證券商業務之特許。

第 112 條　會員退會或被停止買賣時，證券交易所應依章程之規定，責令本人或指定其他會員了結於有價證券集中交易市場所為之買賣，其本人於了結該買賣目的範圍內，視為尚未退會，或未被停止買賣。

依前項之規定，經指定之其他會員於了結該買賣目的範圍內，視為與本人間已有委任契約之關係。

第 113 條　會員制證券交易所至少應置董事三人，監事一人，依章程之規定，由會員選任之。但董事中至少應有三分之一，監事至少應有一人就非會員之有關專家中選任之。

董事、監事之任期均為三年，連選得連任。

董事應組織董事會，由董事過半數之同意，就非會員董事中選任一人為董事長。董事長應為專任。但交易所設有其他全權主持業務之經理人者，不在此限。

第一項之非會員董事及監事之選任標準及辦法，由主管機關定之。

第 114 條　第五十三條之規定，於會員制證券交易所之董事、監事或經理人準用之。

董事、監事或經理人違反前項之規定者，當然解任。

第 115 條　會員制證券交易所之董事、監事或經理人，不得為他證券交易所之董事、監事、監察人或經理人。

第 116 條　會員制證券交易所之會員董事或監事之代表人，非會員董事或其他職員，不得為自己用任何名義自行或委託他人在證券交易所買賣有價證券。

前項人員，不得對該證券交易所之會員供給資金，分擔盈虧或發生營業上之利害關係。但會員董事或監事之代表人，對於其所代表之會員為此項行為者，不在此限。

第 117 條　主管機關發現證券交易所之董事、監事之當選有不正當之情事者，或董事、監事、經理人有違反法令、章程或本於法令之行政處分時，得通知該證券交易所令其解任。

第 118 條　會員制證券交易所之董事、監事或經理人，除本法有規定者外，準用公司法關於董事、監察人或經理人之規定。

第 119 條　會員制證券交易所，除左列各款外，非經主管機關核准，不得以任何方法運用交割結算基金：

一、政府債券之買進。

二、銀行存款或郵政儲蓄。

第 120 條　會員制證券交易所之董事、監事及職員，對於所知有關有價證券交易之秘密，不得洩漏。

第 121 條　本節關於董事、監事之規定，對於會員董事、監事之代表人準用之。

第 122 條　會員制證券交易所因左列事由之一而解散：

一、章程所定解散事由之發生。

二、會員大會之決議。

三、會員不滿七人時。

四、破產。

五、證券交易所設立許可之撤銷。

前項第二款之解散，非經主管機關核准，不生效力。

第 123 條　會員制證券交易所僱用業務人員應具備之條件及解除職務，準用第五十四條及第五十六條之規定。

第三節　公司制證券交易所

第 124 條　公司制證券交易所之組織，以股份有限公司為限。

第 125 條　公司制證券交易所章程，除依公司法規定者外，並應記載左列事項：

一、在交易所集中交易之經紀商或自營商之名額及資格。

二、存續期間。

前項第二款之存續期間，不得逾十年。但得視當地證券交易發展情形，於期滿三個月前，呈請主管機關核准延長之。

第 126 條　證券商之董事、監察人、股東或受僱人不得為公司制證券交易所之經理人。

公司制證券交易所之董事、監察人至少應有三分之一，由主管機關指派非股東之有關專家任之；不適用公司法第一百九十二條第一項及第二百十六條第一項之規定。

前項之非股東董事、監察人之選任標準及辦法，由主管機關定之。

第 127 條　公司制證券交易所發行之股票，不得於自己或他人開設之有價證券集中交易市場，上市交易。

第 128 條　公司制證券交易所不得發行無記名股票；其股份轉讓之對象，以依本法許可設立之證券商為限。

每一證券商得持有證券交易所股份之比率，由主管機關定之。

第 129 條　在公司制證券交易所交易之證券經紀商或證券自營商，應由交易所與其訂立供給使用有價證券集中交易市場之契約，並檢同有關資料，申報主管機關核備。

第 130 條　前條所訂之契約，除因契約所訂事項終止外，因契約當事人一方之解散或證券自營商、證券經紀商業務特許之撤銷或歇業而終止。

第 131 條　（刪除）

第 132 條　公司制證券交易所於其供給使用有價證券集中交易市場之契約內，應訂立由證券自營商或證券經紀商繳存交割結算基金，及繳付證券交易經手費。

前項交割結算基金金額標準，由主管機關以命令定之。

第一項之經手費費率，應由證券交易所會同證券商同業公會擬訂，申報主管機關核定之。

第 133 條　公司制證券交易所應於契約內訂明對使用其有價證券集中交易市場之證券自營商或證券經紀商有第一百十條各款規定之情事時，應繳納違約金或停止或限制其買賣或終止契約。

第 134 條　公司制證券交易所依前條之規定，終止證券自營商或證券經紀商之契約者，準用第一百十一條之規定。

第 135 條　公司制證券交易所於其供給使用有價證券集中交易市場之契約內，應比照本法第一百十二條之規定，訂明證券自營商或證券經紀商於被指定了結他證券自營商或證券經紀商所為之買賣者，有依約履行之義務。

第 136 條　證券自營商或證券經紀商依第一百三十三條之規定終止契約，或被停止買賣時，對其在有價證券集中交易市場所為之買賣，有了結之義務。

第 137 條　第四十一條、第四十八條、第五十三條第一款至第四款及第六款、第五十八條、第五十九條、第一百十五條、第一百十七條、第一百十九條至第一百二十一條及第一百二十三條之規定，於公司制證券交易所準用之。

第四節　有價證券之上市及買賣

第 138 條　證券交易所除分別訂定各項準則外，應於其業務規則或營業細則中，將有關左列各款事項詳細訂定之：

　　　一、有價證券之上市。

　　　二、有價證券集中交易市場之使用。

　　　三、證券經紀商或證券自營商之買賣受託。

　　　四、市場集會之關閉與停止。

　　　五、買賣種類。

　　　六、證券自營商或證券經紀商間進行買賣有價證券之程序，及買賣契約成立之方法。

　　　七、買賣單位。

　　　八、價格升降單位及幅度。

　　　九、結算及交割日期與方法。

　　　十、買賣有價證券之委託數量、價格、撮合成交情形等交易資訊之即時揭露。

　　　十一、其他有關買賣之事項。

前項各款之訂定，不得違反法令之規定；其有關證券商利益事項，並應先徵詢證券商同業公會之意見。

第 139 條　依本法發行之有價證券，得由發行人向證券交易所申請上市。

股票已上市之公司，再發行新股者，其新股票於向股東交付之日起上市買賣。但公司有第一百五十六條第一項各款情事之一時，主管機關得限制其上市買賣。

前項發行新股上市買賣之公司，應於新股上市後十日內，將有關文件送達證券交易所。

第 140 條　證券交易所應訂定有價證券上市審查準則及上市契約準則，申請主管機關核定之。

第 141 條　證券交易所與上市有價證券之公司訂立之有價證券上市契約，其內容不得牴觸上市契約準則之規定，並應報請主管機關備查。

第 142 條　發行人公開發行之有價證券於發行人與證券交易所訂立有價證券上市契約後，始得於證券交易所之有價證券集中交易市場為買賣。

第 143 條　有價證券上市費用，應於上市契約中訂定；其費率由證券交易所申報主管機關

定之。

第 144 條　證券交易所得依法令或上市契約之規定終止有價證券上市，並應報請主管機關備查。

第 145 條　於證券交易所上市之有價證券，其發行人得依上市契約申請終止上市。

證券交易所應擬訂申請終止上市之處理程序，報請主管機關核定；修正時，亦同。

第 146 條　（刪除）

第 147 條　證券交易所依法令或上市契約之規定，或為保護公眾之利益，就上市有價證券停止或回復其買賣時，應報請主管機關備查。

第 148 條　於證券交易所上市有價證券之公司，有違反本法或依本法發布之命令時，主管機關為保護公益或投資人利益，得命令該證券交易所停止該有價證券之買賣或終止上市。

第 149 條　政府發行之債券，其上市由主管機關以命令行之，不適用本法有關上市之規定。

第 150 條　上市有價證券之買賣，應於證券交易所開設之有價證券集中交易市場為之。但左列各款不在此限：

一、政府所發行債券之買賣。

二、基於法律規定所生之效力，不能經由有價證券集中交易市場之買賣而取得或喪失證券所有權者。

三、私人間之直接讓受，其數量不超過該證券一個成交單位；前後兩次之讓受行為，相隔不少於三個月者。

四、其他符合主管機關所定事項者。

第 151 條　於有價證券集中交易市場為買賣者，在會員制證券交易所限於會員；在公司制證券交易所限於訂有使用有價證券集中交易市場契約之證券自營商或證券經紀商。

第 152 條　證券交易所於有價證券集中交易市場，因不可抗拒之偶發事故，臨時停止集會，應向主管機關申報；回復集會時亦同。

第 153 條　證券交易所之會員或證券經紀商、證券自營商在證券交易所市場買賣證券，買賣一方不履行交付義務時，證券交易所應指定其他會員或證券經紀商或證券自營商代為交付。其因此所生價金差額及一切費用，證券交易所應先動用交割結算基金代償之；如有不足再由證券交易所代為支付，均向不履行交割之一方追償之。

第 154 條　證券交易所得就其證券交易經手費提存賠償準備金，備供前條規定之支付，其攤提方法、攤提比率、停止提存之條件及其保管、運用之方法，由主管機關以命令定之。

因有價證券集中交易市場買賣所生之債權，就第一百零八條及第一百三十二條之交割結算基金有優先受償之權，其順序如左：

一、證券交易所。

二、委託人。

三、證券經紀商、證券自營商。

交割結算基金不敷清償時，其未受清償部分，得依本法第五十五條第二項之規定
受償之。

第 155 條　對於在證券交易所上市之有價證券，不得有下列各款之行為：

一、在集中交易市場委託買賣或申報買賣，業經成交而不履行交割，足以影響市
　　場秩序。

二、（刪除）

三、意圖抬高或壓低集中交易市場某種有價證券之交易價格，與他人通謀，以約
　　定價格於自己出售，或購買有價證券時，使約定人同時為購買或出售之相對
　　行為。

四、意圖抬高或壓低集中交易市場某種有價證券之交易價格，自行或以他人名
　　義，對該有價證券，連續以高價買入或以低價賣出，而有影響市場價格或市
　　場秩序之虞。

五、意圖造成集中交易市場某種有價證券交易活絡之表象，自行或以他人名義，
　　連續委託買賣或申報買賣而相對成交。

六、意圖影響集中交易市場有價證券交易價格，而散布流言或不實資料。

七、直接或間接從事其他影響集中交易市場有價證券交易價格之操縱行為。

前項規定，於證券商營業處所買賣有價證券準用之。

違反前二項規定者，對於善意買入或賣出有價證券之人所受之損害，應負賠償責
任。

第二十條第四項規定，於前項準用之。

第 156 條　主管機關對於已在證券交易所上市之有價證券，發生下列各款情事之一，而有影
響市場秩序或損害公益之虞者，得命令停止其一部或全部之買賣，或對證券自營
商、證券經紀商之買賣數量加以限制：

一、發行該有價證券之公司遇有訴訟事件或非訟事件，其結果足使公司解散或變
　　動其組織、資本、業務計畫、財務狀況或停頓生產。

二、發行該有價證券之公司，遇有重大災害，簽訂重要契約，發生特殊事故，改
　　變業務計畫之重要內容或退票，其結果足使公司之財務狀況有顯著重大之變
　　更。

三、發行該有價證券公司之行為，有虛偽不實或違法情事，足以影響其證券價
　　格。

四、該有價證券之市場價格，發生連續暴漲或暴跌情事，並使他種有價證券隨同

　　　　　　　為非正常之漲跌。

五、發行該有價證券之公司發生重大公害或食品藥物安全事件。

六、其他重大情事。

第 157 條　發行股票公司董事、監察人、經理人或持有公司股份超過百分之十之股東，對公
　　　　　　　司之上市股票，於取得後六個月內再行賣出，或於賣出後六個月內再行買進，因
　　　　　　　而獲得利益者，公司應請求將其利益歸於公司。

　　　　　　　發行股票公司董事會或監察人不為公司行使前項請求權時，股東得以三十日之限
　　　　　　　期，請求董事或監察人行使之；逾期不行使時，請求之股東得為公司行使前項請
　　　　　　　求權。

　　　　　　　董事或監察人不行使第一項之請求以致公司受損害時，對公司負連帶賠償之責。

　　　　　　　第一項之請求權，自獲得利益之日起二年間不行使而消滅。

　　　　　　　第二十二條之二第三項之規定，於第一項準用之。

　　　　　　　關於公司發行具有股權性質之其他有價證券，準用本條規定。

第 157-1 條　下列各款之人，實際知悉發行股票公司有重大影響其股票價格之消息時，在該消
　　　　　　　息明確後，未公開前或公開後十八小時內，不得對該公司之上市或在證券商營
　　　　　　　業處所買賣之股票或其他具有股權性質之有價證券，自行或以他人名義買入或賣
　　　　　　　出：

一、該公司之董事、監察人、經理人及依公司法第二十七條第一項規定受指定代
　　表行使職務之自然人。

二、持有該公司之股份超過百分之十之股東。

三、基於職業或控制關係獲悉消息之人。

四、喪失前三款身分後，未滿六個月者。

五、從前四款所列之人獲悉消息之人。

　　　　　　　前項各款所定之人，實際知悉發行股票公司有重大影響其支付本息能力之消息
　　　　　　　時，在該消息明確後，未公開前或公開後十八小時內，不得對該公司之上市或在
　　　　　　　證券商營業處所買賣之非股權性質之公司債，自行或以他人名義賣出。

　　　　　　　違反第一項或前項規定者，對於當日善意從事相反買賣之人買入或賣出該證券之
　　　　　　　價格，與消息公開後十個營業日收盤平均價格之差額，負損害賠償責任；其情節
　　　　　　　重大者，法院得依善意從事相反買賣之人之請求，將賠償額提高至三倍；其情節
　　　　　　　輕微者，法院得減輕賠償金額。

　　　　　　　第一項第五款之人，對於前項損害賠償，應與第一項第一款至第四款提供消息之
　　　　　　　人，負連帶賠償責任。但第一項第一款至第四款提供消息之人有正當理由相信消
　　　　　　　息已公開者，不負賠償責任。

　　　　　　　第一項所稱有重大影響其股票價格之消息，指涉及公司之財務、業務或該證券之

市場供求、公開收購，其具體內容對其股票價格有重大影響，或對正當投資人之
投資決定有重要影響之消息；其範圍及公開方式等相關事項之辦法，由主管機關
定之。

第二項所定有重大影響其支付本息能力之消息，其範圍及公開方式等相關事項之
辦法，由主管機關定之。

第二十二條之二第三項規定，於第一項第一款、第二款，準用之；其於身分喪失
後未滿六個月者，亦同。第二十條第四項規定，於第三項從事相反買賣之人準用
之。

第五節　有價證券買賣之受託

第 158 條　證券經紀商接受於有價證券集中交易市場為買賣之受託契約，應依證券交易所所
訂受託契約準則訂定之。

前項受託契約準則之主要內容，由主管機關以命令定之。

第 159 條　證券經紀商不得接受對有價證券買賣代為決定種類、數量、價格或買入、賣出之
全權委託。

第 160 條　證券經紀商不得於其本公司或分支機構以外之場所，接受有價證券買賣之委託。

第六節　監督

第 161 條　主管機關為保護公益或投資人利益，得以命令通知證券交易所變更其章程、業務
規則、營業細則、受託契約準則及其他章則或停止、禁止、變更、撤銷其決議案
或處分。

第 162 條　主管機關對於證券交易所之檢查及命令提出資料，準用第六十四條之規定。

第 163 條　證券交易所之行為，有違反法令或本於法令之行政處分，或妨害公益或擾亂社會
秩序時，主管機關得為左列之處分：

一、解散證券交易所。

二、停止或禁止證券交易所之全部或一部業務。但停止期間，不得逾三個月。

三、以命令解任其董事、監事、監察人或經理人。

四、糾正。

主管機關為前項第一款或第二款之處分時，應先報經行政院核准。

第 164 條　主管機關得於各該證券交易所派駐監理人員，其監理辦法，由主管機關以命令定
之。

第 165 條　證券交易所及其會員，或與證券交易所訂有使用有價證券集中交易市場契約之證
券自營商、證券經紀商，對監理人員本於法令所為之指示，應切實遵行。

第五章之一　外國公司

第 165-1 條　外國公司所發行之股票，首次經證券交易所或證券櫃檯買賣中心同意上市、上櫃買賣或登錄興櫃時，其股票未在國外證券交易所交易者，除主管機關另有規定外，其有價證券之募集、發行、私募及買賣之管理、監督，準用第五條至第八條、第十三條至第十四條之一、第十四條之二第一項至第四項、第六項、第十四條之三、第十四條之四第一項、第二項、第五項、第六項、第十四條之五、第十四條之六、第十九條至第二十一條、第二十二條至第二十五條之一、第二十六條之三、第二十七條、第二十八條之一第二項至第四項、第二十八條之二、第二十八條之四至第三十二條、第三十三條第一項、第二項、第三十五條至第四十三條之八、第六十一條、第一百三十九條、第一百四十一條至第一百四十五條、第一百四十七條、第一百四十八條、第一百五十條、第一百五十五條至第一百五十七條之一規定。

第 165-2 條　前條以外之外國公司所發行股票或表彰股票之有價證券已在國外證券交易所交易者或符合主管機關所定條件之外國金融機構之分支機構及外國公司之從屬公司，其有價證券經證券交易所或證券櫃檯買賣中心同意上市或上櫃買賣者，除主管機關另有規定外，其有價證券在中華民國募集、發行及買賣之管理、監督，準用第五條至第八條、第十三條、第十四條第一項、第三項、第十九條至第二十一條、第二十二條、第二十三條、第二十九條至第三十二條、第三十三條第一項、第二項、第三十五條、第三十六條第一項至第六項、第三十八條至第四十條、第四十二條、第四十三條、第四十三條之一第二項至第四項、第四十三條之二至第四十三條之五、第六十一條、第一百三十九條、第一百四十一條至第一百四十五條、第一百四十七條、第一百四十八條、第一百五十條、第一百五十五條至第一百五十七條之一規定。

第 165-3 條　外國公司，應在中華民國境內指定其依本法之訴訟及非訴訟之代理人，並以之為本法在中華民國境內之負責人。

前項代理人應在中華民國境內有住所或居所。

外國公司應將第一項代理人之姓名、住所或居所及授權文件向主管機關申報；變更時，亦同。

第六章　仲裁

第 166 條　依本法所為有價證券交易所生之爭議，當事人得依約定進行仲裁。但證券商與證券交易所或證券商相互間，不論當事人間有無訂立仲裁契約，均應進行仲裁。

前項仲裁，除本法規定外，依仲裁法之規定。

第 167 條　爭議當事人之一造違反前條規定，另行提起訴訟時，他造得據以請求法院駁回其

訴。

第 168 條　爭議當事人之仲裁人不能依協議推定另一仲裁人時，由主管機關依申請或以職權
　　　　　指定之。

第 169 條　證券商對於仲裁之判斷，或依仲裁法第四十四條成立之和解，延不履行時，除有
　　　　　仲裁法第四十條情形，經提起撤銷判斷之訴者外，在其未履行前，主管機關得以
　　　　　命令停止其業務。

第 170 條　證券商同業公會及證券交易所應於章程或規則內，訂明有關仲裁之事項。但不得
　　　　　牴觸本法及仲裁法。

第七章　罰則

第 171 條　有下列情事之一者，處三年以上十年以下有期徒刑，得併科新臺幣一千萬元以上
　　　　　二億元以下罰金：

　　　　　一、違反第二十條第一項、第二項、第一百五十五條第一項、第二項、第
　　　　　　　一百五十七條之一第一項或第二項規定。

　　　　　二、已依本法發行有價證券公司之董事、監察人、經理人或受僱人，以直接或間
　　　　　　　接方式，使公司為不利益之交易，且不合營業常規，致公司遭受重大損害。

　　　　　三、已依本法發行有價證券公司之董事、監察人或經理人，意圖為自己或第三人
　　　　　　　之利益，而為違背其職務之行為或侵占公司資產，致公司遭受損害達新臺幣
　　　　　　　五百萬元。

　　　　　犯前項之罪，其因犯罪獲取之財物或財產上利益金額達新臺幣一億元以上者，處
　　　　　七年以上有期徒刑，得併科新臺幣二千五百萬元以上五億元以下罰金。

　　　　　有第一項第三款之行為，致公司遭受損害未達新臺幣五百萬元者，依刑法第
　　　　　三百三十六條及第三百四十二條規定處罰。

　　　　　犯前三項之罪，於犯罪後自首，如自動繳交全部犯罪所得者，減輕或免除其刑；
　　　　　並因而查獲其他正犯或共犯者，免除其刑。

　　　　　犯第一項至第三項之罪，在偵查中自白，如自動繳交全部犯罪所得者，減輕其
　　　　　刑；並因而查獲其他正犯或共犯者，減輕其刑至二分之一。

　　　　　犯第一項或第二項之罪，其因犯罪獲取之財物或財產上利益超過罰金最高額時，
　　　　　得於犯罪獲取之財物或財產上利益之範圍內加重罰金；如損及證券市場穩定者，
　　　　　加重其刑至二分之一。

　　　　　犯第一項至第三項之罪，犯罪所得屬犯罪行為人或其以外之自然人、法人或非法
　　　　　人團體因刑法第三十八條之一第二項所列情形取得者，除應發還被害人、第三人
　　　　　或得請求損害賠償之人外，沒收之。

　　　　　違反第一百六十五條之一或第一百六十五條之二準用第二十條第一項、第二項

第一百五十五條第一項、第二項、第一百五十七條之一第一項或第二項規定者，依第一項第一款及第二項至前項規定處罰。

第一項第二款、第三款及第二項至第七項規定，於外國公司之董事、監察人、經理人或受僱人適用之。

第 172 條　證券交易所之董事、監察人或受僱人，對於職務上之行為，要求期約或收受不正利益者，處五年以下有期徒刑、拘役或科或併科新臺幣二百四十萬元以下罰金。

前項人員對於違背職務之行為，要求期約或收受不正利益者，處七年以下有期徒刑，得併科新臺幣三百萬元以下罰金。

第 173 條　對於前條人員關於違背職務之行為，行求期約或交付不正利益者，處三年以下有期徒刑、拘役或科或併科新臺幣一百八十萬元以下罰金。

犯前項之罪而自首者，得免除其刑。

第 174 條　有下列情事之一者，處一年以上七年以下有期徒刑，得併科新臺幣二千萬元以下罰金：

一、於依第三十條、第四十四條第一項至第三項、第九十三條、第一百六十五條之一或第一百六十五條之二準用第三十條規定之申請事項為虛偽之記載。

二、對有價證券之行情或認募核准之重要事項為虛偽之記載而散布於眾。

三、發行人或其負責人、職員有第三十二條第一項之情事，而無同條第二項免責事由。

四、發行人、公開收購人或其關係人、證券商或其委託人、證券商同業公會、證券交易所或第十八條所定之事業，對於主管機關命令提出之帳簿、表冊、文件或其他參考或報告資料之內容有虛偽之記載。

五、發行人、公開收購人、證券商、證券商同業公會、證券交易所或第十八條所定之事業，於依法或主管機關基於法律所發布之命令規定之帳簿、表冊、傳票、財務報告或其他有關業務文件之內容有虛偽之記載。

六、於前款之財務報告上簽章之經理人或會計主管，為財務報告內容虛偽之記載。但經他人檢舉、主管機關或司法機關進行調查前，已提出更正意見並提供證據向主管機關報告者，減輕或免除其刑。

七、就發行人或特定有價證券之交易，依據不實之資料，作投資上之判斷，而以報刊、文書、廣播、電影或其他方法表示之。

八、發行人之董事、經理人或受僱人違反法令、章程或逾越董事會授權之範圍，將公司資金貸與他人、或為他人以公司資產提供擔保、保證或為票據之背書，致公司遭受重大損害。

九、意圖妨礙主管機關檢查或司法機關調查，偽造、變造、湮滅、隱匿、掩飾工作底稿或有關紀錄、文件。

有下列情事之一者，處五年以下有期徒刑，得科或併科新臺幣一千五百萬元以下
罰金：
一、律師對公司、外國公司有關證券募集、發行或買賣之契約、報告書或文件，
　　出具虛偽或不實意見書。
二、會計師對公司、外國公司申報或公告之財務報告、文件或資料有重大虛偽不
　　實或錯誤情事，未善盡查核責任而出具虛偽不實報告或意見；或會計師對於
　　內容存有重大虛偽不實或錯誤情事之公司、外國公司之財務報告，未依有關
　　法規規定、一般公認審計準則查核，致未予敘明。
三、違反第二十二條第一項至第三項規定。
犯前項之罪，如有嚴重影響股東權益或損及證券交易市場穩定者，得加重其刑至
二分之一。
發行人之職員、受僱人犯第一項第六款之罪，其犯罪情節輕微者，得減輕其刑。
主管機關對於有第二項第二款情事之會計師，應予以停止執行簽證工作之處分。
外國公司為發行人者，該外國公司或外國公司之董事、經理人、受僱人、會計主
管違反第一項第二款至第九款規定，依第一項及第四項規定處罰。
違反第一百六十五條之一或第一百六十五條之二準用第二十二條規定，依第二項
及第三項規定處罰。

第 174-1 條　第一百七十一條第一項第二款、第三款或前條第一項第八款之已依本法發行有價
證券公司之董事、監察人、經理人或受僱人所為之無償行為，有害及公司之權利
者，公司得聲請法院撤銷之。
前項之公司董事、監察人、經理人或受僱人所為之有償行為，於行為時明知有損
害於公司之權利，且受益人於受益時亦知其情事者，公司得聲請法院撤銷之。
依前二項規定聲請法院撤銷時，得並聲請命受益人或轉得人回復原狀。但轉得人
於轉得時不知有撤銷原因者，不在此限。
第一項之公司董事、監察人、經理人或受僱人與其配偶、直系親屬、同居親屬、
家長或家屬間所為之處分其財產行為，均視為無償行為。
第一項之公司董事、監察人、經理人或受僱人與前項以外之人所為之處分其財產
行為，推定為無償行為。
第一項及第二項之撤銷權，自公司知有撤銷原因時起，一年間不行使，或自行為
時起經過十年而消滅。
前六項規定，於外國公司之董事、監察人、經理人或受僱人適用之。

第 174-2 條　（刪除）

第 175 條　違反第十八條第一項、第二十八條之二第一項、第四十三條第一項、第四十三
條之一第三項、第四十三條之五第二項、第三項、第四十三條之六第一項、第

四十四條第一項至第三項、第六十條第一項、第六十二條第一項、第九十三條、第九十六條至第九十八條、第一百十六條、第一百二十條或第一百六十條之規定者，處二年以下有期徒刑、拘役或科或併科新臺幣一百八十萬元以下罰金。

違反第一百六十五條之一或第一百六十五條之二準用第四十三條第一項、第四十三條之一第三項、第四十三條之五第二項、第三項規定，或違反第一百六十五條之一準用第二十八條之二第一項、第四十三條之六第一項規定者，依前項規定處罰。

違反第四十三條之一第二項未經公告而為公開收購、第一百六十五條之一或第一百六十五條之二準用第四十三條之一第二項未經公告而為公開收購者，依第一項規定處罰。

第 176 條　（刪除）

第 177 條　違反第三十四條、第四十條、第四十三條之八第一項、第四十五條、第四十六條、第五十條第二項、第一百十九條、第一百五十條或第一百六十五條規定者，處一年以下有期徒刑、拘役或科或併科新臺幣一百二十萬元以下罰金。

違反第一百六十五條之一或第一百六十五條之二準用第四十條、第一百五十條規定，或違反第一百六十五條之一準用第四十三條之八第一項規定者，依前項規定處罰。

第 177-1 條　違反第七十四條或第八十四條規定者，處證券商相當於所取得有價證券價金額以下之罰鍰。但不得少於新臺幣二十四萬元。

第 178 條　有下列情事之一者，處新臺幣二十四萬元以上四百八十萬元以下罰鍰，並得命其限期改善；屆期未改善者，得按次處罰：

一、違反第二十二條之二第一項、第二項、第二十六條之一，或第一百六十五條之一準用第二十二條之二第一項、第二項規定。

二、違反第十四條第三項、第十四條之一第一項、第三項、第十四條之二第一項、第三項、第六項、第十四條之三、第十四條之五第一項、第二項、第二十一條之一第五項、第二十五條第一項、第二項、第四項、第三十一條第一項、第三十六條第五項、第七項、第四十一條、第四十三條之一第一項、第四十三條之四第一項、第四十三條之六第五項至第七項規定、第一百六十五條之一或第一百六十五條之二準用第十四條第三項、第三十一條第一項、第三十六條第五項、第四十三條之四第一項；或違反第一百六十五條之一準用第十四條之一第一項、第三項、第十四條之二第一項、第三項、第六項、第十四條之三、第十四條之五第一項、第二項、第二十五條第一項、第二項、第四項、第三十六條第七項、第四十一條、第四十三條之一第一項、第四十三條之六第五項至第七項規定。

三、發行人、公開收購人或其關係人、證券商之委託人，對於主管機關命令提出之帳簿、表冊、文件或其他參考或報告資料，屆期不提出，或對於主管機關依法所為之檢查予以規避、妨礙或拒絕。

四、發行人、公開收購人，於依本法或主管機關基於本法所發布之命令規定之帳簿、表冊、傳票、財務報告或其他有關業務之文件，不依規定製作、申報、公告、備置或保存。

五、違反第十四條之四第一項、第二項或第一百六十五條之一準用第十四條之四第一項、第二項規定；或違反第十四條之四第五項、第一百六十五條之一準用該項所定辦法有關作業程序、職權之行使或議事錄應載明事項之規定。

六、違反第十四條之六第一項前段或第一百六十五條之一準用該項前段規定，未設置薪資報酬委員會；或違反第十四條之六第一項後段、第一百六十五條之一準用該項後段所定辦法有關成員之資格條件、組成、作業程序、職權之行使、議事錄應載明事項或公告申報之規定。

七、違反第二十五條之一或第一百六十五條之一準用該條所定規則有關徵求人、受託代理人與代為處理徵求事務者之資格條件、委託書徵求與取得之方式、召開股東會公司應遵守之事項及對於主管機關要求提供之資料拒絕提供之規定。

八、違反主管機關依第二十六條第二項所定公開發行公司董事監察人股權成數及查核實施規則有關通知及查核之規定。

九、違反第二十六條之三第一項、第七項、第八項前段或第一百六十五條之一準用第二十六條之三第一項、第七項或第八項前段規定；或違反第二十六條之三第八項後段、第一百六十五條之一準用該項後段所定辦法有關主要議事內容、作業程序、議事錄應載明事項或公告之規定。

十、違反第二十八條之二第二項、第四項至第七項或第一百六十五條之一準用第二十八條之二第二項、第四項至第七項規定；或違反第二十八條之二第三項、第一百六十五條之一準用該項所定辦法有關買回股份之程序、價格、數量、方式、轉讓方法或應申報公告事項之規定。

十一、違反第三十六條之一或第一百六十五條之一準用該條所定準則有關取得或處分資產、從事衍生性商品交易、資金貸與他人、為他人背書或提供保證及揭露財務預測資訊等重大財務業務行為之適用範圍、作業程序、應公告或申報之規定。

十二、違反第四十三條之二第一項、第四十三條之三第一項、第四十三條之五第一項或第一百六十五條之一、第一百六十五條之二準用第四十三條之二第一項、第四十三條之三第一項、第四十三條之五第一項規定；或違反第

　　　　四十三條之一第四項、第五項、第一百六十五條之一、第一百六十五條之
　　　　二準用第四十三條之一第四項所定辦法有關收購有價證券之範圍、條件、
　　　　期間、關係人或申報公告事項之規定。

　　外國公司為發行人時，該外國公司違反前項第三款或第四款規定，依前項規定處
　　罰。

　　依前二項規定應處罰鍰之行為，其情節輕微者，得免予處罰，或先命其限期改
　　善，已改善完成者，免予處罰。

　　檢舉違反第二十五條之一案件因而查獲者，應予獎勵；其辦法由主管機關定之。

第 178-1 條　證券商、第十八條第一項所定之事業、證券商同業公會、證券交易所或證券櫃檯
　　買賣中心有下列情事之一者，處各該事業或公會新臺幣二十四萬元以上四百八十
　　萬元以下罰鍰，並得命其限期改善；屆期未改善者，得按次處罰：

　　一、違反第十四條第三項、第十四條之一第一項、第三項、第二十一條之一第
　　　　五項、第五十八條、第六十一條、第六十九條第一項、第七十九條、第
　　　　一百四十一條、第一百四十四條、第一百四十五條第二項、第一百四十七
　　　　條、第一百五十二條、第一百五十九條、第一百六十五條之一或第
　　　　一百六十五條之二準用第六十一條、第一百四十一條、第一百四十四條、第
　　　　一百四十五條第二項、第一百四十七條規定。

　　二、對於主管機關命令提出之帳簿、表冊、文件或其他參考或報告資料，屆期不
　　　　提出，或對於主管機關依法所為之檢查予以規避、妨礙或拒絕。

　　三、於依本法或主管機關基於本法所發布之命令規定之帳簿、表冊、傳票、財務
　　　　報告或其他有關業務之文件，不依規定製作、申報、公告、備置或保存。

　　四、證券商或第十八條第一項所定之事業未確實執行內部控制制度。

　　五、第十八條第一項所定之事業違反同條第二項所定規則有關財務、業務或管理
　　　　之規定。

　　六、證券商違反第二十二條第四項所定有關發行經主管機關核定之其他有價證券
　　　　之準則、第四十四條第四項所定標準、規則、第六十條第二項所定辦法、第
　　　　六十二條第二項所定辦法、規則或第七十條所定規則有關財務、業務或管理
　　　　之規定。

　　七、證券櫃檯買賣中心違反第六十二條第二項所定辦法、證券商同業公會違反第
　　　　九十條所定規則或證券交易所違反第九十三條、第九十五條、第一百零二條
　　　　所定規則有關財務、業務或管理之規定。

　　依前項規定應處罰鍰之行為，其情節輕微者，得免予處罰，或先命其限期改善，
　　已改善完成者，免予處罰。

第 179 條　法人及外國公司違反本法之規定者，除第一百七十七條之一及前條規定外，依本

章各條之規定處罰其為行為之負責人。

第 180 條　（刪除）

第 180-1 條　犯本章之罪所科罰金達新臺幣五千萬元以上而無力完納者，易服勞役期間為二年以下，其折算標準以罰金總額與二年之日數比例折算；所科罰金達新臺幣一億元以上而無力完納者，易服勞役期間為三年以下，其折算標準以罰金總額與三年之日數比例折算。

第八章　附則

第 181 條　本法施行前已依證券商管理辦法公開發行之公司股票或公司債券，視同依本法公開發行。

第 181-1 條　法院為審理違反本法之犯罪案件，得設立專業法庭或指定專人辦理。

第 181-2 條　經主管機關依第十四條之二第一項但書規定要求設置獨立董事及依第十四條之四第一項但書規定命令設置審計委員會，或第二十六條之三施行時依同條第六項規定董事、監察人應當然解任者，得自現任董事或監察人任期屆滿時，始適用之。

第 182 條　（刪除）

第 182-1 條　本法施行細則，由主管機關定之。

第 183 條　本法施行日期，除中華民國八十九年七月十九日修正公布之第五十四條、第九十五條及第一百二十八條自九十年一月十五日施行，九十四年十二月二十日修正之第十四條之二至第十四條之五、第二十六條之三自九十六年一月一日施行，九十五年五月五日修正之條文自九十五年七月一日施行，九十八年五月二十六日修正之條文自九十八年十一月二十三日施行，九十九年五月四日修正之第三十六條自一百零一年一月一日施行，及一百年十二月十二日修正之第三十六條第一項第二款自一百零二會計年度施行外，自公布日施行。

附錄三：保險法

1. 民國52年9月2日總統令修正公布全文178條。
2. 民國63年11月30日總統令修正公布第107、136、138、143、146、149、153、166～172條條文；並增訂第149-1、149-2、149-3、149-4、149-5、172-1條條文。
3. 民國81年2月26日總統令修正公布第6、11、13、54、64、107、136、137、138、140、141、143、146、149、163、164、166、167、168、169、170、171、172、172-1、177條條文；增訂第8-1、95-1、95-2、95-3、135-1、135-2、135-3、135-4、137-1、143-1、143-2、143-3、146-1、146-2、146-3、146-4、146-5、167-1、169-1、169-2、172-2；並刪除第154條條文。
4. 民國81年4月20日總統令修正公布第64條條文。
5. 民國86年5月28日總統令修正公布第33、34、93、96、119、120、122、129、130、132、135、135-4、138、143條條文；增訂第54-1、82-1條條文；並刪除第100、107、169-1條條文。
6. 民國86年10月29日總統令增訂公布第167-2條條文。
7. 民國90年7月9日總統令修正公布第13、29、94、105、107、109、117～119、121、123、124、135、138、143～143-3、144、146～146-3、146-5、148、149～149-3、149-5、153、166、167～167-2、168、169、169-2、170、171、172-1、177、178條條文；並增訂第138-1、143-4、144-1、146-6～146-8、148-1～148-3、149-6～149-11、168-1、168-2、171-1條條文；本法除已另定施行日期者外，自公布日施行。
8. 民國92年1月22日總統令修正公布第131、146-4條條文。
9. 民國93年2月4日總統令修正公布第167、168、168-2、172-1條條文；並增訂第168-3～168-5條條文。
10. 民國94年5月18日總統令增訂公布第168-6、168-7、174-1條條文；並刪除第173條條文。
11. 民國95年5月30日總統令修正公布第168-3、178條條文；並自95年7月1日施行。
12. 民國96年1月10日總統令修正公布第22條文。
13. 民國96年7月18日總統令修正公布第9、11、12、40、56、116、117、120、136、137、138、138-1、143、143-1、143-3～144、145～146-1、146-3～146-7、147、148-1、149、149-2、149-6～149-8、149-10、149-11、168、169、171-1、172-1、175、178條條文；增訂第138-2、138-3、145-1、146-9、147-1、165-1～165-7、170-1、175-1條條文及第五章第四節之一節名；刪除第143-2、155、160、170條條文；並自公布日施行。

14.民國99年2月1日總統令修正公布第107條條文。

15.民國99年12月8日總統令增訂公布第139-1、139-2、171-2條條文。

16.民國100年6月29日總統令修正公布第163、165、167-1、167-2、177、178條條文及第五章第四節節名；增訂第164-1、167-3～167-5、177-1條條文；並刪除第164條條文；除第177-1條施行日期由行政院定之外，自公布日施行。
民國105年2月24日行政院令發布第177-1條定自105年3月15日施行。

17.民國100年11月30日總統令修正公布第146-4條條文。
民國101年2月3日行政公告第149-7條第1項第4款所列屬「行政院公平交易委員會」之權責事項，自101年2月6日起改由「公平交易委員會」管轄。

18.民國101年6月6日總統令修正公布第172-1條條文。
民國101年6月25日行政院公告第12條所列屬「行政院金融監督管理委員會」之權責事項，自101年7月1日起改由「金融監督管理委員會」管轄。

19.民國103年1月8日總統令修正公布第22條條文。

20.民國103年6月4日總統令修正公布第12、136、142、143-3、146-1、146-2、146-4、146-5、146-9、149～149-2、149-6～149-8、149-11、168、169-2條條文；並增訂第166-1條條文。

21.民國104年2月4日總統令修正公布第8-1、29、64、122、130、136、143-4、144、149、163、167～167-4、168、171、171-1、178條條文；並增訂第138-4、143-5、143-6條條文；除第143-4～143-6、149條及第168條第4項規定自105年1月1日施行外，餘自公布日施行。

22.民國105年6月8日總統令修正公布第167-2、167-3條條文。

23.民國105年11月9日總統令修正公布第146-5、168條條文。

24.民國105年12月28日總統令修正公布第163條條文。

25.民國107年1月31日總統令修正公布第167、168-2～168-4條條文；並增訂第136-1條條文。

26.民國107年4月25日總統令增訂公布第16-1、163-1條條文。

27.民國107年5月23日總統令修正公布第146-4條條文。

28.民國107年6月6日總統令修正公布第166、167-1、167-4～168-1、169、169-2、170-1～171-1、172、172-2條條文。

29.民國107年6月13日總統令修正公布第107、125、128、131、133、135、138-2、146-5條條文；並增訂第107-1條條文。

30.民國108年1月16日總統令修正公布第165條條文。

31.民國109年6月10日總統令修正公布第107、138-2條條文。

第一章　總則

第一節　定義及分類

第　1　條　本法所稱保險，謂當事人約定，一方交付保險費於他方，他方對於因不可預料或不可抗力之事故所致之損害，負擔賠償財物之行為。
　　　　　　根據前項所訂之契約，稱為保險契約。

第　2　條　本法所稱保險人，指經營保險事業之各種組織，在保險契約成立時，有保險費之請求權；在承保危險事故發生時，依其承保之責任，負擔賠償之義務。

第　3　條　本法所稱要保人，指對保險標的具有保險利益，向保險人申請訂立保險契約，並負有交付保險費義務之人。

第　4　條　本法所稱被保險人，指於保險事故發生時，遭受損害，享有賠償請求權之人；要保人亦得為被保險人。

第　5　條　本法所稱受益人，指被保險人或要保人約定享有賠償請求權之人，要保人或被保險人均得為受益人。

第　6　條　本法所稱保險業，指依本法組織登記，以經營保險為業之機構。
　　　　　　本法所稱外國保險業，指依外國法律組織登記，並經主管機關許可，在中華民國境內經營保險為業之機構。

第　7　條　本法所稱保險業負責人，指依公司法或合作社法應負責之人。

第　8　條　本法所稱保險代理人，指根據代理契約或授權書，向保險人收取費用，並代理經營業務之人。

第　8-1　條　本法所稱保險業務員，指為保險業、保險經紀人公司、保險代理人公司或兼營保險代理人或保險經紀人業務之銀行，從事保險招攬之人。

第　9　條　本法所稱保險經紀人，指基於被保險人之利益，洽訂保險契約或提供相關服務，而收取佣金或報酬之人。

第　10　條　本法所稱公證人，指向保險人或被保險人收取費用，為其辦理保險標的之查勘、鑑定及估價與賠款之理算、洽商，而予證明之人。

第　11　條　本法所定各種準備金，包括責任準備金、未滿期保費準備金、特別準備金、賠款準備金及其他經主管機關規定之準備金。

第　12　條　本法所稱主管機關為金融監督管理委員會。但保險合作社除其經營之業務，以金融監督管理委員會為主管機關外，其社務以合作社之主管機關為主管機關。

第　13　條　保險分為財產保險及人身保險。
　　　　　　財產保險，包括火災保險、海上保險、陸空保險、責任保險、保證保險及經主管機關核准之其他保險。
　　　　　　人身保險，包括人壽保險、健康保險、傷害保險及年金保險。

第二節　保險利益

第 14 條　要保人對於財產上之現有利益，或因財產上之現有利益而生之期待利益，有保險利益。

第 15 條　運送人或保管人對於所運送或保管之貨物，以其所負之責任爲限，有保險利益。

第 16 條　要保人對於左列各人之生命或身體，有保險利益：

　　　　　一、本人或其家屬。

　　　　　二、生活費或教育費所仰給之人。

　　　　　三、債務人。

　　　　　四、爲本人管理財產或利益之人。

第 16-1 條　未成年人或依民法第十四條第一項得受監護宣告者之父、母或監護人，依本法第一百三十八條之二第二項規定爲被保險人時，保險契約之要保人、被保險人及受益人得於保險事故發生前，共同約定保險金於保險事故發生後應匯入指定信託帳戶，要保人並得放棄第一百十一條保險利益之處分權。

第 17 條　要保人或被保險人，對於保險標的物無保險利益者，保險契約失其效力。

第 18 條　被保險人死亡或保險標的物所有權移轉時，保險契約除另有訂定外，仍爲繼承人或受讓人之利益而存在。

第 19 條　合夥人或共有人聯合爲被保險人時，其中一人或數人讓與保險利益於他人者，保險契約不因之而失效。

第 20 條　凡基於有效契約而生之利益，亦得爲保險利益。

第三節　保險費

第 21 條　保險費分一次交付及分期交付兩種。保險契約規定一次交付，或分期交付之第一期保險費，應於契約生效前交付之。但保險契約簽訂時，保險費未能確定者，不在此限。

第 22 條　保險費應由要保人依契約規定交付。信託業依信託契約有交付保險費義務者，保險費應由信託業代爲交付之。

　　　　　前項信託契約，保險人依保險契約應給付之保險金額，屬該信託契約之信託財產。

　　　　　要保人爲他人利益訂立之保險契約，保險人對於要保人所得爲之抗辯，亦得以之對抗受益人。

第 23 條　以同一保險利益，同一保險事故，善意訂立數個保險契約，其保險金額之總額超過保險標的之價值者，在危險發生前，要保人得依超過部份，要求比例返還保險費。

　　　　　保險契約因第三十七條之情事而無效時，保險人於不知情之時期內，仍取得保險費。

第　24　條　保險契約因第五十一條第二項之情事，而保險人不受拘束時，保險人得請求償還
　　　　　　費用。其已收受之保險費，無須返還。
　　　　　　保險契約因第五十一條第三項之情事而要保人不受拘束時，保險人不得請求保險
　　　　　　費及償還費用。其已收受者，應返還之。
　　　　　　保險契約因第六十條或第八十一條之情事而終止，或部份終止時，除保險費非以
　　　　　　時間爲計算基礎者外，終止後之保險費已交付者，應返還之。

第　25　條　保險契約因第六十四條第二項之情事而解除時，保險人無須返還其已收受之保險
　　　　　　費。

第　26　條　保險費依保險契約所載增加危險之特別情形計算者，其情形在契約存續期內消滅
　　　　　　時，要保人得按訂約時保險費率，自其情形消滅時起算，請求比例減少保險費。
　　　　　　保險人對於前項減少保險費不同意時，要保人得終止契約，其終止後之保險費已
　　　　　　交付者，應返還之。

第　27　條　保險人破產時，保險契約於破產宣告之日終止，其終止後之保險費，已交付者，
　　　　　　保險人應返還之。

第　28　條　要保人破產時，保險契約仍爲破產債權人之利益而存在。但破產管理人或保險人
　　　　　　得於破產宣告三個月內終止契約，其終止後之保險費已交付者，應返還之。

第四節　保險人之責任

第　29　條　保險人對於由不可預料或不可抗力之事故所致之損害，負賠償責任。但保險契約
　　　　　　內有明文限制者，不在此限。
　　　　　　保險人對於由要保人或被保險人之過失所致之損害，負賠償責任。但出於要保人
　　　　　　或被保險人之故意者，不在此限。
　　　　　　被保險人之死亡保險事故發生時，要保人或受益人應通知保險人。保險人接獲通
　　　　　　知後，應依要保人最後所留於保險人之所有受益人住所或聯絡方式，主動爲通
　　　　　　知。

第　30　條　保險人對於履行道德上之義務所致之損害，應負賠償責任。

第　31　條　保險人對於因要保人，或被保險人之受僱人，或其所有之物或動物所致之損害，
　　　　　　應負賠償責任。

第　32　條　保險人對於因戰爭所致之損害，除契約有相反之訂定外，應負賠償責任。

第　33　條　保險人對於要保人或被保險人，爲避免或減輕損害之必要行爲所生之費用，負償
　　　　　　還之責。其償還數額與賠償金額，合計雖超過保險金額，仍應償還。
　　　　　　保險人對於前項費用之償還，以保險金額對於保險標的之價值比例定之。

第　34　條　保險人應於要保人或被保險人交齊證明文件後，於約定期限內給付賠償金額。無
　　　　　　約定期限者，應於接到通知後十五日內給付之。
　　　　　　保險人因可歸責於自己之事由致未在前項規定期限內爲給付者，應給付遲延利息

年利一分。

第五節　複保險

第　35　條　複保險，謂要保人對於同一保險利益，同一保險事故，與數保險人分別訂立數個
　　　　　　保險之契約行為。

第　36　條　複保險，除另有約定外，要保人應將他保險人之名稱及保險金額通知各保險人。

第　37　條　要保人故意不為前條之通知，或意圖不當得利而為複保險者，其契約無效。

第　38　條　善意之複保險，其保險金額之總額超過保險標的之價值者，除另有約定外，各保
　　　　　　險人對於保險標的之全部價值，僅就其所保金額負比例分擔之責。但賠償總額，
　　　　　　不得超過保險標的之價值。

第六節　再保險

第　39　條　再保險，謂保險人以其所承保之危險，轉向他保險人為保險之契約行為。

第　40　條　原保險契約之被保險人，對於再保險人無賠償請求權。但原保險契約及再保險契
　　　　　　約另有約定者，不在此限。

第　41　條　再保險人不得向原保險契約之要保人，請求交付保險費。

第　42　條　原保險人不得以再保險人不履行再保險金額給付之義務為理由，拒絕或延遲履行
　　　　　　其對於被保險人之義務。

第二章　保險契約

第一節　通則

第　43　條　保險契約，應以保險單或暫保單為之。

第　44　條　保險契約，由保險人於同意要保人聲請後簽訂。
　　　　　　利害關係人，均得向保險人請求保險契約之謄本。

第　45　條　要保人得不經委任，為他人之利益訂立保險契約。受益人有疑義時，推定要保人
　　　　　　為自己之利益而訂立。

第　46　條　保險契約由代理人訂立者，應載明代訂之意旨。

第　47　條　保險契約由合夥人或共有人中之一人或數人訂立，而其利益及於全體合夥人或共
　　　　　　有人者，應載明為全體合夥人或共有人訂立之意旨。

第　48　條　保險人得約定保險標的物之一部份，應由要保人自行負擔由危險而生之損失。
　　　　　　有前項約定時，要保人不得將未經保險之部份，另向他保險人訂立保險契約。

第　49　條　保險契約除人身保險外，得為指示式或無記名式。
　　　　　　保險人對於要保人所得為之抗辯，亦得以之對抗保險契約之受讓人。

第　50　條　保險契約分不定值保險契約，及定值保險契約。
　　　　　　不定值保險契約，為契約上載明保險標的之價值，須至危險發生後估計而訂之保

險契約。

定值保險契約，為契約上載明保險標的一定價值之保險契約。

第　51　條　保險契約訂立時，保險標的之危險已發生或已消滅者，其契約無效。但為當事人雙方所不知者，不在此限。

訂約時，僅要保人知危險已發生者，保險人不受契約之拘束。

訂約時，僅保險人知危險已消滅者，要保人不受契約之拘束。

第　52　條　為他人利益訂立之保險契約，於訂約時，該他人未確定者，由要保人或保險契約所載可得確定之受益人，享受其利益。

第　53　條　被保險人因保險人應負保險責任之損失發生，而對於第三人有損失賠償請求權者，保險人得於給付賠償金額後，代位行使被保險人對於第三人之請求權；但其所請求之數額，以不逾賠償金額為限。

前項第三人為被保險人之家屬或受僱人時，保險人無代位請求權。但損失係由其故意所致者，不在此限。

第　54　條　本法之強制規定，不得以契約變更之。但有利於被保險人者，不在此限。

保險契約之解釋，應探求契約當事人之真意，不得拘泥於所用之文字；如有疑義時，以作有利於被保險人之解釋為原則。

第　54-1條　保險契約中有左列情事之一，依訂約時情形顯失公平者，該部分之約定無效：

一、免除或減輕保險人依本法應負之義務者。

二、使要保人、受益人或被保險人拋棄或限制其依本法所享之權利者。

三、加重要保人或被保險人之義務者。

四、其他於要保人、受益人或被保險人有重大不利益者。

第二節　基本條款

第　55　條　保險契約，除本法另有規定外，應記載左列各款事項：

一、當事人之姓名及住所。

二、保險之標的物。

三、保險事故之種類。

四、保險責任開始之日、時及保險期間。

五、保險金額。

六、保險費。

七、無效及失權之原因。

八、訂約之年、月、日。

第　56　條　變更保險契約或恢復停止效力之保險契約時，保險人於接到通知後十日內不為拒絕者，視為承諾。但本法就人身保險有特別規定者，從其規定。

第　57　條　當事人之一方對於他方應通知之事項而怠於通知者，除不可抗力之事故外，不問

是否故意，他方得據爲解除保險契約之原因。

第 58 條　要保人、被保險人或受益人，遇有保險人應負保險責任之事故發生，除本法另有規定，或契約另有訂定外，應於知悉後五日內通知保險人。

第 59 條　要保人對於保險契約內所載增加危險之情形應通知者，應於知悉後通知保險人。
危險增加，由於要保人或被保險人之行爲所致，其危險達於應增加保險費或終止契約之程度者，要保人或被保險人應先通知保險人。
危險增加，不由於要保人或被保險人之行爲所致者，要保人或被保險人應於知悉後十日內通知保險人。
危險減少時，被保險人得請求保險人重新核定保費。

第 60 條　保險遇有前條情形，得終止契約，或提議另定保險費。要保人對於另定保險費不同意者，其契約即爲終止。但因前條第二項情形終止契約時，保險人如有損失，並得請求賠償。
保險人知危險增加後，仍繼續收受保險費，或於危險發生後給付賠償金額，或其他維持契約之表示者，喪失前項之權利。

第 61 條　危險增加如有左列情形之一時，不適用第五十九條之規定：
一、損害之發生不影響保險人之負擔者。
二、爲防護保險人之利益者。
三、爲履行道德上之義務者。

第 62 條　當事人之一方對於左列各款，不負通知之義務：
一、爲他方所知者。
二、依通常注意爲他方所應知，或無法諉爲不知者。
三、一方對於他方經聲明不必通知者。

第 63 條　要保人或被保險人不於第五十八條、第五十九條第三項所定之期限內爲通知者，對於保險人因此所受之損失，應負賠償責任。

第 64 條　訂立契約時，要保人對於保險人之書面詢問，應據實說明。
要保人有爲隱匿或遺漏不爲說明，或爲不實之說明，足以變更或減少保險人對於危險之估計者，保險人得解除契約；其危險發生後亦同。但要保人證明危險之發生未基於其說明或未說明之事實時，不在此限。
前項解除契約權，自保險人知有解除之原因後，經過一個月不行使而消滅；或契約訂立後經過二年，即有可以解除之原因，亦不得解除契約。

第 65 條　由保險契約所生之權利，自得爲請求之日起，經過二年不行使而消滅。有左列各款情形之一者，其期限之起算，依各該款之規定：
一、要保人或被保險人對於危險之說明，有隱匿、遺漏或不實者，自保險人知情之日起算。

二、危險發生後，利害關係人能證明其非因疏忽而不知情者，自其知情之日起算。

三、要保人或被保險人對於保險人之請求，係由於第三人之請求而生者，自要保人或被保險人受請求之日起算。

第三節　特約條款

第 66 條　特約條款，為當事人於保險契約基本條款外，承認履行特種義務之條款。

第 67 條　與保險契約有關之一切事項，不問過去、現在或將來，均得以特約條款定之。

第 68 條　保險契約當事人之一方違背特約條款時，他方得解除契約；其危險發生後亦同。
　　　　第六十四條第三項之規定，於前項情形準用之。

第 69 條　關於未來事項之特約條款，於未屆履行期前危險已發生，或其履行為不可能，或在訂約地為不合法而未履行者，保險契約不因之而失效。

第三章　財產保險

第一節　火災保險

第 70 條　火災保險人，對於由火災所致保險標的物之毀損或滅失，除契約另有訂定外，負賠償之責。
　　　　因救護保險標的物，致保險標的物發生損失者，視同所保危險所生之損失。

第 71 條　就集合之物而總括為保險者，被保險人家屬、受僱人或同居人之物，亦得為保險標的，載明於保險契約，在危險發生時，就其損失享受賠償。
　　　　前項保險契約，視同並為第三人利益而訂立。

第 72 條　保險金額，為保險人在保險期內，所負責任之最高額度。保險人應於承保前，查明保險標的物之市價，不得超額承保。

第 73 條　保險標的，得由要保人，依主管機關核定之費率及條款，作定值或不定值約定之要保。
　　　　保險標的，以約定價值為保險金額者，發生全部損失或部份損失時，均按約定價值為標準計算賠償。
　　　　保險標的，未經約定價值者，發生損失時，按保險事故發生時實際價值為標準，計算賠償，其賠償金額，不得超過保險金額。

第 74 條　第七十三條所稱全部損失，係指保險標的全部滅失或毀損，達於不能修復，或其修復之費用，超過保險標的之恢復原狀所需者。

第 75 條　保險標的物不能以市價估計者，得由當事人約定其價值，賠償時從其約定。

第 76 條　保險金額超過保險標的之價值之契約，係由當事人一方之詐欺而訂立者，他方得解除契約，如有損失，並得請求賠償；無詐欺情者，除定值保險外，其契約僅於保險標的價值之限度內為有效。

無詐欺情事之保險契約，經當事人一方將超過價值之事實通知他方後，保險金額及保險費，均應按照保險標的之價值比例減少。

第 77 條　保險金額不及保險標的物之價值者，除契約另有訂定外，保險人之負擔，以保險金額對於保險標的物之價值比例定之。

第 78 條　損失之估計，因可歸責於保險人之事由而遲延者，應自被保險人交出損失清單一個月後加給利息。損失清單交出二個月後損失尚未完全估定者，被保險人得請求先行交付其所應得之最低賠償金額。

第 79 條　保險人或被保險人為證明及估計損失所支出之必要費用，除契約另有訂定外，由保險人負擔之。

保險金額不及保險標的物之價值時，保險人對於前項費用，依第七十七條規定比例負擔之。

第 80 條　損失未估定前，要保人或被保險人除為公共利益或避免擴大損失外，非經保險人同意，對於保險標的物不得加以變更。

第 81 條　保險標的物非因保險契約所載之保險事故而完全滅失時，保險契約即為終止。

第 82 條　保險標的物受部份之損失者，保險人與要保人均有終止契約之權。終止後，已支付未損失部分之保險費應返還之。

前項終止契約權，於賠償金額給付後，經過一個月不行使而消滅。

保險人終止契約時，應於十五日前通知要保人。

要保人與保險人均不終止契約時，除契約另有訂定外，保險人對於以後保險事故所致之損失，其責任以賠償保險金額之餘額為限。

第 82-1 條　第七十三條至第八十一條之規定，於海上保險、陸空保險、責任保險、保證保險及其他財產保險準用之。

第一百二十三條及第一百二十四條之規定，於超過一年之財產保險準用之。

第二節　海上保險

第 83 條　海上保險人對於保險標的物，除契約另有規定外，因海上一切事變及災害所生之毀損、滅失及費用，負賠償之責。

第 84 條　關於海上保險，適用海商法海上保險章之規定。

第三節　陸空保險

第 85 條　陸上、內河及航空保險人，對於保險標的物，除契約另有訂定外，因陸上、內河及航空一切事變及災害所致之毀損、滅失及費用，負賠償之責。

第 86 條　關於貨物之保險，除契約另有訂定外，自交運之時以迄於其目的地收貨之時為保險期間。

第 87 條　保險契約，除記載第五十五條規定事項外，並應載明左列事項：

　　　　　　一、運送路線及方法。
　　　　　　二、運送人姓名或商號名稱。
　　　　　　三、交運及取貨地點。
　　　　　　四、運送有期限者其期限。
第　88　條　因運送上之必要，暫時停止或變更運送路線或方法時，保險契約除另有訂定外，
　　　　　　仍繼續有效。
第　89　條　航行內河船舶運費及裝載貨物之保險，除本節另有規定外，準用海上保險有關條
　　　　　　文之規定。

第四節　責任保險

第　90　條　責任保險人於被保險人對於第三人，依法應負賠償責任，而受賠償之請求時，負
　　　　　　賠償之責。
第　91　條　被保險人因受第三人之請求而為抗辯，所支出之訴訟上或訴訟外之必要費用，除
　　　　　　契約另有訂定外，由保險人負擔之。
　　　　　　被保險人得請求保險人墊給前項費用。
第　92　條　保險契約係為被保險人所營事業之損失賠償責任而訂立者，被保險人之代理人、
　　　　　　管理人或監督人所負之損失賠償責任，亦享受保險之利益，其契約視同並為第三
　　　　　　人之利益而訂立。
第　93　條　保險人得約定被保險人對於第三人就其責任所為之承認、和解或賠償，未經其參
　　　　　　與者，不受拘束。但經要保人或被保險人通知保險人參與而無正當理由拒絕或藉
　　　　　　故遲延者，不在此限。
第　94　條　保險人於第三人由被保險人應負責任事故所致之損失，未受賠償以前，不得以賠
　　　　　　償金額之全部或一部給付被保險人。
　　　　　　被保險人對第三人應負損失賠償責任確定時，第三人得在保險金額範圍內，依其
　　　　　　應得之比例，直接向保險人請求給付賠償金額。
　　　　95　條　保險人得經被保險人通知，直接對第三人為賠償金額之給付。

第四節之一　保證保險

　　95-1　條　保證保險人於被保險人因其受僱人之不誠實行為或其債務人之不履行債務所致損
　　　　　　失，負賠償之責。
　　95-2　條　以受僱人之不誠實行為為保險事故之保證保險契約，除記載第五十五條規定事項
　　　　　　外，並應載明左列事項：
　　　　　　一、被保險人之姓名及住所。
　　　　　　二、受僱人之姓名、職稱或其他得以認定為受僱人之方式。
　　95-3　條　以債務人之不履行債務為保險事故之保證保險契約，除記載第五十五條規定事項

外，並應載明左列事項：

一、被保險人之姓名及住所。

二、債務人之姓名或其他得以認定為債務人之方式。

第五節　其他財產保險

第 96 條　其他財產保險為不屬於火災保險、海上保險、陸空保險、責任保險及保證保險之
　　　　　範圍，而以財物或無形利益為保險標的之各種保險。

第 97 條　保險人有隨時查勘保險標的物之權，如發現全部或一部份處於不正常狀態，經建
　　　　　議要保人或被保險人修復後，再行使用。如要保人或被保險人不接受建議時，得
　　　　　以書面通知終止保險契約或其有關部份。

第 98 條　要保人或被保險人，對於保險標的物未盡約定保護責任所致之損失，保險人不負
　　　　　賠償之責。

　　　　　危險事故發生後，經鑑定係因要保人或被保險人未盡合理方法保護標的物，因而
　　　　　增加之損失，保險人不負賠償之責。

第 99 條　保險標的物受部分之損失，經賠償或回復原狀後，保險契約繼續有效。但與原保
　　　　　險情況有異時，得增減其保險費。

第 100 條　（刪除）

第四章　人身保險

第一節　人壽保險

第 101 條　人壽保險人於被保險人在契約規定年限內死亡，或屆契約規定年限而仍生存時，
　　　　　依照契約，負給付保險金額之責。

第 102 條　人壽保險之保險金額，依保險契約之所定。

第 103 條　人壽保險之保險人，不得代位行使要保人或受益人因保險事故所生對於第三人之
　　　　　請求權。

第 104 條　人壽保險契約，得由本人或第三人訂立之。

第 105 條　由第三人訂立之死亡保險契約，未經被保險人書面同意，並約定保險金額，其契
　　　　　約無效。

　　　　　被保險人依前項所為之同意，得隨時撤銷之。其撤銷之方式應以書面通知保險人
　　　　　及要保人。

　　　　　被保險人依前項規定行使其撤銷權者，視為要保人終止保險契約。

第 106 條　由第三人訂立之人壽保險契約，其權利之移轉或出質，非經被保險人以書面承認
　　　　　者，不生效力。

第 107 條　以未滿十五歲之未成年人為被保險人訂立之人壽保險契約，除喪葬費用之給付
　　　　　外，其餘死亡給付之約定於被保險人滿十五歲時始生效力。

前項喪葬費用之保險金額，不得超過遺產及贈與稅法第十七條有關遺產稅喪葬費扣除額之一半。

前二項於其他法律另有規定者，從其規定。

第 107-1 條　訂立人壽保險契約時，以受監護宣告尚未撤銷者為被保險人，除喪葬費用之給付外，其餘死亡給付部分無效。

前項喪葬費用之保險金額，不得超過遺產及贈與稅法第十七條有關遺產稅喪葬費扣除額之一半。

前二項規定於其他法律另有規定者，從其規定。

第 108 條　人壽保險契約，除記載第五十五條規定事項外，並應載明左列事項：

一、被保險人之姓名、性別、年齡及住所。

二、受益人姓名及與被保險人之關係或確定受益人之方法。

三、請求保險金額之保險事故及時期。

四、依第一百十八條之規定，有減少保險金額之條件者，其條件。

第 109 條　被保險人故意自殺者，保險人不負給付保險金額之責任。但應將保險之保單價值準備金返還於應得之人。

保險契約載有被保險人故意自殺，保險人仍應給付保險金額之條款者，其條款於訂約二年後始生效力。恢復停止效力之保險契約，其二年期限應自恢復停止效力之日起算。

被保險人因犯罪處死或拒捕或越獄致死者，保險人不負給付保險金額之責任。但保險費已付足二年以上者，保險人應將其保單價值準備金返還於應得之人。

第 110 條　要保人得通知保險人，以保險金額之全部或一部，給付其所指定之受益人一人或數人。

前項指定之受益人，以於請求保險金額時生存者為限。

第 111 條　受益人經指定後，要保人對其保險利益，除聲明放棄處分權者外，仍得以契約或遺囑處分之。

要保人行使前項處分權，非經通知，不得對抗保險人。

第 112 條　保險金額約定於被保險人死亡時給付於其所指定之受益人者，其金額不得作為被保險人之遺產。

第 113 條　死亡保險契約未指定受益人者，其保險金額作為被保險人之遺產。

第 114 條　受益人非經要保人之同意，或保險契約載明允許轉讓者，不得將其利益轉讓他人。

第 115 條　利害關係人，均得代要保人交付保險費。

第 116 條　人壽保險之保險費到期未交付者，除契約另有訂定外，經催告到達後屆三十日仍不交付時，保險契約之效力停止。

催告應送達於要保人，或負有交付保險費義務之人之最後住所或居所，保險費經催告後，應於保險人營業所交付之。

第一項停止效力之保險契約，於停止效力之日起六個月內清償保險費、保險契約約定之利息及其他費用後，翌日上午零時起，開始恢復其效力。要保人於停止效力之日起六個月後申請恢復效力者，保險人得於要保人申請恢復效力之日起五日內要求要保人提供被保險人之可保證明，除被保險人之危險程度有重大變更已達拒絕承保外，保險人不得拒絕其恢復效力。

保險人未於前項規定期限內要求要保人提供可保證明或於收到前項可保證明後十五日內不為拒絕者，視為同意恢復效力。

保險契約所定申請恢復效力之期限，自停止效力之日起不得低於二年，並不得遲於保險期間之屆滿日。

保險人於前項所規定之期限屆滿後，有終止契約之權。

保險契約終止時，保險費已付足二年以上，如有保單價值準備金者，保險人應返還其保單價值準備金。

保險契約約定由保險人墊繳保險費者，於墊繳之本息超過保單價值準備金時，其停止效力及恢復效力之申請準用第一項至第六項規定。

第 117 條　保險人對於保險費，不得以訴訟請求交付。

以被保險人終身為期，不附生存條件之死亡保險契約，或契約訂定於若干年後給付保險金額或年金者，如保險費已付足二年以上而有不交付時，於前條第五項所定之期限屆滿後，保險人僅得減少保險金額或年金。

第 118 條　保險人依前條規定，或因要保人請求，得減少保險金額或年金。其條件及可減少之數額，應載明於保險契約。

減少保險金額或年金，應以訂原約時之條件，訂立同類保險契約為計算標準。其減少後之金額，不得少於原契約終止時已有之保單價值準備金，減去營業費用，而以之作為保險費一次交付所能得之金額。

營業費用以原保險金額百分之一為限。

保險金額之一部，係因其保險費全數一次交付而訂定者，不因其他部分之分期交付保險費之不交付而受影響。

第 119 條　要保人終止保險契約，而保險費已付足一年以上者，保險人應於接到通知後一月內償付解約金；其金額不得少於要保人應得保單價值準備金之四分之三。

償付解約金之條件及金額，應載明於保險契約。

第 120 條　保險費付足一年以上者，要保人得以保險契約為質，向保險人借款。

保險人於接到要保人之借款通知後，得於一個月以內之期間，貸給可得質借之金額。

以保險契約爲質之借款，保險人應於借款本息超過保單價值準備金之日之三十日前，以書面通知要保人返還借款本息，要保人未於該超過之日前返還者，保險契約之效力自借款本息超過保單價值準備金之日停止。

保險人未依前項規定爲通知時，於保險人以書面通知要保人返還借款本息之日起三十日內要保人未返還者，保險契約之效力自該三十日之次日起停止。

前二項停止效力之保險契約，其恢復效力之申請準用第一百十六條第三項至第六項規定。

第 121 條　受益人故意致被保險人於死或雖未致死者，喪失其受益權。

前項情形，如因該受益人喪失受益權，而致無受益人受領保險金額時，其保險金額作爲被保險人遺產。

要保人故意致被保險人於死者，保險人不負給付保險金額之責。保險費付足二年以上者，保險人應將其保單價值準備金給付與應得之人，無應得之人時，應解交國庫。

第 122 條　被保險人年齡不實，而其眞實年齡已超過保險人所定保險年齡限度者，其契約無效，保險人應退還所繳保險費。

因被保險人年齡不實，致所付之保險費少於應付數額者，要保人得補繳短繳之保險費或按照所付之保險費與被保險人之眞實年齡比例減少保險金額。但保險事故發生後，且年齡不實之錯誤不可歸責於保險人者，要保人不得要求補繳短繳之保險費。

因被保險人年齡不實，致所付之保險費多於應付數額者，保險人應退還溢繳之保險費。

第 123 條　保險人破產時，受益人對於保險人得請求之保險金額之債權，以其保單價值準備金按訂時之保險費率比例計算之。要保人破產時，保險契約訂有受益人者，仍爲受益人之利益而存在。

投資型保險契約之投資資產，非各該投資型保險之受益人不得主張，亦不得請求扣押或行使其他權利。

第 124 條　人壽保險之要保人、被保險人、受益人，對於被保險人之保單價值準備金，有優先受償之權。

二節　健康保險

125 條　健康保險人於被保險人疾病、分娩及其所致失能或死亡時，負給付保險金額之責。

前項所稱失能之內容，依各保險契約之約定。

126 條　保險人於訂立保險契約前，對於被保險人得施以健康檢查。

前項檢查費用，由保險人負擔。

第 127 條　保險契約訂立時，被保險人已在疾病或妊娠情況中者，保險人對是項疾病或分娩，不負給付保險金額之責任。

第 128 條　被保險人故意自殺或墮胎所致疾病、失能、流產或死亡，保險人不負給付保險金額之責。

第 129 條　被保險人不與要保人為同一人時，保險契約除載明第五十五條規定事項外，並應載明左列各款事項：
　　　　　一、被保險人之姓名、年齡及住所。
　　　　　二、被保險人與要保人之關係。

第 130 條　第一百零二條至第一百零五條、第一百十五條、第一百十六條、第一百二十二條至第一百二十四條，於健康保險準用之。

第三節　傷害保險

第 131 條　傷害保險人於被保險人遭受意外傷害及其所致失能或死亡時，負給付保險金額之責。
　　　　　前項意外傷害，指非由疾病引起之外來突發事故所致者。

第 132 條　傷害保險契約，除記載第五十五條規定事項外，並應載明左列事項：
　　　　　一、被保險人之姓名、年齡、住所及與要保人之關係。
　　　　　二、受益人之姓名及與被保險人之關係或確定受益人之方法。
　　　　　三、請求保險金額之事故及時期。

第 133 條　被保險人故意自殺，或因犯罪行為，所致傷害、失能或死亡，保險人不負給付保險金額之責任。

第 134 條　受益人故意傷害被保險人者，無請求保險金額之權。
　　　　　受益人故意傷害被保險人未遂時，被保險人得撤銷其受益權利。

第 135 條　第一百零二條至第一百零五條、第一百零七條、第一百零七條之一、第一百十條至第一百十六條、第一百二十三條、第一百二十四條及第一百二十五條第二項於傷害保險準用之。

第四節　年金保險

第 135-1 條　年金保險人於被保險人生存期間或特定期間內，依照契約負一次或分期給付一定金額之責。

第 135-2 條　年金保險契約，除記載第五十五條規定事項外，並應載明左列事項：
　　　　　一、被保險人之姓名、性別、年齡及住所。
　　　　　二、年金金額或確定年金金額之方法。
　　　　　三、受益人之姓名及與被保險人之關係。
　　　　　四、請求年金之期間、日期及給付方法。

　　　　　　五、依第一百十八條之規定，有減少年金之條件者，其條件。

第 135-3 條　受益人於被保險人生存期間為被保險人本人。

　　　　　　保險契約載有於被保險人死亡後給付年金者，其受益人準用第一百十條至第
　　　　　　一百十三條之規定。

第 135-4 條　第一百零三條、第一百零四條、第一百零六條、第一百十四條至第一百二十四條
　　　　　　規定，於年金保險準用之。但於年金給付期間，要保人不得終止契約或以保險契
　　　　　　約為質，向保險人借款。

第五章　保險業

第一節　通則

第 136 條　保險業之組織，以股份有限公司或合作社為限。但經主管機關核准者，不在此
　　　　　　限。

　　　　　　非保險業不得兼營保險業務。

　　　　　　違反前項規定者，由主管機關或目的事業主管機關會同司法警察機關取締，並移
　　　　　　送法辦；如屬法人組織，其負責人對有關債務，應負連帶清償責任。

　　　　　　執行前項任務時，得依法搜索扣押被取締者之會計帳簿及文件，並得撤除其標誌
　　　　　　等設施或為其他必要之處置。

　　　　　　保險業之組織為股份有限公司者，除其他法律另有規定或經主管機關許可外，其
　　　　　　股票應辦理公開發行。

　　　　　　保險業依前項除外規定未辦理公開發行股票者，應設置獨立董事及審計委員會，
　　　　　　並以審計委員會替代監察人。

　　　　　　前項獨立董事、審計委員會之設置及其他應遵行事項，準用證券交易法第十四條
　　　　　　之二至第十四條之五相關規定。

　　　　　　本法中華民國一百零三年五月二十日修正之條文施行時，第六項規定之保險業現
　　　　　　任董事或監察人任期尚未屆滿者，得自任期屆滿時適用該規定。但其現任董事或
　　　　　　監察人任期於修正施行後一年內屆滿者，得自改選之董事或監察人任期屆滿時始
　　　　　　適用之。

第 136-1 條　為促進普惠金融及金融科技發展，不限於保險業、保險經紀人、保險代理人及保
　　　　　　險公證人，得依金融科技發展與創新實驗條例申請辦理保險業務創新實驗。

　　　　　　前項之創新實驗，於主管機關核准辦理之期間及範圍內，得不適用本法之規定。

　　　　　　主管機關應參酌第一項創新實驗之辦理情形，檢討本法及相關金融法規之妥適
　　　　　　性。

第 137 條　保險業非經主管機關許可，並依法為設立登記，繳存保證金，領得營業執照後，
　　　　　　不得開始營業。

保險業申請設立許可應具備之條件、程序、應檢附之文件、發起人、董事、監察人與經理人應具備之資格條件、廢止許可、分支機構之設立、保險契約轉讓、解散及其他應遵行事項之辦法,由主管機關定之。

外國保險業非經主管機關許可,並依法為設立登記,繳存保證金,領得營業執照後,不得開始營業。

外國保險業,除本法另有規定外,準用本法有關保險業之規定。

外國保險業申請設立許可應具備之條件、程序、應檢附之文件、廢止許可、營業執照核發、增設分公司之條件、營業項目變更、撤換負責人之情事、資金運用及其他應遵行事項之辦法,由主管機關定之。

依其他法律設立之保險業,除各該法律另有規定外,準用本法有關保險業之規定。

第 137-1 條　保險業負責人應具備之資格,由主管機關定之。

第 138 條　財產保險業經營財產保險,人身保險業經營人身保險,同一保險業不得兼營財產保險及人身保險業務。但財產保險業經主管機關核准經營傷害保險及健康保險者,不在此限。

財產保險業依前項但書規定經營傷害保險及健康保險業務應具備之條件、業務範圍、申請核准應檢附之文件及其他應遵行事項之辦法,由主管機關定之。

保險業不得兼營本法規定以外之業務。但經主管機關核准辦理其他與保險有關業務者,不在此限。

保險業辦理前項與保險有關業務,涉及外匯業務之經營者,須經中央銀行之許可。

保險合作社不得經營非社員之業務。

第 138-1 條　財產保險業應承保住宅地震危險,以主管機關建立之危險分散機制為之。

前項危險分散機制,應成立財團法人住宅地震保險基金負責管理,就超過財產保險業共保承擔限額部分,由該基金承擔、向國內、外為再保險、以主管機關指定之方式為之或由政府承受。

前二項有關危險分散機制之承擔限額、保險金額、保險費率、各種準備金之提存及其他應遵行事項之辦法,由主管機關定之。

財團法人住宅地震保險基金之捐助章程、業務範圍、資金運用及其他管理事項之辦法,由主管機關定之。

因發生重大震災,致住宅地震保險基金累積之金額不足支付應攤付之賠款,為保障被保險人之權益,必要時,該基金得請求主管機關會同財政部報請行政院核准後,由國庫提供擔保,以取得必要之資金來源。

第 138-2 條　保險業經營人身保險業務,保險契約得約定保險金一次或分期給付。

人身保險契約中屬死亡或失能之保險金部分，要保人於保險事故發生前得預先洽訂信託契約，由保險業擔任該保險金信託之受託人，其中要保人與被保險人應爲同一人，該信託契約之受益人並應爲保險契約之受益人，且以被保險人、未成年人、受監護宣告尚未撤銷者爲限。

前項信託給付屬本金部分，視爲保險給付，信託業依信託業法規定擔任保險金信託之受託人，且該信託契約之受益人與保險契約之受益人爲同一人，並以被保險人、未成年人、受監護宣告尚未撤銷者爲限者，其信託給付屬本金部分，亦同。

保險業辦理保險金信託業務應設置信託專戶，並以信託財產名義表彰。

前項信託財產爲應登記之財產者，應依有關規定爲信託登記。

第四項信託財產爲有價證券者，保險業設置信託專戶，並以信託財產名義表彰；其以信託財產爲交易行爲時，得對抗第三人，不適用信託法第四條第二項規定。

保險業辦理保險金信託，其資金運用範圍以下列爲限：

一、現金或銀行存款。

二、公債或金融債券。

三、短期票券。

四、其他經主管機關核准之資金運用方式。

138-3 條　保險業經營保險金信託業務，應經主管機關許可，其營業及會計必須獨立。

保險業爲擔保其因違反受託人義務而對委託人或受益人所負之損害賠償、利益返還或其他責任，應提存賠償準備。

保險業申請許可經營保險金信託業務應具備之條件、應檢附之文件、廢止許可、應提存賠償準備額度、提存方式及其他應遵行事項之辦法，由主管機關定之。

138-4 條　保險業應於其網站或主管機關指定機構之網站公告現行銷售中保險商品之契約條款，並公開揭露該等商品之預定附加費用率、承保範圍、不保事項及其他經主管機關指定之保險商品資訊。

139 條　各種保險業資本或基金之最低額，由主管機關審酌各地經濟實況，及各種保險業務之需要，分別呈請行政院核定之。

139-1 條　同一人或同一關係人單獨、共同或合計持有同一保險公司已發行有表決權股份總數超過百分之五者，自持有之日起十日內，應向主管機關申報；持股超過百分之五後累積增減逾一個百分點者，亦同。

同一人或同一關係人擬單獨、共同或合計持有同一保險公司已發行有表決權股份總數超過百分之十、百分之二十五或百分之五十者，均應分別事先向主管機關申請核准。

第三人爲同一人或同一關係人以信託、委任或其他契約、協議、授權等方法持有股份者，應併計入同一關係人範圍。

中華民國九十九年十一月十二日修正之條文施行前，同一人或同一關係人單獨
共同或合計持有同一保險公司已發行有表決權股份總數超過百分之五者，應自施
行之日起六個月內向主管機關申報。於申報後第一次擬增減持股比率而增減後持
股比率超過百分之十者，應事先向主管機關申請核准；第二次以後之增減持股比
率，依第一項及第二項規定辦理。

同一人或同一關係人依第二項或前項規定申請核准應具備之適格條件、應檢附之
書件、擬取得股份之股數、目的、資金來源、持有股票之出質情形、持股數與其
他重要事項變動之申報、公告及其他應遵行事項之辦法，由主管機關定之。

未依第一項、第二項或第四項規定向主管機關申報或經核准而持有保險公司已發
行有表決權之股份者，其超過部分無表決權，並由主管機關命其於限期內處分。

同一人或本人與配偶、未成年子女合計持有同一保險公司已發行有表決權股份總
數百分之一以上者，應由本人通知保險公司。

第 139-2 條　前條所稱同一人，指同一自然人或同一法人。

前條所稱同一關係人，指同一自然人或同一法人之關係人，其範圍如下：

一、同一自然人之關係人：
　　(一)同一自然人與其配偶及二親等以內血親。
　　(二)前目之人持有已發行有表決權股份或資本額合計超過三分之一之企業。
　　(三)第一目之人擔任董事長、總經理或過半數董事之企業或財團法人。

二、同一法人之關係人：
　　(一)同一法人與其董事長、總經理，及該董事長、總經理之配偶與二親等以
　　　　內血親。
　　(二)同一法人及前目之自然人持有已發行有表決權股份或資本額合計超過三
　　　　分之一之企業，或擔任董事長、總經理或過半數董事之企業或財團法
　　　　人。
　　(三)同一法人之關係企業。關係企業適用公司法第三百六十九條之一至第
　　　　三百六十九條之三、第三百六十九條之九及第三百六十九條之十一規
　　　　定。

計算前二項同一人或同一關係人持有同一保險公司之股份，不包括下列各款情形
所持有之股份：

一、證券商於承銷有價證券期間所取得，且於主管機關規定期間內處分之股份。

二、金融機構因承受擔保品所取得，且自取得日起未滿四年之股份。

三、因繼承或遺贈所取得，且自繼承或受贈日起未滿二年之股份。

第 140 條　保險公司得簽訂參加保單紅利之保險契約。

保險合作社簽訂之保險契約，以參加保單紅利者為限。

前二項保單紅利之計算基礎及方法，應於保險契約中明訂之。

第 141 條　保險業應按資本或基金實收總額百分之十五，繳存保證金於國庫。

第 142 條　保證金之繳存應以現金為之。但經主管機關之核准，得以公債或庫券代繳之。

前項繳存之保證金，除保險業有下列情事之一者外，不予發還：

一、經法院宣告破產。

二、經主管機關依本法規定為接管、勒令停業清理、清算之處分，並經接管人、清理人或清算人報經主管機關核准。

三、經宣告停業依法完成清算。

接管人得依前項第二款規定報請主管機關核准發還保證金者，以於接管期間讓與受接管保險業全部營業者為限。

以有價證券抵繳保證金者，其息票部分，在宣告停業依法清算時，得准移充清算費用。

第 143 條　保險業不得向外借款、為保證人或以其財產提供為他人債務之擔保。但保險業有下列情形之一，報經主管機關核准向外借款者，不在此限：

一、為給付鉅額保險金、大量解約或大量保單貸款之週轉需要。

二、因合併或承受經營不善同業之有效契約。

三、為強化財務結構，發行具有資本性質之債券。

第 143-1 條　為保障被保險人之基本權益，並維護金融之安定，財產保險業及人身保險業應分別提撥資金，設置財團法人安定基金。

財團法人安定基金之組織及管理等事項之辦法，由主管機關定之。

安定基金由各保險業者提撥；其提撥比率，由主管機關審酌經濟、金融發展情形及保險業承擔能力定之，並不得低於各保險業者總保險費收入之千分之一。

安定基金累積之金額不足保障被保險人權益，且有嚴重危及金融安定之虞時，得報經主管機關同意，向金融機構借款。

143-2 條　（刪除）

143-3 條　安定基金辦理之事項如下：

一、對經營困難保險業之貸款。

二、保險業因與經營不善同業進行合併或承受其契約，致遭受損失時，安定基金得予以低利貸款或墊支，並就其墊支金額取得對經營不善保險業之求償權。

三、保險業依第一百四十九條第三項規定被接管、勒令停業清理或命令解散，或經接管人依第一百四十九條之二第二項第四款規定向法院聲請重整時，安定基金於必要時應代該保險業墊付要保人、被保險人及受益人依有效契約所得為之請求，並就其墊付金額取得並行使該要保人、被保險人及受益人對該保險業之請求權。

四、保險業依本法規定進行重整時，為保障被保險人權益，協助重整程序之迅速進行，要保人、被保險人及受益人除提出書面反對意見者外，視為同意安定基金代理其出席關係人會議及行使重整相關權利。安定基金執行代理行為之程序及其他應遵行事項，由安定基金訂定，報請主管機關備查。

五、受主管機關委託擔任監管人、接管人、清理人或清算人職務。

六、經主管機關核可承接不具清償能力保險公司之保險契約。

七、財產保險業及人身保險業安定基金提撥之相關事宜。

八、受主管機關指定處理保險業依本法規定彙報之財務、業務及經營風險相關資訊。但不得逾越主管機關指定之範圍。

九、其他為安定保險市場或保障被保險人之權益，經主管機關核定之事項。

安定基金辦理前項第一款至第三款及第九款事項，其資金動用時點、範圍、單項金額及總額之限制由安定基金擬訂，報請主管機關核定。

保險業與經營不善同業進行合併或承受其契約致遭受損失，依第一項第二款規定申請安定基金墊支之金額，由安定基金報請主管機關核准。

主管機關於安定基金辦理第一項第七款及第八款事項時，得視其需要，提供必要之保險業經營資訊。

保險業於安定基金辦理第一項第七款及第八款事項時，於安定基金報經主管機關核可後，應依安定基金規定之檔案格式及內容，建置必要之各項準備金等電子資料檔案，並提供安定基金認為必要之電子資料檔案。

安定基金得對保險業辦理下列事項之查核：

一、提撥比率正確性及前項所定電子資料檔案建置內容。

二、自有資本與風險資本比率未符合第一百四十三條之四規定保險業之資產、負債及營業相關事項。

監管人、接管人、清理人及清算人之負責人及職員，依本法執行監管、接管、清理、清算業務或安定基金之負責人及職員，依本法辦理墊支或墊付事項時，因故意或過失不法侵害他人權利者，監管人、接管人、清理人、清算人或安定基金負損害賠償責任。

前項情形，負責人及職員有故意或重大過失時，監管人、接管人、清理人、清算人或安定基金對之有求償權。

第 143-4 條　保險業自有資本與風險資本之比率（以下簡稱資本適足率），不得低於百分之二百；必要時，主管機關得參照國際標準調整比率。

前項資本適足率劃分為下列等級：

一、資本適足。

二、資本不足。

三、資本顯著不足。

四、資本嚴重不足。

前項第一款所稱資本適足，指資本適足率達第一項所定之最低比率；前項第四款所稱資本嚴重不足，指資本適足率低於百分之五十或保險業淨值低於零。

第一項所定自有資本與風險資本之範圍、計算方法、管理、第二項第二款、第三款資本適足率等級之劃分及其他應遵行事項之辦法，由主管機關定之。

第 143-5 條　保險業有下列情形之一者，不得以股票股利或以移充社員增認股金以外之其他方式分配盈餘、買回其股份或退還股金：

一、資本適足率等級為資本不足、顯著不足或嚴重不足。

二、資本適足率等級為資本適足，如以股票股利、移充社員增認股金以外之其他方式分配盈餘、買回其股份或退還股金，有致其資本適足率等級降為前款等級之虞。

前項第一款之保險業，不得對負責人發放報酬以外之給付。但經主管機關核准者，不在此限。

第 143-6 條　主管機關應依保險業資本適足率等級，對保險業採取下列措施之一部或全部：

一、資本不足者：

(一)令其或其負責人限期提出增資、其他財務或業務改善計畫。屆期未提出增資、財務或業務改善計畫，或未依計畫確實執行者，得採取次一資本適足率等級之監理措施。

(二)令停售保險商品或限制保險商品之開辦。

(三)限制資金運用範圍。

(四)限制其對負責人有酬勞、紅利、認股權憑證或其他類似性質之給付。

(五)其他必要之處置。

二、資本顯著不足者：

(一)前款之措施。

(二)解除其負責人職務，並通知公司（合作社）登記主管機關廢止其負責人登記。

(三)停止其負責人於一定期間內執行職務。

(四)令取得或處分特定資產，應先經主管機關核准。

(五)令處分特定資產。

(六)限制或禁止與利害關係人之授信或其他交易。

(十)令其對負責人之報酬酌予降低，降低後之報酬不得超過該保險業資本適足率列入資本顯著不足等級前十二個月內對該負責人支給平均報酬之百分之七十。

　　　　　　　　(八)限制增設或令限期裁撤分支機構或部門。

　　　　　　　　(九)其他必要之處置。

　　　　　　三、資本嚴重不足者：除前款之措施外，應採取第一百四十九條第三項第一款規
　　　　　　　　定之處分。

第 144 條　　保險業之各種保險單條款、保險費及其他相關資料，由主管機關視各種保險之發
　　　　　　展狀況，分別規定銷售前應採行之程序、審核及內容有錯誤、不實或違反規定之
　　　　　　處置等事項之準則。

　　　　　　為健全保險業務之經營，保險業應聘用精算人員並指派其中一人為簽證精算人
　　　　　　員，負責保險費率之釐訂、各種準備金之核算簽證及辦理其他經主管機關指定之
　　　　　　事項；其資格條件、簽證內容、教育訓練及其他應遵行事項之辦法，由主管機關
　　　　　　定之。

　　　　　　保險業應聘請外部複核精算人員，負責辦理經主管機關指定之精算簽證報告複核
　　　　　　項目；其資格條件、複核頻率、複核報告內容及其他應遵行事項之辦法，由主管
　　　　　　機關定之。

　　　　　　第二項簽證精算人員之指派及前項外部複核精算人員之聘請，應經董（理）事會
　　　　　　同意，並報主管機關備查。

　　　　　　簽證精算人員應本公正及公平原則向其所屬保險業之董（理）事會及主管機關提
　　　　　　供各項簽證報告；外部複核精算人員應本公正及公平原則向主管機關提供複核報
　　　　　　告。簽證報告及複核報告內容不得有虛偽、隱匿、遺漏或錯誤等情事。

第 144-1 條　有下列情形之一者，保險業得以共保方式承保：

　　　　　　一、有關巨災損失之保險者。

　　　　　　二、配合政府政策需要者。

　　　　　　三、基於公共利益之考量者。

　　　　　　四、能有效提昇對投保大眾之服務者。

　　　　　　五、其他經主管機關核准者。

第 145 條　　保險業於營業年度屆滿時，應分別保險種類，計算其應提存之各種準備金，記載
　　　　　　於特設之帳簿。

　　　　　　前項所稱各種準備金之提存比率、計算方式及其他應遵行事項之辦法，由主管機
　　　　　　關定之。

第 145-1 條　保險業於完納一切稅捐後，分派盈餘時，應先提百分之二十為法定盈餘公積。
　　　　　　法定盈餘公積，已達其資本總額或基金總額時，不在此限。

　　　　　　保險業得以章程規定或經股東會或社員大會決議，另提特別盈餘公積。主管機關
　　　　　　於必要時，亦得命其提列。

　　　　　　第一項規定，自本法中華民國九十六年六月十四日修正之條文生效之次一會計

度施行。

第 146 條　保險業資金之運用，除存款外，以下列各款為限：

一、有價證券。

二、不動產。

三、放款。

四、辦理經主管機關核准之專案運用、公共及社會福利事業投資。

五、國外投資。

六、投資保險相關事業。

七、從事衍生性商品交易。

八、其他經主管機關核准之資金運用。

前項所定資金，包括業主權益及各種準備金。

第一項所定存款，其存放於每一金融機構之金額，不得超過該保險業資金百分之十。但經主管機關核准者，不在此限。

第一項第六款所稱保險相關事業，指保險、金融控股、銀行、票券、信託、信用卡、融資性租賃、證券、期貨、證券投資信託、證券投資顧問事業及其他經主管機關認定之保險相關事業。

保險業經營投資型保險業務、勞工退休金年金保險業務應專設帳簿，記載其投資資產之價值。

投資型保險業務專設帳簿之管理、保存、投資資產之運用及其他應遵行事項之辦法，由主管機關定之，不受第一項、第三項、第一百四十六條之一、第一百四十六條之二、第一百四十六條之四、第一百四十六條之五及第一百四十六條之七規定之限制。

依第五項規定應專設帳簿之資產，如要保人以保險契約委任保險業全權決定運用標的，且將該資產運用於證券交易法第六條規定之有價證券者，應依證券投資信託及顧問法申請兼營全權委託投資業務。

保險業依第　項第七款規定從事衍生性商品交易之條件、交易範圍、交易限額、內部處理程序及其他應遵行事項之辦法，由主管機關定之。

146-1 條　保險業資金得購買下列有價證券：

一、公債、國庫券。

二、金融債券、可轉讓定期存單、銀行承兌匯票、金融機構保證商業本票；其總額不得超過該保險業資金百分之三十五。

三、經依法核准公開發行之公司股票；其購買每一公司之股票，加計其他經主管機關核准購買之具有股權性質之有價證券總額，不得超過該保險業資金百分之五及該發行股票之公司實收資本額百分之十。

四、經依法核准公開發行之有擔保公司債，或經評等機構評定為相當等級以上之
　　公司所發行之公司債；其購買每一公司之公司債總額，不得超過該保險業資
　　金百分之五及該發行公司債之公司實收資本額百分之十。

五、經依法核准公開發行之證券投資信託基金及共同信託基金受益憑證；其投資
　　總額不得超過該保險業資金百分之十及每一基金已發行之受益憑證總額百分
　　之十。

六、證券化商品及其他經主管機關核准保險業購買之有價證券；其總額不得超過
　　該保險業資金百分之十。

前項第三款及第四款之投資總額，合計不得超過該保險業資金百分之三十五。

保險業依第一項第三款及第六款投資，不得有下列情事之一：

一、以保險業或其代表人擔任被投資公司董事、監察人。

二、行使對被投資公司董事、監察人選舉之表決權。

三、指派人員獲聘為被投資公司經理人。

四、擔任被投資證券化商品之信託監察人。

五、與第三人以信託、委任或其他契約約定或以協議、授權或其他方法參與對被
　　投資公司之經營、被投資不動產投資信託基金之經營、管理。但不包括該基
　　金之清算。

保險業有前項各款情事之一者，其或代表人擔任董事、監察人、行使表決權、指
派人員獲聘為經理人、與第三人之約定、協議或授權，無效。

保險業依第一項第三款至第六款規定投資於公開發行之未上市、未上櫃有價證
券、私募之有價證券；其應具備之條件、投資範圍、內容、投資規範及其他應遵
行事項之辦法，由主管機關定之。

第 146-2 條　保險業對不動產之投資，以所投資不動產即時利用並有收益者為限；其投資總
額，除自用不動產外，不得超過其資金百分之三十。但購買自用不動產總額不得
超過其業主權益之總額。

保險業不動產之取得及處分，應經合法之不動產鑑價機構評價。

保險業依住宅法興辦社會住宅且僅供租賃者，得不受第一項即時利用並有收益
之限制。

第 146-3 條　保險業辦理放款，以下列各款為限：

一、銀行或主管機關認可之信用保證機構提供保證之放款。

二、以動產或不動產為擔保之放款。

三、以合於第一百四十六條之一之有價證券為質之放款。

四、人壽保險業以各該保險業所簽發之人壽保險單為質之放款。

前項第一款至第三款放款，每一單位放款金額不得超過該保險業資金百分之五

其放款總額，不得超過該保險業資金百分之三十五。

保險業依第一項第一款、第二款及第三款對其負責人、職員或主要股東，或對與其負責人或辦理授信之職員有利害關係者，所為之擔保放款，應有十足擔保，其條件不得優於其他同類放款對象，如放款達主管機關規定金額以上者，並應經三分之二以上董事之出席及出席董事四分之三以上同意；其利害關係人之範圍、限額、放款總餘額及其他應遵行事項之辦法，由主管機關定之。

保險業依第一百四十六條之一第一項第三款及第四款對每一公司股票及公司債之投資與依第一項第三款以該公司發行之股票及公司債為質之放款，合併計算不得超過其資金百分之十與該發行股票及公司債之公司實收資本額百分之十。

第 146-4 條　保險業資金辦理國外投資，以下列各款為限：

一、外匯存款。

二、國外有價證券。

三、設立或投資國外保險公司、保險代理人公司、保險經紀人公司或其他經主管機關核准之保險相關事業。

四、其他經主管機關核准之國外投資。

保險業資金依前項規定辦理國外投資總額，由主管機關視各保險業之經營情況核定之，最高不得超過各該保險業資金百分之四十五。但下列金額不計入其國外投資限額：

一、保險業經主管機關核准銷售以外幣收付之非投資型人身保險商品，並經核准不計入國外投資之金額。

二、保險業依本法規定投資於國內證券市場上市或上櫃買賣之外幣計價股權或債券憑證之投資金額。

三、保險業經主管機關核准設立或投資國外保險相關事業，並經核准不計入國外投資之金額。

四、其他經主管機關核准之投資項目及金額。

保險業資金辦理國外投資之投資規範、投資額度、審核及其他應遵行事項之辦法，由主管機關定之。主管機關並得視保險業之財務狀況、風險管理及法令遵循之情形就前項第二款之投資金額予以限制。

第 146-5 條　保險業資金辦理專案運用、公共及社會福利事業投資應申請主管機關核准；其申請核准應具備之文件、程序、運用或投資之範圍、限額及其他應遵行事項之辦法，由主管機關定之。

前項資金運用方式為投資公司股票時，其投資之條件及比率，不受第一百四十六條之一第一項第三款規定之限制。

第一項資金之運用，準用第一百四十六條之一第三項及第四項規定。

保險業資金辦理公共及社會福利事業投資，符合下列規定者，不受前項規定之限制：

一、保險業或其代表人擔任被投資事業董事、監察人者，其派任之董事、監察人席次不得超過被投資事業全體董事、監察人席次之三分之一。

二、不得指派人員獲聘為被投資事業經理人。

第146-6條　保險業業主權益，超過第一百三十九條規定最低資本或基金最低額者，得經主管機關核准，投資保險相關事業所發行之股票，不受第一百四十六條之一第一項第三款及第三項規定之限制；其投資總額，最高不得超過該保險業業主權益。

保險業依前項規定投資而與被投資公司具有控制與從屬關係者，其投資總額，最高不得超過該保險業業主權益百分之四十。

保險業依第一項規定投資保險相關事業，其控制與從屬關係之範圍、投資申報方式及其他應遵行事項之辦法，由主管機關定之。

第146-7條　主管機關對於保險業就同一人、同一關係人或同一關係企業之放款或其他交易得予限制；其限額、其他交易之範圍及其他應遵行事項之辦法，由主管機關定之。

前項所稱同一人，指同一自然人或同一法人；同一關係人之範圍，包含本人、配偶、二親等以內之血親及以本人或配偶為負責人之事業；同一關係企業之範圍，適用公司法第三百六十九條之一至第三百六十九條之三、第三百六十九條之九及第三百六十九條之十一規定。

主管機關對於保險業與其利害關係人從事放款以外之其他交易得予限制；其利害關係人及交易之範圍、決議程序、限額及其他應遵行事項之辦法，由主管機關定之。

第146-8條　第一百四十六條之三第三項所列舉之放款對象，利用他人名義向保險業申請辦理之放款，適用第一百四十六條之三第三項規定。

向保險業申請辦理之放款，其款項為利用他人名義之人所使用，或其款項移轉為利用他人名義之人所有時，推定為前項所稱利用他人名義之人向保險業申請辦理之放款。

第146-9條　保險業因持有有價證券行使股東權利時，不得與被投資公司或第三人以信託、委任或其他契約約定或以協議、授權或其他方法進行股權交換或利益輸送，並不得損及要保人、被保險人或受益人之利益。

保險業於出席被投資公司股東會前，應將行使表決權之評估分析作業作成說明，並應於各該次股東會後，將行使表決權之書面紀錄，提報董事會。

保險業及其從屬公司，不得擔任被投資公司之委託書徵求人或委託他人擔任委託書徵求人。

第147條　保險業辦理再保險之分出、分入或其他危險分散機制業務之方式、限額及其他應

遵行事項之辦法，由主管機關定之。

第 147-1 條　保險業專營再保險業務者，爲專業再保險業，不適用第一百三十八條第一項、第一百四十三條之一、第一百四十三條之三及第一百四十四條第一項規定。

前項專業再保險業之業務、財務及其他相關管理事項之辦法，由主管機關定之。

第 148 條　主管機關得隨時派員檢查保險業之業務及財務狀況，或令保險業於限期內報告營業狀況。

前項檢查，主管機關得委託適當機構或專業經驗人員擔任；其費用，由受檢查之保險業負擔。

前二項檢查人員執行職務時，得爲下列行爲，保險業負責人及相關人員不得規避、妨礙或拒絕：

一、令保險業提供第一百四十八條之一第一項所定各項書表，並提出證明文件、單據、表冊及有關資料。

二、詢問保險業相關業務之負責人及相關人員。

三、評估保險業資產及負債。

第一項及第二項檢查人員執行職務時，基於調查事實及證據之必要，於取得主管機關許可後，得爲下列行爲：

一、要求受檢查保險業之關係企業提供財務報告，或檢查其有關之帳冊、文件，或向其有關之職員詢問。

二、向其他金融機構查核該保險業與其關係企業及涉嫌爲其利用名義交易者之交易資料。

前項所稱關係企業之範圍，適用公司法第三百六十九條之一至第三百六十九條之三、第三百六十九條之九及第三百六十九條之十一規定。

第 148-1 條　保險業每屆營業年度終了，應將其營業狀況連同資金運用情形，作成報告書，併同資產負債表、損益表、股東權益變動表、現金流量表及盈餘分配或虧損撥補之議案及其他經主管機關指定之項目，先經會計師查核簽證，並提經股東會或社員代表大會承認後，十五日內報請主管機關備查。

保險業除依前項規定提報財務業務報告外，主管機關並得視需要，令保險業於規定期限內，依規定之格式及內容，將業務及財務狀況彙報主管機關或其指定之機構，或提出帳簿、表冊、傳票或其他有關財務業務文件。

前二項財務報告之編製準則，由主管機關定之。

第 148-2 條　保險業應依規定據實編製記載有財務及業務事項之說明文件提供公開查閱。

保險業於有攸關消費大眾權益之重大訊息發生時，應於二日內以書面向主管機關報告，並主動公開說明。

第一項說明文件及前項重大訊息之內容、公開時期及方式，由主管機關定之。

第 148-3 條　保險業應建立內部控制及稽核制度;其辦法,由主管機關定之。

保險業對資產品質之評估、各種準備金之提存、逾期放款、催收款之清理、呆帳之轉銷及保單之招攬核保理賠,應建立內部處理制度及程序;其辦法,由主管機關定之。

第　149 條　保險業違反法令、章程或有礙健全經營之虞時,主管機關除得予以糾正或令其限期改善外,並得視情況為下列處分:

一、限制其營業或資金運用範圍。

二、令其停售保險商品或限制其保險商品之開辦。

三、令其增資。

四、令其解除經理人或職員之職務。

五、撤銷法定會議之決議。

六、解除董(理)事、監察人(監事)職務或停止其於一定期間內執行職務。

七、其他必要之處置。

依前項第六款規定解除董(理)事、監察人(監事)職務時,由主管機關通知公司(合作社)登記之主管機關廢止其董(理)事、監察人(監事)登記。

主管機關應依下列規定對保險業為監管、接管、勒令停業清理或命令解散之處分:

一、資本適足率等級為嚴重不足,且其或其負責人未依主管機關規定期限完成增資、財務或業務改善計畫或合併者,應自期限屆滿之次日起九十日內,為接管、勒令停業清理或命令解散之處分。

二、前款情形以外之財務或業務狀況顯著惡化,不能支付其債務,或無法履行契約責任或有損及被保險人權益之虞時,主管機關應先令該保險業提出財務或業務改善計畫,並經主管機關核定。若該保險業損益、淨值呈現加速惡化或經輔導仍未改善,致仍有前述情事之虞者,主管機關得依情節之輕重,為監管、接管、勒令停業清理或命令解散之處分。

前項保險業因國內外重大事件顯著影響金融市場之系統因素,致其或其負責人未於主管機關規定期限內完成前項增資、財務或業務改善或合併計畫者,主管機關得令該保險業另定完成期限或重新提具增資、財務或業務改善或合併計畫。

依第三項規定監管、接管、停業清理或解散者,主管機關得委託其他保險業、保險相關機構或具有專業經驗人員擔任監管人、接管人、清理人或清算人;其有涉及第一百四十三條之三安定基金辦理事項時,安定基金應配合辦理。

前項經主管機關委託之相關機構或個人,於辦理受委託事項時,不適用政府採購法之規定。

保險業受接管或被勒令停業清理時,不適用公司法有關臨時管理人或檢查人之規

定，除依本法規定聲請之重整外，其他重整、破產、和解之聲請及強制執行程序當然停止。

接管人依本法規定聲請重整，就該受接管保險業於受接管前已聲請重整者，得聲請法院合併審理或裁定；必要時，法院得於裁定前訊問利害關係人。

保險業經主管機關為監管處分時，非經監管人同意，保險業不得為下列行為：

一、支付款項或處分財產，超過主管機關規定之限額。

二、締結契約或重大義務之承諾。

三、其他重大影響財務之事項。

監管人執行監管職務時，準用第一百四十八條有關檢查之規定。

保險業監管或接管之程序、監管人與接管人之職權、費用負擔及其他應遵行事項之辦法，由主管機關定之。

第 149-1 條　保險業經主管機關派員接管者，其經營權及財產之管理處分權均由接管人行使之。原有股東會、董事會、董事、監察人、審計委員會或類似機構之職權即行停止。

前項接管人，有代表受接管保險業為訴訟上及訴訟外一切行為之權，並得指派自然人代表行使職務。接管人執行職務，不適用行政執行法第十七條及稅捐稽徵法第二十四條第三項規定。

保險業之董事、經理人或類似機構應將有關業務及財務上一切帳冊、文件與財產列表移交與接管人。董事、監察人、經理人或其他職員，對於接管人所為關於業務或財務狀況之詢問，有答復之義務。

接管人因執行職務聲請假扣押、假處分時，得免提供擔保。

第 149-2 條　保險業於受接管期間內，主管機關對其新業務之承接、受理有效保險契約之變更或終止、受理要保人以保險契約為質之借款或償付保險契約之解約金，得予以限制。

接管人執行職務而有下列行為時，應研擬具體方案，事先取得主管機關許可：

一、增資或減資後再增資。

二、讓與全部或部分營業、資產或負債。

三、分割或與其他保險業合併。

四、有重建更生可能而應向法院聲請重整。

五、其他經主管機關指定之重要事項。

保險業於受接管期間內，經接管人評估認為有利於維護保戶基本權益或金融穩定等必要，得出接管人研擬過渡保險機制方案，報主管機關核准後執行。

接管人依第二項第一款或第三款規定辦理而持有受接管保險業已發行有表決權股份者，不適用第一百三十九條之一規定。

法院受理接管人依本法規定之重整聲請時，得逕依主管機關所提出之財務業務檢查報告及意見於三十日內爲裁定。

依保險契約所生之權利於保險業重整時，有優先受償權，並免爲重整債權之申報。

接管人依本法聲請重整之保險業，不以公開發行股票或公司債之公司爲限，且其重整除本法另有規定外，準用公司法有關重整之規定。

受接管保險業依第二項第二款規定讓與全部或部分營業、資產或負債時，如受接管保險業之有效保險契約之保險費率與當時情況有顯著差異，非調高其保險費率或降低其保險金額，其他保險業不予承接者，接管人得報經主管機關核准，調整其保險費率或保險金額。

第 149-3 條　監管、接管之期限，由主管機關定之。在監管、接管期間，監管、接管原因消失時，監管人、接管人應報請主管機關終止監管、接管。

接管期間屆滿或雖未屆滿而經主管機關決定終止接管時，接管人應將經營之有關業務及財務上一切帳冊、文件與財產，列表移交與該保險業之代表人。

第 149-4 條　依第一百四十九條爲解散之處分者，其清算程序，除本法另有規定外，其爲公司組織者，準用公司法關於股份有限公司清算之規定；其爲合作社組織者，準用合作社法關於清算之規定。但有公司法第三百三十五條特別清算之原因者，均應準用公司法關於股份有限公司特別清算之程序爲之。

第 149-5 條　監管人、接管人、清理人或清算人之報酬及因執行職務所生之費用，由受監管、接管、清理、清算之保險業負擔，並優先於其他債權受清償。

前項報酬，應報請主管機關核定。

第 149-6 條　保險業經主管機關依第一百四十九條第三項規定爲監管、接管、勒令停業清理或命令解散之處分時，主管機關對該保險業及其負責人或有違法嫌疑之職員，得通知有關機關或機構禁止其財產爲移轉、交付或設定他項權利，並得函請入出境許可之機關限制其出境。

第 149-7 條　股份有限公司組織之保險業受讓依第一百四十九條之二第二項第二款受接管保險業讓與之營業、資產或負債時，適用下列規定：

一、股份有限公司受讓全部營業、資產或負債時，應經代表已發行股份總數過半數股東出席之股東會，以出席股東表決權過半數之同意行之；不同意之股東不得請求收買股份，免依公司法第一百八十五條至第一百八十七條規定辦理。

二、債權讓與之通知以公告方式辦理之，免依民法第二百九十七條之規定辦理。

三、承擔債務時免依民法第三百零一條債權人承認之規定辦理。

四、經主管機關認爲有緊急處理之必要，且對市場競爭無重大不利影響時，免依

　　　　　　公平交易法第十一條第一項規定向公平交易委員會申報結合。

　　　　　　保險業依第一百四十九條之二第二項第三款與受接管保險業合併時，除適用前項第一款及第四款規定外，解散或合併之通知得以公告方式辦理之，免依公司法第三百十六條第四項規定辦理。

第 149-8 條　保險業之清理，主管機關應指定清理人為之，並得派員監督清理之進行。

　　　　　　清理人之職務如下：

　　　　　　一、了結現務。

　　　　　　二、收取債權，清償債務。

　　　　　　三、分派賸餘財產。

　　　　　　保險業經主管機關為勒令停業清理之處分時，準用第一百四十九條之一、第一百四十九條之二第一項、第二項、第四項及第八項規定。

　　　　　　其他保險業受讓清理保險業之營業、資產或負債或與其合併時，應依前條規定辦理。

第 149-9 條　清理人就任後，應即於保險業所在地之日報為三日以上之公告，催告債權人於三十日內申報其債權，並應聲明屆期不申報者，不列入清理。但清理人所明知之債權，不在此限。

　　　　　　清理人應即查明保險業之財產狀況，於申報期限屆滿後三個月內造具資產負債表及財產目錄，並擬具清理計畫，報請主管機關備查，並將資產負債表於保險業所在地日報公告之。

　　　　　　清理人於第一項所定申報期限內，不得對債權人為清償。但對已屆清償期之職員薪資，不在此限。

第149-10條　保險業經主管機關勒令停業進行清理時，第三人對該保險業之債權，除依訴訟程序確定其權利者外，非依前條第一項規定之清理程序，不得行使。

　　　　　　前項債權因涉訟致分配有稽延之虞時，清理人得按照清理分配比例提存相當金額，而將所餘財產分配於其他債權人。

　　　　　　下列各款債權，不列入清理：

　　　　　　一、債權人參加清理程序為個人利益所支出之費用。

　　　　　　二、保險業停業日後債務不履行所生之損害賠償及違約金。

　　　　　　三、罰金、罰鍰及追繳金。

　　　　　　在保險業停業日前，對於保險業之財產有質權、抵押權或留置權者，就其財產有別除權；有別除權之債權人不依清理程序而行使其權利。但行使別除權後未能受清償之債權，得依清理程序申報列入清理債權。

　　　　　　清理人因執行清理職務所生之費用及債務，應先於清理債權，隨時由受清理保險業財產清償之。

依前條第一項規定申報之債權或爲清理人所明知而列入清理之債權，其請求權時效中斷，自清理完結之日起重行起算。

債權人依清理程序已受清償者，其債權未能受清償之部分，對該保險業之請求權視爲消滅。清理完結後，如復發現可分配之財產時，應追加分配，於列入清理程序之債權人受清償後，有剩餘時，第三項之債權人仍得請求清償。

第149-11條　保險業經主管機關勒令停業進行清理者，於清理完結後，免依公司法或合作社法規定辦理清算。

清理人應於清理完結後十五日內造具清理期內收支表、損益表及各項帳冊，並將收支表及損益表於保險業所在地之新聞紙及主管機關指定之網站公告後，報主管機關廢止保險業許可。

保險業於清理完結後，應以主管機關廢止許可日，作爲向公司或合作社主管機關辦理廢止登記日及依所得稅法第七十五條第一項所定應辦理當期決算之期日。

第 150 條　保險業解散清算時，應將其營業執照繳銷。

第二節　保險公司

第 151 條　保險公司除本法另有規定外，適用公司法關於股份有限公司之規定。

第 152 條　保險公司之股票，不得爲無記名式。

第 153 條　保險公司違反保險法令經營業務，致資產不足清償債務時，其董事長、董事、監察人、總經理及負責決定該項業務之經理，對公司之債權人應負連帶無限清償責任。

主管機關對前項應負連帶無限清償責任之負責人，得通知有關機關或機構禁止其財產爲移轉、交付或設定他項權利，並得函請入出境許可之機關限制其出境。

第一項責任，於各該負責人卸職登記之日起滿三年解除。

第 154 條　（刪除）

第 155 條　（刪除）

第三節　保險合作社

第 156 條　保險合作社除依本法規定外，適用合作社法及其有關法令之規定。

第 157 條　保險合作社，除依合作社法籌集股金外，並依本法籌足基金。

前項基金非俟公積金積至與基金總額相等時，不得發還。

第 158 條　保險合作社於社員出社時，其現存財產不足抵償債務，出社之社員仍負擔出社前應負之責任。

第 159 條　保險合作社之理事，不得兼任其他合作社之理事、監事或無限責任社員。

第 160 條　（刪除）

第 161 條　保險合作社之社員，對於保險合作社應付之股金及基金，不得以其對保險合作社

　　　　　　之債權互相抵銷。

第 162 條　財產保險合作社之預定社員人數不得少於三百人；人身保險合作社之預定社員人
　　　　　　數不得少於五百人。

第四節　保險代理人、經紀人、公證人

第 163 條　保險代理人、經紀人、公證人應經主管機關許可，繳存保證金並投保相關保險，
　　　　　　領有執業證照後，始得經營或執行業務。

　　　　　　前項所定相關保險，於保險代理人、公證人為責任保險；於保險經紀人為責任保
　　　　　　險及保證保險。

　　　　　　第一項繳存保證金、投保相關保險之最低金額及實施方式，由主管機關考量保險
　　　　　　代理人、經紀人、公證人經營業務與執行業務範圍及規模等因素定之。

　　　　　　保險代理人、經紀人、公證人之資格取得、申請許可應具備之條件、程序、應檢
　　　　　　附之文件、董事、監察人與經理人應具備之資格條件、解任事由、設立分支機構
　　　　　　之條件、財務與業務管理、教育訓練、廢止許可及其他應遵行事項之管理規則，
　　　　　　由主管機關定之。

　　　　　　銀行得經主管機關許可擇一兼營保險代理人或保險經紀人業務，並應分別準用本
　　　　　　法有關保險代理人、保險經紀人之規定。

　　　　　　保險經紀人應以善良管理人之注意義務，為被保險人洽訂保險契約或提供相關服
　　　　　　務，並負忠實義務。

　　　　　　保險經紀人為被保險人洽訂保險契約前，於主管機關指定之適用範圍內，應主動
　　　　　　提供書面之分析報告，向要保人或被保險人收取報酬者，應明確告知其報酬收取
　　　　　　標準。

　　　　　　前項書面分析報告之適用範圍、內容及報酬收取標準之範圍，由主管機關定之。

163-1 條　保險代理人、保險經紀人經主管機關許可，得配合保險業電子商務發展辦理相關
　　　　　　業務，並得以電子系統執行業務；其資格條件、業務範圍及其他應遵行事項之辦
　　　　　　法，由主管機關定之。

164 條　（刪除）

164-1 條　保險代理人、經紀人、公證人違反法令或有礙健全經營之虞時，主管機關除得予
　　　　　　以糾正或命其限期改善外，並得視情節之輕重為下列處分：

　　　　　　一、限制其經營或執行業務之範圍。

　　　　　　二、命公司解除經理人或職員之職務。

　　　　　　三、解除公司董事、監察人職務或停止其於一定期間內執行職務。

　　　　　　四、其他必要之處置。

　　　　　　依前項第三款規定解除公司董事或監察人職務時，由主管機關通知公司登記之主
　　　　　　管機關註銷其董事或監察人登記。

| 第 165 條 | 保險代理人、經紀人、公證人，應有固定業務處所，並專設帳簿記載業務收支。兼有保險代理人、經紀人、公證人資格者，僅得擇一申領執業證照。
保險代理人公司、經紀人公司為公開發行公司或具一定規模者，應建立內部控制、稽核制度與招攬處理制度及程序；其辦法，由主管機關定之。
第一百四十二條、第一百四十八條於保險代理人、經紀人、公證人準用之。 |

第四節之一　同業公會

第 165-1 條	保險業、保險代理人公司、保險經紀人公司、保險公證人公司非加入同業公會，不得營業；同業公會非有正當理由，不得拒絕其加入，或就其加入附加不當之條件。
第 165-2 條	同業公會為會員之健全經營及維護同業之聲譽，應辦理下列事項： 一、訂定共同性業務規章、自律規範及各項實務作業規定，並報請主管機關備查後供會員遵循。 二、就會員所經營業務，為必要指導或協調其間之糾紛。 三、主管機關規定或委託辦理之事項。 四、其他為達成保險業務發展及公會任務之必要業務。 同業公會為辦理前項事項，得要求會員提供有關資料或提出說明。
第 165-3 條	同業公會之業務、財務規範與監督、章程應記載事項、負責人與業務人員之資格條件及其他應遵行事項之規則，由主管機關定之。
第 165-4 條	同業公會之理事、監事有違反法令、怠於遵守該會章程、規章、濫用職權或違反誠實信用原則之行為者，主管機關得予以糾正或命令同業公會予以解任。
第 165-5 條	主管機關為健全保險市場或保護被保險人之權益，必要時，得命令同業公會變更其章程、規章、規範或決議，或提供參考、報告之資料，或為其他一定之行為。
第 165-6 條	同業公會得依章程之規定，對會員或其會員代表違反章程、規章、自律規範、會員大會或理事會決議等事項時，為必要之處置。
第 165-7 條	同業公會章程之變更及理事會、監事會會議紀錄，應報請主管機關備查。

第五節　罰則

第 166 條	未依第一百三十七條規定，經主管機關核准經營保險業務者，應勒令停業，並新臺幣三百萬元以上三千萬元以下罰鍰。
第 166-1 條	散布流言或以詐術損害保險業、外國保險業之信用者，處五年以下有期徒刑，併科新臺幣一千萬元以下罰金。
第 167 條	非保險業經營保險業務者，處三年以上十年以下有期徒刑，得併科新臺幣一千元以上二億元以下罰金。其因犯罪獲取之財物或財產上利益達新臺幣一億元以上者，處七年以上有期徒刑，得併科新臺幣二千五百萬元以上五億元以下罰金。

　　法人之代表人、代理人、受僱人或其他從業人員，因執行業務犯前項之罪者，除處罰其行為人外，對該法人亦科該項之罰金。

第 167-1 條　為非本法之保險業或外國保險業代理、經紀或招攬保險業務者，處三年以下有期徒刑，得併科新臺幣三百萬元以上二千萬元以下罰金；情節重大者，得由主管機關對保險代理人、經紀人、公證人或兼營保險代理人或保險經紀人業務之銀行停止一部或全部業務，或廢止許可，並註銷執業證照。

　　法人之代表人、代理人、受僱人或其他從業人員，因執行業務犯前項之罪者，除處罰其行為人外，對該法人亦科該項之罰金。

　　未領有執業證照而經營或執行保險代理人、經紀人、公證人業務者，處新臺幣九十萬元以上九百萬元以下罰鍰。

第 167-2 條　違反第一百六十三條第四項所定管理規則中有關財務或業務管理之規定、第一百六十三條第七項規定，或違反第一百六十五條第一項或第一百六十三條第五項準用上開規定者，應限期改正，或併處新臺幣十萬元以上三百萬元以下罰鍰；情節重大者，廢止其許可，並註銷執業證照。

第 167-3 條　違反第一百六十五條第三項或第一百六十三條第五項準用上開規定，未建立或未確實執行內部控制、稽核制度、招攬處理制度或程序者，應限期改正，或併處新臺幣十萬元以上三百萬元以下罰鍰。

第 167-4 條　主管機關依第一百六十三條第五項、第一百六十五條第四項準用第一百四十八條規定派員，或委託適當機構或專業經驗人員，檢查保險代理人、經紀人、公證人或兼營保險代理人或保險經紀人業務之銀行之財務及業務狀況或令其於限期內報告營業狀況，保險代理人、經紀人或公證人本人或其負責人、職員，或兼營保險代理人或保險經紀人業務之銀行部門主管、部門副主管或職員，有下列情形之一者，處保險代理人、經紀人、公證人或兼營保險代理人或保險經紀人業務之銀行新臺幣三十萬元以上三百萬元以下罰鍰，情節重大者，並得解除其負責人職務：

一、拒絕檢查或拒絕開啟金庫或其他庫房。

二、隱匿或毀損有關業務或財務狀況之帳冊文件。

三、無故對檢查人員之詢問不為答復或答復不實。

四、屆期未提報財務報告、財產目錄或其他有關資料及報告，或提報不實、不全或未於規定期限內繳納查核費用。

　　保險代理人、經紀人、公證人及兼營保險代理人或保險經紀人業務之銀行之關係企業或其他金融機構，於主管機關依第一百六十三條第五項、第一百六十五條第四項準用第一百四十八條第四項規定派員檢查時，怠於提供財務報告、帳冊、文件或相關交易資料者，處新臺幣三十萬元以上三百萬元以下罰鍰。

167-5 條　保險業與第一百六十七條之一第三項之人為代理、經紀或公證業務往來者，處新

臺幣一百五十萬元以上一千五百萬元以下罰鍰。

第 168 條　保險業違反第一百三十八條第一項、第三項、第五項或第二項所定辦法中有關業務範圍之規定者，處新臺幣九十萬元以上九百萬元以下罰鍰。

保險業違反第一百三十八條之二第二項、第四項、第五項、第七項、第一百三十八條之三第一項、第二項或第三項所定辦法中有關賠償準備金提存額度、提存方式之規定者，處新臺幣九十萬元以上九百萬元以下罰鍰；其情節重大者，並得廢止其經營保險金信託業務之許可。

保險業違反第一百四十三條規定者，處新臺幣九十萬元以上九百萬元以下罰鍰。

保險業違反第一百四十三條之五或主管機關依第一百四十三條之六各款規定所為措施者，處新臺幣二百萬元以上二千萬元以下罰鍰。

保險業資金之運用有下列情形之一者，處新臺幣一百萬元以上一千萬元以下罰鍰或解除其負責人職務；其情節重大者，並得廢止其許可：

一、違反第一百四十六條第一項、第三項、第五項、第七項或第六項所定辦法中有關專設帳簿之管理、保存及投資資產運用之規定，或違反第八項所定辦法中有關保險業從事衍生性商品交易之條件、交易範圍、交易限額、內部處理程序之規定。

二、違反第一百四十六條之一第一項、第二項、第三項或第五項所定辦法中有關投資條件、投資範圍、內容及投資規範之規定；或違反第一百四十六條之二第三項或第四項規定。

三、違反第一百四十六條之二規定。

四、違反第一百四十六條之三第一項、第二項或第四項規定。

五、違反第一百四十六條之四第一項、第二項或第三項所定辦法中有關投資規範或投資額度之規定。

六、違反第一百四十六條之五第一項前段規定、同條後段所定辦法中有關投資範圍或限額之規定。

七、違反第一百四十六條之六第一項、第二項或第三項所定辦法中有關投資申請方式之規定。

八、違反第一百四十六條之九第一項、第二項或第三項規定。

保險業依第一百四十六條之三第三項或第一百四十六條之八第一項規定所為之放款無十足擔保或條件優於其他同類放款對象者，其行為負責人，處三年以下有期徒刑或拘役，得併科新臺幣二千萬元以下罰金。

保險業依第一百四十六條之三第三項或第一百四十六條之八第一項規定所為之放款達主管機關規定金額以上，未經董事會三分之二以上董事之出席及出席董事四分之三以上同意者，或違反第一百四十六條之三第三項所定辦法中有關放

限額、放款總餘額之規定者，其行為負責人，處新臺幣二百萬元以上二千萬元以下罰鍰。

保險業違反第一百四十六條之七第一項所定辦法中有關放款或其他交易限額之規定，或第三項所定辦法中有關決議程序或限額之規定者，處新臺幣二百萬元以上二千萬元以下罰鍰。

第 168-1 條　主管機關依第一百四十八條規定派員，或委託適當機構或專業經驗人員，檢查保險業之業務及財務狀況或令保險業於限期內報告營業狀況時，保險業之負責人或職員有下列情形之一者，處新臺幣一百八十萬元以上一千八百萬元以下罰鍰，情節重大者，並得解除其負責人職務：

一、拒絕檢查或拒絕開啟金庫或其他庫房。

二、隱匿或毀損有關業務或財務狀況之帳冊文件。

三、無故對檢查人員之詢問不為答復或答復不實。

四、逾期提報財務報告、財產目錄或其他有關資料及報告，或提報不實、不全或未於規定期限內繳納查核費用者。

保險業之關係企業或其他金融機構，於主管機關依第一百四十八條第四項派員檢查時，怠於提供財務報告、帳冊、文件或相關交易資料者，處新臺幣一百八十萬元以上一千八百萬元以下罰鍰。

第 168-2 條　保險業負責人或職員或以他人名義投資而直接或間接控制該保險業之人事、財務或業務經營之人，意圖為自己或第三人不法之利益，或損害保險業之利益，而為違背保險業經營之行為，致生損害於保險業之財產或利益者，處三年以上十年以下有期徒刑，得併科新臺幣一千萬元以上二億元以下罰金。其因犯罪獲取之財物或財產上利益達新臺幣一億元以上者，處七年以上有期徒刑，得併科新臺幣二千五百萬元以上五億元以下罰金。

保險業負責人或職員或以他人名義投資而直接或間接控制該保險業之人事、財務或業務經營之人，二人以上共同實施前項犯罪之行為者，得加重其刑至二分之一。

第一項之未遂犯罰之。

第 168-3 條　犯第一百六十七條或第一百六十八條之二之罪，於犯罪後自首，如自動繳交全部犯罪所得財物者，減輕或免除其刑；並因而查獲其他正犯或共犯者，免除其刑。

犯第一百六十七條或第一百六十八條之二之罪，在偵查中自白，如自動繳交全部犯罪所得財物者，減輕其刑；並因而查獲其他正犯或共犯者，減輕其刑至二分之一。

犯第一百六十七條或第一百六十八條之二之罪，其因犯罪獲取之財物或財產上利益超過罰金最高額時，得於犯罪獲取之財物或財產上利益之範圍內加重罰金；如

損及保險市場穩定者，加重其刑至二分之一。

第 168-4 條　犯本法之罪，犯罪所得屬犯罪行為人或其以外之自然人、法人或非法人團體因刑法第三十八條之一第二項所列情形取得者，除應發還被害人或得請求損害賠償之人外，沒收之。

第 168-5 條　犯本法之罪，所科罰金達新臺幣五千萬元以上而無力完納者，易服勞役期間為二年以下，其折算標準以罰金總額與二年之日數比例折算；所科罰金達新臺幣一億元以上而無力完納者，易服勞役期間為三年以下，其折算標準以罰金總額與三年之日數比例折算。

第 168-6 條　第一百六十八條之二第一項之保險業負責人、職員或以他人名義投資而直接或間接控制該保險業之人事、財務或業務經營之人所為之無償行為，有害及保險業之權利者，保險業得聲請法院撤銷之。

前項之保險業負責人、職員或以他人名義投資而直接或間接控制該保險業之人事、財務或業務經營之人所為之有償行為，於行為時明知有損害於保險業之權利，且受益之人於受益時亦知其情事者，保險業得聲請法院撤銷之。

依前二項規定聲請法院撤銷時，得並聲請命受益之人或轉得人回復原狀。但轉得人於轉得時不知有撤銷原因者，不在此限。

第一項之保險業負責人、職員或以他人名義投資而直接或間接控制該保險業之人事、財務或業務經營之人與其配偶、直系親屬、同居親屬、家長或家屬間所為之處分其財產行為，均視為無償行為。

第一項之保險業負責人、職員或以他人名義投資而直接或間接控制該保險業之人事、財務或業務經營之人與前項以外之人所為之處分其財產行為，推定為無償行為。

第一項及第二項之撤銷權，自保險業知有撤銷原因時起，一年間不行使，或自行為時起經過十年而消滅。

第 168-7 條　第一百六十八條之二第一項之罪，為洗錢防制法第三條第一項所定之重大犯罪，適用洗錢防制法之相關規定。

第 169 條　保險業違反第七十二條規定超額承保者，除違反部分無效外，處新臺幣四十五萬元以上四百五十萬元以下罰鍰。

第 169-1 條　（刪除）

第 169-2 條　保險業有下列情事之一者，由安定基金報請主管機關處新臺幣三十萬元以上三百萬元以下罰鍰，情節重大者，並得解除其負責人職務：

一、未依限提撥安定基金或拒絕繳付。

二、違反第一百四十三條之三第五項規定，未依規定建置電子資料檔案、拒絕提供電子資料檔案，或所提供之電子資料檔案嚴重不實。

三、規避、妨礙或拒絕安定基金依第一百四十三條之三第六項規定之查核。

第 170 條　（刪除）

第 170-1 條　保險業辦理再保險業務違反第一百四十七條所定辦法中有關再保險之分出、分入、其他危險分散機制業務之方式或限額之規定者，處新臺幣九十萬元以上九百萬元以下罰鍰。

保險業違反第一百四十七條之一第二項所定辦法中有關業務範圍或財務管理之規定者，處新臺幣九十萬元以上九百萬元以下罰鍰。

第 171 條　保險業違反第一百四十四條第一項至第四項、第一百四十五條規定者，處新臺幣六十萬元以上六百萬元以下罰鍰，並得令其撤換核保或精算人員。

保險業簽證精算人員或外部複核精算人員違反第一百四十四條第五項規定者，主管機關得視其情節輕重為警告、停止於三年以內期間簽證或複核，並得令保險業予以撤換。

第 171-1 條　保險業違反第一百四十八條之一第一項或第二項規定者，處新臺幣六十萬元以上六百萬元以下罰鍰。

保險業違反第一百四十八條之二第一項規定，未提供說明文件供查閱、或所提供之說明文件未依規定記載，或所提供之說明文件記載不實，處新臺幣六十萬元以上六百萬元以下罰鍰。

保險業違反第一百四十八條之二第二項規定，未依限向主管機關報告或主動公開說明，或向主管機關報告或公開說明之內容不實，處新臺幣三十萬元以上三百萬元以下罰鍰。

保險業違反第一百四十八條之三第一項規定，未建立或未執行內部控制或稽核制度，處新臺幣六十萬元以上一千二百萬元以下罰鍰。

保險業違反第一百四十八條之三第二項規定，未建立或未執行內部處理制度或程序，處新臺幣六十萬元以上一千二百萬元以下罰鍰。

第 171-2 條　保險公司股東持股違反第一百三十九條之一第一項、第二項或第四項規定，未向主管機關申報或經核准而持有股份者，處該股東新臺幣四十萬元以上四百萬元以下罰鍰。

保險公司股東違反主管機關依第一百三十九條之一第五項所定辦法中有關持股數與其他重要事項變動之申報或公告規定，或未於主管機關依同條第六項所定期限內處分股份者，處該股東新臺幣四十萬元以上四百萬元以下罰鍰。

保險公司股東違反第一百三十九條之一第七項規定未為通知者，處該股東新臺幣十萬元以上一百萬元以下罰鍰。

第 172 條　保險業經撤銷或廢止許可後，遲延不清算者，得處負責人各新臺幣六十萬元以上六百萬元以下罰鍰。

第 172-1 條　保險業於主管機關監管、接管或勒令停業清理時，其董（理）事、監察人（監事）、經理人或其他職員有下列情形之一者，處一年以上七年以下有期徒刑，得併科新臺幣二千萬元以下罰金：
　　　　　一、拒絕將保險業業務財務有關之帳冊、文件、印章及財產等列表移交予監管人、接管人或清理人或不爲全部移交。
　　　　　二、隱匿或毀損與業務有關之帳冊、隱匿或毀棄該保險業之財產，或爲其他不利於債權人之處分。
　　　　　三、捏造債務，或承認不眞實之債務。
　　　　　四、無故拒絕監管人、接管人或清理人之詢問，或對其詢問爲虛僞之答復，致影響被保險人或受益人之權益者。
第 172-2 條　保險業或受罰人經依本節規定處罰後，於規定限期內仍不予改正者，主管機關得按次處罰。
　　　　　依本節規定應處罰鍰之行爲，其情節輕微，以不處罰爲適當者，得免予處罰。
第 173 條　（刪除）

第六章　附則

第 174 條　社會保險另以法律定之。
第 174-1 條　法院爲審理違反本法之犯罪案件，得設立專業法庭或指定專人辦理。
第 175 條　本法施行細則，由主管機關定之。
第 175-1 條　爲促進我國與其他國家保險市場主管機關之國際合作，政府或其授權之機構依互惠原則，得與外國政府、機構或國際組織，就資訊交換、技術合作、協助調查等事項，簽訂合作條約或協定。
　　　　　除有妨害國家利益或投保大眾權益者外，主管機關依前項簽訂之條約或協定，得洽請相關機關、機構依法提供必要資訊，並基於互惠及保密原則，提供予與我國簽訂條約或協定之外國政府、機構或國際組織。
第 176 條　保險業之設立、登記、轉讓、合併及解散清理，除依公司法規定外，應將詳細程序明訂於管理辦法內。
第 177 條　保險業務員之資格取得、登錄、撤銷或廢止登錄、教育訓練、懲處及其他應遵行事項之管理規則，由主管機關定之。
第 177-1 條　符合下列各款規定之一者，於經本人書面同意，得蒐集、處理或利用病歷、醫療、健康檢查之個人資料：
　　　　　一、依本法經營或執行業務之保險業、保險代理人、經紀人、公證人。
　　　　　二、協助保險契約義務之確定或履行而受保險業委託之法人。
　　　　　三、辦理爭議處理、車禍受害人補償業務而經主管機關許可設立之保險事務財

法人。

前項書面同意方式、第一款業務範圍及其他應遵行事項，由主管機關訂定辦法管理之。

保險業為執行核保或理賠作業需要，處理、利用依法所蒐集保險契約受益人之姓名、出生年月日、國民身分證統一編號及聯絡方式，得免為個人資料保護法第九條第一項之告知。

中華民國一百年六月十四日修正之本條文施行前，第一項各款之人已依法蒐集之病歷、醫療、健康檢查之個人資料，於修正施行後，得繼續處理及為符合蒐集之特定目的必要範圍內利用。

第 178 條　本法除中華民國九十五年五月三十日修正公布之條文自九十五年七月一日施行，一百年六月十四日修正之第一百七十七條之一施行日期由行政院定之，一百零四年一月二十二日修正之第一百四十三條之四至第一百四十三條之六、第一百四十九條及第一百六十八條第四項規定自一百零五年一月一日施行外，自公布日施行。

附錄四：海商法

1. 民國18年12月30日國民政府制定公布全文174條；並自民國20年1月1日施行。
2. 民國51年7月25日總統令修正公布全文194條。
3. 民國88年7月14日總統令修正公布全文153條。
4. 民國89年1月26日總統令修正公布第76條條文。
5. 民國98年7月8日總統令修正公布第16、153條條文；並自98年11月23日施行。

第一章　通則

第　1　條　本法稱船舶者，謂在海上航行，或在與海相通之水面或水中航行之船舶。

第　2　條　本法稱船長者，謂受船舶所有人僱用主管船舶一切事務之人員；稱海員者，謂受船舶所有人僱用由船長指揮服務於船舶上所有人員。

第　3　條　下列船舶除因碰撞外，不適用本法之規定：
　　　　　一、船舶法所稱之小船。
　　　　　二、軍事建制之艦艇。
　　　　　三、專用於公務之船舶。
　　　　　四、第一條規定以外之其他船舶。

第　4　條　船舶保全程序之強制執行，於船舶發航準備完成時起，以迄航行至次一停泊港時止，不得為之。但為使航行可能所生之債務，或因船舶碰撞所生之損害，不在此限。
　　　　　國境內航行船舶之保全程序，得以揭示方法為之。

第　5　條　海商事件，依本法之規定，本法無規定者，適用其他法律之規定。

第二章　船舶

第一節　船舶所有權

第　6　條　船舶除本法有特別規定外，適用民法關於動產之規定。

第　7　條　除給養品外，凡於航行上或營業上必需之一切設備及屬具，皆視為船舶之一部。

第　8　條　船舶所有權或應有部分之讓與，非作成書面並依下列之規定，不生效力：
　　　　　一、在中華民國，應申請讓與地或船舶所在地航政主管機關蓋印證明。
　　　　　二、在外國，應申請中華民國駐外使領館、代表處或其他外交部授權機構蓋印證明。

第　9　條　船舶所有權之移轉，非經登記，不得對抗第三人。

第 10 條	船舶建造中，承攬人破產而破產管理人不爲完成建造者，船舶定造人，得將船舶及業經交付或預定之材料，照估價扣除已付定金給償收取之，並得自行出資在原處完成建造。但使用船廠應給與報償。
第 11 條	共有船舶之處分及其他與共有人共同利益有關之事項，應以共有人過半數並其應有部分之價值合計過半數之同意爲之。
第 12 條	船舶共有人有出賣其應有部分時，其他共有人，得以同一價格儘先承買。 因船舶共有權一部分之出賣，致該船舶喪失中華民國國籍時，應得共有人全體之同意。
第 13 條	船舶共有人，以其應有部分供抵押時，應得其他共有人過半數之同意。
第 14 條	船舶共有人，對於利用船舶所生之債務，就其應有部分，負比例分擔之責。 共有人對於發生債務之管理行爲，曾經拒絕同意者，關於此項債務，得委棄其應有部分於他共有人而免其責任。
第 15 條	船舶共有人爲船長而被辭退或解任時，得退出共有關係，並請求返還其應有部分之資金。 前項資金數額，依當事人之協議定之，協議不成時，由法院裁判之。 第一項所規定退出共有關係之權，自被辭退之日起算，經一個月不行使而消滅。
第 16 條	共有關係，不因共有人中一人之死亡、破產或受監護宣告而終止。
第 17 條	船舶共有人，應選任共有船舶經理人，經營其業務，共有船舶經理人之選任，應以共有人過半數，並其應有部分之價值合計過半數之同意爲之。
第 18 條	共有船舶經理人關於船舶之營運，在訴訟上或訴訟外代表共有人。
第 19 條	共有船舶經理人，非經共有人依第十一條規定之書面委任，不得出賣或抵押其船舶。 船舶共有人，對於共有船舶經理人權限所加之限制，不得對抗善意第三人。
第 20 條	共有船舶經理人，於每次航行完成後，應將其經過情形，報告於共有人，共有人亦得隨時檢查其營業情形，並查閱帳簿。
第 21 條	船舶所有人對下列事項所負之責任，以本次航行之船舶價值、運費及其他附屬費爲限： 一、在船上、操作船舶或救助工作直接所致人身傷亡或財物毀損滅失之損害賠償。 二、船舶操作或救助工作所致權益侵害之損害賠償。但不包括因契約關係所生之損害賠償。 三、沈船或落海之打撈移除所生之債務。但不包括依契約之報酬或給付。 四、爲避免或減輕前二款責任所負之債務。 前項所稱船舶所有人，包括船舶所有權人、船舶承租人、經理人及營運人。

第一項所稱本次航行，指船舶自一港至次一港之航程；所稱運費，不包括依法或依約不能收取之運費及票價；所稱附屬費，指船舶因受損害應得之賠償。但不包括保險金。

第一項責任限制數額如低於下列標準者，船舶所有人應補足之：

一、對財物損害之賠償，以船舶登記總噸，每一總噸為國際貨幣基金，特別提款權五四計算單位，計算其數額。

二、對人身傷亡之賠償，以船舶登記總噸，每一總噸特別提款權一六二計算單位計算其數額。

三、前二款同時發生者，以船舶登記總噸，每一總噸特別提款權一六二計算單位計算其數額。但人身傷亡應優先以船舶登記總噸，每一總噸特別提款權一〇八計算單位計算之數額內賠償，如此數額不足以全部清償時，其不足額再與財物之毀損滅失，共同在現存之責任限制數額內比例分配之。

四、船舶登記總噸不足三百噸者，以三百噸計算。

第 22 條　前條責任限制之規定，於下列情形不適用之：

一、本於船舶所有人本人之故意或過失所生之債務。

二、本於船長、海員及其他服務船舶之人員之僱用契約所生之債務。

三、救助報酬及共同海損分擔額。

四、船舶運送毒性化學物質或油污所生損害之賠償。

五、船舶運送核子物質或廢料發生核子事故所生損害之賠償。

六、核能動力船舶所生核子損害之賠償。

第 23 條　船舶所有人，如依第二十一條之規定限制其責任者，對於本次航行之船舶價值應證明之。

船舶價值之估計，以下列時期之船舶狀態為準：

一、因碰撞或其他事變所生共同海損之債權，及事變後以迄於第一到達港時所生之一切債權，其估價依船舶於到達第一港時之狀態。

二、關於船舶在停泊港內發生事變所生之債權，其估價依船舶在停泊港內事變發生後之狀態。

三、關於貨載之債權或本於載貨證券而生之債權，除前二款情形外，其估價依船舶於到達貨物之目的港時，或航行中斷地之狀態，如貨載應送達於數個不同之港埠，而損害係因同一原因而生者，其估價依船舶於到達該數港中之第一港時之狀態。

四、關於第二十一條所規定之其他債權，其估價依船舶航行完成時之狀態。

第二節　海事優先權

第 24 條　下列各款為海事優先權擔保之債權，有優先受償之權：

　　　一、船長、海員及其他在船上服務之人員，本於僱傭契約所生之債權。
　　　二、因船舶操作直接所致人身傷亡，對船舶所有人之賠償請求。
　　　三、救助之報酬、清除沈船費用及船舶共同海損分擔額之賠償請求。
　　　四、因船舶操作直接所致陸上或水上財物毀損滅失，對船舶所有人基於侵權行為
　　　　　之賠償請求。
　　　五、港埠費、運河費、其他水道費及引水費。
　　　前項海事優先權之位次，在船舶抵押權之前。
第　25　條　建造或修繕船舶所生債權，其債權人留置船舶之留置權位次，在海事優先權之
　　　　　後，船舶抵押權之前。
第　26　條　本法第二十二條第四款至第六款之賠償請求，不適用本法有關海事優先權之規
　　　　　定。
第　27　條　依第二十四條之規定，得優先受償之標的如下：
　　　一、船舶、船舶設備及屬具或其殘餘物。
　　　二、在發生優先債權之航行期內之運費。
　　　三、船舶所有人因本次航行中船舶所受損害，或運費損失應得之賠償。
　　　四、船舶所有人因共同海損應得之賠償。
　　　五、船舶所有人在航行完成前，為施行救助所應得之報酬。
第　28　條　第二十四條第一項第一款之債權，得就同一僱傭契約期內所得之全部運費，優先
　　　　　受償，不受前條第二款之限制。
第　29　條　屬於同次航行之海事優先權，其位次依第二十四條各款之規定。
　　　　　一款中有數債權者，不分先後，比例受償。
　　　　　第二十四條第一項第三款所列債權，如有二個以上屬於同一種類，其發生在後者
　　　　　優先受償。救助報酬之發生應以施救行為完成時為準。
　　　　　共同海損之分擔，應以共同海損行為發生之時為準。
　　　　　因同一事變所發生第二十四條第一項各款之債權，視為同時發生之債權。
第　30　條　不屬於同次航行之海事優先權，其後次航行之海事優先權，先於前次航行之海事
　　　　　優先權。
第　31　條　海事優先權，不因船舶所有權之移轉而受影響。
第　32　條　第二十四條第一項海事優先權自其債權發生之日起，經一年而消滅。但第二十四
　　　　　條第一項第一款之賠償，自離職之日起算。

第三節　船舶抵押權
第　33　條　船舶抵押權之設定，應以書面為之。
第　34　條　船舶抵押權，得就建造中之船舶設定之。
第　35　條　船舶抵押權之設定，除法律別有規定外，僅船舶所有人或受其特別委任之人始得

為之。

第 36 條　船舶抵押權之設定，非經登記，不得對抗第三人。

第 37 條　船舶共有人中一人或數人，就其應有部分所設定之抵押權，不因分割或出賣而受影響。

第三章　運送

第一節　貨物運送

第 38 條　貨物運送契約為下列二種：
　　一、以件貨之運送為目的者。
　　二、以船舶之全部或一部供運送為目的者。

第 39 條　以船舶之全部或一部供運送為目的之運送契約，應以書面為之。

第 40 條　前條運送契約應載明下列事項：
　　一、當事人姓名或名稱，及其住所、事務所或營業所。
　　二、船名及對船舶之說明。
　　三、貨物之種類及數量。
　　四、契約期限或航程事項。
　　五、運費。

第 41 條　以船舶之全部或一部供運送之契約，不因船舶所有權之移轉而受影響。

第 42 條　運送人所供給之船舶有瑕疵，不能達運送契約之目的時，託運人得解除契約。

第 43 條　以船舶之全部供運送時，託運人於發航前得解除契約。但應支付運費三分之一，其已裝載貨物之全部或一部者，並應負擔因裝卸所增加之費用。
　　前項如為往返航程之約定者，託運人於返程發航前要求終止契約時，應支付運費三分之二。
　　前二項之規定，對於當事人之間，關於延滯費之約定不受影響。

第 44 條　以船舶之一部供運送時，託運人於發航前，非支付其運費之全部，不得解除契約。如託運人已裝載貨物之全部或一部者，並應負擔因裝卸所增加之費用及賠償加於其他貨載之損害。
　　前項情形，託運人皆為契約之解除者，各託運人僅負前條所規定之責任。

第 45 條　前二條之規定，對船舶於一定時期內供運送或為數次繼續航行所訂立之契約，不適用之。

第 46 條　以船舶之全部於一定時期內供運送者，託運人僅得以約定或以船舶之性質而定之方法，使為運送。

第 47 條　前條託運人，僅就船舶可使用之期間，負擔運費。但因航行事變所生之停止，仍應繼續負擔運費。

前項船舶之停止，係因運送人或其代理人之行為或因船舶之狀態所致者，託運人不負擔運費，如有損害，並得請求賠償。

船舶行蹤不明時，託運人以得最後消息之日為止，負擔運費之全部，並自最後消息後，以迄於該次航行通常所需之期間應完成之日，負擔運費之半數。

第　48　條　　以船舶之全部或一部供運送者，託運人所裝載貨物，不及約定之數量時，仍應負擔全部之運費。但應扣除船舶因此所減省費用之全部，及因另裝貨物所取得運費四分之三。

第　49　條　　託運人因解除契約，應付全部運費時，得扣除運送人因此減省費用之全部，及另裝貨物所得運費四分之三。

第　50　條　　貨物運達後，運送人或船長應即通知託運人指定之應受通知人或受貨人。

第　51　條　　受貨人怠於受領貨物時，運送人或船長得以受貨人之費用，將貨物寄存於港埠管理機關或合法經營之倉庫，並通知受貨人。

受貨人不明或受貨人拒絕受領貨物時，運送人或船長得依前項之規定辦理，並通知託運人及受貨人。

運送人對於前二項貨物有下列情形之一者，得聲請法院裁定准予拍賣，於扣除運費或其他相關之必要費用後提存其價金之餘額：

一、不能寄存於倉庫。

二、有腐壞之虞。

三、顯見其價值不足抵償運費及其他相關之必要費用。

第　52　條　　以船舶之全部或一部供運送者，運送人非於船舶完成裝貨或卸貨準備時，不得簽發裝貨或卸貨準備完成通知書。

裝卸期間自前項通知送達之翌日起算，期間內不工作休假日及裝卸不可能之日不算入。但超過合理裝卸期間者，船舶所有人得按超過之日期，請求合理之補償。

前項超過裝卸期間，休假日及裝卸不可能之日亦算入之。

第　53　條　　運送人或船長於貨物裝載後，因託運人之請求，應發給載貨證券。

第　54　條　　載貨證券，應載明下列各款事項，由運送人或船長簽名：

一、船舶名稱。

二、託運人之姓名或名稱。

三、依照託運人書面通知之貨物名稱、件數或重量，或其包裝之種類、個數及標誌。

四、裝載港及卸貨港。

五、運費交付。

六、載貨證券之份數。

七、填發之年月日。

前項第三款之通知事項，如與所收貨物之實際情況有顯著跡象，疑其不相符合，或無法核對時，運送人或船長得在載貨證券內載明其事由或不予載明。

載貨證券依第一項第三款為記載者，推定運送人依其記載為運送。

第 55 條　託運人對於交運貨物之名稱、數量，或其包裝之種類、個數及標誌之通知，應向運送人保證其正確無訛，其因通知不正確所發生或所致之一切毀損、滅失及費用，由託運人負賠償責任。

運送人不得以前項託運人應負賠償責任之事由，對抗託運人以外之載貨證券持有人。

第 56 條　貨物一經有受領權利人受領，推定運送人已依照載貨證券之記載，交清貨物。但有下列情事之一者，不在此限：

一、提貨前或當時，受領權利人已將毀損滅失情形，以書面通知運送人者。

二、提貨前或當時，毀損滅失經共同檢定，作成公證報告書者。

三、毀損滅失不顯著而於提貨後三日內，以書面通知運送人者。

四、在收貨證件上註明毀損或滅失者。

貨物之全部或一部毀損、滅失者，自貨物受領之日或自應受領之日起，一年內未起訴者，運送人或船舶所有人解除其責任。

第 57 條　運送人或船舶所有人所受之損害，非由於託運人或其代理人受僱人之過失所致者，託運人不負賠償責任。

第 58 條　載貨證券有數份者，在貨物目的港請求交付貨物之人，縱僅持有載貨證券一份，運送人或船長不得拒絕交付。不在貨物目的港時，運送人或船長非接受載貨證券之全數，不得為貨物之交付。

二人以上之載貨證券持有人請求交付貨物時，運送人或船長應即將貨物按照第五十一條之規定寄存，並通知曾為請求之各持有人，運送人或船長，已依第一項之規定，交付貨物之一部後，他持有人請求交付貨物者，對於其贖餘之部分亦同。

載貨證券之持有人有二人以上者，其中一人先於他持有人受貨物之交付時，他持有人之載貨證券對運送人失其效力。

第 59 條　載貨證券之持有人有二人以上，而運送人或船長尚未交付貨物者，其持有先受發送或交付之證券者，得先於他持有人行使其權利。

第 60 條　民法第六百二十七條至第六百三十條關於提單之規定，於載貨證券準用之。

以船舶之全部或一部供運送為目的之運送契約另行簽發載貨證券者，運送人與託運人以外載貨證券持有人間之關係，依載貨證券之記載。

第 61 條　以件貨運送為目的之運送契約或載貨證券記載條款、條件或約定，以減輕或免除運送人或船舶所有人，對於因過失或本章規定應履行之義務而不履行，致有貨物

毀損、滅失或遲到之責任者，其條款、條件或約定不生效力。

第　62　條　運送人或船舶所有人於發航前及發航時，對於下列事項，應為必要之注意及措置：

一、使船舶有安全航行之能力。

二、配置船舶相當船員、設備及供應。

三、使貨艙、冷藏室及其他供載運貨物部分適合於受載、運送與保存。

船舶於發航後因突失航行能力所致之毀損或滅失，運送人不負賠償責任。

運送人或船舶所有人為免除前項責任之主張，應負舉證之責。

第　63　條　運送人對於承運貨物之裝載、卸載、搬移、堆存、保管、運送及看守，應為必要之注意及處置。

第　64　條　運送人知悉貨物為違禁物或不實申報物者，應拒絕載運。其貨物之性質足以毀損船舶或危害船舶上人員健康者亦同。但為航運或商業習慣所許者，不在此限。

運送人知悉貨物之性質具易燃性、易爆性或危險性並同意裝運後，若此貨物對於船舶或貨載有危險之虞時，運送人得隨時將其起岸、毀棄或使之無害、運送人除由於共同海損者外，不負賠償責任。

第　65　條　運送人或船長發見未經報明之貨物，得在裝載港將其起岸，或使支付同一航程同種貨物應付最高額之運費，如有損害並得請求賠償。

前項貨物在航行中發見時，如係違禁物或其性質足以發生損害者，船長得投棄之。

第　66　條　船舶發航後，因不可抗力不能到達目的港而將原裝貨物運回時，縱其船舶約定為去航及歸航之運送，託運人僅負擔去航運費。

第　67　條　船舶在航行中，因海上事故而須修繕時，如託運人於到達目地港前提取貨物者，應付全部運費。

第　68　條　船舶在航行中遭難或不能航行，而貨物仍由船長設法運到目地港時，如其運費較低於約定之運費者，託運人減支兩運費差額之半數。

如新運費等於約定之運費，託運人不負擔任何費用，如新運費較高於約定之運費，其增高額由託運人負擔之。

第　69　條　因下列事由所發生之毀損或滅失，運送人或船舶所有人不負賠償責任：

一、船長、海員、引水人或運送人之受僱人，於航行或管理船舶之行為而有過失。

二、海上或航路上之危險、災難或意外事故。

三、非由於運送人本人之故意或過失所生之火災。

四、天災。

五、戰爭行為。

六、暴動。

七、公共敵人之行為。

八、有權力者之拘捕、限制或依司法程序之扣押。

九、檢疫限制。

十、罷工或其他勞動事故。

十一、救助或意圖救助海上人命或財產。

十二、包裝不固。

十三、標誌不足或不符。

十四、因貨物之固有瑕疵、品質或特性所致之耗損或其他毀損滅失。

十五、貨物所有人、託運人或其代理人、代表人之行為或不行為。

十六、船舶雖經注意仍不能發現之隱有瑕疵。

十七、其他非因運送人或船舶所有人本人之故意或過失及非因其代理人、受僱人之過失所致者。

第 70 條　託運人於託運時故意虛報貨物之性質或價值，運送人或船舶所有人對於其貨物之毀損或滅失，不負賠償責任。

除貨物之性質及價值於裝載前，已經託運人聲明並註明於載貨證券者外，運送人或船舶所有人對於貨物之毀損滅失，其賠償責任，以每件特別提款權六六六·六七單位或每公斤特別提款權二單位計算所得之金額，兩者較高者為限。

前項所稱件數，係指貨物託運之包裝單位。其以貨櫃、墊板或其他方式併裝運送者，應以載貨證券所載其內之包裝單位為件數。但載貨證券未經載明者，以併裝單位為件數。其使用之貨櫃係由託運人提供者，貨櫃本身得作為一件計算。

由於運送人或船舶所有人之故意或重大過失所發生之毀損或滅失，運送人或船舶所有人不得主張第二項單位限制責任之利益。

第 71 條　為救助或意圖救助海上人命、財產，或因其他正當理由偏航者，不得認為違反運送契約，其因而發生毀損或滅失時，船舶所有人或運送人不負賠償責任。

第 72 條　貨物未經船長或運送人之同意而裝載者，運送人或船舶所有人，對於其貨物之毀損或滅失，不負責任。

第 73 條　運送人或船長如將貨物裝載於甲板上，致生毀損或滅失時，應負賠償責任。但經託運人之同意並載明於運送契約或航運種類或商業習慣所許者，不在此限。

第 74 條　載貨證券之發給人，對於依載貨證券所記載應為之行為，均應負責。

前項發給人，對於貨物之各連續運送人之行為，應負保證之責。但各連續運送人，僅對於自己航程中所生之毀損滅失及遲到負其責任。

第 75 條　連續運送同時涉及海上運送及其他方法之運送者，其海上運送部分適用本法之規定。

貨物毀損滅失發生時間不明者，推定其發生於海上運送階段。

第 76 條　本節有關運送人因貨物滅失、毀損或遲到對託運人或其他第三人所得主張之抗辯及責任限制之規定，對運送人之代理人或受僱人亦得主張之。但經證明貨物之滅失、毀損或遲到，係因代理人或受僱人故意或重大過失所致者，不在此限。

前項之規定，對從事商港區域內之裝卸、搬運、保管、看守、儲存、理貨、穩固、墊艙者，亦適用之。

第 77 條　載貨證券所載之裝載港或卸貨港為中華民國港口者，其載貨證券所生之法律關係依涉外民事法律適用法所定應適用法律。但依本法中華民國受貨人或託運人保護較優者，應適用本法之規定。

第 78 條　裝貨港或卸貨港為中華民國港口者之載貨證券所生之爭議，得由我國裝貨港或卸貨港或其他依法有管轄權之法院管轄。

前項載貨證券訂有仲裁條款者，經契約當事人同意後，得於我國進行仲裁，不受載貨證券內仲裁地或仲裁規則記載之拘束。

前項規定視為當事人仲裁契約之一部。但當事人於爭議發生後另有書面合意者，不在此限。

第二節　旅客運送

第 79 條　旅客之運送，除本節規定外，準用本章第一節之規定。

第 80 條　對於旅客供膳者，其膳費應包括於票價之內。

第 81 條　旅客於實施意外保險之特定航線及地區，均應投保意外險，保險金額載入客票，視同契約，其保險費包括於票價內，並以保險金額為損害賠償之最高額。

前項特定航線地區及保險金額，由交通部定之。

第 82 條　旅客除前條保險外，自行另加保意外險者，其損害賠償依其約定。但應以書面為之。

第 83 條　運送人或船長應依船票所載，運送旅客至目的港。

運送人或船長違反前項規定時，旅客得解除契約，如有損害，並得請求賠償。

第 84 條　旅客於發航二十四小時前，得給付票價十分之二，解除契約；其於發航前因死亡、疾病或其他基於本身不得已之事由，不能或拒絕乘船者，運送人得請求票價十分之一。

第 85 條　旅客在船舶發航或航程中不依時登船，或船長依職權實行緊急處分迫令其離船者，仍應給付全部票價。

第 86 條　船舶不於預定之日發航者，旅客得解除契約。

第 87 條　旅客在航程中自願上陸時，仍負擔全部票價，其因疾病上陸或死亡時，僅按其已運送之航程負擔票價。

第 88 條　船舶因不可抗力不能繼續航行時，運送人或船長應設法將旅客運送至目的港。

第　89　條　　旅客之目的港如發生天災、戰亂、瘟疫，或其他特殊事故致船舶不能進港卸客者，運送人或船長得依旅客之意願，將其送至最近之港口或送返乘船港。

第　90　條　　運送人或船長在航行中為船舶修繕時，應以同等級船舶完成其航程，旅客在候船期間並應無償供給膳宿。

第　91　條　　旅客於船舶抵達目的港後，應依船長之指示即行離船。

第三節　船舶拖帶

第　92　條　　拖船與被拖船如不屬於同一所有人時，其損害賠償之責任，應由拖船所有人負擔。但契約另有訂定者，不在此限。

第　93　條　　共同或連接之拖船，因航行所生之損害，對被害人負連帶責任。但他拖船對於加害之拖船有求償權。

第四章　船舶碰撞

第　94　條　　船舶之碰撞，不論發生於何地，皆依本章之規定處理之。

第　95　條　　碰撞係因不可抗力而發生者，被害人不得請求損害賠償。

第　96　條　　碰撞係因於一船舶之過失所致者，由該船舶負損害賠償責任。

第　97　條　　碰撞之各船舶有共同過失時，各依其過失程度之比例負其責任，不能判定其過失之輕重時，各方平均負其責任。
　　　　　　　有過失之各船舶，對於因死亡或傷害所生之損害，應負連帶責任。

第　98　條　　前二條責任，不因碰撞係由引水人之過失所致而免除。

第　99　條　　因碰撞所生之請求權，自碰撞日起算，經過兩年不行使而消滅。

第　100　條　　船舶在中華民國領海內水港口河道內碰撞者，法院對於加害之船舶，得扣押之。
　　　　　　　碰撞不在中華民國領海內水港口河道內，而被害者為中華民國船舶或國民，法院於加害之船舶進入中華民國領海後，得扣押之。
　　　　　　　前兩項被扣押船舶得提供擔保，請求放行。
　　　　　　　前項擔保，得由適當之銀行或保險人出具書面保證代之。

第　101　條　　關於碰撞之訴訟，得向下列法院起訴：
　　　　　　　一、被告之住所或營業所所在地之法院。
　　　　　　　二、碰撞發生地之法院。
　　　　　　　三、被告船舶船籍港之法院。
　　　　　　　四、船舶扣押地之法院。
　　　　　　　五、當事人合意地之法院。

第五章　海難救助

第　102　條　　船長於不甚危害其船舶、海員、旅客之範圍內，對於淹沒或其他危難之人應盡力

救助。

第 103 條　對於船舶或船舶上財物施以救助而有效果者，得按其效果請求相當之報酬。

施救人所施救之船舶或船舶上貨物，有損害環境之虞者，施救人得向船舶所有人請求與實際支出費用同額之報酬；其救助行為對於船舶或船舶上貨物所造成環境之損害已有效防止或減輕者，得向船舶所有人請求與實際支出費用同額或不超過其費用一倍之報酬。

施救人同時有前二項報酬請求權者，前項報酬應自第一項可得請求之報酬中扣除之。

施救人之報酬請求權，自救助完成日起二年間不行使而消滅。

第 104 條　屬於同一所有人之船舶救助，仍得請求報酬。

拖船對於被拖船施以救助者，得請求報酬。但以非為履行該拖船契約者為限。

第 105 條　救助報酬由當事人協議定之，協議不成時，得提付仲裁或請求法院裁判之。

第 106 條　前條規定，於施救人與船舶間，及施救人間之分配報酬之比例，準用之。

第 107 條　於實行施救中救人者，對於船舶及財物之救助報酬金，有參加分配之權。

第 108 條　經以正當理由拒絕施救，而仍強為施救者，不得請求報酬。

第 109 條　船舶碰撞後，各碰撞船舶之船長於不甚危害其船舶、海員或旅客之範圍內，對於他船舶船長、海員及旅客、應盡力救助。

各該船長，除有不可抗力之情形外，在未確知繼續救助為無益前，應停留於發生災難之處所。

各該船長，應於可能範圍內，將其船舶名稱及船籍港並開來及開往之處所，通知於他船舶。

第六章　共同海損

第 110 條　稱共同海損者，謂在船舶航程期間，為求共同危險中全體財產之安全所為故意及合理處分，而直接造成之犧牲及發生之費用。

第 111 條　共同海損以各被保存財產價值與共同海損總額之比例，由各利害關係人分擔之。因共同海損行為所犧牲而獲共同海損補償之財產，亦應參與分擔。

第 112 條　前條各被保存財產之分擔價值，應以航程終止地或放棄共同航程時地財產之實際淨值為準，依下列規定計算之：

一、船舶以到達時地之價格為準。如船舶於航程中已修復者，應扣除在該航程中共同海損之犧牲額及其他非共同海損之損害額。但不得依於其實際所餘殘值。

二、貨物以送交最後受貨人之商業發票所載價格為準，如無商業發票者，以裝載時地之價值為準，並均包括應支付之運費及保險費在內。

三、運費以到付運費之應收額，扣除非共同海損費用爲準。

前項各類之實際淨值，均應另加計共同海損之補償額。

第　113　條　共同海損犧牲之補償額，應以各財產於航程終止時地或放棄共同航程時地之實際淨值爲準，依下列規定計算之：

一、船舶以實際必要之合理修繕或設備材料之更換費用爲準。未經修繕或更換者，以該損失所造成之合理貶值。但不能超過估計之修繕或更換費用。

二、貨物以送交最後受貨人商業發票價格計算所受之損害爲準，如無商業發票者，以裝船時地之價值爲準，並均包括應支付之運費及保險費在內。受損貨物如被出售者，以出售淨值與前述所訂商業發票或裝船時地貨物淨值之差額爲準。

三、運費以貨載之毀損或滅失致減少或全無者爲準。但運送人因此減省之費用，應扣除之。

第　114　條　下列費用爲共同海損費用：

一、爲保存共同危險中全體財產所生之港埠、貨物處理、船員工資及船舶維護所必需之燃、物料費用。

二、船舶發生共同海損後，爲繼續共同航程所需之額外費用。

三、爲共同海損所墊付現金百分之二之報酬。

四、自共同海損發生之日起至共同海損實際收付日止，應行收付金額所生之利息。

爲替代前項第一款、第二款共同海損費用所生之其他費用，視爲共同海損之費用。但替代費用不得超過原共同海損費用。

第　115　條　共同海損因利害關係人之過失所致者，各關係人仍應分擔之。但不影響其他關係人對過失之負責人之賠償請求權。

第　116　條　未依航運習慣裝載之貨物經投棄者，不認爲共同海損犧牲。但經撈救者，仍應分擔共同海損。

第　117　條　無載貨證券亦無船長收據之貨物，或未記載於目錄之設備屬具，經犧牲者，不認爲共同海損。但經撈救者，仍應分擔共同海損。

第　118　條　貨幣、有價證券或其他貴重物品，經犧牲者，除已報明船長者外，不認爲共同海損犧牲。但經撈救者，仍應分擔共同海損。

第　119　條　貨物之性質，於託運時故意爲不實之聲明，經犧牲者，不認爲共同海損。但經保存者，應按其實在價值分擔之。

貨物之價值，於託運時爲不實之聲明，使聲明價值與實在價值不同者，其共同海損犧牲之補償額以金額低者爲準，分擔價值以金額高者爲準。

第　120　條　船上所備糧食、武器、船員之衣物、薪津、郵件及無載貨證券之旅客行李、私人

物品皆不分擔共同海損。

前項物品如被犧牲，其損失應由各關係人分擔之。

第 121 條　共同海損之計算，由全體關係人協議定之。協議不成時，得提付仲裁或請求法院裁判之。

第 122 條　運送人或船長對於未清償分擔額之貨物所有人，得留置其貨物。但提供擔保者，不在此限。

第 123 條　利害關係人於受分擔額後，復得其船舶或貨物之全部或一部者，應將其所受之分擔額返還於關係人。但得將其所受損害及復得之費用扣除之。

第 124 條　應負分擔義務之人，得委棄其存留物而免分擔海損之責。

第 125 條　因共同海損所生之債權，自計算確定之日起，經過一年不行使而消滅。

第七章　海上保險

第 126 條　關於海上保險，本章無規定者，適用保險法之規定。

第 127 條　凡與海上航行有關而可能發生危險之財產權益，皆得為海上保險之標的。

海上保險契約，得約定延展加保至陸上、內河、湖泊或內陸水道之危險。

第 128 條　保險期間除契約另有訂定外，關於船舶及其設備屬具，自船舶起錨或解纜之時，以迄目的港投錨或繫纜之時，為其期間；關於貨物，自貨物離岸之時，以迄目的港起岸之時，為其期間。

第 129 條　保險人對於保險標的物，除契約另有規定外，因海上一切事變及災害所生之毀損滅失及費用，負賠償責任。

第 130 條　保險事故發生時，要保人或被保險人應採取必要行為，以避免或減輕保險標的之損失，保險人對於要保人或被保險人未履行此項義務而擴大之損失，不負賠償責任。

保險人對於要保人或被保險人，為履行前項義務所生之費用，負償還之責，其償還數額與賠償金額合計雖超過保險標的價值，仍應償還之。

保險人對於前項費用之償還，以保險金額為限。但保險金額不及保險標的物之價值時，則以保險金額對於保險標的之價值比例定之。

第 131 條　因要保人或被保險人或其代理人之故意或重大過失所致之損失，保險人不負賠償責任。

第 132 條　未確定裝運船舶之貨物保險，要保人或被保險人於知其已裝載於船舶時，應將該船舶之名稱、裝船日期、所裝貨物及其價值，立即通知於保險人。不為通知者，保險人對未為通知所生之損害，不負賠償責任。

第 133 條　要保人或被保險人於保險人破產時，得終止契約。

第 134 條　船舶之保險以保險人責任開始時之船舶價格及保險費，為保險價額。

第 135 條　貨物之保險以裝載時、地之貨物價格、裝載費、稅捐、應付之運費及保險費，爲保險價額。

第 136 條　貨物到達時應有之佣金、費用或其他利得之保險以保險時之實際金額，爲保險價額。

第 137 條　運費之保險，僅得以運送人如未經交付貨物即不得收取之運費爲之，並以被保險人應收取之運費及保險費爲保險價額。
　　　　　前項保險，得包括船舶之租金及依運送契約可得之收益。

第 138 條　貨物損害之計算，依其在到達港於完好狀態下所應有之價值，與其受損狀態之價值比較定之。

第 139 條　船舶部分損害之計算，以其合理修復費用爲準。但每次事故應以保險金額爲限。
　　　　　部分損害未修復之補償額，以船舶因受損所減少之市價爲限。但不得超過所估計之合理修復費用。
　　　　　保險期間內，船舶部分損害未修復前，即遭遇全損者，不得再行請求前項部分損害未修復之補償額。

第 140 條　運費部分損害之計算，以所損運費與總運費之比例就保險金額定之。

第 141 條　受損害貨物之變賣，除由於不可抗力或船長依法處理者外，應得保險人之同意。並以變賣淨額與保險價額之差額爲損害額。但因變賣後所減少之一切費用，應扣除之。

第 142 條　海上保險之委付，指被保險人於發生第一百四十三條至第一百四十五條委付原因後，移轉保險標的物之一切權利於保險人，而請求支付該保險標的物全部保險金額之行爲。

第 143 條　被保險船舶有下列各款情形之一時，得委付之：
　　　　　一、船舶被捕獲時。
　　　　　二、船舶不能爲修繕或修繕費用超過保險價額時。
　　　　　三、船舶行蹤不明已逾二個月時。
　　　　　四、船舶被扣押已逾二個月仍未放行時。
　　　　　前項第四款所稱扣押，不包含債權人聲請法院所爲之查封、假扣押及假處分。

第 144 條　被保險貨物有下列各款情形之一時，得委付之：
　　　　　一、船舶因遭難，或其他事變不能航行已逾二個月而貨物尚未交付於受貨人、要保人或被保險人時。
　　　　　二、裝運貨物之船舶，行蹤不明，已逾二個月時。
　　　　　三、貨物因應由保險人負保險責任之損害，其回復原狀及繼續或轉運至目的地費用總額合併超過到達目的地價值時。

第 145 條　運費之委付，得於船舶或貨物之委付時爲之。

第 146 條 委付應就保險標的物之全部為之。但保險單上僅有其中一種標的物發生委付原因時，得就該一種標的物為委付請求其保險金額。

委付不得附有條件。

第 147 條 委付經承諾或經判決為有效後，自發生委付原因之日起，保險標的物即視為保險人所有。

委付未經承諾前，被保險人對於保險標的物之一切權利不受影響。保險人或被保險人對於保險標的物採取救助、保護或回復之各項措施，不視為已承諾或拋棄委付。

第 148 條 委付之通知一經保險人明示承諾，當事人均不得撤銷。

第 149 條 要保人或被保險人，於知悉保險之危險發生後，應即通知保險人。

第 150 條 保險人應於收到要保人或被保險人證明文件後三十日內給付保險金額。

保險人對於前項證明文件如有疑義，而要保人或被保險人提供擔保時，仍應將保險金額全部給付。

前項情形，保險人之金額返還請求權，自給付後經過一年不行使而消滅。

第 151 條 要保人或被保險人，自接到貨物之日起，一個月內不將貨物所受損害通知保險人或其代理人時，視為無損害。

第 152 條 委付之權利，於知悉委付原因發生後，自得為委付之日起，經過二個月不行使而消滅。

第八章　附則

第 153 條 本法自公布日施行。

本法中華民國九十八年六月十二日修正之條文，自九十八年十一月二十三日施行。

參考書目

王文宇，公司法論，台北，元照出版有限公司，2018年。

邱錦添，海商法新論，台北，元照出版有限公司，2008年。

吳光明，證券交易法論，台北，三民書局，2019年。

吳威志主編，商事法，台北，全華圖書公司，2015年。

吳嘉生，金融法析論，台北，五南圖書出版股份有限公司，2020年。

吳嘉生，海商法與海洋法釋論，台北，一品文化出版社，2014年。

吳嘉生，銀行法釋論，台北，新學林出版社，2006年。

李開遠，證券交易法理論與實務，台北，五南圖書出版股份有限公司，2019
　　年。

柯芳枝，公司法論（下），台北，三民書局，2015年。

兆志明，證券交易法導讀，台北，三民書局，2008年。

梁宇賢，公司法論，台北，三民書局，2015年。

梁宇賢，商事法要論，台北，三民書局，2018年。

張新平，海商法，台北，五南圖書出版股份有限公司，2016年。

陳春山，證券交易法論，台北，五南圖書出版股份有限公司，2006年。

陳猷龍，海商法論，台北，瑞興圖書，2018年。

楊仁壽，最新海商法論，台北，三民書局，2010年。

廖大穎，公司法原論，台北，三民書局，2017年。

廖大穎，證券交易法導論，台北，三民書局，2017年。

潘維大等著，商事法，台北，三民書局，2019年。

劉渝生，商事法，台北，三民書局，2018年。

劉宗榮，保險法，台北，翰蘆出版社，2016年。

鄭玉波著，劉宗榮修訂，保險法論，台北，三民書局，2019年。

劉宗榮，海商法，台北，翰蘆出版社，2016年。

劉連煜，現代證券交易法實例研習，台北，元照出版有限公司，2019年。

葉啓洲，保險法，台北，元照出版有限公司，2019年。

賴英照，證券交易法解析（簡明版），台北，自版，2020年。

賴源河著，王志誠修訂，實用公司法，台北，五南圖書出版股份有限公司，
　　　2018年。

國家圖書館出版品預行編目資料

商事法通論／吳嘉生著. -- 初版. -- 臺北
市：五南圖書出版股份有限公司, 2021.01
　　面；　公分
　ISBN 978-986-522-391-5（平裝）

1.商事法

587　　　　　　　　　　　109020482

1UE8

商事法通論

作　　　者 ― 吳嘉生（70.1）

發 行 人 ― 楊榮川

總 經 理 ― 楊士清

總 編 輯 ― 楊秀麗

副總編輯 ― 劉靜芬

責任編輯 ― 黃郁婷、李孝怡

出 版 者 ― 五南圖書出版股份有限公司

地　　　址：106台北市大安區和平東路二段339號4樓

電　　　話：(02)2705-5066　　傳　　　真：(02)2706-6100

網　　　址：https://www.wunan.com.tw

電子郵件：wunan@wunan.com.tw

劃撥帳號：01068953

戶　　　名：五南圖書出版股份有限公司

法律顧問　林勝安律師事務所　林勝安律師

出版日期　2021年1月初版一刷

定　　　價　新臺幣720元

經典永恆・名著常在

五十週年的獻禮——經典名著文庫

五南，五十年了，半個世紀，人生旅程的一大半，走過來了。

思索著，邁向百年的未來歷程，能為知識界、文化學術界作些什麼？

在速食文化的生態下，有什麼值得讓人雋永品味的？

歷代經典・當今名著，經過時間的洗禮，千錘百鍊，流傳至今，光芒耀人；

不僅使我們能領悟前人的智慧，同時也增深加廣我們思考的深度與視野。

我們決心投入巨資，有計畫的系統梳選，成立「經典名著文庫」，

希望收入古今中外思想性的、充滿睿智與獨見的經典、名著。

這是一項理想性的、永續性的巨大出版工程。

不在意讀者的眾寡，只考慮它的學術價值，力求完整展現先哲思想的軌跡；

為知識界開啟一片智慧之窗，營造一座百花綻放的世界文明公園，

任君邀遊、取菁吸蜜、嘉惠學子！